技术与创新管理系列教材

知识管理
原理与应用
（第3版）

KNOWLEDGE MANAGEMENT:PRINCIPLES AND APPLICATIONS

廖开际　席运江　邝云英◎编著

U0361720

清华大学出版社
北京

内 容 简 介

本书是为满足我国知识管理教学需要而编写的一本教材。

本书的一个特点是知识体系的系统性和完整性。从知识管理的理论模型、知识管理流程、知识管理的组织行为、知识管理技术、知识管理战略、知识管理的实施和评价多个视角系统地阐述了知识管理的原理、方法和工具，形成一个完整的知识管理教学内容体系。每章提供了适量的练习题、思考题和案例。本书内容完整，可满足不同层次的教学需求。另一个特点是理论与实践相结合，内容具有可操作性，可作为企业、政府机构管理人员以及信息和知识管理部门的技术人员的参考用书。

图书在版编目(CIP)数据

知识管理：原理与应用/廖开际，席运江，邝云英编著.—3 版.—北京：清华大学出版社，2024.10
技术与创新管理系列教材
ISBN 978-7-302-65861-0

Ⅰ.①知… Ⅱ.①廖… ②席… ③邝… Ⅲ.①知识管理—教材 Ⅳ.①G302

中国国家版本馆 CIP 数据核字(2024)第 060793 号

责任编辑：高晓蔚
封面设计：汉风唐韵
责任校对：宋玉莲
责任印制：宋　林

出版发行：清华大学出版社
　　　　网　　　址：https://www.tup.com.cn，https://www.wqxuetang.com
　　　　地　　　址：北京清华大学学研大厦 A 座　　　　邮　　编：100084
　　　　社　总　机：010-83470000　　　　　　　　　　邮　　购：010-62786544
　　　　投稿与读者服务：010-62776969，c-service@tup.tsinghua.edu.cn
　　　　质量反馈：010-62772015，zhiliang@tup.tsinghua.edu.cn
　　　　课件下载：https://www.tup.com.cn，010-83470332
印 装 者：三河市铭诚印务有限公司
经　　销：全国新华书店
开　　本：185mm×260mm　　印　张：25　　　　　字　　数：574 千字
版　　次：2007 年 9 月第 1 版　2024 年 10 月第 3 版　　印　次：2024 年 10 月第 1 次印刷
定　　价：75.00 元

产品编号：079673-01

技术与创新管理系列教材
编委会

丛 书 序

技术创新在新时代经济发展中发挥着基础保障的作用,其重要性不言而喻。在全国科技界和产业界的共同努力下,我国的技术创新持续发力,加速赶超跨越,实现了历史性、整体性、格局性的重大变化,重大科研成果竞相涌现,科技实力大幅增强,已成为具有全球影响力的科技大国。党的十九大对科技创新又做出了全面系统部署,其核心是以习近平新时代中国特色社会主义思想为指导,推动科技创新主动引领经济社会发展,构筑核心能力,实现高质量发展。

然而,我国许多产业仍处于全球价值链的中低端,一些关键核心技术受制于人,发达国家在科学前沿和高技术领域仍然占据明显的领先优势,我国支撑产业升级、引领未来发展的科学技术储备亟待加强,适应创新驱动的体制机制亟待建立健全,企业研发动力不足,创新体系整体效能不高,经济发展尚未真正转到依靠技术创新的轨道。

为此,我们必须加快技术创新的步伐,加快实现技术创新对经济增长和社会发展的引领作用。新时代的技术创新必须为提高国家硬实力、软实力以及综合国力作出突出的贡献。

然而,技术创新是一项非线性、复杂、动态、不确定的技术经济行为,需要科学的管理方能生效。加强技术与创新的学科建设以及相应的教材建设就显得极为关键。技术与创新管理学吸收了管理学、经济学、工程学、心理学等有关部分形成其理论基础,又与产业或企业领域的知识整合,形成技术与创新管理的知识体系,它又细分为技术管理、技术创新管理、知识管理、知识产权管理等子领域。

本系列教材是我国从事技术与创新管理的高等院校骨干教师编写,他们怀着不断完善技术与创新管理知识体系的情怀,在积极吸收国外技术与创新管理相关教材的基础上,结合中国技术与创新管理的情境,进行了相关的创造性知识整理,目的是为培养一大批技术与创新管理的理论与实践人才做出必要的贡献。本系列教材可供高等院校本科生、研究生必修或选修之用。由于时间匆促,请相关师生提出宝贵的修改意见。

清华大学经济管理学院教授
中国技术经济学会技术管理专业委员会理事长

序言

当今世界正经历着经济上的巨大转折。从 20 世纪 70 年代开始,发达国家开始进入以信息技术为代表的高新技术迅猛发展的时期。这个时期的重要特征之一,就是知识的作用日益显著。

信息技术的迅速发展与广泛应用,促进了工业经济的信息化,使得人类社会从工业化社会开始进入信息化社会。科学技术的发展一方面使得传统产业的知识与技术密集度日益提高;另一方面又催生了一批高新技术产业,并使得研究开发逐渐独立于生产过程。在这个阶段,除了土地、劳动力、资本、自然资源外,信息与知识也开始成为重要的生产要素。知识的创新、传播和使用在推动经济发展方面的作用,比起工业社会来显得更加突出。因此,有人认为,21 世纪从发达国家开始,全球将逐步进入知识经济阶段。

1996 年,经济合作与发展组织(OECD)发表了题为《以知识为基础的经济》的报告。在报告的一开始就提出:"'以知识为基础的经济'这个术语的出现,表明了人们对知识和技术在经济增长中的作用有了更充分的认识。知识,作为蕴涵在人(又称人力资本)和技术中的重要成分,向来都是经济发展的核心。但是,只是到了最近几年,正如知识的重要性在增长一样,人们对于知识重要性的认识也进一步深化。"

在这个报告的影响下,20 世纪 90 年代后期,无论是在国外还是在国内,都掀起了研究讨论知识对经济影响的热潮。当时人们使用的还是"以知识为基础的经济"这一提法,到了1997 年 2 月,美国总统克林顿在公开演讲中正式使用了"知识经济"的提法,后来的讨论就沿用了这一名词。根据当时比较一致的理解,知识经济是建立在知识的创新、传播和使用基础上的经济。

知识作为一种可重用的社会资源,它的生产、分配和使用早就是经济运行的基础之一。在游牧社会与农业社会阶段,人们已经利用以经验为主的知识,经验技术、工匠技艺与直接劳动融为一体;到了工业社会阶段,系统化的理论逐渐形成,人们利用的知识已带有科学色彩,但其基础地位与作用长期以来没有得到人们普遍的重视。只是近年来,科技进步对经济、社会生活的推动作用与日俱增,知识在经济生活中的基础地位开始为人们所认识。

过去,在长期的生产过程中,人们是在不自觉地点滴累积并利用各种知识。到了知识经济阶段,一方面技术知识在不断地增加和深化,它的作用也愈来愈大;另一方面由于分工和专业化程度的提高,制度知识也在不断发展。人们需要更自觉地认识和发挥知识的作用,因此,知识作为一种资源,作为一种生产要素和资本,对于它的管理需要加以专门研究。

对那些有固定形式的知识,如技术文化资料、图纸、专利等,能自觉加以管理(即通常所谓的技术管理或档案管理);而对一些无形的,特别是隐性(意会性)的知识,则常常未予重视。因此,在人员退休或者离开企业后,有些极宝贵的意会性知识无形中就散失了。即使是有形知识,由于散在各处,缺少有效的索引,常常出现重复引进或开发,或者获取与传播过于迟缓的情况。现行的企业制度、风气甚至有时会损害或妨碍知识的获取、传播和应用。因此,把知识管理作为一个重要的任务提出来,并建立一门专门的学科,加以认真地理解和研究,是有现实意义的。

知识管理作为一门独立的学科,是20世纪90年代才开始建立的。对于知识管理的认识和理解,到现在为止也没有一个完全一致的看法。但这并不妨碍人们在实践中实施知识管理,并逐步总结和积累经验,找出一般的规律,逐步凝练出学科体系和内容。到现在为止,有关知识管理的著作已经出版了许多。在大学(研究生和本科生)的教学计划中逐步列入知识管理课程,这对培养掌握知识管理的人才有着积极的意义。

我国虽然还处在工业化的中期,但是为了促进工农业的现代化,为了在全球化经济的大环境中求得生存和发展,不能不关注各种知识在不同领域、不同发展水平情况下的广泛应用,特别是为了克服自然资源不足和缺乏核心技术对可持续发展的限制,需要加强自主创新。创新的实质是知识的运用和创造,因此,当前把知识管理提上日程,是具有现实和长远意义的。

为了培养掌握知识管理的人才和普及知识管理的常识,需要一批教材、专著和科普读物,本书就是为了满足这一需要而编写的。

作者在本书的开始,首先阐述了知识与知识管理的含义、知识管理的作用、知识管理学科的产生,并讨论了知识管理学科框架;然后讲述了知识资产、知识管理战略以及组织知识的生产、加工与转移等问题;最后从技术和行为两个层面介绍了一些具体方法和内容以及知识管理的实施与评估方法。

全书做到了理论与实践并重,引用了大量国内外的实例,使读者易于理解和接受。书中搜集了国内外大量的理念和方法,可以供不同需求的读者选读。

由于知识管理毕竟是一门建立不久的学科,其体系结构和涉及的范围也都是在不断变化之中。本书的结构和内容反映了学科发展的一个阶段的成果,初学者可以按照书中结构形成自己的知识体系,而对已掌握一定知识和经验的读者来说,可以根据自己的专业背景与实际需要,选择书中的有关内容,构建本人的知识体系结构。

我国的经济建设正在一日千里地迅速发展,知识的作用日益显著,人们对知识的渴求和有效运用,并进一步进行创新的需求越来越迫切,希望本书能在这方面对读者有所裨益。

王众托

管理大师彼德·德鲁克(Peter F.Drucker,1993)在《知识社会》中指出,21世纪人类进入知识经济时代,是继农业经济时代、工业经济时代之后人类社会发展的新阶段,人类的生活、工作和思维方式都会发生一场几百年一次的变革;知识社会的核心是知识工作者的生产力,知识的加工、处理、共享、创新等成为社会基本生产模式。知识社会如期而至,并加速向高级阶段——智能经济迈进,知识管理作为知识社会的基本管理理论,近年来快速发展。

自"知识社会"提出后的20多年来,知识管理理论研究与企业实践取得巨大成果。继德鲁克之后,卡尔·爱立克·斯威比、野中郁次郎、托马斯·达文波特、彼得·圣吉等管理学大师及众多学者发展和丰富了知识管理理论。微软、IBM、Google、埃森哲等企业的成功验证了知识管理对于知识型企业的巨大价值。实践证明,知识管理是现代企业取得成功的必要条件。

知识管理在国内的发展,萌芽于20世纪末。20多年来,中国企业的知识管理实践也取得了丰富的经验与良好的成绩。以华为、阿里、腾讯、联想等为代表的许多优秀企业,通过知识管理实践已促进了公司的商业成功;越来越多企业意识到知识管理对企业的重要性,不少企业将其提升至战略地位。然而,也有许多企业,在知识管理的实施过程中,遇到了各种各样的困难,实施的效果不尽如人意。究其原因,关键在于:缺乏对知识管理的全面认知,缺乏知识管理人才。

知识管理的实施要求员工具备复合的能力和素质,既要具备技术、管理、人文等方面综合知识,而且还需要具备较强的学习能力,具备深刻思考的习惯,从而适应技术和社会的快速发展,不断对自我进行知识革命。在业务能力上,既要了解所在机构的核心业务,又能超越具体事项,站在较高维度思考业务背后的知识流动,善于解决复杂困难问题。因此,在当前飞速发展的知识与智能经济时代,加强知识管理教育,加快知识管理人才培养,是提升我国企业管理水平,"实施创新驱动发展战略"的关键任务之一。

知识管理的思想古来有之,但知识管理作为一门新的学科出现,只有近20年的历史。近年来,知识管理课程受到了许多大学,特别是创新性大学的高度重视,国内有近百所大学开设了知识管理课程。从知识体系的角度看,知识管理作为现代管理学的基本特征,其原理与方法已渗透到了各个管理领域。因此,知识管理在管理学学科体系中,是一门专业基础课。图1给出了知识管理在管理专业课程体系中的地位。

人力资源管理	生产管理	市场营销	电子商务	供应链管理	项目管理	……	客户关系管理
知识管理							
信息系统		组织行为学			战略管理		
管理学原理							

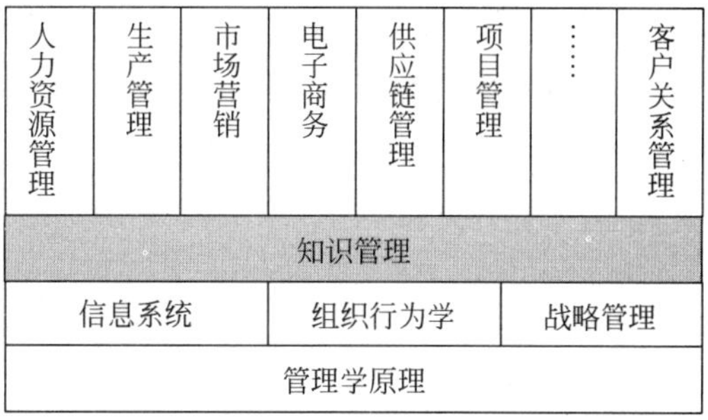

图1 知识管理在管理类专业课程体系中的地位

　　本教材第 3 版是基于近年来大量知识管理学者的研究成果和作者教学与企业实践,对《知识管理——原理与应用》(第 2 版)的升级。第 2 版完成于 2010 年,当时国内知识管理教育和实践处于起步阶段,主要关注的是知识的"资产化"管理。十多年来,知识管理理论逐步完善,企业应用经历了知识管理与业务集成,即"情景化"阶段,并正在走向"智能化"的进程中。在这些背景下,第 3 版主要做了如下改进:第一,加强了知识管理理论的系统性和结构性;第二,加强了知识管理中的情境管理,对知识管理情景化的核心技术——工作流技术、区块链技术和系统集成技术进行了介绍;第三,强调了人工智能在知识管理中的作用,明确指出知识管理技术包括 IT 技术和人工智能技术,并对知识图谱、智能搜索和推送技术进行了简要的介绍;第四,增加了学习型组织理论章节,将学习型组织理论归入知识管理行为学派内容,纳入教学体系。此外,对知识管理战略、知识资本等概念也进行了重新梳理,减少初学者在概念上的模糊感。

　　本教材试图为读者构建完整的知识管理知识体系,同时注重原理、方法、实践原则与案例的结合,以便读者易于理解和应用。全书 12 章,可分为理论和实践两大部分。第 1 章至第 9 章为理论部分,包括基本概念、原理、模型、知识管理流程、知识管理行为学和知识管理技术、知识资本管理等内容。第 10 章至第 12 章为实践部分,包括知识管理战略、知识管理的规划与实施、知识管理的评价等内容。每章后都附有练习题、思考讨论题和讨论案例。

　　本书主要用作本科生和研究生教材。教师可以根据教学学时,针对不同层次的学生选择不同的教学内容。对于本科教学,可重点讲解知识管理的基本理论和方法,即本书的第 1 章至第 8 章;对于 MBA 教学,可重点选择学习型组织、知识资本管理、知识管理战略、知识管理实施等章节;对于工程硕士教学,可重点选择知识管理技术、知识管理的实施与评估等章节;对于全日制研究生,可根据研究方向选择合适的学习内容。建议学习班级对每个案例进行分组讨论,并写出讨论报告。这样既可以加深对学习内容的理解,又可以了解理论知识背景和应用方法,同时,还可以促进同学之间的知识共享。

　　本书理论性较强,目的是想让读者"知其然"也"知其所以然",比较适合希望全面掌握知识管理要义的读者阅读使用,请想购买知识管理"实施手册"的读者慎重选择。此外,技术章节对具有一定 IT 技术基础的读者更容易理解,对管理专业人员而言,不必深究技术细节,作宏观了解也是有益的。

　　在本书的编写过程中,编著者吸收和采纳了王众托院士的许多思想和主张。王众托院士和他领导的大连理工大学系统科学研究所为我国知识管理学科的建设做出了奠基性的贡献,对本教材的编写给予了大力支持和鼓励,在此,我们表示衷心的感谢!

　　本书提供教学课件,需要者可向作者索取,或到清华大学出版社网站下载。

编著者

Kaiji@ 163.com

2023 年 10 月

目录

第 1 章

知识管理导论

本章学习目标

通过本章学习,学员应该能够:

1. 了解管理学理论的发展历程;

2. 理解知识的含义、层次和分类;

3. 理解知识管理的含义;

4. 理解知识管理的必要性;

5. 了解知识管理的内容框架。

"知识是当今唯一有意义的资源……我们需要一种把知识放在财富创造过程中心的经济理论,它单独就可以解释创新。21 世纪是知识创造者的时代。"

拓展阅读

"如果不挑战知识的增长,知识就会迅速消失。""它比我们拥有的任何其他资源都更容易腐烂。"

——彼得·德鲁克(Peter F. Drucker)

知识管理的关键含义在于:在充分肯定知识对企业价值的基础上,通过特定的信息技术,创造一种环境让每位职员能获取、共享、使用组织内部和外部的知识信息以形成个人知识,并支持、鼓励个人将知识应用整合到组织产品和服务中去,最终提高企业创新能力和对市场反应速度的管理理论和实践。

拓展阅读

——托马斯·H.达文波特

新的管理范式会随着商业环境和社会情境的变化而产生。知识已成为现代经济的核心资源,知识管理也成为管理理论的主旋律。知识管理能帮助企业实现的主要利益包括:鼓励思想自由流动,利于创新;缩短回应客户时间,改善客户服务质量;加速产品和服务推向市场的时间,增加盈利;承认员工拥有知识的价值,并给予奖励,增加员工留用率;清除多余的或不必要的流程,简化运作和降低成本;重复利用行之有效的解决方案,缩短决策的时间等。智能经济的列车已徐徐启动,知识是智能的燃料,知识管理将成为智能经济的引擎。

1.1 从科学管理到知识管理

知识管理是在知识经济的大背景下产生的。其产生的标志是联合国经济合作与发展组织(Organization for Economic Co-operation and Development,OECD)1996 年题为《以知识为基础的经济》的报告。报告中提出"以知识为基础的经济是建立在知识和信息的生产、分配和使用之上的经济"。1997 年 2 月,克林顿将 OECD 的报告中提出的"以知识为基础的经济"修改为"知识经济",这个概念随后就在全世界流行起来。从此,知识管理受到了学术界和企业界的重视,把管理学理论又向前推进了一步。

1.1.1 管理学理论发展历程

管理学理论是伴随着工业、商业的发展而发展的,从 20 世纪初产生开始到现在的 100 多年的时间里,经历了以下五个阶段。

1. 古典管理理论阶段

20 世纪初到 30 年代是管理理论最初形成阶段。由于科学技术的发展,特别是蒸汽机的发明,导致了工业革命的爆发,使西方发达国家完成了从农业经济向工业经济的转变。到 20 世纪 30 年代,工业经济规模越来越大,尤其是铁路、钢铁、机械、石油等重工业企业得到了空前发展,形成了一批全国性甚至跨国大企业。企业规模的扩大对传统的凭经验的管理方式提出了挑战,经验式管理难以保证大规模资源的合理利用和大规模生产的有效组织;同时,随着国际市场的开拓(包括殖民地和战争掠夺)和城市化的快速发展,人们对工业产品(包括武器)的需求快速增长,落后的生产管理方式下的生产效率低下与快速增长的产品需求的矛盾成为当时经济发展的重要矛盾。

在这种背景下,在美国、法国、德国等国家,活跃着一群具有奠基人地位的管理大师,包括"科学管理之父"——泰勒(F. W. Taylor)、"管理理论之父"——法约尔(H. Fayol)以及"组织理论之父"——马克斯·韦伯(M. Weber)等。

以泰勒《科学管理原理》(1911 年)为标志的科学管理理论,重点研究工厂管理中如何提高效率,提出的具体手段包括:配备"第一流的工人",并且要使他们掌握标准化的操作方法;对工人的激励采取"有差别的计件工资制";工人和雇主双方都必须来一次"心理革命",变对抗为信任,共同为提高劳动生产率而努力;把计划职能同执行职能相分开,变原来的经验工作方法为科学工作方法;实行职能工长制;例外管理原则等;泰勒的追随者还提出了参与式管理,即领导的权力要与员工共享,而非强加于员工。

1916 年,被称为"管理理论之父"的法约尔出版了管理理论经典著作《工业管理与一般管理》。与泰勒以提高工人劳动生产率为研究重点不同,法约尔则是从总经理视野出发的,以企业整体作为研究对象。法约尔的核心贡献可以概括为三个方面:(1)提出了被广为使用的管理五大职能,计划、组织、指挥、协调和控制;(2)从经营职能中独立出管理活动,把企业的全部活动划分为 6 种,技术活动、商业活动、财务活动、安全活动、会计活动、管理活动;(3)根据自己多年的工作经验提出了著名的 14 项管理原则,即劳动分工、权利和责任、纪律、统一指挥、统一领导、个人利益服从集体利益、人员的报酬、集权、等级制度、秩序、公平、人员的稳定、首创精神、集体精神。

马克斯·韦伯在其著作《社会组织和经济组织理论》中主张建立一种高度结构化的、正式的、非人格化的"理想的行政组织体系"。他认为这是对个人进行强制控制的最合理手段,是达到目标、提高劳动生产率的最有效形式,而且在精确性、稳定性、纪律性和可靠性方面优于其他组织。

上述三位及其他一些先驱者创立的古典管理理论被以后的许多管理学者研究和传播,并加以系统化。在实践上,各个公司开始将理论付诸行动,通用汽车公司总裁斯隆对公司的改组——采用集中控制下的分权制,建立事业部,成为分权的率先践行者。

古典管理理论阶段的研究侧重于从管理职能、组织方式等方面研究效率问题,对人的心理因素考虑很少或根本不去考虑。

2. 行为科学理论及管理理论丛林阶段

20 世纪 30 年代到 60 年代,管理学者们的研究重心放到了影响企业效率下降的非"硬件"因素上,即人的心理、行为因素。

行为科学研究起源于以梅奥(G. E. Mayo)为首的美国霍桑实验(1924—1932),该实验的重要结论是:职工是"社会人"而非"经济人",企业中存在着"非正式组织",新型的领导能力在于提高职工的满足度,存在霍桑效应等。这一结论引起了管理学者对人的行为的兴趣,从而促进了行为科学理论的发展,该理论主要研究个体行为、团体行为与组织行为。

该时期具有代表性的理论成果包括马斯洛(A. H. Maslou)的需求层次理论、赫次伯格(F. Herzberg)的双因素理论、麦克莱兰(D. C. Macleland)的激励需求理论、麦格雷戈(D. M. McGregor)的"X 理论-Y 理论"和波特-劳勒模式等。

马斯洛(A. H. Maslou)的需求层次理论认为:人的需求分为生理的需求、安定或安全的需求、社交和爱情的需求、自尊与受人尊重的需求以及自我实现的需求 5 个层次,当某一层次的需求满足之后,该需求就不再具有激励作用。在任何时候,主管人员都必须随机制宜地对待人们的各种需求。

赫次伯格(F. Herzberg)的双因素理论把影响人员行为绩效的因素分为"保健因素"与"激励因素",前者指"得到后则没有不满,得不到则产生不满"的因素;后者指"得到后则感到满意,得不到也没有不满"的因素。主管人员必须抓住能促使职工满意的因素。

麦克莱兰(D. C. Macleland)的激励需求理论指出,任何一个组织及每个都代表了实现某种目标而集合在一起的工作群体,不同层次的人具有不同的需求。因此,主管人员要根据不同人的不同需求来激励,尤其应设法提高人们的成就需要。

麦格雷戈(D. M. McGregor)的"X 理论""Y 理论"是基于对人性的不同看法而形成的两种理论。他认为,传统理论是以对人性的错误看法为基础的,这种理论把人看作天性厌恶工作,逃避责任,不诚实和愚蠢等。因此,为了提高劳动生产效率,就必须采取强制、监督、惩罚的方法。麦格雷戈把这种理论称之为"X"理论。与之相对的是"Y"理论,其基本观点是:人并不是被动的,人的行为受动机支配,只要创造一定的条件,他们会视工作为一种得到满足的因素,就能主动把工作干好。因此,对工作过程中存在的问题,应从管理上找原因,排除职工积极性发挥的障碍。麦格雷戈把这种理论称之为"Y"理论。他认为"X"理论是一种过时的理论,只有"Y"理论才能保证管理的成功。

波特-劳勒模式由波特(L. M. Porter)和劳勒(E. E. Lawler)合作提出。该模式提出,激励不是一种简单的因素关系,人们努力的程度取决于报酬的价值、自认为所需要的能力及实际得到报酬的可能性,管理者应当仔细评价其报酬结构,把"努力—成绩—报酬—满足"这一连锁关系结合到整个管理系统中去。

20 世纪 40 年代到 60 年代,美国经济水平都得到了大幅度的发展,除了行为科学理论得到长足发展以外,以巴纳德(C. Barnard)为创始人的社会合作系统学派、西蒙(H. A. Simon)为代表的决策学派以及德鲁克(Peter F. Drucker)为代表的经验(案例)学派等蓬勃发展,到 80 年代初发展为十一大不同学派,孔茨(H. Koontz)称其为管理理论丛林。

同一时期,经济的发展、市场的繁荣促使卖方市场开始向买方市场转变。于是,由美国质量管理专家费根堡母(A. V. Feigenbaum)、爱德华·戴明(W. Edwards Deming)倡导的全面质量管理(TQM)"始于顾客,终于顾客"的思想开始引起管理界的重视,并为世界各国广为传播和接受。与其说 TQM 是质量管理,不如说它是以质量为中心的企业管理。质量好坏的评判是由顾客说了算的,因此需要首先从外部了解需要,然后实施内部质量控制,最后落脚于"顾客满意"。

3. 战略管理理论阶段

前面两个阶段关注的重心在企业内部,而战略管理理论研究重点是企业如何适应外部环境的变化。20 世纪 60 年代末到 70 年代初开始,美国企业的外部环境发生了巨大的变化,美国经济内临石油危机,外遇崛起的日本及欧洲的挑战,科技竞争愈演愈烈。管理学界开始重点研究如何适应充满危机和动荡的环境,谋求企业的生存发展,并获取竞争优势。来自战争的词汇——"战略"被引入管理界。

1965 年,安索夫(Ansoff)《公司战略》一书的问世,开启了战略规划的先河。1975 年,安索夫的《战略规划到战略管理》出版,标志着现代战略管理理论体系的形成。该书中将战略管理明确解释为"企业高层管理者为保证企业的持续生存和发展,通过对企业外部环境与内部条件的分析,对企业全部经营活动所进行的根本性和长远性的规划与指导。"他认为,战略管理与以往经营管理不同之处在于面向未来,动态地、连续地完成从决策到实现的过程。

1969 年,劳伦斯(P. R. Lawrence)与罗斯奇(Jay W. Lorsch)合著的《组织与环境》,提出公司要有应变计划,以在变化及不确定的环境中求得以生存;1979 年,卡斯特(F. E. Kast)与罗森茨韦克(J. E. Resenzweig)出版了他们的权变理论的代表作《组织与管理——系统权变的观点》,该理论从长期角度看待企业如何适应环境,认为在企业管理中要根据企业所处的内外条件随机应变,组织应在稳定性、持续性、适应性、革新性之间保持动态的平衡。

迈克尔·波特(M. E. Porter)的《竞争战略》(1980)把战略管理的理论推向了高峰,提出了五种竞争力(进入威胁、替代威胁、买方砍价能力、供方砍价能力和现有竞争对手的竞争)、三种基本战略(成本领先、标新立异和目标集聚)、价值链的分析等许多思想。这些思想被视为战略管理理论的经典,为产业环境分析和企业战略制定提供了方法和工具。这一套理论与思想在全球范围产生了深远的影响。《竞争战略》与后来的《竞争优势》(1985 年)

以及《国家竞争优势》成为著名的"波特三部曲"。

4. 企业再造时代

到了 20 世纪 80 年代,信息技术越来越多地用于企业管理,计算机取代了人的部分职能,三四十年代形成的企业组织结构与流程愈来愈不能适应新的人机环境。管理学界提出要在企业管理的制度、流程、组织、文化等方方面面进行创新。1990 年,迈克尔·海默(M. Hammer)博士在《哈佛商业评论》杂志发表了《改造工作不要自动化,而要推翻重来》的文章,指出了企业在改造中常犯的错误,即运用信息技术加速已落后了几十年(甚至几百年)的工作流程,指出要对流程进行重新思考,并提出了改造的七项原则。1993 年,迈克尔·海默与詹姆斯·昌佩(J. Champy)合著的《再造企业——管理革命的宣言书》中给出了完整的企业再造理论框架。书中指出:现代企业普遍存在着"大企业病",面对日新月异的变化与激烈的竞争,要提高企业的运营效率,迫切需要"脱胎换骨"式的革命,只有这样才能回应生存与发展的挑战;企业再造的首要任务是业务流程再造(business process re-engineering, BPR),它是企业重新获得竞争优势与生存活力的有效途径;BPR 的实施又需两大基础,即现代信息技术与高素质的人才,以 BPR 为起点的"企业再造"工程将创造出一个全新的工作世界。由于其为企业再造领域所做出的理论贡献,海默本人被美国《商业周刊》评为 90 年代最具影响力的"四大管理宗师"之一。

5. 知识管理时代

从 20 世纪 90 年代开始,信息化和全球化浪潮席卷世界,跨国公司力量逐日上升,跨国经营也成为大公司发展的重要战略。全球化经营要求企业具有交流沟通能力以及知识获取、知识创造与知识转换的能力。知识创造、知识获取和知识转换依赖于企业的学习能力,学习是企业加强竞争优势和核心竞争力的关键。知识经济的到来使信息与知识成为重要的战略资源,而信息技术特别是互联网技术的快速发展为获取这些资源提供了技术条件。

在这种背景下,学术界和企业界形成了知识管理研究和应用热潮。在这当中,有三位处于当今知识管理第一梯队的大师级人物,对知识管理领域的开拓和发展作出了杰出贡献。他们是美国管理学教授彼得·德鲁克博士、日本管理学教授野中郁次郎(Ikujiro Nonaka)博士、瑞典企业家与财经分析家卡尔·爱立克·斯威比(karl-erik sveiby)博士。

彼得·德鲁克无疑是 20 世纪最伟大的管理思想家和百科全书式的管理理论大师。20世纪 60 年代初,彼得·德鲁克博士首先指出我们正在进入知识社会,在这个社会中最基本的经济资源不再是资本、自然资源和劳动力,而应该是知识。在这个社会中,知识工作者将发挥主要作用。基于 20 世纪的经济和社会发展主要依赖于产业工人劳动生产率的极大提高这一事实,他提出 21 世纪最大的管理挑战是如何提高知识工人(knowledge worker)的劳动生产率。

野中郁次郎博士深入研究了日本企业的知识创新经验,提出了著名的知识创造转换模式(1991,1995 年)。这个模式已成为知识管理研究的经典基础理论。野中郁次郎特别强调隐性知识(tacit knowledge)和知识环境对于企业知识创造和共享的重要性。

拓展阅读

与上述两位学院派出身不同,作为企业家的斯威比博士对知识管理的研究具有浓厚的实践色彩。管理工作本身以及对知识型上市企业的分析使他最早感觉到知识和以知识为核心的无形资产对于企业兴衰成败的关键作用。他首先发现和定义了知识型组织(Knowledge organization)这一知识经济时代最重要企业组织形态,并开创性地对知识型企业的组织特性、生命周期、治理结构和成功要素等进行了系统性研究(1986,1987,2002 年);他首创了知识型上市企业的分析评估模型以及包括无形资产在内的会计报告系统(1986,1989 年);20 世纪 90 年代后期,斯威比提出以知识为核心的企业发展战略框架(1997,2001 年),并将关于知识型企业的组织理论,包括有形和无形资产在内的监测信息系统统一在知识战略框架之下,形成完整的知识型企业的管理理论和方法体系。

拓展阅读

表 1-1 总结了各阶段管理理论的主要特点。可见,管理理论的发展是一种迭代式的发展,包括广度的扩展和深度的延伸。关注的范围从企业核心的生产部门逐步扩展到跨企业的管理;研究的因素从企业的"硬件"延伸到"人"的因素,再延伸到信息技术;管理的目标从注重企业的效率和生存,发展到企业内部和跨企业协同,最终将是跨企业的价值共享。

表 1-1　各阶段管理理论的主要特点

管理学理论	关注范围	研究重点	主要变量
古典管理	生产工厂	提高劳动生产效率	管理职能、组织方式、管理制度
行为科学	企业内部	提升人的主动性,进一步提高生产效率	人的心理因素、人的行为因素
战略管理	企业内部及外部环境	适应环境,谋求生存发展,并获得竞争优势	环境、价值观、路径
企业再造	内部为主,外部延伸	提高自动化水平,改善改善组织结构与流程,提升企业性能	流程、信息技术、组织行为
知识管理	企业内部和外部	提高企业生存能力和竞争优势,提升企业价值	知识、信息技术、组织行为

概言之,知识管理不是对传统管理学的否定,而是在知识作为重要生产要素背景下,以科学管理、组织行为学、战略管理、组织再造等理论为基础,形成现代管理理论。

信息技术在当代和未来的管理中具有越来越重要的作用,信息既是组织管理的对象,也是管理的工具。根据韦纳(Morbert Wiener,1894—1964)和法约尔管理职能的定义,信息是管理系统内部和系统间交互的中介;同时,管理系统中的"控制"职能是通过信息反馈来实现的。因此,随着信息化和智能化应用的发展,信息技术将越来越深入管理活动之中。

1.1.2　传统管理体系思辨

现在已经进入知识经济时代,但许多企业的管理体系还主要根植于古典管理理论和传统组织行为学。这严重限制了企业的创新能力。

国际著名的质量管理革命先驱戴明博士在晚年深刻认识到传统管理体系对人性的压抑,他指出:"流行的管理体系很摧残人。人与生俱来的,是激情和固有的内在动机、自重、尊严、好奇心和学习的快乐。而摧毁这些的外力从幼儿学步时就陆续出现了，如万圣节最佳服饰奖、学校的分数、金色五角星等等；类似的东西一直持续到大学。在职场，人群、团队、小组被分出等级，位居前列的获得奖励，落在后面的受到惩罚。目标管理、配额、奖金、商业计划，这些加在一起，一步步地加深这种损害——一种尚未得知也不可得知的损害。"

戴明先生后来停止了"全面质量管理"（TQM）的使用，因为他认为，这些词汇已经成为一些工具和技巧的肤浅标签。传统管理体系容易使得经理人、员工形成不求创新，但求无过的工作习惯。正如戴明博士所说"老板与下属的关系，就和老师与学生的关系一样"。老师指定目标，学生朝向那个目标行事。老师有答案，学生努力工作寻找那个答案。只有当老师告诉了学生，学生才知道自己成功了。年仅 10 岁的学生就都知道如何在学校里出人头地，就都知道如何取悦老师——这门"课程"将继续贯穿他们日后全部的职场生涯，一种"取悦老板而忽视改进客户服务系统"的生涯。

管理学大师、学习型组织学说的重要奠基者彼得·圣吉博士将传统的管理体系归纳成八个基本要素[①]。

（1）依赖测量考评的管理（management by measurement）

- 关注短期业绩考核指标
- 排斥无形指标

（2）以服从为基调的文化（compliance－based cultures）

- 靠取悦老板来出人头地
- 靠恐惧气氛管理

（3）围绕结果的管理（managing outcomes）

- 管理层制定目标
- 人们被迫承担完成管理层目标的责任（不管在现有体系和程序内这是否可能）

（4）"正确答案"对比"错误答案"（"right answers"vs."wrong answers"）

- 重视解决技术问题
- 忽视发散性（系统）问题

（5）同质化（uniformity）

- 多样性被视为问题，需要解决掉
- 用肤浅的协议来抑制冲突

（6）可预测性和可操控性（predictability and controllability）

- 管理就是控制
- 管理的五要素是计划、组织、领导、协同和控制

（7）过度竞争与互不信任（excessive competitiveness and distrust）

- 人与人的竞争是实现所要求的业绩的必要条件
- 没有人们的相互竞争就没有创新

---

① 彼得·圣吉.第五项修炼：学习型组织的艺术与实践[M].北京：中心出版社,2009.

(8) 整体的缺失(loss of the whole)

- 肢解分离和碎片化(fragmentation)
- 局部的创新不能得到广泛传播

彼得·圣吉指出,传统管理体系的技能障碍,致使许多组织机构陷入连续不断的救火状态,而没时间和精力从事创新工作。这种混乱和癫狂状态,还阻碍了以价值观为基础的管理文化建设,并为个人攫取权力和财富的机会主义行为打开了方便之门。

戴明和彼得圣吉都深信,传统管理体系的核心问题是致力于使一切趋于平庸。它迫使人们越来越辛苦地工作,以弥补一种缺失,即人们在一起共同工作处于最佳状态时所特有的精神和集体智慧的缺失。

知识经济时代,需要构建一种充分发挥人的潜能,以建立组织持续学习能力为途径、实现组织持续发展为目标的管理体系。

1.2　知识的含义与分类

1.2.1　知识的定义

大多数人对知识的含义都有直觉认识,但是很难对知识给出一个公认的定义。

《韦伯字典》对知识的解释是:①从研究、调查、观察或经验中获取的事实或想法;②学问,特别指通过正规学校教育,经常是通过高等教育获得的知识;③包含有大量学问的书籍。

该定义中知识的含义主要与通过经验和学习获得的事实和想法有关。对于组织而言,可以利用组织内、外部的失败和成功的经验,进行正式的和非正式的学习。

《罗热辞典(Roget's Thesaurus)》中列出了一系列知识的同义词:认识、认知、专家认识、熟悉、经验、视野、默契、见解、熟知、领悟、理解、识别、欣赏、判断、直觉、良知、意识、感知、预知。

这些同义词更好地描述了《韦伯字典》高度概括的定义,将直觉、认知、视野、艺术和感知包括在内,显得更加完整。知识比信息更深入、丰富和广泛。

我国学者关于知识的定义多数是从哲学的角度提出的,如董纯才主编的《中国大百科全书·教育卷》(中国大百科全书出版社 1985 年版,P525)指出:"所谓知识,就它反映的内容而言,是客观事物的属性和联系的反映,是客观世界在人脑中的主观印象。就它反映活动的形式而言,有时表现为主体对事物的感性知觉或表象,属于感性知识,有时表现为关于事物的概念或规律,属于理性知识。"

知识管理中主要强调知识的资源和价值等经济属性。因此,本书采用达文波特(Davenport)和普鲁萨克(Prusak)对知识的定义:"知识是一种包含了结构化的经验、价值观、语境信息、专家见解和直觉等要素的动态的混合体,它为评估和利用新经验与信息提供了环境和框架。它源于知者(knower)的头脑,并为知者所用。在组织中,知识不仅常常内嵌在文件或数据库中,而且还存在于日常活动、流程和规范中。"该定义很好地抓住了知识的价值和难管理的特征。

简单地理解，知识是可用于决策和行动的信息。即知识是决策、预测、设计、规划、诊断、分析、评估和直觉判断的关键资源。它从经验、成功、失败和学习中产生，形成于个人和集体的头脑，并为之共享。

通俗地理解，知识就是"知＋识"。"知"是指个人或组织"知道"的事实，是可表达的或可记录下来的，如知道是什么(know what)、知道为什么(know why)、知道是谁(know who)、知道在哪里(know where)、知道什么时候(know when)等；"识"即"见识、胆识"，是个人或组织在实践中培养起来的、难以言表的直觉、能力和信仰等。

1.2.2　知识的层次

在国外，最早讨论数据、信息、知识与智慧之间关系的，不是数学家，也不是计算机科学家，而是诗人托马斯·斯特尔那斯·艾略特(T. S. Eliot)。他在题为 The Rock(1934)的诗中写道：

"Where is the Life we have lost in living?

Where is the wisdom we have lost in knowledge?

Where is the knowledge we have lost in information?

Where is the information we have lost in data?"

前三句话是他说的，后一句话是好事者加上去的。诗的意思是"信息迷失在数据中，知识迷失在信息中，而智慧迷失在知识中。"

知识、数据与信息之间密不可分，但又不等同，不可以相互替换，它们在组织中所起的作用也不同。不妨通过下面的例子来考察一下三者之间的区别和联系。

例如，某医院陆续接诊了若干例发热病人。医生在诊断和治疗过程中采集了这些病人的姓名、发病时间、活动范围、体温、症状、接触史、生化指标、使用药物、治疗效果等"数据"；医学专家对这些病例数据的综合分析，透露出了一条令人吃惊的"信息"，来源于某区域的具有发热、咳嗽等特征的病人可能感染了一种传染性极强的未知病毒！对这一信息的认知和重视程度，决定下一步的行动。医院在足够重视这一信息的基础上，对这类病人及相关接触者按照甲类传染病(乙类甲管)的处治措施。显然，这时，这条有用的信息就成了医院处治这类病人的"知识"的一部分。

另一个例子是"啤酒与尿布"的故事。美国某连锁超市进行一项客户调研，他们首先通过 POS 机收集了大量的客户购买行为的"数据"，包括客户名、购买时间、购买地点、购买商品名称、购买数量和金额等。然后对这些数据进行分析，发现了意想不到的"信息"，在星期五下午，一次性尿布的销售量与啤酒的销售量存在正相关关系。进一步调查发现：在星期五下午购物的男人们，往往会在购买一次性尿布(按太太的要求)的同时，为他们自己买些啤酒。于是，超市立即采取行动重新安放了一次性尿布和啤酒的位置。显然，这时，这条有用的信息就成了企业所拥有的"知识"。

可见，知识、数据和信息是三个不同层次的概念。数据是由一些描述事实的数字构成，信息就是数据的综合，而知识是起作用的信息。知识、信息和数据之间概念上的混淆往往导致公司花了大量的资金但并没有得到预期的回报。公司常常直到投入了大量资金的项目以失败告终时,才真正理解他们到底需要什么。而通过对数据的收集、对信息的分析、对知识的运用,往往会给公司带来意想不到的收获。

掌握这三个概念不同的含义,以及如何相互转化对知识工作的成功是非常关键的。下面对三者做一个简明的分析比较,在此基础上找出影响从数据到信息以及从信息到知识转换的因素。

1. 数据

数据通常是关于事项的结构化的记录。在上述的传染病接诊案例中的数据包括:病人姓名、接诊日期、体温、检测记录、临床治疗记录等。当一个客户到加油站给其油箱加满油,这一事项可被部分地描述为数据:他什么时候加油? 加了多少? 付了多少钱? 但这些不足以说明他为什么选择这家加油站,他有多大可能成为回头客。对加油站来说,这些事实不能说明加油站是否运转良好。管理大师彼得·德鲁克(Peter Drucker)曾经说:"信息是赋予了背景和目标的数据。"这说明数据本身不包含背景和目的。

对于企业等组织而言,数据是经营管理活动中产生的。例如,连锁超市的销售业务产生客户购买记录;供应链管理活动产生采购记录、库存记录和物流记录等;生产管理活动产生物料清单、产品记录、质检记录、出入库记录等;人事招聘、考核、解聘等活动产生人事记录……有些组织严重地依赖数据,如银行、保险公司、公共事业以及政府统计部门,有效的数据管理是它们成功的关键。现代数据库技术为组织有效管理它们的数据提供了技术条件。

企业等组织除了有数据库管理的结构化数据外,还存在大量的文档、图片、语音、视频等多媒体数据。从存储量来看,组织的非结构化数据远远多于数据库中的结构化数据。

数据是组织的一项重要资产。从某种程度而言,数据资产比实体资产更重要。大规模数据资产一旦毁坏,几乎无法恢复。数据对组织非常重要,主要是因为它们是产生信息的原始材料。

2. 信息

与数据不同,信息有具体含义。例如,上述案例中的"来源于某区域的具有发热、咳嗽等特征的求医者可能感染了一种传染性极强的未知病毒!""在星期五下午,某超市的一次性尿布销售量与啤酒销售量存在正相关关系。"这些信息不仅对接收者施加影响,让接收者明确一些事情(减小不确定性),而且是为一定的目标而组织起来的。信息管理专家霍顿(F. W. Horton)给信息的定义是:"信息是为了满足用户决策的需要而经过加工处理的数据。"简单地说,信息是经过加工的数据,或者说,信息是数据处理的结果。可以用多种方式通过增加价值来把数据变成信息。以下是一些重要的方法,它们在英语中都以 c 开头的。

(1) 加入语境(contextualized),知道数据为何收集。

(2) 分类(categorized),知道数据的主要成分,并可划分为分析的单元。

(3) 计算(calculated),用统计或数学的方法进行分析。

(4) 改正(corrected),从数据中剔除错误。

(5) 压缩(condensed),用更简练的方式总结数据,如生成报表。

计算机能够帮助我们把数据变成信息,但它在加入语境方面往往爱莫能助,而且还需要人的参与来对数据进行分类、计算和压缩。

信息的作用要通过传播才能具体体现。信息的传播需要载体,信息在组织中通过间接或直接的方式传播。直接的方式是指信息发送者和接收者面对面地交流。间接的方式是指借助于中间媒体(如书信、电话、互联网等设施)进行传播。信息的作用是改变接收者对某事物的印象,对其判断和行为产生影响。例如,政府通过信息透明可以改变人们对突发事件的反应态度和行为方式;电子商务平台通过实现信息对称来引导消费者的购买行为和动态管理供应链。

信息在表示上,通常是非结构化或半结构化的,如语句、表格、统计图等,其颗粒度比数据要大。结构化数据的颗粒大小通常为一条记录,最小颗粒度为字段。

3. 信息与知识的比较

信息本身并非知识,只有当人们通过体验、解释和沟通等方式对信息进行积累和加工时,才可以得到知识。《韦伯字典》把信息解释为"用来通信的事实,在观察中得到数据、新闻和知识。"英国的《牛津字典》认为"信息就是谈论的事情、新闻的知识",日本的《广辞苑》中说:"信息是所观察事物的知识。"显然,上述说法尽管不完全一致,但把知识作为信息的基本内容则是人们对信息与知识关系的共同认识。

在组织业务环境中,人们普遍认为知识就是可用于行动的信息。知识能够帮助预测、建立临时关系或对要做的事情做出预测性的判断,而信息只是一些事实。表 1-2 对比说明了信息和知识的一些区别。

表 1-2　信息与知识的比较

信　息	知　识
经过处理的数据	可用于行动的信息
只提供事实	有助于预测、建立临时关系或对要做的事情做出预测性判断
清楚、明晰、结构化和简单	混乱、模糊,部分未被结构化
易于以书面方式表达	直觉的,很难交流或用语言描述和表达
通过数据关联和计算获得	存在于联系、人际对话、经验性直觉和解决问题的能力中
缺乏所有者依存性	存在于所有者大脑中
信息系统可以很好地处理	还需要非正式渠道,如非正式的交流
理解大量数据含义的关键资源	决策、预测、设计、规划、诊断、分析、评估和直觉判断的关键资源
从数据演变而来,以数据库、书籍、手册和文件的形式存储	产生于个人和集体的头脑中,并为之共享,随着时间的推移从经验、成功、失败和学习中产生
被形式化、获取和显性化,易于包装为可再利用的形式	多形成于人的头脑中,从经验中得来

大部分知识都不在文档和数据库里,而是在组织中人的头脑中,隐含在事物联系、人际对话、基于经验的直觉和解决问题的能力中。它是混乱和直觉的,很难交流或用语言描述和表达。这些隐性的知识只有很小的一部分被保留为数据库、书籍、手册、文件和演讲稿,其余大部分都存留在人脑中。

知识的形式化表示难度较大,通常表现为实体及它们之间关系的网状结构。例如,关于某疾病的知识至少包括症状、发生部位、诊断手段、病理特征、治疗手段等实体;这些实体之间,如症状与部位、部位与诊断手段、诊断手段与病理特征、病理特征与治疗等存在某种关系。我们通常以实体为节点,以关系为边形成的网络结构表示知识。

4.知识的层次性总结

有的学者将广义的知识再区分为知识和智慧两种。于是,形成了数据、信息、知识和智慧四者之间的层次关系,上层常是下层的加值产品,如图 1-1 所示。图 1-2 为四者的价值随其隐性程度(或获取的困难程度)的增加而增加的示意图。

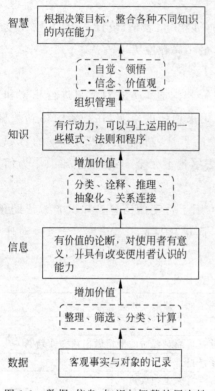

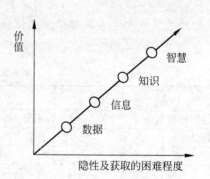

图 1-1 数据、信息、知识与智慧的层次性   图 1-2 数据、信息、知识与智慧的价值与隐性程度

智慧就是个人或组织面对复杂的问题时,能够正确地运用各种数据、信息、知识,基于自己的目标做出最优化决策的能力。智慧让人"做正确的事",知识让人"正确地做事"。

企业管理的三个层次(业务层、管理层和决策层)与数据、信息、知识和智慧的层次存在一定的对应关系。业务层产生数据,业务层员工存在大量的数据录入工作;管理层通过对业务层数据进行综合分析,形成管理信息,用于所负责工作的计划、组织、领导、协调和控制,并形成各种报表和报告汇报给高层决策者;高层决策者根据来自企业内、外的信息,结合自己的经验、直觉等相关知识和智慧进行决策。正所谓小生意靠信息,中小企业靠知识,做大做强要有智慧。

实际上,客观世界与人的互动程度,正是数据、信息和知识的区别所在。知识的形成最能体现这种互动关系,信息次之,数据再次之。因此,数据、信息和知识三者并非截然分离,而是依据互动关系的强弱广泛分布在一个连续集上。图 1-3 所示的漫画,非常生动地展示了数据、信息、知识、智慧之间的关系。

图 1-3　数据、信息、知识、智慧之间的关系

1.2.3　知识的分类

下面从知识可呈现的程度和依附主体两个角度考察两种最基本的分类结构。

1. 可呈现程度:显性知识和隐性知识

学者波拉尼(1958,1966)及野中郁次郎和竹内(1994)将知识分为显性知识和隐性知识。这种分类结构是知识管理领域中最重要的、被广大学者所接受的知识分类结构。

(1)显性知识,是指可以用文字、数字、图形或其他符号清楚地表达出来的知识,即知识中"知"的部分。如手册、书本以及知识库系统中记录的知识。

(2)隐性知识,是指高度个性化,只可意会,难以形式化、记录、编码或表述的知识。隐性知识的组成要素包括直觉、经验、真理、判断、价值、假设、信仰和智能等,即知识中"识"的部分。

隐性知识往往是个人或组织经过长期积累而拥有的知识,难以言传。例如,技术高超的厨师或艺术家可能达到世界水平,却很难将自己的技术或技巧表达出来与人共享。

最早关于隐性知识的论述出现在《周易·系辞上》:"子曰:'书不尽言,言不尽意,然则圣人之意,其不可见乎?'"意思是,孔子说:"文字不能把想说的话都全写出来,话也不能把心中的思想都全说出来。那么,圣人的思想就不能完全了解了吗?"圣人的思想是隐性知识,难以用书写和语言表达清楚,要完全了解圣人的思想需要通过别的方式去领悟。

学者蒂瓦纳(Tiwana,2001)更详细地将隐性知识与显性的知识以不同特性进行区分,如表 1-3 所示。

表 1-3　隐性知识与显性知识的对比

特　　性	隐 性 知 识	显 性 知 识
本质	自觉、想象力、创意或者技巧,无法清楚说明,相当主观	可编码呈现,可清楚说明,较客观
正式化程度	不容易文件化、记录、传递和说明	能通过编码利用正式的文字、图表等有系统地进行传播
形成的过程	由实践经验、身体力行及不断试验中学习和积累	对于信息的研读、了解、推理与分析

续表

特　性	隐 性 知 识	显 性 知 识
存储地点	人类的大脑	文件、资料库、图表和网页等地方
媒介需求	需要丰富的沟通媒介,例如面对面沟通或通过视频会议传递	可以利用电子文件传送,如 E-mail、FTP,不需要太丰富、复杂的人际互动
重要运用	对于突发性、新问题的预测、解决并创新	可以有效地完成结构化的工作,例如工作手册的制定

需要说明的是,隐性与显性并非绝对二分法,大部分的知识都同时具有隐性与显性的部分,只是程度上的差异而已。因此,这是一个连续性的光谱(spectrum)。现以图 1-4 来举例说明(图中只是举例使用,并无实验证实)。

图 1-4　隐性知识与显性知识的光谱示意图

(资料来源：林东清)

图 1-4 表示,贝多芬和毕加索也许只能将其隐性的创作知识表达出 10％而已；武功大师在秘籍上也许只能将其招式的精髓表达出 30％；项目团队事后总结会所提出的报告也许只能将当事者所有经历过的大大小小的杂事、心得、教训表达出 50％；心脏病医师诊断的步骤、逻辑、法则及临床应变的知识也许能表达出 70％；而知识管理教科书的写作可能将作者的知识管理的观念呈现了 80％；PC 安装手册则可以清楚表达安装知识的 95％。

显性知识和隐性知识的划分突破了过去人们对知识的认识,将还未经系统化处理的经验类知识给予了承认。如果说显性知识是浮现在水面上的冰山的尖端,那么隐性知识则是隐藏在水面以下的大部分。它们虽然比显性知识难发觉,却是组织财富的最主要源泉。知识管理中的一个重要观点,就是隐性知识比显性知识更完善、更能创造价值,隐性知识的挖掘和利用能力,将成为组织成功的关键。

2. 依附主体：员工个人知识和组织知识

莱昂纳德-巴顿(Leonard-Barton,1995)将知识分为员工个人的知识与内含于组织实体系统的知识,也就是组织知识。

(1) 员工个人知识

员工个人知识是指员工自己的知识,包含技能、经验、习惯、自觉、价值观等,属于员工可以带走的东西。例如,某些员工的计算机维修能力很娴熟,某些员工的文字处理能力特别强。这些知识都是属于员工自身的。例如,某位优秀的资深会计师如果离职或过世,则属于他个人的那些优秀财务管理知识也就不存在了。

柯林斯(Collins,1993)把员工个人知识分为观念型知识和经验型知识。

员工的观念型知识是指内含于员工内心中的一些知觉能力、概念性知识等。例如,能察觉到公司已逐渐无法适应外部环境的变化而出现了危机,这就是一种心智模式的诠释能力。这些能力常常需要通过广度的教育与心智模式的推理分析,即由"分析中学习"(learn by analysis)才能获得,而不是通过某些技术性的模仿或训练可以得来的。

员工的经验型知识是员工通过"干中学"(learning by doing)的方式获取。例如,一位员工经过长期的实践工作而获得如何精确地判断精密仪器故障的能力。

(2) 组织知识

组织知识是内含于组织实体系统中的知识。例如,组织内优秀的作业流程、信息系统、组织文化与团队协调合作,这些都是员工个人无法带走的知识。例如,一家公司的作业流程设计得非常好,即使公司里的某些工人或经理离职了,公司优秀的作业流程依然存在,并不会因此而消失。

组织知识又可以分为内部知识和外部知识。内部知识包括内含于组织文化的知识和内含于组织运作的知识。组织外部知识是指关于供应商、竞争对手、市场环境、合作伙伴等外部对象的知识。

柯林斯(Collins,1993)将组织内部知识又分为内含于组织文化的知识和内含于组织运作的知识。

内含于组织文化的知识是组织日积月累所形成的组织文化、共识和价值观。这些都是组织员工带不走并内含在组织里的知识。例如,优良的团队精神、顾客至上、开朗、创新等文化体系。这种知识经常通过组织文化的形成而逐渐成形。

内含于组织运作的知识是指内含于组织例行作业流程内的分工、协调和合作的知识。例如,有效率的生产线、服务、IT 结构。这种知识是通过组织不断地学习、改进所形成的集体知识。例如,两家公司虽然拥有相同的设备、人员及投资,但是两家的生产效率、信息化绩效和客户服务效率不同,它们表示的内涵于运作流程中的知识质量的优劣也就不一样。

要指出的是,为组织工作的员工,其个人知识在事实上也属于组织,应纳入组织知识管理的范畴。

3．其他知识分类结构

学者从知识的管理方法和使用目的等不同的角度提出了不少于 20 种知识分类结构。如联合国经济合作与发展组织在《以知识为基础的经济》的报告中,从知识使用的角度将"知识"归纳为四种类型:事实知识(know-what)、原理知识(know-why)、技能知识(know-how)和人力知识(know-who)。目前,许多知识管理理论都采用这种知识分类方法。

学者贝克曼(Beckman,1997)把知识分成理论知识和实践知识。理论知识是指利用科学、客观的方法搜集资料证据,并加以归纳、分析及验证后所得到的一种概念性的知识。例如,经济学的供需理论,组织行为学的期望理论和激励理论。它可以通过演绎、推理进行解释、预测并了解社会的现象。实践知识是指个人通过对某一特定事件、工作上的实际经历,在实际工作中学到的程序性知识、经验法则、教训及因果关系等知识。实践知识是一种抽象化程度较低,详细、复杂、隐性的知识。

在不同的学科或应用领域中,对知识有不同的分类方法。在人工智能研究领域,知识被分为事实、规则和规律。事实是指人类对客观事物属性的值或状态的描述。规则指可以分为条件和结论两部分,用来表达因果关系的知识。由于一条规则的结论可以成为另一条规则的条件,因而这类知识可以形成推理链,使得这种知识得到广泛的应用。规则又可分为不带变量的规则和带变量的规则。规律是特指带变量的规则,变量可以实例化不同的值,因此可以从一条规律引出多个具体的不带变量的规则。

1.3 知识管理的含义

知识作为现代企业的核心资源,有别于传统企业的实体资源和人力资源。知识管理与传统管理也具有很大的差别。

1.3.1 知识管理的定义

1. 多种观点

到目前为止,学术界还没形成对知识管理的公认定义。学者们对知识管理的定义有三种主要的观点。

第一种观点认为知识管理的焦点是对信息的管理。持这种观点的研究者认为知识是一种对象,并可以在信息系统中被标识和处理。他们从信息管理系统、人工智能和群件等的设计、构建过程等角度进行研究。这一观点由于得到 IT 技术发展的支持,发展很快。其中,较具有代表性的有:美国生产力与质量研究中心(APQC)认为,企业知识管理是为了提高企业竞争能力而对知识的识别、获取和充分发挥起作用的过程;英国的加特纳(Gartner)集团公司则认为"知识管理是发现、管理和分享企业信息资产所提供的一条综合途径,这些信息资产包括数据库、文献、策略、程序和未成文的存在于员工中的技能和经验";马斯(Masie)的定义是,"知识管理是一个系统地发现、选择、组织、过滤和表达信息的过程,目的是改善雇员对特定问题的理解"。魏格(Wiig)指出知识管理主要涉及四个方面,自上而下地监控和推动与知识有关的活动,建立和维护知识基础设施,更新组织和转换知识资产,使用知识以提高其价值。

这种观点把知识管理看成一种技术手段,而不是管理理念。实施的重点在于建立诸如知识库、知识管理系统之类的知识基础设施,而忽视知识管理的组织和配套制度建设与控制,导致的结果是知识基础设施的成效低,后续发展难以持续。

第二种观点认为知识管理的焦点是对人的管理。这种观点从人类个体的技能或行为的评估、改变等过程进行研究。该领域的研究者一般有着哲学、心理学、社会学或商业管理的教育背景。他们看来,知识是一个不断改变的、涉及技能的一系列复杂的、动态的过程。这些人在传统上,要么像一个心理学家那样热衷于对个体能力的学习和管理方面进行研究,要么像一个哲学家、社会学家或组织理论家那样在组织的水平上开展研究。这个思路非常古老,而且发展得也不太快。其中具代表性的有:美国 Dell 集团创始人之一卡尔·菲拉保罗(Carl Frappaolo)从知识管理的目的出发,认为"知识管理就是应用集体智慧提高应变和创新能力",是为企业实现显性知识和隐性知识共享所提供的途径。卡尔·斯威比(Karl. E. Sveiby)则从认识论的角度将知识管理定义为"利用组织的无形资产创造价值的艺术"。

这种观点下知识管理的实施"虚"多于"实",以观念为主,可操作性较差。

第三种观点综合前两种观点,认为知识管理的核心要素包括人、组织和技术。约格什·马尔霍特拉(Yogesh Malhotra)认为"知识管理是当企业面对日益增长的非连续性环境变化时,针对组织的适应性、组织的生存和竞争能力等方面的一种迎合措施"。本质上,它包含了组织的发展进程,并寻求将信息技术所提供的对信息和数据的处理能力以及人的发明创造能力这两个方面进行有机的结合。依莱亚斯·萨夫蒂(Elias Safdia)和雷·爱德华(Ray Edward)认为"知识管理是使人、过程以及技术完美结合起来,以使组织机构的与信息相关的成分,变成能为企业带来价值、优势和利益的直观动态的知识财富集合。知识管理是一种文化、生活方式,或者说是一种做事的方式"。这种观点得到了越来越多的研究者的认可,逐渐成为知识管理研究和实践的主流。

2. 本书的定义

本书认同上述的第三种观点,认为知识管理是知识经济时代组织以知识为核心的管理理论,把知识管理定义为:组织为了提高生存能力和竞争优势,建立技术和组织体系,对存在于组织内外部的个人、群组或团体及组织的知识,进行系统的定义、获取、存储、分享、转移、利用和评估等,确保组织成员能够随时、随地获取恰当的知识,以便采取正确的行动。

这个定义明确了组织知识管理的内容、活动、目的和目标。知识管理的要素可以用HOTP 表示,H 代表人(human),O 代表组织(organization),T 代表技术(technology),P 代表流程(Process);知识管理的内容就是建立支持各种知识管理活动的技术和组织体系;知识管理流程包括知识的定义、获取、存储、分享、转移、利用和评估等活动,知识管理的目的是提高组织的创新能力和服务能力;知识管理的目标是确保组织成员能够随时、随地获取正确的知识,以支持组织的经营管理活动,进而高效实现组织目标。

从定义上理解,知识管理的基本内涵主要包含以下几个方面。

(1)知识管理的目标应与组织的目标相一致,即创造价值

从组织管理的角度出发,特别是在现代经济社会中,组织以其价值的创造为基本目标是一个更为接近现实的假定。任何管理都是组织实现其目标的手段。知识管理通过组织成员高效获取正确的知识,采取正确的行动,提高效率,从而更高效地实现组织目标。

(2)知识管理是一个动态的过程

知识管理包括知识获取、知识共享、知识创新和知识应用等活动。但不应刻板地认为这些活动的顺序是不可改变的。任何知识管理的过程都应该是各个阶段的不断重复,而它们相互之间的顺序也视具体情况而定。

(3)知识管理融合于组织的一切活动之中,"组织成员能够随时、随地获取恰当的知识,

以便采取正确的行动"

知识管理是一种现代管理思想,是贯穿于组织一切活动的管理活动。脱离于组织目标与任务的,为知识管理而进行知识管理是没有意义的。

(4)组织的知识管理不仅涉及组织内部的知识,还应注重组织外部的、与组织的各种活动有关的知识

在组织与其外部的其他组织或个人的互动中,组织不仅可能获取知识,而且可能通过知识的共享和转移来提高组织的创造价值的能力。组织学习显然不能局限于组织范围之内,而是必须扩展到组织的外部,扩展到一切可能发掘和利用知识的范围。

(5)知识管理是一种管理思想,需要一个管理体系支撑

知识管理是以知识为核心的现代组织管理思想。知识管理目标的实现,需要有相应的技术系统、组织体系的支撑,知识才能够融入组织流程、系统和控制之中。

总之,知识管理与传统管理不是对立的,是对传统管理的扩充和发展。知识管理依托技术系统和组织系统,将知识的管理理念、方法渗透到组织全面的管理中去,从而更高效地实现组织目标,提升组织价值。

1.3.2 组织知识管理的目的

知识活动存在于企业的各个层次。学者们从各个层次与角度对组织进行知识管理的目的提出了不同的看法,有的重视知识管理的流程目的,有的则重视经营效率、竞争优势和财务绩效。下面将以一个层次性的结构将知识管理的目的由直接到间接,共分6个层次进行整理和归纳,如图1-5所示。

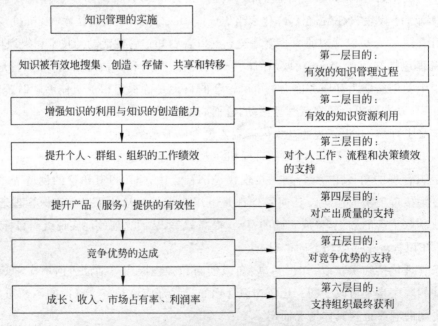

图1-5 组织知识管理目的层次结构图

1．第一层目的：有效的知识管理过程

利用知识管理，可以有效地促进组织内外重要知识的搜集、创造、存储、分享与转移。

2．第二层目的：有效的知识资源利用

知识管理的主要目的是通过有效的知识管理达成下列两个目的。

（1）知识的利用：充分利用组织目前所掌握的有价值的知识，增加知识的流量并发挥其潜在价值，不要埋没、浪费与忽视。例如，能否有效地应用已有知识，发挥智力资产和专利权的市场价值等。

（2）知识的创新：提升组织对新知识的开发与创造能力，增加知识的存储量，这样才能永远领先对手。例如，是否具有比对手更快的产品创新和上市的能力。

3．第三层目的：对个人工作、流程和决策绩效的支持

通过上述两个知识利用的目的，组织的知识管理应具有下列支持功能。

（1）支持并提升员工个人与群组在工作、决策、问题定义和解决等方面的能力。例如，降低工作重蹈覆辙与重复投资的浪费。任何工作决策、问题解决都能利用最好的知识。

（2）支持组织业务流程和学习文化。

① 利用知识支持组织中各业务流程（包括生产、营销、研发等）的卓越性，包括下述的 3 种能力。

第一，效率，即"正确地做事"。使组织具有"最少的投入，最多的产出"的能力。

第二，效果，即"做正确的事情"。促进组织能找到对组织最有价值的工作与方向的能力。

第三，创新，即"做创新的事情"。促进组织不断地创新与学习。

② 促进组织学习的文化，利用知识管理的实践群组促进组织学习、开放、交流、分享、团队合作及创新研发的文化与精神。

4．第四层目的：对产品质量的支持

（1）利用知识提升产品（服务）的内容与质量。

（2）利用知识加速产品（服务）上市的时间。

（3）利用知识准确掌握市场变化和顾客的需求。

（4）利用知识快速反应产品需求的变化。

5．第五层目的：对竞争优势的支持

（1）利用知识形成并强化难以模仿的核心能力。

（2）利用知识形成并强化组织掌握商机的能力。

（3）利用知识提升对环境变化（包括市场、科技、经济、政治、竞争对手和供应商等）的快速反应的能力。

（4）利用知识提升打击竞争对手的能力，形成进入者障碍、替代品障碍并抓住顾客。

6．第六层目的：支持组织最终获利

这是组织生存的最终目的。知识管理的实施到最后应该能增加组织的收入、提高市场占有率和获利率。

1.3.3　组织知识管理的目标

组织知识管理的理想目标是实现适当的知识在适当的时间传递给适当的人,使其能做出最佳的决策。换言之,就是组织知识工人能在任何时候、任何地点获得所需要的知识,以帮助他们的行动。

关于知识管理目标的理解,强调以下三点。

(1) 由一系列子目标组成

理想目标是组织知识管理追求的最终目标。理想目标的实现不是一步到位的,而是通过一系列的项目,逐步实现各阶段子目标,分步逼近。

(2) 实现任何时间、任何地点的知识访问

知识管理的理想目标需要支持现代企业跨空间的业务特点,支持任何时间、任何地点的知识访问。移动智能终端在知识管理中普遍得到了应用。

(3) 实现跨组织的智慧

组织(或跨组织的战略联盟)能具备高度的智慧,能快速有效地反映环境的各种变化,并能准确地发现及掌握契机。

知识的运用程度及其贡献的大小,以及不同组织的进化程度,可以用如图 1-6 所示的二维方格图来表示。组织知识管理的成效可从如图 1-6 所示的方格图来衡量,现以下列几个案例进行说明。

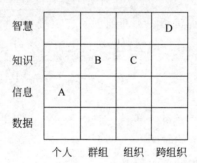

A:个人的信息处理
B:群组的知识处理
C:组织的知识处理
D:联盟的智慧(组织知识管理的终极目标)

图 1-6　组织知识运用程度与价值贡献的方格图

① 个人的信息处理(方格 A):组织内的员工大都只是通过信息的分析被动地对内外部环境的变动做出反应,没有主动地创造和学习知识,也没有利用团队创造群组知识,这表示该组织对知识管理的不重视和无知,对于未来生存的危机会逐渐地显现出来。

② 群组的知识处理(方格 B):此种组织倾向地方分权和自主团队的文化。此时群组通过成员间知识的分享与交流创造出集体知识,但各团队之间未能有效地整合各团队的知识形成组织整体的知识与能力,仍存在各自为政、各立山头的问题。

③ 组织的知识处理(方格 C):此时组织的内部知识管理实行绩效良好,能有效地利用知识的杠杆作用支持各项经营能力,并具有创造新知识的积极性,但仍处于单打独斗的阶段,不能与外部环境的伙伴或顾客进行标杆学习或结成知识交流的战略联盟。

④ 跨组织价值网络的联盟与智慧(方格 D):这是组织知识管理的终极目标。它不仅在组织内部将知识管理完整实施,并且能与外部的学术研究单位、供货商、顾客、协力厂商、战略伙伴和市场调查单位等团体有效地交流知识,进而形成一个知识的价值网络。该网络能快速、低成本、有效地获取大量和有价值且本身所无法创造的知识,并从彼此不断地互动中学习到可以精准地预测未来、快速地反应并掌握先机的智慧。

1.4 为什么需要知识管理

随着经济的全球化和互联网的普及,企业之间的竞争越来越趋于同一市场空间的竞争。企业价值的核心和企业核心竞争力不再是大工业时代基于原材料资源和机器设备的生产能力,而是基于知识的创新能力。下面从组织面临的外部压力、内部管理需要、知识价值观点三个方面阐述组织为什么要进行知识管理。

1.4.1 外部环境的压力

全球化的竞争环境,迫使组织加强其核心资源的管理,提高市场反应速度、提高产品和服务质量,从而提高其竞争能力。

(1) 全球化、快速化、动态化的激烈的市场竞争压力

从 20 世纪末期开始,信息技术飞速发展,消费者的信息越来越灵通,个性化需求逐渐增多,整个市场要求的产品质量、产品多样化、服务需求、响应市场的时间及产品生命周期等都发生了很大的改变,如图 1-7 所示。这样迫使企业必须不断地以更快速、更高的质量及更加节省成本的方式进行经营。

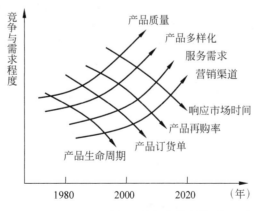

图 1-7 企业市场环境的变化趋势图

为达成这些目标,企业必须拥有优秀的作业流程知识、市场知识、客户知识及产品服务知识,才能形成反应快、效率高的组织。否则,在这个迅速淘汰的战场上,企业将比过去更难生存。

(2) 知识成为 21 世纪最重要的经济资源

彼得·德鲁克曾指出,"知识社会真正起决定性作用的'生产要素'既不是资本,也不是

土地或劳动力,而是知识。只要有了知识,土地、劳动力与资本就会纷至沓来"。当今社会越来越信息化、知识化,人们更加关注自然资源利用背后的知识和机器背后的知识。也更加深刻地认识到,正是这些知识导致了企业之间巨大的差异。正是那些被浩如烟海的信息所掩盖的知识的稀缺性,才是经济发展的瓶颈。

知识不仅是企业用以经营获利的资源,更是企业最重要的战略资源。之所以如此,不仅是因为企业内部的知识积累是解释企业获得超额收益和竞争活力的关键,企业的知识存量还决定了企业创新的能力,从而最终在企业产品及市场能力中体现出竞争优势。

1.4.2　企业竞争与生存的需要

组织拥有的难以被竞争对手所模仿的,包括组织资本和社会资本在内的隐性知识,是企业绩效与长期竞争优势最深层的决定性因素。它决定了企业识别、发现、把握、发挥乃至创造未来机会的能力,决定了企业利用、配置、整合、优化、开发与保护资源的能力,从而决定了企业有序、协调、有质量和可持续发展的能力。

1. 知识的利用可以产生竞争上的差异化,并使对手难以模仿

传统的设备、资金、技术、信息科技由于是较明确的实体资产,加上全球化的结果,使得资本、劳动力、土地、设备与技术的流通性大为提高,组织几乎唾手可得,因此这些资产较容易被对手所模仿。

知识是组织中最难模仿的核心竞争优势来源。由于知识的背景相关性和主题相关性,任何企业都很难兼顾所有的领域。所以,企业必须致力于固守自己最优秀的核心能力,即不断地进步、吸纳并使用丰富的知识进而整合在组织的核心领域中。这样,企业利用知识的力量产生各种不同的差异化战略、经营模式和产品服务,从而领先于对手、抓住顾客。

又由于知识本身深植于企业文化和管理制度中,这也是难以模仿的。例如,某家企业的客户服务在全世界中是最优秀的。是如何做到的呢?其中包括了许多流程、步骤、员工、决策和战略等因素的交互影响。所以其优势并不是因为单一的某项设备、某个流程或组织团队就可以形成的,很难明确地找出是哪一项特定的主要影响因素,这样,对手如果想要模仿便显得非常困难。

有形资产就像厨师做菜时所需要的食材。每位厨师选用的食材虽然相同,但味道却相差很多,差异之处就在于厨师综合选用食材和特有的烹调知识有所不同,这样所产生的绩效也将有所不同。

2. 知识管理直接影响企业的生存能力

戈尔德(Gold,2001)等人的研究表明,企业知识管理的绩效最直接影响企业绩效的方面包括:创新能力、掌握商机能力、快速反应环境变动的能力、内外部协调能力、内部流程的有效性和产品上市的速度等,而这些都是现代企业在动态环境下最重要的生存能力。

3. 知识管理缺失的后果

为了更容易理解知识管理的必要性,表1-4列出了企业知识管理缺失带来的严重后果。

表 1-4 知识管理缺失的后果

缺失项	描　　　述	后　　　果
知识定义失败	公司不知道自己已有什么知识。	没有利用现有的知识,重复投资开发已存在知识所产生的浪费。
知识传播的失败	员工无法及时找到重要的已有知识;学到了经验但没有分享;没有从失败中获得教训;优秀员工的专业技能没有分享。	不同地区之间执行情况不一致;相同的工作每次的绩效都不相同;重复失败;缺乏应用已有知识的能力。
隐性知识的流失	因员工的离职而流失了最重要的顾客、伙伴关系、最佳业务,甚至利润,某些核心员工的流失损害了组织的整合能力。	重要的隐性知识只掌握在几个关键员工身上,重要能力很容易流失,甚至流向对手。
知识囤积	员工为了工作安全感、升迁,不愿分享知识。	越好的知识越不流传。
缺乏学习	既存的流程、经验法则、知识、技能已过时,且没有人去更新。	没有效率的经营模式与流程仍然继续运用,还在使用过时了的经验和方法。

在知识经济时代,知识管理缺失,意味着成本高、效率低,缺乏竞争优势,难以在高度竞争的环境下生存。因此,知识管理是现代企业成功的必要条件。

1.4.3　知识的经济价值

知识经济时代,企业价值主要来自知识。从知识的本质引申出下列两个重要的经济观点。

(1) 知识利用的报酬率递增,即知识是一种存在于任何地方、潜力无穷、不会磨损的珍贵资源,组织无法忽视或漠视其存在。

传统有形资产利用的人越多,价值就会因分享而递减,但知识不会有折旧和磨损的情况,并且使用的人越多,就越能发挥其价值。使用知识的人越多,通过补充、强化、验证、改正、改善和运用,就越能提高知识的正确性与丰富度,其价值也就越高。知识成本只发生在创造研发阶段,一旦知识产生后需要复制、传播并分享知识时,就不再需要投入巨额的成本。尤其是网络世界的来临,知识可以通过互联网快速、低成本地传送。

(2) 知识是形成企业智力资本(intellectual capital)和无形资产(intangible asset)的主要源泉,企业的价值大多是依靠无形资产的贡献,如图 1-8 所示。

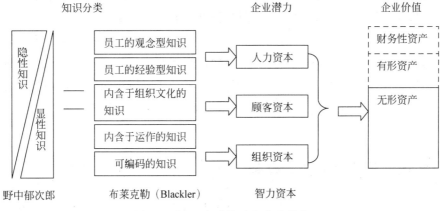

图 1-8　知识、智力资本与企业价值

(来源:埃森哲顾问公司,1995)

图 1-8 显示了以知识为核心的智力资本与企业无形资产的关系。各种知识创造出优秀的员工能力、优秀的顾客合作关系、优秀的内部流程结构及管理制度,而这些无形资本可以创造出组织难以被模仿的创新和反应能力等重要的竞争优势,进而提升组织的无形价值。

1.5　知识管理的研究内容与发展趋势

1.5.1　知识管理的应用范围

知识管理是一种现代管理思想,适用于一切现代组织,特别是知识密集型组织。从研究范围上来看,知识管理可以分为社会知识管理(KM of society)、科学知识管理(KM of science)和组织知识管理(KM of organization)。

1. 社会知识管理

社会知识管理着重研究社会文化中的知识流程,包括社会文化内部以及不同社会文化之间知识传递的机理和规律等宏观问题。这一知识管理分支在很大程度上得益于教育学、政治学、认知人类学和知识经济学等相关学科的研究成果。

2. 科学知识管理

科学知识管理着重研究科学知识的生产,旨在探索和改进科学团体和实验室的知识流管理,是知识管理领域最为古老的分支,至少已有 70 年的历史。其研究内容包括科学团体如何接受和拒绝知识,知识在不同学科之间传递时专业术语的影响等问题。这一知识管理分支在很大程度上得益于科学学、科学认识论(epistemology of science)、科学社会学、元科学、社会认识论,科学史尤其是情报科学的研究成果。

3. 组织知识管理

组织知识管理是知识管理领域产生最晚却发展最快的分支,包括公司知识管理、非营利机构的知识管理、政府知识管理和教育机构知识管理四个方面。研究通过改进知识流程提高组织效率和竞争力的机理与规律,包括知识的财务评价、组织创新的促进、建立基于知识资源的经济模型等问题。这一知识管理分支在很大程度上得益于管理科学、组织科学、财务管理、经济学、情报科学、人力资源管理和信息技术等研究成果。

在知识管理的所有分支中,公司知识管理最为活跃,也最引人注目,所以人们常常将知识管理视为公司知识管理的同义语,并将公司知识管理产生的日期定为知识管理的正式诞生日。目前知识管理已在全世界范围内全面推行,各公司纷纷将知识管理视为公司应对信息过载和知识经济挑战的一项重要措施。本书后续内容在没有特殊说明的情况下均指公司知识管理。

1.5.2　知识管理研究的内容框架

根据知识管理的定义,可以把知识管理分成知识管理流程层、知识管理支持(环境)层、知识管理实施层和知识价值层四个层面,如图 1-9 所示。

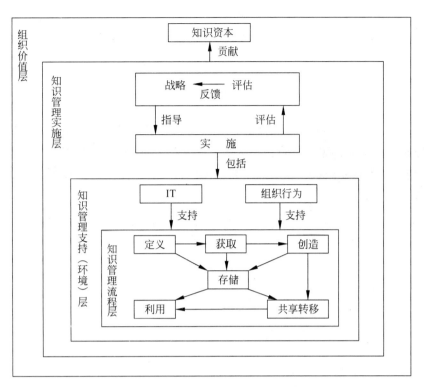

图 1-9　整合型知识管理研究内容结构图

1. 知识管理流程层

知识管理的核心是知识管理流程。知识管理流程由知识管理活动组成。知识管理活动有多种分类方式,本书主要讨论 6 个主要活动,知识的定义、获取、创造、共享转移、利用和存储。每个活动都有影响其绩效的管理、文化、技术和领导等因素。该层的研究重点在于,如何设计一个有效的知识管理流程,让知识存量能快速地积累,而流量也能畅通无阻。除了内部流程外,许多重要的产品、竞争、技术和原料的信息,都存储在组织外部的供货商、战略合作伙伴、研究单位、分销商及顾客手上。组织要做好知识管理,还必须注重跨组织的知识交流与分享。组织只有同相关的外部实体充分地交流与共享经营的知识,团队的战斗力才会强大。如果组织只是独善其身,在讲求供应链、需求链和战略联盟团队的竞争时代必定很难生存。

2. 知识管理支持(环境)层

知识流程有效运行要靠组织的有力支持,包括提供良好的信息技术设备,适当地激励员工执行知识管理的制度与文化,以及设计良好的、有效率的组织结构等,给知识管理提供一个良好的环境。知识管理支持层也称为知识管理环境层。

(1) 信息技术环境

知识管理产生的条件之一就是信息技术的长足进步,尤其是因特网、移动互联网促成全球化的虚拟团队。此外,群组软件、专家系统、智能型系统、全球信息网、搜索引擎和电子视频会议等,使知识的搜集、存储、传递和共享更加方便可行。因此,信息技术本身是知识管理的一个主要杠杆工具,知识流程必须靠强而有力的信息技术支持才能达到其管理目的。如果没有引进优势的信息技术,则知识管理的许多重要目标便很难达成,且不可行。

(2)组织行为环境

知识是蕴藏在员工个人心智模式内的重要资产。组织在员工的薪酬制度上应如何鼓励和触动员工学习与创造的动机?影响员工配合执行知识管理态度的主要因素是什么?组织如何掌握这些影响因素发挥员工最大的智力潜能?此外,影响员工行为最重要的文化因素、领导目标是哪些?组织如何掌握重要议题?这些都是组织行为理论认为知识管理关键的成败因素。

推行知识管理还应该具备适合知识管理的组织结构(例如扁平化、网络型组织,自主团队和实践社群等)。此外,不同的组织结构还需要与不同的知识管理战略相配合,以及支持知识管理的专门部门、职位和角色等。

3.知识管理实施层

知识管理实施是指制定知识管理战略,建立知识管理技术体系、组织体系、知识流程体系和评价体系,将知识管理思想落实于行动的过程。知识管理实施层包括实施步骤与管理工具。知识管理的实施有两个管理工具,一个是方向的指导,另一个是执行的评估。

(1)知识管理的战略

知识管理的实施要有重点和方向,不可能把组织所有的知识都存储在知识库中进行管理。因此,如何通过竞争优势、最佳命题和核心能力的选择来指导知识管理实施的方向是知识管理战略的主要目的。

知识是组织重要的战略竞争武器,不只是在作业流程上改善绩效,而是组织用来打击竞争对手、达成战略目标的重要战略核心资源。因此,知识管理战略关注的问题是:在核心能力的知识上是否有创新者、领先者?自己核心能力的知识是否具有价值,并为对手难以模仿?目前的知识是否足够?知识缺口在哪里,以及如何快速地学习及补足缺口,从而达成组织的战略目标?

(2)知识管理实施

组织知识管理常常会引入一些重点项目,知识管理项目的实施管理有多种模型。例如,埃森哲(Arthur Anderson)咨询公司提出了知识管理的实施要有下列 5 个主要的阶段,认知阶段、战略阶段、设计阶段、开发引进阶段和评估与维护阶段。在这 5 个阶段中充满了员工抵抗、沟通不良、认知错误、方向错误和团队不合作等实施的问题。因此,组织在引进知识管理的过程中要详细、正确地规划每个步骤实施。此外,还要以权变理论为基础讨论不同背景特性的组织应如何选用适合自己的实施管理。

(3)知识管理的评估

没有评估就没有管理。知识管理实施后的绩效要进行评估,并将评估的信息反馈给知识管理的战略和目标,以了解实现程度并进行修正。

知识管理评估应有一套完善的评估标准,包括对知识管理目标实现程度的评估、对知识管理流程绩效的评估、对知识管理计划质量的评估等重点,并且应先将指标量化、定性,并制定出财务与非财务性指标。过程与目的要兼顾和平衡,也要客观、持续、实时和简便。

4. 组织价值层

知识管理实施的最终目的就是组织要形成重要的无形资产和知识资本,通过这两者形成组织的价值。

知识是组织重要的无形资产或称为智能资本。它有别于机器、土地、设备、现金等有形资产。智能资本主要包括人力资本、结构资本和顾客资本三大项(Petrash,1996)。这些都是无形的,无法从会计报表上显现出来,但它们却决定着一个组织未来的发展潜力与竞争优势(Edvinson & Malone,1997)。因此,组织应系统地整理、了解、评估这些无形资产,分析其强弱点,以便进行管理,发挥其最大的价值,而不应只重视会计报表上有形资产的管理。

1.5.3　知识管理的发展趋势

在技术推动下,组织变革持续发生,作为支持组织核心能力的知识管理呈现如下发展趋势。

1. 知识管理纵深化

随着知识管理理念和技术发展的日趋成熟,以及企业知识管理应用逐渐深入,知识管理的价值也随着在发生变化。大多数企业在开始应用知识管理的时候,起步阶段对知识管理的应用价值是以解决目前最紧急的问题为导向。例如,保护知识资产,防止知识资产流失或是经验复制,期望通过知识管理快速实现经验复制,或是期望通过知识管理提升人才培养能力。企业知识管理从萌芽到纵深发展,根据知识管理不同的发展阶段,ATM 咨询公司将知识管理发展历程分为如图 1-10 所示的基础应用、中级应用、高级应用三个阶段。

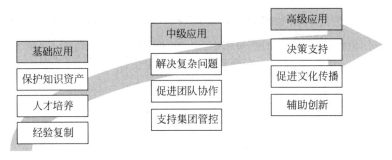

图 1-10　知识管理价值变化图

(来源:ATM)

企业知识应用层次从关注基础应用到高级应用,不同类型的企业在知识管理价值点选择上各有侧重。这种趋势的特点是:(1)应用的非结构化程度越来越高;(2)以提高工作效率为目的向以创新为目的的发展;(3)从内容管理向发挥群体智慧的方向发展。

例如,华为早在 2008 年就开始意识到知识管理的重要性,建立了 3MS 知识共享平台,在华为知识管理应用至“纵深”阶段(见图 1-11)。华为已经成为一家全球化的公司,业务规模庞大,在华为业务发展中不断遇到新型的复杂问题,基于个人经验和单个组织的力量已经无法解决此类问题,于是华为在2013年提出"利用群体智慧,促进组织创新和解决企业复杂问题"知识管理价值应用。企业对知识管理应用达到一定程度时,就会考虑知识社区性和互动交流功能,期望于通过知识社区来解决企业复杂问题,华为认为此时的知识管理应具有"解决复杂问题"的价值。

图 1-11　华为的知识管理发展历程

（来源：华为技术有限公司）

互联网巨头腾讯公司利用知识管理进行创意、产品管理,通过创新平台及时将外部用户及内部员工的创意搜集起来放在创新平台上,由企业员工来进行投票,管理委员会根据投票结果评估选出可行的项目,并转化为成熟产品进入一线业务平台,从腾讯的创意平台可以看到知识管理可以作为"创新辅助"手段。

2．知识生产大众化

Web2.0时代,知识生产方式发生了重大变化,基于网络的知识共享与协同创作成为其重要特征。而大众生产作为互联网知识生产的一种形态,其知识生产由分散的参与者共同完成,参与者可以自由加入或退出,一般没有经济报酬。整体来看,传统的团队知识生产机制有两种:一是市场机制;二是有管理的组织。大众生产作为"第三种机制",在无市场定价和管理层级的情况下却能成功运行,生产出成功的公共知识产品如 linux 操作系统、维基百科、百度百科等。

Web3.0 正在款款走来。梅萨里（Messari）研究员江下（Eshita）将 Web3.0 描述为"可读＋可写＋拥有（read＋write＋own)"的虚拟空间。Web3.0 以用户为中心,强调用户拥有自主权。用户自主管理身份（self-sovereign identity,SSI）,用户无须在互联网平台上开户,而是通过公私钥的签名与验签机制相互识别数字身份。

在 Web3.0 环境下,一方面,用户"拥有"自己所创造的"知识"的产权,可以获得知识终生的权利,解决了 Web2.0 环境下的知识大众生产的知识产权不明确、激励不足的问题,将大大提高知识生产的积极性。另一方面,基于互联网的弥散式知识创造与应用情境融合,将大大拓展知识大众创造的领域和方式。用户参与产品创造的定制化生产将成为未来的工业主流模式;跨组织、跨学科的弥散式知识创新将成为科技研发的重要模式。

3. 知识流通市场化

如何促进有经验的员工进行贡献知识?如何促进新员工主动学习知识?对所有推动知识管理的企业来说都是一道难题。

在对过往企业进行知识管理项目调研、知识管理激励措施设计时,发现企业很多员工开始关注个人知识产权,对于创造发明某一种新的管理方法、分析工具、构件或技术革新时,员工期望给予知识产权的拥有者以署名的权利,例如"张 XX 方法论""李 XX 模型",当然也可以通过其他方式进行激励,如物质激励。

共享经济时代,"公司+雇员"的模式向"平台+个人"的模式转变,个体价值将会得到凸显,特别是智力密集型行业。单纯地鼓励员工无私贡献知识,收效甚微,必须为有才华的设计师赋能、鼓励创新,并鼓励知识分享荣誉化或货币化。比如,对于某些特别有价值的知识的分享下载,让使用者支付即时性小额现金……,这些举措对于知识的贡献者来说,都是一种认可和鼓励。知识大众创造的市场机制也将逐渐形成。

三星电子采用"电子货币"对贡献知识的员工进行奖励,这种知识交易体系设计的目的是保护员工个人知识资产,鼓励知识原创以及知识贡献。运用这种知识交易体系将会大大地提升企业员工知识管理创造的积极性,并且极大地提高知识文档的质量。

在 Web3.0 时代,基于分布式账本的知识确权和知识跟踪变得简单易行,以知识主体为中心的知识交易机制将逐步形成。知识市场将成为知识共享的重要模式,知识供应链成为知识经济的核心。这时,知识经济的特征才真正突显出来。

4. 知识应用智能化

从知识应用角度,知识管理经历了"知识结构化"阶段,朝着"知识情景化""知识智能化"的方向发展。

从企业用户对知识使用需求来看知识应用的变化:当企业知识管理工作刚起步时,用户在工作过程中需要查找知识时,面对的可能是杂乱无章的资料,或者是没有被加工过的文档,这是一般企业普遍存在的一个问题。此时员工最大的期望就是能够将这些知识进行结构化,很清晰地展示出来,能够方便找到。这就是我们要谈的第一个阶段——知识结构化阶段。此阶段的用户聚焦于"知识结构化"沉淀和基于"业务线条"的知识展示,如华为公司早期的知识管理。

当企业完成"知识结构化"阶段后,用户期望又将发生变化。用户期望知识不需要自己再从管理系统中去查找,而是期望于知识能够在某一个工作场景时能够主动推送过来。例如用户正在进行产品设计制图,是否可以将产品制图的历史图纸推送过来,是否可以把用户反馈的产品设计缺陷推送过来;例如销售部在项目进行至投标阶段时,知识管理系统能够将投标的客户背景、行业研究资料,以及类似项目的投标案例资料推送过来。这里说的就是"知识场景化"应用阶段,主要特征"不再是我来找知识"而是"知识根据我的工作情景来找我"。在这一阶段,知识管理系统与企业应用系统集成,通过情境识别实现知识的推送。

当企业完成"知识情景化"阶段后,员工的工作效率已经大大提升。此时用户会期望知识管理能智能识别基于员工能力短板提升而所需的知识主动推送。知识智能化依赖于关于"人""物""事"等多主体情境信息的自动识别和任务知识的自动最优匹配算法。知识管理和人工智能将渐行渐近。知识是智能的基础,智能是知识的应用。机器学习、知识推理、文本处理、知识图谱等技术将逐步应用于知识管理,构建企业的智能化知识管理。

5. 知识服务云端化

每个组织建设自己的知识库和知识管理系统,技术成本和运营成本相当高,这是知识管理推广普及的障碍。这种模式形成了以组织为单位的知识孤岛。公共知识重复生产和维护,也不便于跨组织的知识共享和交易。随着人工智能、区块链、语义网络和普适计算(ubiquitous computing)等新技术与知识管理的深度融合,将逐步形成基于交易的、公共的知识云服务基础设施。个人和组织都可以通过接入知识云,向知识云贡献知识,知识在云端高度集成,也可以方便地通过知识云获取和交易知识。这样,实现了知识供应链的无缝集成,也就实现了无所不在的知识管理。这就是工业4.0、元宇宙中的知识管理图景。

人工智能、工业4.0和知识工作自动化等应用将愈演愈烈。斯坦福人工智能研究中心尼尔逊教授说:"人工智能是关于知识的学科——怎样表示知识以及怎样获得知识并使用知识的科学。"一方面,具有人工智能的机器人会代替人类的许多工作;但另一方面,人工智能本身却需要更多的人来训练自己,需要更多的人来研究知识表示、知识获得以及知识使用。

📋 本章小结

1. 知识管理是在知识作为重要生产要素背景下,以科学管理、组织行为学、战略管理、组织再造等理论为基础,形成的现代管理理论。

2. 在知识管理中,从知识的资源和价值特性方面来考察知识,把知识定义为:一种包含了结构化的经验、价值观、语境信息、专家见解和直觉等要素的动态的混合体,它为评估和利用新经验与信息提供了环境和框架。它源于知者(knower)的头脑,并为知者所用。在组织中,知识不仅常常内嵌在文件或存储库中,而且还存在于日常活动、流程和规范中。

3. 数据、信息和知识是三个不同层次的概念。数据是由一些事实和数字构成,信息就是数据的综合,而知识是起作用的信息。

4. 知识从可呈现程度分为显性知识和隐性知识;从宿主分,可分成个人知识和组织知识。显性知识是指可以用文字、数字、图形或其他符号清楚地表达出来的知识。隐性知识是指高度个性化,只可意会,难以形式化、记录、编码或表述的知识。个人知识是指员工自己的知识,包含技能、经验、习惯、自觉、价值观等,是员工可以带走的东西。组织知识是内含于组织实体系统中的知识,例如组织内优秀的作业流程、信息系统、组织文化与团队协调合作,这些都是员工个人无法带走的知识。

5. 知识管理定义:组织为了提高生存能力和竞争优势,建立技术和组织体系,对存在于组织内外部的个人、群组或团体内的有价值的知识,进行系统的定义、获取、存储、分享、转移、利用和评估等,确保组织成员能够随时、随地获取正确的知识,以便采取正确的行动。

6. 组织只有通过知识管理,才能提高适应外部环境变化的能力,提高组织的竞争优势。

7. 企业知识管理的目的和企业的目的是一致的,最终目的是支持企业持续获利。

8. 组织知识管理的目标是实现适当的知识在适当的时间传递给适当的人,使其能做出最佳的决策。知识管理的最高境界是实现战略联盟间的跨组织智慧。

9. 知识管理是组织成功的必要条件。组织实施知识管理要根据自己实际情况选择最适合的战略,不能生搬硬套别人的模式。同时,必须有组织文化、领导、组织结构及技术的综合支持,知识管理才能取得成功。

10. 知识管理的研究内容可以分为知识流程管理、知识管理支持环境、知识管理实施和组织价值四个层面。知识流程管理是核心,组织价值是目标。

11. 知识管理的发展趋势包括知识管理应用纵深化、知识生产大众化、知识应用智能化、知识共享交易化和知识服务云端化等方面。

即练即测

📝 思考题

1. 除了本书中给出的知识分类方法外,还有许多其他知识分类方法,给出几种其他知识分类方法,谈谈这些分类方法的应用领域与特点。

2. 举例说明数据、信息和知识的联系与区别。

3. 举例说明企业的显性知识和隐性知识。

4. 什么是员工个人知识和组织知识?

5. 查找资料,给出知识管理的几种不同定义,并进行比较。

6. 组织为什么需要知识管理?

7. 知识管理的目的是什么?

8. 拓展讨论:什么是企业智慧?什么是国家智慧?

🫘 案例　微软公司早期的一个知识管理项目

案例分析

第 2 章

知识管理理论基础

本章学习目标

通过本章学习,学员应该能够:

1. 掌握知识管理的基本理论观点;

2. 理解知识管理的变量;

3. 理解知识管理的典型模型。

引例:前些年,某咨询公司对国内建立了知识管理系统的企业进行了调查。系统的建设并没有如预期那样提升企业的知识管理水平,仅有3%的受访企业表示企业的知识管理取得了明显的财务效果。另一项调查称,有55%的员工表示知识系统的知识对自己工作上的帮助有限。

对调查结果分析发现:

(1) 大部分企业缺乏对知识管理的全面、系统的认知;

(2) 大部分企业的知识管理战略不明确,缺乏战略规划;

(3) 大部分企业知识管理没有将知识管理与业务相结合;

(4) 大部分企业的知识管理实施工作主要由技术部门承担;

(5) 大部分企业缺乏专业的知识管理人才;

(6) 大部分企业针对知识管理的激励机制没有起到激励效果;

......

知识管理的实践必须有理论做指导。没有理论指导的实践犹如瞎子摸象。理论指导下的实践,才能做到心中有数,有序地实现目标。组织在规划并引入知识管理时,必须先了解指导组织进行知识管理设计和规划的模型以及这些模型后面的基础理论。本章介绍知识管理的主要理论观点和模型,包括知识管理与组织互动的三大理论观点,以及知识管理的变量和模型。

2.1 知识管理与组织绩效理论

组织引进知识管理本身就是组织的一种创新与变革,对组织会产生各种不同程度的冲击。小到工作流程的改善,中到利用最佳实践应用进行企业流程再造,大到从传统组织转型为知识型组织,都会对组织的员工、结构、文化、流程与绩效产生影响。

主导这些影响的到底是知识管理的技术本身还是员工? 是管理技术客观的影响,还是员工主观的控制所致? 此外,每个组织是否都会因此而提升绩效? 各种理论都有不同的假设和预测。这种差异性也解释了许多组织引进知识管理以后所发生的不同现象。以下对能够解释知识管理与组织互动现象的 3 个重要理论观点进行分析。

2.1.1　古典理性理论观点

观点:组织是一系列功能与程序的组合,只要功能、流程设计、协调、分工、监督、控制机制执行得好,这部机器就能灵活地运作,组织绩效就能提升。因此,知识管理对组织的影响是由知识管理所能提供的功能决定的,影响结果是可预测的,员工只是被动地响应并接受。

古典理性理论是将组织视为一系列功能和程序的组合,组织的绩效依赖于这些功能是否能够有效、顺畅地协调、分工与控制。组织内的员工都是理性追求效率的极大化,其工作目标与组织目标都是一致的,因此,组织就像一部机器,组织设计的目的就是要将整部机器内所有的零部件(例如部门、工作、任务、员工和流程)进行最准确与最有效的设计,使得整个机器的运作达到最佳效果。因此,古典理性理论观点是一种决定论的观点。

该观点认为,知识管理是一个客观的外部力量,只要能适当地引进,就能直接准确地对组织结构产生影响。员工和管理者只能被动反应外力的变化(知识管理的引进)而作调整,并不会非理性地为了个人的私利而扭曲知识管理的运用,以致降低组织的效率。例如,引进一个知识库及企业内部网共享系统,员工就会改变自己,而"忠实"地按照新的知识管理系统所设定的目标共享知识并改变工作方式,进而提升组织的绩效。

在这种理论背景下,由于知识管理的引进被视作能够改善组织绩效的一个外来和客观的实体,而且影响知识管理引进成败的因素也都是确定的、可验证和控制的变量(如 IT 结构、文化、战略、薪酬制度及引进战略是否完善等),因此,该派学者重视的问题是:如何通过实证分析设计出一套规划和实施知识管理的最佳方法,并以此指导要引进知识管理的所有企业。许多咨询公司和实证研究学者都属于这类理性学派,他们的主要逻辑如图 2-1 所示。即任何一个组织如果引用好的知识管理战略,就会提升知识管理的绩效,进而提高组织的绩效。因此,该学派重视从实证中寻求知识管理成败的主要因素,并由此提出知识管理引进的最佳结构和实施方法。

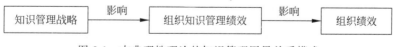

图 2-1　古典理性理论的知识管理因果关系模式

2.1.2　权变理论观点

观点:知识管理存在于每个组织不同的背景(context,也称情境)下,没有绝对理想的知识管理战略,更无法将单一的知识管理战略模式应用在各种不同的问题和组织上。组织所要寻找的是最适合而不是最佳的战略。

"权变(contingency)"一词有"随具体情境而变"或"依具体情况而定"的意思。权变理论对组织和员工的大部分假设虽然与古典理性理论相类似,却增加了一个描述不同环境背景的权变变量。通过这个权变变量反驳古典性理论单一、确定、客观的观点。

Despres 和 Chauvel(2002)认为,知识管理引进应该是一个权变模式,每个组织的背景不同就应该选用不同的知识管理战略,即知识管理战略对组织的影响会因不同的背景而改变。他们认为有如图 2-2 所示的 3 个背景变量影响知识管理战略。

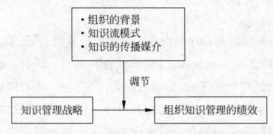

图 2-2　知识管理战略导入的权变模式

1. 组织的背景

组织的背景包括组织的战略、文化、价值观、结构、流程、管理制度、信息技术及团队间相互作用关系等。每个组织背景都不相同,因此,知识管理必须能与组织背景兼容、配合,才能得到有效的运用,而不应该是一个放之四海而皆准的知识管理法则。例如,一个文化非常开明团结的组织与一个非常抗拒改变且充斥着个人主义的组织,两者实施知识管理的重点战略就会截然不同,前者着重于支持推动,后者则以改造变革为主。

2. 知识流模式

组织的知识必须在员工之间转移、流动并共享才会有价值。在每个组织中,由个人、群组到组织之间,隐性知识与显性知识如何转移、传播与共享?这种人际的相互作用模式、团队间的动态相互作用不同,因此,不可能存在一个指导的通则。例如,有的组织是传统层次结构,是中央集权、由上而下地传播知识;有的则是扁平化式结构,是自主团队、水平地共享知识,两者的知识流动方式不同,当然不可能采用同一套标准的知识管理战略。

3. 知识的传播媒介

知识的传播媒介是指组织内知识的转移要依靠一些特定的媒介进行传播,包括人际面对面的交谈、讨论的参与、训练课程、师徒制传承、案例故事的解说,甚至电子视频会议、网络和知识库等,每种不同媒介很难有相同的指导法则。例如,隐性知识要靠人面对面,通过彼此熟悉信任的方式传播,无法通过冷冰冰的数据库进行存储与传播。因此,知识管理战略也要随着组织内不同的传播媒介而有不同的设计。

因此,组织导入知识管理必须深入了解组织的不同背景、特性和需求,结合自身实际情况制定方案,而不是照搬成功案例或咨询公司的解决方案。

2.1.3　组织行为理论观点

观点:引入知识管理对组织产生何种影响是一个非常复杂、难以预测并充满不确定性的过程,其最终结果将依赖于人文、政治和文化等方面的诸多因素。如员工个人对知识管理的认知程度、能力、动机、政治权力及部门间协调沟通和利益交换等因素。

组织行为理论认为组织是由有"自由意志"的"人"所组成的,它既不是一个机器的零件,也不是一个客观存在、完全被动听命行事的个体,而是员工有不同的价值观、个性、能力、态度和动机,以及其对"自身利益"与"政治权力"掌握的欲望。因此,组织内的个人、群组及部门之间,必定会因为利益不同而引发冲突和斗争。此外,员工个人的利益目标与部门目标,甚至组织目标,也常常存在不一致,甚至冲突的情况。因此,其行为不一定是追求企业绩效最大化(即所谓的理性)。例如,员工为了私利、本位主义或安全感,明知知识共享对组织有利,却为了自身利益不愿分享任何会损害到自己优势的知识。

因此,组织行为理论的知识管理学者认为,如果要了解组织知识管理的运作,不能单从组织知识管理结构与流程设计的"技术面"分析知识管理对组织的影响,如果这样将会有许多组织实际发生的现象无法得到有效的解释。要了解组织现象,还必须从员工的行为面进行。例如,某种知识管理战略、信息技术、评估制度要引进,对哪些员工会造成利益或权力的损害?会造成哪些权力转移和失衡的情况?组织要思考行为面的战略,例如,如何利用政策和薪酬制度的设计安抚员工的抗议,并鼓励员工配合知识管理的行为。

组织行为理论对知识管理与组织间相互作用的主要解释结构如图 2-3 所示。员工基于权力、利益和价值观的考虑会影响员工对知识管理的态度,进而影响员工对知识管理不同的行为(配合、抗拒、扭曲和阻碍等),这些行为才是影响组织结构的主要力量,并非知识管理本身。例如,即使拥有再好的知识库和网络,如果员工存在着本位主义,则这些知识管理技术将完全无法发挥原先预期的效果。因此,这派学者特别注意与知识管理相关的文化、领导、激励和薪酬制度等方面的议题,即不管知识管理战略与结构设计得如何好,只有先掌握好与知识管理相关的"人"的因素,知识管理才有可能成功。

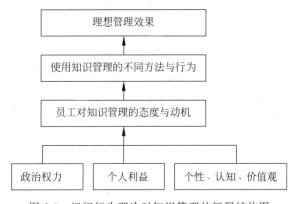

图 2-3 组织行为理论对知识管理的解释结构图

2.2 知识管理的变量

不管是学习知识管理还是知识管理实践,第一步工作都是要考察知识管理组成及运行特征的变量。利用这些变量可以对知识管理进行明确、清晰的描述。

知识管理的解释变量可分为结构变量和权变因素(也称为环境变量)两类,如图 2-4 所示。结构变量用于描述知识管理内部特征,为衡量和评价知识管理成效奠定基础。权变因素涵盖了影响知识管理结构变量的更多的因素,包括技术因素、组织因素和情境因素等。权变因素描述了那些影响和形成结构变量的组织环境、技术环境和应用场景。权变因素由于同时反映知识管理和环境两个方面,因而易与结构变量混淆。如图 2-4 所示,组织知识管理的这些变量之间彼此相互作用、相互调节,有助于达到知识管理的目标。

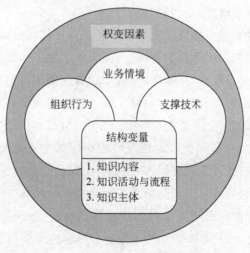

图 2-4   知识管理变量交互示意图

2.2.1   结构变量

知识管理的结构变量,包括知识内容、知识管理活动与流程、知识主体。

1. 知识内容

组织知识内容指组织的知识存量,包括显性知识和隐性知识。组织知识以纸质、电子、员工经验、观念等各种形式,存在于文件柜、电脑、员工头脑和组织运作之中。有效管理组织知识存量就能充分发挥知识的价值,减少重复创造和获取知识的成本,是知识管理的基础且重要的工作。知识地图是知识存量管理的重要工具。对知识进行归档、电子化、结构化等处理,以知识地图为索引,建立组织知识库,是知识内容管理的基本方法。

(1)知识地图

组织的知识非常丰富,通常分布存储在组织的不同地方。知识管理的一项工作就是要厘清知识之间的关联关系,并方便找到需要的知识。知识地图就是完成这一任务的有效工具。知识地图是一种本身不包含知识内容的可视化知识访问导航工具,能帮助用户有效地检索与发现知识。

本质上,它是知识分类、层级、关联等关系的表达与呈现。它起到了一种搜索导航的功能,可以使用户快速找到所需的知识点,然后指向相关的知识源。知识源可能是知识库、人、文献资料等,甚至可以是特定的环境、情境等。另外,知识地图可以支持用户的模糊查询和语义查询,用户使用隐喻的方法可以找到他们需要的却无法详细描述的知识。

（2）知识整理归档

知识的整理归档是指组织对其拥有的知识进行清理,按统一标准规范进行整理,以合适的方式保存,以便共享和使用。知识整理归档要坚持持续性、规范性、方便性和安全性原则。

持续性原则：知识的整理归档是一项持续的日常性工作,应与日常业务活动和管理活动融合在一起。这需要组织文化、考核机制和技术工具的支持。

规范性原则：组织应制定知识分类、编码、标注、标识、存储等标准和规范,并工具化,让知识生产者简单、方便地按规范整理归档所创造的知识。

方便性原则：知识整理归档要考虑到知识的查找、借阅、访问、维护等使用的方便性。

安全性原则：组织知识整理存档时,要根据知识的不同安全级别进行分类管理,还要考虑自然因素和人为因素造成的知识毁坏、丢失和非法访问,采取管理和技术措施,保护知识资源的安全。

（3）电子化

计算机普及应用之前,组织资料以纸质形式保存为主。现在还存在大量的纸质（以文本、图形为主）资料和胶片、胶带资料（以图片、音频、视频为主）。传统纸质资料和胶片资料不方便保存、检索、共享和使用。知识的电子化是指将纸质资料和记录在胶带和胶片上的光学资料转化成电子形式,按一定的规范编码、标注后,存储在计算机系统中的过程。

专家知识电子化有两种形式：一是建立专家索引和在线专家库；二是专家将其隐性知识显性化（称为外化）,并加入电子知识库中。

（4）结构化

组织知识结构化是指组织将逐渐积累起来的知识加以归纳和整理,使之条理化、纲领化,做到纲举目张。组织知识是逐渐积累的,但在知识库中不应该是堆积的,应该是有组织、有系统的,知识单元按层次组织,而且知识单元之间有内在联系。结构化有利于知识维护和扩展,同时,知识以一种层次网络结构的方式进行储存时,可以大大提高知识检索效率。

（5）知识表示

知识的表示就是对知识的一种描述。通常,知识以非结构化的文本、图形、语音、视频等形式表示。在人工智能和知识工作自动化应用中,需要对知识进行结构化表示,以提高人工智能系统知识理解的正确性和系统效率。知识的结构化表示属于知识工程学科的研究范畴,在本课程中不做深入涉及。

此外,知识访问和内容更新也是知识内容的重要行为属性。

2. 知识管理活动与流程

组织知识管理的目标就是通过对一系列知识管理活动,最大限度地实现知识的价值。也就是说,知识价值的实现通过一系列知识管理活动来完成。从知识生产活动开始,经历加工与存储、共享与转移,最后到知识利用,每一个活动实现了知识价值的增值。因此,从价值的角度,通常把这个过程称为知识价值链。知识价值链体现了组织知识生命周期的循环过程。

从动态过程的角度看,知识管理活动改变知识的状态,如可见性、可用性、拥有者等。

同时,知识管理活动之间是相互关联的,因此,人们也把有序的知识管理活动序列称为知识管理流程。

知识管理流程有哪些活动? 从哪里开始? 哪个步骤应该先做? 有无固定的顺序? 在此方面学者各有不同的看法与分类,如表 2-1 所示。表中不同的划分方法的详细程度、局部活动整合方式有所不同,但其实质讨论的活动内容与目标差异并不太大。

表 2-1　知识管理流程的不同结构

提 出 学 者	步骤数	主 要 分 类
DiBella & Nevis (1998)	3	获取、传播、利用
Wiig(1993)	4	创造与获取、编辑与转化、传播、利用与价值实现
Arthur Anderson 顾问公司和 APQC(1996)	7	定义、收集、适应、组织、利用、分享、创造
Beckman(1997)	8	定义、获取、选择、存储、分享、利用、创造、销售
本书	5	定义、生产、加工与存储、共享与转移、利用

虽然知识管理流程的步骤大致上有其先后顺序,例如,首先有知识的生产(创造和获取),其次是存储和共享,最后再产生利用与销售。但实际上有许多步骤是同时发生,几个步骤间也会重复循环。例如,创造后共享,共享后又创造,存储后共享,共享后经过创造又存储等状况。因此,这些步骤之间,实际上并没有固定的线性顺序,也没有一定的源头。

事实上,知识生产、共享、转移、应用等活动形成知识网络系统,如企业内部各职能部门之间及其与企业外部组织(如供应商、大学、研究机构、其他企业、政府等)之间的相互作用与相互关系。其与知识价值链的根本区别在于:知识价值链是线性模型,而知识网络系统是网络模型。

本书为了方便介绍,仍然以知识管理存在的顺序来说明知识管理的流程,即从知识管理的"定义→获取→创造→加工存储→共享转移"的顺序说明。

3. 知识主体

主体和客体是一对哲学概念,主体是实践活动和认识活动的承担者。我们将知识主体定义为知识及相关活动的承载者及承担者。知识主体可以是个人、组织、智能系统(包括智能机器人)和知识管理系统。知识管理系统既具有知识主体特征,也具有知识管理支持特征,在本书中,我们把其归入知识管理的技术环境范畴。

在实施知识管理的企业中,知识所有者称为知识员工,他们都是知识主体。他们的知识是企业最为重要的知识。知识管理的一项重要任务就是让每位知识员工管理好自己的知识:

(1) 记录他们的工作经验;

(2) 创造新的知识;

(3) 学习知识;

(4) 利用知识进行业务活动;

(5) 将自己的知识传递给其他人;

(6) 最大限度地将隐性知识转换为可编码的知识。

知识管理系统是收集、处理、分享一个组织的全部知识的信息系统,通常由计算机系统支持。组织利用知识管理系统,对大量的有价值的方案、策划、成果、经验等知识进行分类存储和管理,积累知识资产,避免流失,促进知识的学习、共享、培训、再利用和创新,有效降低组织运营成本,强化其核心竞争力的管理。

2.2.2　环境变量

在知识管理中,如果只重视内容和活动,而忽视相应的环境支持,知识管理的目标很难实现。因此,知识管理的战略与实施,必须重视其环境变量,包括情境、技术和行为。

1. 知识管理的组织支持

组织导入知识管理是一项变革。这首先需要领导认识和意识的改变,进而落实到组织结构、激励机制和组织文化等组织行为中去。

(1) 领导

组织最高领导的重视是知识管理成功的首要条件。唯有高层领导在战略和执行层面合理管控,组织知识管理的目标才有可能实现。领导要发自内心地认识到知识管理对组织的价值,并将知识管理的理念、目标落实到企业战略之中。在执行中,合理配置资源,建立相应的考核机制,营造适合知识管理的信任、共享、创新的文化氛围,是企业领导的职责。

(2) 组织结构

传统的多层级、刚性组织结构,对知识的创造、共享、转移等知识活动具有阻碍作用。面向知识管理的组织结构特点可大致归纳为组织柔性化、组织扁平化、组织虚拟化和组织边界模糊化等几个方面。

当知识的价值在组织价值中的份额越来越大的时候,组织设计要考虑知识管理职能的适当分离。设置组织知识管理部门和角色,对知识活动进行领导、规划、执行和评价等工作。事实上,在不同经济时代,发生过多次的组织职能分离。在工业经济升起时,企业管理职能与经营职能发生分离;在信息经济升起的时候,信息管理职能与管理职能发生分离。

企业根据组织实际需要,可以设置专门知识管理部门和岗位,也可以暂时将知识管理部门和岗位的职责赋予现有的其他部门和岗位。不管采用哪种方式,但知识管理的职责必须是明确的。否则,知识管理目标将束之高阁,无人落实。达文波特在《营运知识》一书中指出:"公司内若无人对知识管理工作负责,知识就不可能得到良好的应用。"知识管理的主要角色包括知识总监(chief knowledge officer,CKO)和知识工程师,他们统称为知识管理者。

知识总监是企业内部专门负责知识管理的行政官员,其主要工作任务是:结合企业的业务发展战略,率领企业找到知识管理的愿景和目标;正确定义企业的知识体系并进行系统地表达;推动建立合适的 IT 系统工具以保障"知识之轮"的运转;将知识管理的流程与业务流程紧密融合为一体;建立合适的知识管理考核与激励机制。

知识工程师是企业内部专门负责知识的处理、存储、传递、维护等工作的高级技术人员,其职责是包括:组建、运行、维护和管理公司/部门知识管理技术基础设施,如内联网、知识库等;公司内外部显性知识的获取、过滤、编辑、审核,并将其录入相应的知识库;公司内部隐性知识的记录和转化;知识库组织与更新;协助公司知识总监和部门知识经理完成公司知识管理的其他业务工作。

（3）激励系统

激励理论指出员工为了满足需求才会有行动的动机，而期望理论则指出员工行动之前都会考虑对报酬有所期望。与传统的雇员相比，知识员工的能力、目标、需求都发生了变化，因此，知识管理应该建立与传统组织不同的员工激励系统。对知识员工的激励，不能仅仅以金钱激励为主，还要兼顾其发展、成就和成长的需求。在激励的方式上，企业应注重物质激励与精神激励相结合、外激励与内激励相结合；在激励的时间效应上，将短期激励与长期激励相结合，注重长期激励效应。

（4）文化氛围

组织文化是隐藏在组织中的由员工共享的一套核心价值观、信念、认知和规范等。基本价值观会影响组织的伦理行为、对员工的承诺、效率水平及对客户的服务，并使组织的成员紧密地联结在一起。培育一个知识导向型的组织文化是知识管理成功的关键要素之一。所谓知识导向型组织文化，是指将知识视为组织最重要的资源，能够支持有效地获取、创造、交流和利用知识的组织文化。知识导向型文化的关键因素是对新知识持一种欢迎态度，并且在一个不断学习和尝试被高度评价、重视和支持的环境中，创造一种信任和开放的气氛。

2．知识管理的技术支持

知识管理技术是指协助人们生产、分享、应用知识的基于计算机的现代信息技术。知识管理技术不是一项技术，而是一个技术体系，包括的技术内容非常繁多，如分布式存储、群集系统、互联网、商业智能、数据库、字处理、电子表格、群件等技术，覆盖了知识的生产、共享和应用等各个环节。运用这些技术构建集成的知识管理系统，能够使知识的获取、分类、存储、查找、分享、更新、传递等变得更加容易。知识管理系统也能够把客户和企业中的隐性知识变成显性知识，存储到知识库中，形成无形资产。

IBM公司将知识管理支撑技术分为以下几大类。

（1）商业智能技术（business intelligence，BI）。即企业迅速分析数据的技术和方法，包括数据挖掘技术（data mining）和数据仓库技术（data warehousing），联机分析处理技术（OLAP），以及其他能从数据中提取有价值知识的先进技术。

（2）知识发现技术。包括能从文本源中提取知识的文本采掘技术和能依据人与信息之间的关系描述知识的知识地图技术。

（3）知识搜寻技术。指能够发现、编目并提供决策所需的公司内部最佳经验的技术。

（4）协作技术。指能够使员工共享他们的信息、经验、专长及知识的技术，这种技术能进一步丰富员工的隐含知识并促进创新。

（5）知识传递技术。指能够扩展知识与技能传递的范围的技术，这种技术使虚拟团队能在相当高的组织水平上进行工作，而不必考虑其成员的地理分布。

此外，人们逐渐发现，由于知识系统本身的复杂性，以及所面对的应用场景和问题的复杂性，人工智能技术在知识管理中的作用越来越大。

3．知识管理情境

知识管理的一个趋势是知识工作自动化（automation of knowledge work，AKW），即把"人""事""知识"相互联结起来，实现面向人与事的知识精准推送。这里所说的"人"和"事"

就是知识管理的情境,情境识别是实现 AKW 的前提条件。许多企业都期望知识管理能够高度嵌入业务流程之中,就是要做到"人""事""知"之间精准匹配。

（1）情境的定义

在知识管理领域,情境就是与知识和知识管理活动相关的条件、背景、环境等因素,既包括物理、社会、业务等外部条件,也包括知识主体的认识、经验、心理等因素,刻画了与知识、知识管理活动相关的情形特征。知识管理情境具有如下特点:①单向依赖性,即情境是独立于知识和知识管理活动的客观存在,但知识和知识管理活动与情境密切相关;②相对稳定性,知识管理情境在一定时间内具有相对稳定性,而非瞬息万变的;③情境是区分知识和知识管理活动的重要因素,对主体而言,情境刻画其知识活动的个性化特征。

根据情境的定义,可从时空角度和表现外在性角度对其分类。

从时空角度看,情景包括涉及空间范围广、时间范围长的宏观情境,也包括涉及空间范围小、时间范围短的微观情境。宏观情景是组织不能轻易改变的情境因素,如社会的总体认知水平、国家宏观政策、技术发展水平等。微观情境是指组织范围内与知识管理活动紧密相关的情境因素,如组织战略、业务领域、员工任职水平等。

从表现外在性来看,情境可分为显性情境和隐性情境。显性情境是与知识、知识管理活动相关的物理、社会、业务环境等因素,它们以显性的方式出现,比较容易被识别,是可以表示和描述的。显性情境包括社会技术水平、国家政策等宏观环境因素,以及地点、业务过程、资源等微观情境因素。隐性情境是指与知识、知识管理活动相关主题的内部心理、精神状态、认知能力,它一般不以显示的方式出现,是比较难以识别和获取的,很难进行表示和描述,它更多依赖于人们的经验、直觉和洞察力。

从微观角度对显性知识情境进行研究。具体来说,所要考虑的情境要素有:

① 物理环境,如地点、时间等自然因素;

② 组织环境,比如公司有哪些部门、哪些角色、哪些岗位等;

③ 资源环境,知识活动中需要使用到的资源,包括软硬件资源;

④ 产品/服务环境,完成某项知识活动所输出的产品以及提供的服务;

⑤ 领域背景,知识以及认知主体所处的领域范畴;

⑥ 个人因素,如人员在公司中的职位、角色,以及专长、技能和经验等。

由上述要素构成的知识情境,有的是可表示和可量化的,有的可能是不确定具有模糊性的。在进行知识情境建模时,首先要结合实际情况,根据情境要素的不同,有侧重地分配不同权重,其次是知识情境模型的情境要素要能够刻画当前情境最重要的特征。

（2）情境与知识管理的关系

表 2-2 简要列出了情境与知识管理紧密相关的关系。

表 2-2　情境与知识管理的关系

关　　系	说　　明
情境是理解知识的关键要素	没有合适的情境,知识将与情境和其他相关知识隔离,可能导致其含义不能得到完全理解或被错误地理解（Klemke,2000；Goldkuhl,2001）。
情境可转化为知识	当人们把知识和与它相关的情境结合为一体时,情境就转化成了知识。

续表

关　系	说　明
情境影响知识价值的评估	相同的知识,在不同的情境下,人们对它的意义和价值的评估是不同的。
情境影响知识管理活动的效果	相同的知识,在不同情境下,知识管理活动的效果不同。例如,同一个老师给不同专业背景的学生上同一门课的教学效果不一样。背景不同的人进行知识转移的难度更大。
情境是知识共享和重用的重要基础	基于情境的"回想"是人类解决问题的一种基本方法。知识的产生和应用在一定的情境下发生,人们之所以需要并且能够共享和重用已有的知识,很大程度上是因为他们当前所处的情境与已有知识产生、应用的情境具有一致性或相似性。
情境是知识管理的一个重要构成要素	情境是对周围事物的感知,知识及知识管理实践的意义只有在一定的情境下、社会空间和时间的情况下才体现出来(Despres,2000)。

集成情景的企业知识管理的首要任务是实现知识管理与业务过程的集成。知识管理系统与 ERP、CRM、SCM 等业务系统紧密集成,是知识管理与业务过程集成的技术支持手段。这种集成不仅能够解决知识从业务中来到业务中去的问题,而且能提高知识管理系统的智能化程度,如基于情境的知识获取和推送。情境反映了人们从事业务活动时对知识需求的个性化特征,通过情境的相似性比较,进行智能化、个性化的知识的获取与推送。

在获取知识时,需要面对如何从海量的知识中找到所需知识,即知识过载问题。通过情境约束,对这些知识进行过滤,只把那些适合用户当前情境的知识提供给用户,可以减少知识获取过程中的知识过载。

上述三个结构变量和三个环境变量之间是相互依存的。环境因素对知识内容、知识活动起支持作用,进而影响知识管理的效果。例如,情境可以用于知识内容的分类或聚合;数据挖掘技术可以发现隐含在数据中的知识;组织文化作用于知识主体而使知识创造、共享、应用等活动更加有效……知识管理变量间的具体关联关系将在后续章节中讨论。

2.2.3　目标与效果

理解不同结构变量与环境变量的目的就是要让知识管理能有效地实现其目标。任何管理活动都是有投入的,知识管理也不例外。知识管理者调整结构变量和环境变量,以获得投入端到产出端最有效率和效果的转化,从而获得价值。效率指的是一定时期用来达到知识管理目标的资源量,即为获得一定水平的产出而投入的必要的系统、设备、金钱和人员的数量。效果是一个更广的术语,指的是知识管理达到其目标的程度。

为了达到好的效果,知识管理需要明确的任务、聚焦的目标,以及实现这些目标的合适战略。在目标和战略明确的条件下,知识管理的效率与效果是环境变量共同作用于结构变量的结果。知识管理目标由知识活动和知识流程来实现,知识主体即知识活动和知识过程的主体,是实现知识管理目标的核心和关键因素。合适的组织变量对知识主体产生正向的内在驱动;良好的技术环境为知识主体参与知识活动提供高效的工具;清晰的情境让知识主体明确任务和目标。这些因素调制恰当,协同作用,从而改善知识活动和知识过程的效率与效果。图 2-5 描述了知识管理输入、输出之间的内在逻辑关系。

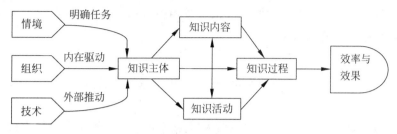

图 2-5　知识管理变量与效率、效果的关系

　　然而,达到效果并不总是一件简单的事,因为不同的人希望从知识管理中得到不同的东西。对于消费者而言,主要关心的是以合理的价格获得高质量的产品和服务。而员工关注的重点是能简单、方便地获得工作所需要的知识,以便轻松地完成工作任务,在工作中创造的知识能获得相应的价值认同。知识管理经理们则小心地平衡着不同利益群体在确定目标和争取达到目标效果中的需要和利益。因此,可以用利益相关者方法来评估知识管理的效果。所谓利益相关者方法,即通过关注组织的不同利益相关者和他们希望从知识管理中获得什么,来整合不同的知识管理活动。利益相关者就是与知识管理绩效有利益关系的组织内部和外部的任何群体,任何一个群体的满意水平都可以作为组织知识管理的绩效和效果的指标来加以评估。

　　图 2-6 显示的是不同的利益相关者和每个群体希望通过知识管理得到什么。利益相关者的利益有时是冲突的,经常会发现要同时满足所有利益群体是困难的。组织的一项知识管理活动可能在股东财务回报方面取得不俗的成绩,但同时可能会使其与消费者关系变得糟糕。以电商平台大数据“杀熟”为例,有些电商平台利用其掌握的大量客户消费行为数据,通过数据挖掘,获得关于客户消费行为习惯的知识,利用他们掌握的知识,针对购买意愿大的“熟客”提高产品价格销售。这就是某些电商平台上不同用户看到的产品价格不同的原因。

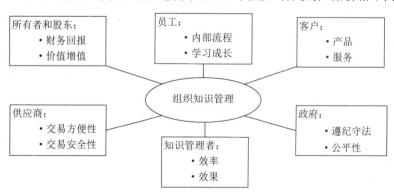

图 2-6　知识管理主要利益相关者和他们的期望

　　一些社会团体认为,电商平台的“杀熟”行为是不符合伦理的。他们认为,大数据、人工智能等手段为消费者提供了更丰富的产品或服务,为社会创造了价值,但必须坚持公平公正,反对消费歧视。网络经营者应当公平公正对待广大消费者,反对利用消费者个人数据画像,采取算法应用,锁定特殊消费群体,实施价格歧视、价格混淆等销售策略。他们建议,在个

人信息保护法、反垄断法、反不正当竞争法、价格法等相关法律中,增加算法应用的相关规定。

在知识管理中,知识管理者不得不评估利益相关者的需求,并确定能够至少在最低限度上满足主要利益相关者的目标。

2.3　知识管理的重要模型

知识管理与组织互动关系的理论观点,大多是基于古典管理理论和行为科学理论得出的结论;知识管理变量是以系统科学为理论基础,研究影响知识管理绩效的权变因素,而知识管理模型是以知识管理与组织互动关系理论为基础,从知识管理实务的角度对知识管理变量进行设置,提出的知识管理框架。很多学者提出了不同的知识管理模型。本节介绍几个典型的模型,以帮助读者建立知识管理的整体观念。

2.3.1　知识管理的基础能力模型

知识管理的基础能力模型主要回答这些问题:成功引进知识管理有哪几个重要的影响方面? 这些方面又包括哪些重要的流程或因素?

学者戈尔德等人(Gold,2001)在研究知识管理引进的关键成功因素时,对 323 家企业的知识管理负责人进行了问卷调查,以了解影响知识管理绩效的主要因素。研究发现,企业的知识管理如果能成功地提升企业的优势能力,则必须具有良好的知识管理流程能力(包括知识的获取、转换、利用和保护)和知识管理基础能力(包括技术环境、结构性环境和文化环境),如图 2-7 所示。

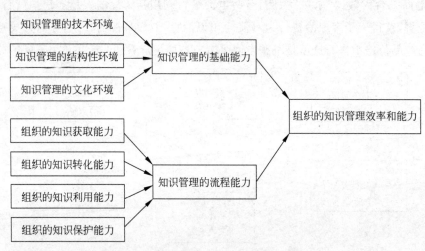

图 2-7　知识管理能力模型的基本结构图

(来源:Gold et al.,2001)

1. 知识管理的基础能力

基础能力是指组织为了支持知识管理所提供的环境或基础设施。戈尔德等人认为组织知识管理基础能力主要包括 3 个方面。

（1）组织知识管理的技术基础设施

信息技术是知识管理的主要推动力。一个组织必须建设一个高质量的信息技术体系，包括移动互联网、知识库、数据库、文件管理系统和搜索引擎等，才能让员工快速、方便、有效地监控外部的竞争环境，和企业内外相关人士进行群组讨论与协同合作，找到使用者所需要的新知识及其存储位置，获取内部产品或与工作流程相关的知识，获取外部或竞争者的相关知识等。这样，知识管理才有机会成功。

（2）组织知识管理的结构性环境

组织结构性环境包括管理、政策、流程、工作法则、汇报系统、员工激励系统和部门分工及任务等。如果这些结构性因素的设计与知识管理的精神相违背，那么，即使有再好的设备与投资，也很难成功地推动知识管理。戈尔德等人指出，支持知识管理成功的组织结构性环境必须具备一些特点，例如，部门间的互动风气良好，没有本位主义，组织支持并鼓励群组合作及团队精神，不鼓励个人英雄行为，组织支持新知识的创造、发现、传递与共享机制，以及建立部门间知识共享互动的流程等。

（3）组织知识管理的文化环境

文化会影响员工行为。因此，如果没有好的知识管理文化，员工就不会有知识管理的行为。因此，戈尔德等人认为，如果组织要推动知识管理，在文化上必须有下列几项重要的特点：让员工了解知识对企业生存的重要性；促使全体员工高度参与知识共享的活动；鼓励员工积极进行试验并发掘新方法，以及重视拥有丰富知识的员工等。

2．知识管理的流程能力

（1）知识的获取能力

组织要学习进步，就必须能够有效、快速地吸收新知识，刺激其成长。因此，组织需要具备几项重要的流程能力。例如，具备创造新知识的能力，能从项目中获取经验与教训的能力，向外部学习并与伙伴进行知识交流的能力和执行内部最佳实践应用的能力等。在大数据时代，组织还应该建立从大数据发现潜在知识的能力。

（2）知识的转化能力

知识不能囤积私藏，必须通过交流、共享、转移才会产生力量，因此，组织应具备几个重要的流程能力。例如，要能将知识转化成新产品（服务）的设计能力；将知识转化成对外的有效竞争战略与行动；将组织的知识传递给所有相关的员工，以及能有效地归纳、整合、转化、组织以及更新各种来源的知识等。

（3）知识的利用能力

知识是行动导向，必须要有效地吸收与快速利用才有价值，因此，组织要具有下列几个重要的流程能力。能有效利用学习到的经验和教训，提高工作流程的效率和不再重复犯错；能快速有效地将知识运用并发挥在新产品创新、解决问题和工作绩效的提升上；能快速有效地将知识利用在可以观察和预知到的环境变化上，以及指导竞争战略上；等等。

（4）知识的保护能力

知识是组织重要的竞争武器与核心资源，必须善加保护。组织应具备可以防止内、外部偷窥及不适当访问知识的保护措施,员工保护知识产权的文化和激励措施,完善的知识保护政策、保护程序与技术等。

3.知识管理与组织的效能

戈尔德等人研究成果可以表达为图 2-8 所示的知识管理与组织绩效的因果关系。组织知识管理就是通过建立知识管理的技术、文化和组织环境,以提高组织的知识管理能力,进而改善组织绩效。

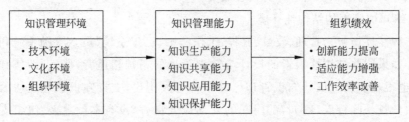

图 2-8   知识管理与组织绩效的因果关系

企业实施知识管理的绩效对企业的经营效率有何种影响呢? 戈尔德等人(2001)研究发现了与知识管理能力最相关的组织经营效率有创新性、适应性和工作效率三个方面,如表 2-3 所示。

表 2-3   组织知识管理绩效对组织经营效率的影响

经营效率改善	说 明
创新性方面	① 技术创新绩效:更快地开发新产品,持续地开发新产品,更好地满足用户需求,不断应用新技术和新工艺。 ② 营销创新绩效:发掘新的消费需求,开拓新的市场,改善营销渠道,更新营销策略。
适应性方面	感知消费者需求变化,感知竞争对手行动,感知行业变化趋势,对市场变化作出反应。
工作效率方面	规范工作流程,改善内部工作方法和高效实现内部信息共享。

（1）创新性绩效

企业的创新性是指企业革新或者开发新产品的倾向(Ettlie J. E,1984),或者应用创新的倾向(Damanpour F,1991)。创新是指企业创造新事物的能力,无论它是创造崭新的事物还是对已有的事物进行改进(Kodama,1994)。

戈尔德等人(2001)研究发现与知识管理能力最相关的组织创新性绩效是技术创新绩效和营销创新绩效。技术创新绩效包括更快地开发新产品、持续地开发新产品、更好地满足用户需求、不断应用新技术和新工艺;营销创新绩效包括发掘新的消费需求、开拓新的市场、改善营销渠道、更新营销策略。

（2）适应性绩效

适应性是指一个组织辨别出现的市场或者技术机会,并通过战略上的调整来利用这种机会的能力。日益增长的全球化、极快的技术进步和竞争本质的改变,都加剧了环境的变动。组织有能力作出战略或者结构上的调整以回应环境变化所带来的威胁。

组织在对环境变化作出适应性调整以前,必须具备关于环境变化的知识和能够认识这样的变化是否对组织产生影响。这些知识都来自组织内有效的知识管理。戈尔德等人(2001)研究发现与知识管理能力最相关的组织适应性绩效包括感知消费者需求变化、感知竞争对手行动、感知行业变化趋势、对市场变化作出反应。

（3）效率性绩效

工作效率的改善包括花费节省和生产率的提高。有效的知识管理通过减少重复劳动而节省花费。生产率与有效的知识利用直接关联。约翰内森等人（Johannessen et al,1999）研究发现与知识管理能力最相关的组织效率性绩效包括规范工作流程、改善内部工作方法和高效实现内部信息共享。

以上这些绩效也是讲求速度、创新、弹性及应变能力的网络经济时代所最重视的能力。

2.3.2　SECI 知识创造模型

任职于日本一桥大学和美国加利福尼亚大学的野中郁次郎教授在 20 世纪 90 年代提出了一个被称为 SECI（socialization，externalization，combination，internalization）的知识创造模型。该模型严格地描述了组织知识的生产、传递和再创造过程。

SECI 模型可以概括为以下 5 个要素。

- 一个知识螺旋：知识在个人、群组、组织和跨组织之间螺旋式地转化传播。
- 两种知识形式：隐性知识和显性知识。
- 三个知识聚合层次：个人、群组和组织。
- 四种知识创造模式：社会化（socialization）、外部化（externalization）、组合化（combination）和内部化（internalization）。
- 四个知识创造场所（Ba）：起源场（originating Ba）、对话场（dialoguing Ba）、系统场（systemizing Ba）和行动场（exercising Ba）。

模型包括以下三层含义。

（1）组织通过显性知识和隐性知识的相互转化创造新知识，包括社会化、外部化、组合化和内部化四个知识转化（创新）模式。

社会化：个体之间通过联合活动和接触共享隐性知识的过程。

外部化：以易于理解的形式将隐性知识表达和描述为显性知识的过程。

组合化：将显性知识转化成更复杂的显性知识，包括显性知识的交流、分发、系统化等过程。

内部化：在个体或组织规模内将显性知识转化成隐性知识的过程。

（2）组织知识创造的四种模式发生在组织的不同层次（个人、团队、组织、跨组织）之间，形成螺旋式的持续的知识创造和再创造过程。

（3）组织应建立相应的机制或场所来促成不同层次之间、不同形式知识之间的转化。

为加深理解，下面对 SECI 模型的三层含义进一步说明。

1. 组织内部知识创造模式

隐性知识与显性知识不是完全孤立的，它们相互补充，在人们的创造性活动中相互作用、相互转化。这种转化是一种社会化的过程，即在人与人之间，而不是仅限于某个人自身。知识转化有四种模式，如图 2-9 所示。它们是：从隐性知识到隐性知识；从隐性知识到显性知识；从显性知识到显性知识；从显性知识到隐性知识。

	隐性知识	显性知识
隐性知识	社会化	外部化
显性知识	内部化	组合化

图 2-9　知识转化的四种模式

(1) 社会化:从隐性知识到隐性知识的转化

社会化是个体之间分享经验的过程,一个人可以不通过正规化的语言直接从其他人那里获取隐性知识。例如,学徒可以通过观察、模仿、实践,从师傅那里学到手艺。在企业里,在岗培训就是运用这种方式来转化知识。获取隐性知识的关键是经验,没有个体之间经验的共享,一个人就很难从另一个人那里获得隐性知识。

在具体的商务环境中进行的所谓"实时培训",就是这种原理的应用。例如,① 公司与供应商及顾客直接交往及互动,因而获得了知识。② 勤于在公司内部各处所走动及视察,因而获得隐性知识。社会化也包括隐性知识的转移。将一个人现存的想法或意念直接传达或移转给他的同仁或部属,强调"大我"的精神,愿意让人分享他个人的知识,因而创造了一个共有的知识转化的场所(Ba)。

(2) 外化(外部化):从隐性知识到显性知识的转化

外化是挖掘隐性知识并把其转化为显性概念的过程。从隐性知识到显性知识的转化是知识创新过程的关键,在这个过程中要运用一系列的方法,诸如隐喻、类比、假设和模型。用语言描述或书面表达,即概念化、形式化、结构化是这种转化过程中关键的工作。

在商业实务方面,外化需有下列两项要素的协助。

① 将隐性知识转化成显性知识,会涉及一些表达技术,以便将一个人的想法或心意利用文字、概念、比喻性文字与图片或影片等视觉媒介等,以交谈、对话、书写等方式加以清楚地表达出来。例如,将一项创造发明撰写成专利申请书的过程。

② 将顾客或专家们高度个人化或高度专业化的隐性知识转变成可以理解的形式。这会涉及演绎或推论技巧,因而须善用创造性推论。

(3) 组合化:从显性知识到显性知识的转化

组合化是把概念转化为系统化知识的过程,该过程包含不同的显性知识体系的组合。现有的显性知识通过分类、重组,产生新的知识。组合的方式包括文件、会议、电话沟通及计算机化的网络沟通。在学校里所接受的正规教育和培训就是采取这种知识创新方式。

在商业实务方面,组合化包含下列三项程序。

① 从公司内部或外部搜集已公开的资料等外表化知识,然后加以整合成新的显性知识。

② 利用报告或开会等方式将这种新知识传播给组织成员。

③ 将显性知识重新加以汇整及处理,使之变成公司的计划、报告或市场资料,以方便使用。公司成员在组合阶段通过讨论可达成共识或协议,以便采行具体的步骤。

(4) 内部化:从显性知识到隐性知识的转化

内部化是显性知识被组织内部员工吸收、消化,并升华成他们自己的隐性知识的过程。这是一个"干中学"的过程,如在新产品开发的跨职能团队里,来自不同职能部门的人们彼此相互交流、相互学习,这就是一个内部化过程。

在商业实务方面,内化包含下列二个层面:

① 须将显性知识变成具体措施而付诸行动;

② 可利用模拟或实验等方式,帮助学员在虚拟情况下借实习过程来学习新观念或新方法。

2. 知识创新的螺旋式过程

组织通过内部创造获取新知识是一个连续的、动态的过程,可以从两个方面展开：①隐性知识和显性知识的相互转化；②知识由个体到群组、再到整个组织扩散,从而形成了组织知识创新螺旋上升过程,如图 2-10 所示。

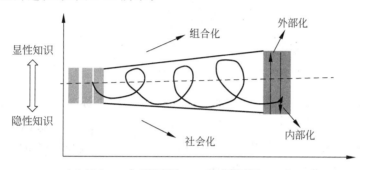

图 2-10　不同层次之间显性和隐性知识的转化形成知识创新螺旋

知识是由个体产生的,没有个体,组织就不能创造知识。个人的隐性知识是组织内部知识创新的基础。组织的职能就是为创造性的个人提供支持,使得基于个人的隐性知识流动起来,这种流动的隐性知识通过四种知识转化模式在组织内部得以增强。知识螺旋随着个体知识的组织化而不断增大,因此这是一个螺旋上升的过程。知识起始于个体,通过人与人之间,跨单位、跨部门之间的交互作用不断增多,使得个人知识通过扩散在组织范围内拓展,并使之具体化,进而转化为组织的知识网络体系的一部分。

例如,关于消费者需求的隐性知识可以通过社会化和外部化转变为新产品概念,这种概念化知识又可以通过组合化产生系统化的知识,如开发出新产品原型。而系统化知识又可以通过内部化转化为运营知识,如产品的大规模生产。基于经验的知识又启动了新一轮的知识创新过程。

3. 知识创新场所(Ba)

Ba 与英文中的 place 同义,指大家共同享有的空间。知识创新场所(Ba)就是指知识社会化、外部化、组合化和内部化所需要的空间,是组织知识创造的基础。知识创新场所(Ba)大体可分为四类：(1)物理空间,如展览馆、办公室、会议室、茶水间等；(2)虚拟空间,如电子邮件、视频会议、网络群组等；(3)心智空间,如大家共同分享的经验、想法与理想等；(4)以上三种空间的任意组合。这些场所区别于两个特征：一是交互的对象是个人还是群体,二是存在形式是物理的、虚拟的还是心智的。

野中郁次郎和今野(Konno)对应于知识创造的四种模式提出了四种场所,即起源场、互动场、系统场和行动场。如图 2-11 所示,隐性知识转化为隐性知识——社会化模式,需要起源场；隐性知识转化为显性知识——外部化模式,需要对话场支持；显性知识转化为显性知识——组合化模式,需要系统场的支持；显性知识消化吸收为隐性知识——内部化模式,则需要行动场。

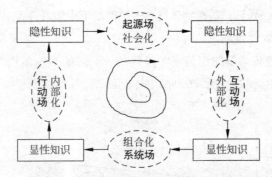

图 2-11　知识转化模式与知识创造场的关系

(1) 起源场:是个人分享感觉、情感、经验和心智模型的场所。起源场是一个存在于人的内心世界的空间,个人借助"同生""共荣"的观念,排除自我与他人之间的障碍,彼此交互表露其感觉、情绪、经验与心态,以无私、信任与承诺构筑人与人知识转换的基础。

原始场所是知识创造过程的起点,属于社会化阶段。个人之间亲身的面对面的接触经验对隐性知识的移转与转化十分重要。因此,应强调开放式组织设计,使员工能充分接触顾客,以便个人之间的直接交谈及沟通。

组织从两个方面促进起源场的构建,一是组织利用激励机制和组织文化等管理手段促进员工"同生""共荣"观念与现实的形成;二是员工个人以"修己""安人"的伦理观加强自身的修养。

(2) 互动场:这是提供团体分享心智模式与技能的场合,个人的隐性知识通过沟通而成为共享的知识,关键成功要素在于选择具有不同特殊知识或能力的人组成一个项目小组或是跨部门的团队,通过对话平台使得这些人的心智模式和技能转化成显性知识。因此,对话场提供一种良好的"外部化"组织网络。

(3) 系统化场:系统化场针对"组合化"提供一种良好的组织网络,使得显性知识能以较便利或是书面的方式在整个组织间流通。信息技术(如网络、视频会议等)为组织知识创造提供一种虚拟化且更具效率的合作环境。

(4) 行动场:行动场为"内部化"提供共享的组织网络,个人利用虚拟的沟通媒介,内化显性知识成为己身的隐性知识,例如操作手册或虚拟实境演练方案。

在 SECI 模型的四个知识转化阶段中前后会经历四种场所(Ba)。每个场所分别提供一个空间,以利于某一特定阶段的知识转化,并使知识创造加速进展。将四个场所的四个知识转化过程前后连贯起来,就构成一系列不断自我超越,随之显现了知识转化的螺旋式演进模式。

知识创造场所(Ba)的概念提醒人们知识创造不能与"场所"相分离。每一个知识创造过程都需要一个相应的场所,组织应认识到这一点的重要性。事实上,组织应集中注意力开发其各种知识创造场所,因为通过开发围绕知识过程的环境比直接管理过程本身能使组织获得更多的知识。

例如,夏普利用各种"紧急项目"(作为知识创造的场所)来处理公司重大的科技或产品的战略性发展计划,结果相当良好。由公司中层主管所领导的各个"紧急计划小组"在公司总部全力的经费支持,而且可优先使用所有公司的资源,并可动用各单位优秀的相关人才等优越条件下,必须在 18 个月内完成其计划。每项专案计划事先须经公司最高层的研发决策会议——"技术审议会"审查通过。

夏普公司为了解消费者的需要,公司另设有"创造性生活方式研究中心",并建立各种系统来创建新产品概念。例如,公司 1985 年首创的"趋势领袖系统"。选取 600 名各类的外界人士,包括中学生,已婚上班妇女,以及 70 多岁的老人等,组成具有指标性的领先消费者。公司让这些人集聚在一起,进行面对面的交谈及互动,因而可产生大量高品质的隐性知识与显性知识,并据以预测此后一至十年内之消费趋势。

4. SECI 模型的价值

到目前为止,SECI 模型堪称是对企业知识生产过程进行的最深入的研究,其对知识转化过程的描述也是最详尽的。SECI 知识转化模型在知识管理中具有十分重要的理论价值。

(1) 准确地揭示了知识生产的起点与终点,即始自高度个人化的隐性知识,通过共享化、概念化和系统化,最终升华成为组织所有成员的隐性知识;

(2) 清晰地辨识了知识创造的模式,即"隐性—隐性""隐性—显性""显性—显性"和"显性—隐性"的转化,并相应地描述了每种模式所对应的具体过程和方法;

(3) 创造了一个全面评估企业知识管理绩效的工具,按照野中郁次郎的实证研究结论,只要对任何企业在四种转化模式上所做的努力进行分析,就可以大致评价这家企业在知识管理上所达到的水准了。

要指出的是,SECI 模型关注的是组织内部隐性知识和显性知识转化过程,仅仅是企业知识形成过程的一部分,而远非全部;SECI 模型也没有涉及知识管理对企业效率影响和如何构建竞争优势等问题。

2.3.3　学习型组织模型

知识经济时代,每个组织为了快速适应环境必须不断地学习、进化,挑战自己固有的文化与运作模式。在此方面,学习型组织理论最能代表组织应有的原则与运作模式。

学习型组织(learning organization)是指一个组织能够不断地学习并运用系统思考方式分析处理各种不同的实际问题,进而强化并扩充个人知识与经验,最终能改变整个组织的行为,它是增强组织适应与创新能力的一种组织模式。

美国管理大师彼得·圣吉(Peter M. Senge,1990)指出,组织只有变成学习型组织,才能保持持久的竞争优势,并提出了变成学习型组织的五项修炼。

拓展阅读

(1) 自我超越。这是建立学习型组织的精神基础。强调向自我极限挑战,实现人们内心深处最想实现的愿望。其重要方法是保持创造性张力,激发员工不断创造与超越,进行真正的"终身"学习。

(2) 改变心智模式。心智模式根深蒂固于内心,影响人们如何去了解世界,以及如何采取行动改造世界。人们通常不易觉察自己的心智模式及它对行为的影响,而在许多决策中,决定做什么和不做什么的正是这种心智模式。显然,如果心智模式有缺陷的话,个人和企业都会受到损害。因此学习将自己的心智模式摊开,并加以检查和改善,有助于改变心中对周围世界如何运作的既有认识。这种修炼要求人们学会有效地表达自己的想法,并以开放的心态容纳别人的想法。

(3)建立共同愿景。共同愿景是指能鼓舞企业员工的愿望和远景,主要包括三个要素,共同的目标、价值观和使命感。共同愿景提供了组织学习的焦点和能量,在缺乏共同愿景时,学习只能是"适应性学习",只有全体员工心中有了共同愿景时,才会有"创造性的学习",企业的任务就是将个人愿景整合为共同愿景。

(4)团队学习。团队学习是学习型组织最基本的学习形式。通过团队学习,充分发挥集体智慧,提高组织思考和行动的能力。团队学习从"深度会谈"开始,团队成员亮出各自的想法,进行交流,以获得真正一起思考的能力。

(5)系统思考。系统思考是五项修炼的核心与基石,使人从看片面到看整体,从迷失于复杂的细节到掌握动态的均衡搭配。它让人寻找小而效果集中的高杠杆,以产生以小搏大的作用。

学习型组织理论强调五项修炼的整合,以保持持续学习的精神及铲除发展道路上的障碍,提高企业应对环境变化和自我发展的能力。

彼得·圣吉创建学习型组织理论的过程中,深受中国儒家思想的启发,将个人修为与组织目标统一起来。曾子在《大学》中将"修身、齐家、治国、平天下"作为人生奋斗的目标,更有"穷则独善其身,达则兼济天下"的思想观念。其核心思想就是通过个体学习,实现道德、品行、理想、精神、价值观念等内在的自我超越。"修己"是出发点,"安人"是最终目的,即通过个人的"修炼",去影响别人,达到整个组织共同发展的目的。这正是学习型组织的基本思想。

2.3.4   知识管理的知识—流程—环境(KPE)模型

埃森哲咨询公司提出了如图 2-12 所示的知识管理的知识(Knowledge)—流程(proccess)—环境(environment)模型(简称为 KPE 模型)。该模型以组织知识为中心,用创造、定义、收集、适应、组织、运用和共享 7 个知识管理流程,领导、文化、技术和评估 4个知识管理环境因素来描绘组织知识管理的结构。

组织实施知识管理的重点是营造 4 个环境因素。如果组织能把握好这 4 个因素,就能使知识管理流程顺畅,进而影响组织的绩效,提高组织中知识的积累和竞争优势。下面对影响知识管理的 4 个主要环境因素进行说明。

图 2-12   组织知识管理的 KPE 模型
(来源:埃森哲咨询,1995)

1. 领导

组织知识管理实施需要强有力的领导支持。埃森哲咨询公司认为,领导团队必须做到:将知识管理当成重要的核心议题;了解知识资产对利润创造的潜力;强有力地将知识管理观念灌输给员工,并且利用知识支持和提升目前的核心能力或者尝试开创新的核心能力,以及根据员工对知识管理的贡献程度作为招聘、考核和升迁的依据。

2. 文化

组织必须塑造有利于知识管理推广的文化。埃森哲咨询公司认为有以下几个重点:组织应该鼓励和支持知识的共享;让组织充满开明和彼此信任的气氛;将协助顾客创造最大价值当成知识管理的首要目标,以及让组织内的员工都能够自发担负起自我学习成长的责任。

3. 技术

组织知识和知识管理流程的显著特点对知识管理技术提出了一些特殊的要求。第一,组织知识是显性知识和隐性知识的混合体,而隐性知识不一定总是可以转化成显性知识。因此,知识管理的技术必须在各个层次支持跟踪各种工作和历史经验。此外,在特定的团体内部建立一定的交流标准,内部成员通过使用这种标准来规范他们之间的交流。第二,因为知识的背景敏感性,技术必须能够为任何团体提供个性化的解决方案实现通信和知识传递。第三,技术要支持知识表达语言。第四,知识管理流程是一种社会过程,非正式关系起着重要作用,因此,技术解决方案必须包括不同程度的形式化和信任。第五,知识管理技术还必须支持在共享实践中的多向的、相互的、复杂的、隐含的知识交流。

4. 评估

埃森哲咨询公司在知识管理评估方面认为,组织应设法明确知识管理与财务绩效之间的因果关系,并开发出知识管理绩效的特定和明确的目标。明确知识管理绩效的指标要兼顾财务性与非财务性、定量与定性的指标,并根据知识管理绩效的好坏确定资源的配置与工作重点。

2.3.5　HOTP 模型

知识管理基础能力模型、SECI 知识创造模型和"第五项修炼"模型都是以行为科学为基础的知识管理模型,偏重基于组织行为的隐性知识管理。HOTP 模型是一个以系统科学为基础,技术与组织行为、显性知识与隐性知识并重的组织知识管理实践模型,如图 2-13 所示。该模型由人(human)、组织(organization)、技术(technology)和知识管理流程(proccess)四大要素组成。

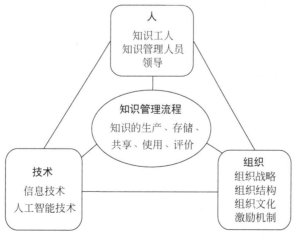

图 2-13　知识管理的 HOTP 模型

1. 知识管理中的"人"

知识管理中的"人"包括如下 3 类角色。

(1) 领导。组织高层领导在知识管理中的作用是至关重要的,是知识管理的最大促进者。"领导"的作用就是激励部属、引导及协调成员的活动、选择最有效的沟通管道以及解决成员间的冲突,其最终目的在于激励与引导员工的行为朝组织的目标前进。

(2) 知识管理人员。即组织中专门负责知识管理的人员,包括知识记者、知识编辑、知识工程师、部门知识经理和知识总监等。

(3) 知识工人。现代企业中的工作者统称为知识工人。他们是组织知识的生产者和使用者,即在业务过程中产生新的知识,同时,也使用知识库或他们的社会网络中的知识来支持他们的业务活动,从而实现知识流与业务流程的集成,如图 2-14 所示。知识管理就是要使组织所有成员随时、随地方便访问他所需要的知识和存储他所产生的知识。

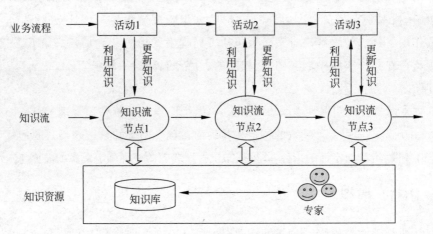

图 2-14　知识工人在工作中生产和使用知识

知识工人的培训是组织知识管理的重要工作。知识工人熟练掌握业务知识,精通相关信息技术工具的使用,并能够做到:

- 确定自己的信息和知识需求;
- 知道如何获得知识及到哪里获得知识;
- 能够理解信息和知识的含义,能够将知识进行内部化和组合化产生新知识;
- 能够将知识应用于实际工作之中,以帮助企业获取最大利益。

2. 知识管理中的"组织"变革

相对传统的管理体系而言,各种机构实施知识管理,事实上是一场从以物理资源为核心的管理转变成为以知识资源为核心的管理变革。在这场变革中,涉及组织战略、组织结构、组织文化、激励机制的变革。

(1) 组织战略变革。实施知识管理的组织,要明确知识资源是组织的核心资源,明确知识在实现组织价值中的作用,并将组织的知识战略与经营战略结合起来。

(2) 组织结构变革。组织实施知识管理中,组织结构变革包括两层含义:第一层含义是组织应从传统的多层级的、刚性的、垂直的组织结构,转变成适合知识管理需要的扁平的、柔性的、网络化的组织结构；第二层含义是建立专门的知识管理部门,如知识总监办公室或知识管理部等。

(3) 组织文化的变革。知识管理需要相适应的组织文化支持。在知识型组织中,组织要发展,员工要不断地发挥知识的效益。因此,组织文化必须倡导一种创新、奉献精神,鼓励员工不仅充分施展显性知识,而且充分展示隐性知识,达到组织知识资本效益的最大化。同时,企业的知识管理中那种不断创新从而不断发挥企业知识资本效益的模式也不断地改变,提升企业文化。

(4) 知识管理的激励机制。期望理论(Vroom,1964)指出,员工之所以努力工作,贡献自己的知识,是因为他预期可以获得某些对其产生吸引力的结果。因此,组织实施知识管理时,应根据员工的内在和外在的需求,设计相适应的激励机制,避免员工的知识管理行为没有绩效。传统的考核机制,通常只关心员工的直接经济绩效,忽略了员工的知识贡献,不利于知识管理的推行。在解决该问题上,三星数字系统公司的做法值得借鉴。该公司利用虚拟货币计量员工平时对公司的知识贡献,年终时,将虚拟货币兑换成奖金。这一措施,大大促进了三星数字系统公司员工贡献知识的积极性。

3. 知识管理的"技术"

这里所说的知识管理技术包括知识存储、传递的现代信息技术和知识发现、知识推荐的人工智能技术。知识管理产生并推广应用的技术背景是互联网的发展与成熟,随着人类社会从信息化时代向数字化时代的发展,人工智能技术将越来越多地应用于知识管理之中。

(1) 知识管理中的信息技术

以数据库管理、互联网技术为代表的信息技术的成熟和应用,成功解决了长期困扰人类知识共享和传递的时效与空间限制问题。从而,信息技术成为知识管理不可分割的一个支撑体。知识管理的信息技术是如图 2-15 所示的一个体系,可以分为支持显性知识管理的技术、支持隐性知识管理的技术和知识管理基础支持技术。

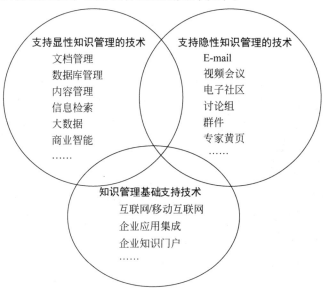

图 2-15　知识管理的信息技术体系

（2）支持知识管理的人工智能技术

人工智能技术与知识管理是天然的"近亲"关系。斯坦福人工智能研究中心尼尔逊教授说："人工智能是关于知识的学科——怎样表示知识以及怎样获得知识、使用知识的科学。"目前，专家系统、自然语言理解、模式识别、推理机等人工智能技术获得了丰硕成果，这些技术正逐步应用于智能知识标引、智能知识搜索、智能知识创造、智能知识推送、智能决策支持、知识工作自动化等知识管理活动中。表 2-4 给出了人工智能技术在知识管理中的应用场景。

表 2-4　人工智能技术在知识管理中的应用场景

人工智能技术应用	说　　明
智能知识标引	用户画像、自动标引、自动分类、分维聚类等
智能知识搜索	智能提示、语义搜索、知识图谱、精准答案等
智能知识创造	知识原子化、碎片化、内容优化、协同共创、知识抽取、知识融合等
智能知识推送	场景感知、个性化推送、深层挖掘、精准推荐等
智能决策支持	深度学习、问答机器、情境助手、商业智能等

4. 知识管理流程

知识管理流程是指知识管理中，知识的动态过程，也称为知识过程。本书中将知识过程分为知识的生产、存储、共享、使用和评价五个主要过程。知识的生产包括对组织内部知识的定义、组织外部知识的获取以及知识的创造 3 个子过程；组织知识的存储包括知识的选择、加工、保存和更新 4 个步骤；知识共享包括通过正式渠道的共享和非正式网络的共享两种模式；知识的利用强调知识流与业务流程的集成，知识的评价是指对知识的质量、时效性、应用效果等进行评估，从而更新知识和改善知识的应用效果的过程。

知识管理模型还有很多。根据研究对象的特点，对知识管理变量进行适当调整，就可以生成有针对性的知识管理模型。万变不离其宗，在知识管理实践中最基本的原理是知识管理各变量及其关系的优化控制和 SECI 模型。

📋 本章小结

1. 知识管理与组织的互动关系有三种理论观点。古典理性理论观点认为知识管理是一个客观的外部力量，只要能适当地引进，就能直接准确地对组织结构产生影响；权变理论观点认为知识管理引进是一个权变模式，每个组织的背景不同就应该选用不同的知识管理战略，即知识管理战略对组织的影响会因不同的背景而改变；组织行为理论观点认为，要了解组织知识管理的运作，不能单从组织知识管理结构与流程设计的"技术面"分析知识管理对组织的影响，而必须从员工的行为方面进行分析。

2. 知识管理变量是指知识管理运行的影响因素，包括结构变量和环境变量。结构变量包括知识内容、知识流程和知识主体，是被管理的对象；环境变量包括组织行为、信息技术和业务情境，是知识管理的背景及支持因素。

3. 知识管理的基础能力模型研究组织的效能与知识管理基础能力及知识管理流程能力之间的关系。

4. SECI 描述隐性知识和显性知识之间的四种转化：内部化、外部化、社会化和组合化。组织的不同层次之间显性知识与隐性知识之间的相互转化形成了螺旋式知识创造和再创造过程。组织应该建立适当的机制来促进隐性知识和显性知识之间的转化。

5. 学习型组织的五项修炼：自我超越、改变心智模式、建立共同愿景、团队学习和系统思考。第五项修炼——系统思考是学习型组织修炼的核心。

6. 知识管理的 HOTP 模型是将知识管理概括为人、组织、技术和流程四个要素。知识管理的人泛指组织中的所有知识工人、知识管理者和组织的领导；知识管理理的组织因素是指知识管理需要相应组织结构、组织文化和激励机制支持；知识管理的技术除包括计算机网络、知识门户等技术基础设施外，还包括支持显性知识管理的技术（如数据库、文件系统、数据仓库等）和支持交互的隐性知识管理的技术（如电子邮件、视频会议系统、电子社区技术等）。

即练即测

📝 思考题

1. 对知识管理与组织互动的三大理论观点作出评价。

2. 组织知识管理绩效与哪些因素有关？

3. 知识管理的组织环境包括哪些因素？

4. 知识情境与知识管理的关系是什么？

5. 什么是组织的核心能力？怎样建立组织的核心能力？

6. 什么是 SECI 模型？

7. 分析你的学习过程中，SECI 过程是怎样发挥作用的。

8. 讨论：组织引进知识管理时，你认为是否存在一种最好的实施策略，还是一定要每个组织都有不同的战略？为什么？

案例 如何建造知识创造的场所

案例分析

案例 埃森哲公司的知识管理

案例分析

第 3 章

组织知识生产

本章学习目标

通过本章学习,学员应该能够:

1. 掌握组织知识的定义的主要方法和工具;

2. 掌握组织外部知识获取的主要方法;

3. 掌握知识创造的方法与工具;

4. 了解大众知识生产的特点与组织模式。

引例:某区域龙头地产开发企业,成立 10 多年,开发了 20 多个房地产项目,逐步在区域内形成了企业品牌及独特的核心竞争力。然而,让老板头疼的是,已经做了 20 多个项目了,但每开始一个新项目,就像做企业第一个项目一样,从零开始。以前项目走过的弯路现在项目继续走,以前犯过的错误现在一个也不少,以前项目的经验和教训,没有为现在的项目带来任何指导和借鉴的作用,反复为同一个事情交学费。

在公司的发展过程中,不断会有成功的经验和失败的教训,会不断收获创造的溢价和付出试错的成本。如果这些知识和经验能够系统完整地识别并沉淀下来,供企业员工共同分享,那么企业这些宝贵的经历和体验就能有效助力企业高效稳步地成长。

另有一地产开发企业,从事住宅开发已经 20 多年了。发展到今天,政策、市场、竞争等外围环境已经发生了根本性的变化。这样不断变化的环境逼迫企业思考,以前的成功模式是否还会持续有效? 从胜利走向胜利,需要商业模式和能力进行怎样的调整和变化? 企业想从营销、服务等业务模式创新,以及商业、旅游、地产等商业模式创新等方面形成大的突破,但不知道应该走怎样的路径。

企业发展到一定程度,或者因为外部环境的变化,或者因为内部成长的需求,都不得不面对如何突破现有模式,寻求创新发展的课题。

组织要共享和利用知识,首先要知道自己拥有哪些知识,哪些知识可以从外部获得,哪些知识需要开发、创造,这些过程统称为知识的生产。组织知识的生产是知识共享和利用的基础。

组织知识管理应以组织战略为基础,知识管理最重要的目标就是要弥补战略上的知识缺口。因此,组织必须清楚定义下列问题。

- 我们需要哪些知识?(知识管理战略)
- 我们目前有哪些知识?(内部知识的定义)
- 我们还缺乏哪些知识?(知识缺口)
- 目前在外部有哪些是我们所需要的知识?(外部知识的定义)
- 我们如何有效地获取外部已有的知识?(知识获取)
- 自己如何创造?(知识创造)

　　总之,组织知识的生产包括识别组织已有的知识、从组织外部获取所需的知识和创造组织战略上需要的知识。这个关系可由图 3-1 来表示。图中明确了知识战略与知识定义(或称识别)、知识获取及知识创造四者之间的关系。

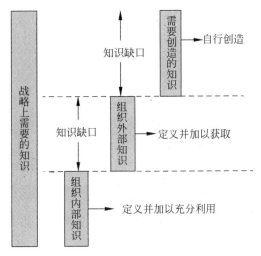

图 3-1　知识缺口与知识生产

3.1　组织内部知识的定义

　　组织的知识定义(knowledge identification,KI)是指组织识别并标注知识的过程。组织为了有效利用已有的知识,以及获取需要的重要知识,必须清楚知道并明确标识其内、外部存在的重要的知识。例如:

　　(1)组织内部目前拥有哪些知识?哪些经验?结构如何?在哪里?哪些员工拥有?哪些群组团队拥有?

　　(2)如何找出组织外部有哪些是组织需要的重要知识或新涌现的知识?这些知识在哪里?需要通过哪些渠道寻找?

　　组织只有清楚地定义组织重要的知识,才能有效地利用知识,避免重复开发知识。

3.1.1　组织知识定义常存在的问题及其后果

1. 组织知识定义常存在的问题

有些组织不太清楚现有内、外部存在着哪些是对自身重要且有价值的知识,究其主要原因有以下几点。

(1) 缺乏专人负责。由于组织的分工越来越细,知识的结构越来越复杂和精细,如果组织内部缺乏专人负责定义、收集、筛选和整合知识,那么,组织内部知识很难被需要相应知识的人所发现和找到。

(2) 知识爆炸。知识爆炸会造成员工的知识超载(overload),由于 Internet 等信息技术的发展,员工所接触到的知识数量繁多,组织如果缺乏对这方面的管理与筛选,那么员工将会迷失在庞大且杂乱无章的信息与知识中。

(3) 人员的流动速度快。人员的调派、离职都会让原本存在已知的知识永远流失。

(4) 因企业流程再造所造成的人员流失。企业流程再造(BPR)对知识所造成的损失,有下列两种可能的结果。

BPR 的重点在于使企业流程精简,因此,年龄较大的资深员工常是被裁员的对象,但他们却常拥有非常重要的隐性知识。例如,团队成员如何组成,如何与其他部门配合,如何与组织经营理念、文化配合等非常重要的隐性知识,一旦流失后来的流程与方案的进行会遭受到很大的打击。

(5) 各自为政。由于扁平化组织、网络型组织、自主性团队、授权员工和决策下放等分散式管理思潮风行,而使各团队自主管理、各自为政,彼此间缺少协调沟通和集中管理。因此,各分散团队间对彼此有哪些特殊专家,有哪些重要的知识就很难通过整合的方式进行定义和了解。

(6) 群组知识的动态性与内在性。相对于个人的知识,群组知识包括成员间共享的价值观、彼此协调的方式、专家经验、人际关系等内在的难以掌握的知识,团队经常是临时性、动态性的组织,成员经常变动,一旦团队解散后便很难再找得到人。因此,群组知识非常容易流失。

2. 组织内部知识缺乏定义的后果

我国台湾学者林东清从战略、业务和资源利用 3 个层面总结了组织内部知识缺乏有效定义会产生的后果。

在战略层,组织无法了解知识的缺口。即使从组织知识战略上已确认了重要核心知识的方向,但如果不清楚自身目前存在哪些知识,仍然无法知道组织未来需要获得或创造哪些重要知识。

在业务层的不良后果包括:(1)知识重新开发造成浪费。由于不清楚组织已存在哪些知识,常会浪费许多人力、物力及财力等资源重新开发已有的知识。(2)无法快速有效解决问题。当员工面临重要问题时,由于无法及时获取过去最优秀的经验与知识作为指导方向,只靠员工凭感觉试验,或只从有限的人际关系中道听途说,误用内容质量不够健全的知识,从而降低解决问题的质量。

在资源利用层的不良后果包括:(1)无法充分发挥并利用已有知识的价值。因为不清楚组织内部拥有哪些优秀、有价值的知识、技能、专利、智力资产及专家,因而闲置浪费了这些重要的人才与资源,以致未能善加利用赚取利润、提升竞争优势或打击对手。(2)人才的错误评估与配置。组织如果不清楚哪些员工拥有哪些有价值的技能、知识,而只凭年薪、职位评估其价值,则对于一些拥有重要隐性知识,例如能促进团队协调合作、担任各部门中坚力量、传送重要知识,以及了解组织重要的历史文化典故等隐性知识的精英,很可能被忽视,甚至错误地被解雇。

3.1.2　组织内部知识定义的主要内容与目标

管理学家普罗布斯特(Probst,2000)等人指出,知识的定义要有选择性。即根据知识战略的指导,组织只需针对有价值的某些核心知识进行了解与定义,而不需全面展开,以避免员工产生知识超载,以及什么事都做,但什么都做不好的情况。

1. 组织内部知识定义的主要内容

管理学家布鲁金(Brooking,1999)列举出了组织需要定义的四大类关键知识。

(1)员工的知识

每位员工具备的知识:知识大部分存于员工的脑海里,因此,每位员工各有哪些技能、专长及深入程度如何,组织都应清楚了解与定义。

谁最适合担任这个工作:每个员工的专长不同,在不同的工作任务与工作环境下,哪个员工最适合担任这个工作也是组织需要明确了解的。

员工的知识规划:为了使员工更好地成长,员工需要进行哪些培训或岗位轮换。

(2)团队的知识

团队的集体知识:复杂问题的解决大多依靠团队协力完成。所以,许多问题解决的经验与教训都存储在团队里而非个人。要以团队为单位定义员工应该掌握哪些知识,也必须由成员共同讨论整理而成。

团队的最佳组合方式:团队应该如何组成才能使合作绩效最高,向心力与执行能力最强。对于成员彼此间的协调、沟通、配合默契也是组织需要清楚了解的。若发生类似"早知这两位经理无法沟通、互相不信任,就不应把他们凑在一起了"的情况,将会对组织造成深远的不良影响。

(3)工作的知识

重要工作的相关知识:某位关键员工离职而没有人知道如何有效地执行这个工作,加上知识的积累与重获(recover)需要很长时间的积累才能形成,因此,组织必须清楚了解并定义这些工作相关的知识。

工作成功的知识:例如,这项工作在组织内如何进行才最容易成功?每个组织的经营观念、价值观与文化不同。因此,每项工作的执行程序、方式,这些事关重要的隐性知识也是组织要明确了解的。

(4)组织的知识

有效解决问题的知识:当组织面临一个难题时应如何解决才最有效,组织面临一个重要的问题时应如何筹建危机处理团队,解决问题的程序与资源应如何设计和配置,这都是组织内部非常重要的知识。

组织重要的价值观、哲学与文化:任何组织都有着不同的历史、经营哲学和文化,这些理念会影响工作进行的方式是否被组织所接受。因此,组织应该清楚定义这些内隐的知识,让员工不会因违反组织文化而犯错或失败。

最佳实践:组织内部的最佳实践是组织重要的知识资产。定义出这些最佳实践,并在组织内部共享,对新员工培训、提高类似问题解决效率、组织文化的形成等都具有重要的意义。

2. 组织知识定义的主要目标

除了定义上述四大类知识外,布鲁金(1999)将组织知识的定义的目标概括为静态定义和动态定义两个方面。

(1) 在静态的定义方面

定义知识的位置:组织内存在哪些重要的知识,包括员工、项目团队、工作流程及组织整体。

定义最佳实践:组织内最优秀的能力在哪里?谁最精通某些领域的专业?对于一些流程有哪个团队绩效表现最佳?组织内的最佳实践在哪里?

相关文件与知识的获取:快速找到与某些议题相关的文件、蓝图、案例等各种知识存储的媒介,通过信息技术的支持,组织内的员工应该即时找到所需要的文件等资料。

人际关系的了解:知道谁在哪个团队内可充分合作,因为每位员工的个性、心理特征都不同,因此,组织必须就其特征不同而善加利用,了解哪些人组成团队将合作愉快并发挥正面作用。

(2) 在动态的追踪与更新方面

追踪知识的流失:组织必须清楚哪些重要知识或经验会随着某位员工的离职而流失,并要确认有无后备的人手。

了解知识的流动渠道:整个组织应该明确掌握知识的流动种类,以及存在哪些正式与非正式的知识流动网络,又有哪些知识中介者,以及每个员工如何通过中介者或自己的人际网络寻找或学习所需的知识。

追踪新能力:追踪及定义组织获取的新能力,要了解哪些员工最近受过哪些训练,引进了哪些能随时更新的知识存量。

标记陈旧知识:对使用频度低、陈旧的知识进行标记。

3.1.3 组织内部知识的主要定义方法与工具

组织可利用哪些方法或工具定义内、外部的知识呢?综合学者们的研究,可得出如图 3-2 所示的组织知识定义方法与工具体系。

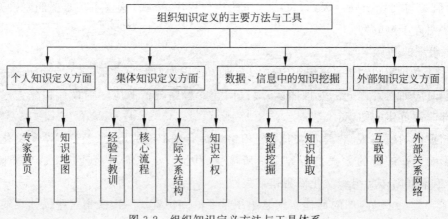

图 3-2 组织知识定义方法与工具体系

1. 个人知识的定义工具

专家黄页和知识地图（knowledge map）是个人知识定义的常用工具。前者适用于员工技能的定义，后者常用于知识资源的定义。

专家黄页或专家目录（电话簿），主要记录了组织最常碰到的问题（what）、组织内外部最优秀的问题解决专家（who），以及这位专家位于哪里（where）和如何联系（how）。

知识地图是企业知识资产的指南，能帮助使用者快速且正确地找到所欲寻找的知识。知识地图仅指出知识的所在位置或来源，并不包含知识的内容，其所联结的信息包括了人员、流程、内容以及它们之间的关系。

知识地图的类型主要有概念型、流程型、职称型和关系型四种。

① 概念型知识地图。该类知识地图是基于"分类学"划分组织等级和进行内容分类的一种方法。在知识管理中，该类知识地图被用于网站站点或知识库中的内容管理，如分类目录、主题学习、搜寻检索等。

② 流程型知识地图。这种知识地图将关于某个流程的知识或知识源图形化表示，如业务流程图、认知流程图、推论引擎等。这里的业务流程涵盖了一个企业或一个组织机构的任何业务操作流程。流程型知识地图的主要作用是规划知识管理方案并推动知识管理的实践。适用于最佳实务的确认、问题的判断、制造作业、工程设计等工作。

③ 职称型知识地图。这种知识地图将一个组织结构的各种技能、职位甚至个人的职业生涯视为一种资源并进行记录，从而勾画出一张该机构的智力分布图。其呈现方式与概念性知识地图类似，包括阶层式、分类式和语义网络式。它的功能类似于黄页电话簿，可以使员工很方便地找到他们所需要的专项知识（各种技能、技术和/或职责描述）。职称型知识地图广泛应用于人力资源管理的人才招聘和员工培训等工作。

④ 关系型的知识地图。这类知识地图也被称为社会关系图。社会关系图揭示了不同的社会实体之间，不同的组织机构之间和同一组织内的不同成员之间关系的表现形式和处理原则。社会关系分析图的一个作用就是对一个社会背景内的共享信息进行分析。

企业的知识地图可能为其中一种类型，也可能包含了两种以上。不同的类型具有不同的功能与目的，应视其需要来决定。

下面是学者普罗布斯特等人（2000）给出的组织编制流程型知识地图的基本步骤。

第一步，找出重要的核心流程。例如，客户关系管理（CRM）等组织重要的核心流程。

第二步，找出与此流程相关的知识与专家。包括 CRM 相关的文件、资料库、知识库、专家和顾问。

第三步，找出连接方式。对这些知识与专家设定索引与指标，利用索引和指标连接人与知识的关系。

第四步，利用图标。整合设定好的知识资产与专家，将其与相关流程相连接，并且制定图示（即知识地图）。

第五步，设立分布式随时更新机制：每个知识地图应该有一个拥有者负责主导知识的正确性与更新性。

知识地图是动态的,企业必须指派专人负责知识地图的维护与更新,才能发挥知识地图的最大效益。例如,某位员工离职后,公司很可能会失去部分知识资产;或是当某位员工接受了某个课程的培训后,公司的知识资产会增加,这些情况都会使得知识地图的联结与关系发生变化。另外,企业应保留过去不同时期的知识地图,以观察企业知识资产与知识需求的变化。

2. 组织集体知识的定义

集体知识是指存储在集体团队内,由成员通过彼此商量、互相贡献、相互作用和共享,而产生的一种具有整体性和不可分割的知识。例如,一个知识管理执行非常有效果的团队,其间包含了成员间良好相互作用的网络关系、游戏规则、共享的价值观和文化,以及团队执行任务的特定流程等。集体知识并非各个成员间所有知识的总和,而是一种通过共享、头脑风暴所创造出来的 $1+1>2$ 的效应。集体知识是隐藏在团队工作流程、管理制度与文化之内,员工带不走的知识。

组织的竞争优势常依赖其是否拥有难以模仿的核心能力,而这些核心能力本质上就是一种隐性的集体知识,其对于组织的重要性远大于某几个知识丰富的个别员工。

集体知识由于牵涉成员个人知识间的相互作用和共享,并产生综合效果,具有不可分割性,再加上成员的流动,因此,相较于个人的知识更为隐性、复杂、没有结构,较难定义及搜索。

综上所述,集体知识具有不可分割性、集体共有性、容易流失性、效应性和内在性等特性。

集体知识最佳的存储地方包括组织的核心流程、组织的专家经验、组织内的知识产权和组织内的非正式人际网络结构。

(1) 组织核心流程知识的定义方法

组织核心流程知识定义的主要方法是使用"能力地图"。由于流程是个复杂的综合体,牵涉许多的活动、人员、角色、管理、工作方式及各种不同的专业与知识,因此要定义和记录这种类型的集体知识,就需要更复杂的知识地图,"能力地图"就是其中一种。

"能力地图"是美国罗氏(Hoffman-La Roche)制药厂为了记录过去团队专家的经验,改善新药申请上市的流程所开发出来的一种定义流程知识的工具。它以核心流程为中心,定义出整个流程相关的重要议题和它们之间的关系。

重要专家:最懂整个流程的专家是谁?

重要知识:这个流程有哪些重要的相关知识、文件、表格和蓝图?在哪里可以找到?

重要方法:有哪些与此流程相关的重要的里程碑、执行的步骤和方法?

重要教训:这个流程过去最容易失败的地方在哪里?如何特别注意?需要哪些知识?需要向谁请教?

重要成功因素:这个流程最主要的成功因素在哪里?应该如何掌握?要由哪个有经验的专家来负责?

除了定义上述重要议题外,还需要归纳和整合它们之间的关系。例如,专家与知识、知识与流程步骤、流程步骤与教训及成功因素等,并且要将其用电子化形式整理和存储。由上述可知,这个工具包含了团队显性的知识与隐性的知识。

（2）项目经验知识的定义法

项目团队是指组织为了完成一个偶然的、全新的、一次性的和非例行性的任务而临时组成一个团队,在任务完成后此团队随即解散。这是目前一般公司最常运用的一种组织结构和工作执行方式,而项目的成败也常常对组织的生存产生很大的影响,因此这种集体知识便更显重要。

由于项目通常是一次性的,项目团队是临时性的,项目完成后项目团队随即解散,因而,项目知识不容易定义与记录,容易随着项目团队的解散而流失。

学者达文波特和普鲁萨克（1998）主张以故事的方式记录项目执行上的经验及教训,而不应以结构化的数据库或表单作存储。用故事说明案例有以下优点。

① 情境化:清楚地了解案例完整的来龙去脉,易于理解、记忆并值得回味。

② 人性化:感性地描述情节,并能与员工日常生活经验密切相关而使员工易于产生共鸣,比抽象、生硬的资料库、表单更吸引人。

③ 不受结构限制:对复杂的知识可以无限制地说明清楚,不像格式化的资料库、表单那样受格式的限制。

例如,麦肯锡（Mckinsey）咨询公司为了避免后来执行项目的成员重蹈覆辙,建立了一个称之为"快速反应网络"的项目知识管理工具。除了以故事的形式描述过去项目所获得的经验与教训外,其主要功能是,项目结束后要求成员记录此次项目所获得的经验与教训;有需求的员工可以随时得到所需的相关报告,以及遇到问题时可以随时找到这方面的专家。

（3）组织知识产权与无形资产的定义

组织内存在许多有价值的知识资产,如专利权、品牌、商标和许可证,这些是组织拥有的集体知识,却常常未被妥善管理,从而,无法评估其目前具有的价值潜力,没有切实充分利用以增加组织的收益,忽视未来可能利用的机会。这方面做得好的公司,如陶氏化学（Dow Chemical）、IBM、华为等,就因为重视定义及管理这些无形资产而获得相当大的收益。

（4）定义组织的非正式人际网络结构

非正式人际网络,是指组织员工不管是个人执行工作,还是执行团队任务,当其遇到问题时,都常常会利用私人关系、非正式的咨询对象与沟通网络获取知识。这是组织集体知识创造最重要的知识来源,它对组织运作绩效的影响比正式的组织结构更普遍,也更重要。

管理学家克拉克哈特和汉森（Krackhardt & Hanson,1994）提出通过下列问题的询问与分析,组织可以构架出咨询网络、信任网络和沟通网络 3 种非正式人际网络。例如,你每天与谁讨论? 你每星期至少一次会向他咨询有关工作上的问题吗? 有哪个同事的工作你只要一天的准备时间就可以接手? 当你谈到工作上的问题时,你认为谁会保密?

咨询网络:咨询网络是指组织成员间互相请教所构成的知识传递网络。从这个网络中可以发现,当组织有问题或需要某种知识（信息）时,最受认同及乐于被请教的专家是哪一位。

信任网络：信任网络是指组织成员间的信任关系所构成的网络。由信任网络图可以了解员工们对于一些敏感性问题最信任且彼此会联合作战的"死党"是谁。信任网络图所要引申的是，如果要组成团队，应该如何寻找彼此信任的成员，而切勿将彼此猜忌的成员组合在一起。如果彼此钩心斗角，即使具有再好的个人知识与能力也会耗损在斗争上，这样会影响整个团队的绩效。

沟通网络：通过了解员工每天谈话的对象和频率构架出员工间沟通网络。

对上述 3 种非正式人际网络的分析，组织可以定义出以下问题。

找出私底下大家最信任的人；找出私底下大家最常请教的专家；找出私底下缺乏团队精神、孤立的人，以及找出私底下常一起讨论、合得来的人。

除了可以找组织内的专家外，更有价值的是可以帮助组织有效地组成内聚力强、互信程度高的团队。因此，人际网络的定义在知识管理上非常重要。

3. 数据中的知识发现

使用数据库、统计和人工智能特别是机器学习技术从数据中发现有意义的模式的过程，称为从数据中发现知识。企业长期的运作积累了大量的数据，如采购数据、生产数据、物流数据、销售数据、客户服务数据等。这些数据中隐含着许多有价值的知识，如原材料价格的周期性变化规律、不同产品销售量之间的关联性、客户消费行为特征等。从历史数据中找出这些规律与特征，对企业运营具有十分重要的意义。然而，数据中的知识隐藏性很强，找出这些知识需要较大的技术成本，因而常被大部分企业所忽视或搁置。

从数据中发现知识通常包括数据准备和知识发现两项任务。

根据数据规模不同，数据准备有三种模式。一是样本数据模式，对于难以获得全数据的任务，通常采用随机抽样方式获得样本数据。二是对历史数据进行集成，构建数据仓库。所谓数据仓库，即用于支持管理决策的，按主题组织的、集成的、相对稳定的、反映历史变化的数据集合。主题是指用户使用数据仓库进行决策时所关心的重点方面，如客户、销售量、成本等。数据仓库中的数据是在对原有分散的数据库数据抽取、清理的基础上，经过系统加工、汇总和整理得到的，必须消除源数据中的不一致性，以保证数据仓库内的信息是关于整个企业的一致的全局信息。数据仓库中的数据通常包含历史信息，系统记录了企业从过去某一时点（如开始应用数据仓库的时点）到当前的各个阶段的信息。通过这些信息，可以对企业的发展历程和未来趋势做出定量分析和预测。一旦某个数据进入数据仓库以后，一般情况下将被长期保留，通常不能修改和删除，只需要定期加载新增数据。三是全数据模式，即大数据。大数据指不用随机分析法（抽样调查）这样的捷径，而采用所有数据进行分析处理。大数据规模大到在获取、存储、管理、分析方面大大超出了传统数据库软件工具的处理能力范围。海量的数据规模、快速的数据流转、多样的数据类型和价值密度低是大数据的四大特征。

由于大数据数据来源广、数据量大、存储和处理成本高，通常只有平台型大企业才有能力构建自己的大数据体系。

知识发现是从数据集中抽取和精炼有用模式的过程。知识发现的主要任务如下。

（1）概念描述：即通过对某类对象相关数据进行汇总、分析和比较，获得对某类对象内涵的描述，并概括这类对象的有关特征。传统的数据总结方法是计算出数据库的各个字段上的求和值、平均值、方差等统计值，并用直方图、饼图等图形方式表示；数据挖掘中的概念描述主要是从数据泛化的角度来讨论数据汇总。数据泛化是一种把数据从低层次抽象概括到高层次抽象的过程。

（2）关联分析：关联关系是数据库中存在的一类重要知识。若两个或多个变量的取值之间存在某种规律性，则称之为关联关系。关联关系可分为简单关联、多层关系、多维关系、量化关系和约束关联。关联分析就是从大量的数据中发现数据项之间有趣的联系，即找出数据库中隐藏的关联规则。关联规则挖掘主要是针对事务型数据库，例如，从销售数据库中发现顾客的购买习惯，从而帮助制定销售策略。

（3）分类：分类的目的是找出一个类别的概念描述，它代表了这类数据的整体信息，即该类数据的内涵描述，一般用规则或决策树模型来表示。该模式能用来识别未知数据的归属或类别。类的内涵描述分为特征描述和辨别性描述。特征描述是对类中对象的共同特征的描述，辨别性描述是对两个或多个类之间的区别的描述。分类技术主要有决策树、贝叶斯学习方法和神经网络方法等。

（4）聚类：聚类是根据类内事物相似性最大、类间事物的相似性最小的原则，把数据对象聚合或分组的过程。所形成的每个聚类可以看作一个对象类，由它可以导出规则。聚类也可以方便地进行分类编制，将数据对象组织成分层结构，把类似的事物组织在一起。

聚类与分类的区别是，分类是按分类标准或规则进行（有监督的学习），聚类是根据数据对象的相似性自动聚合分组（无监督的学习）。

（5）偏差分析：基本思想是寻找观察结果与参照量之间的差别。通过发现异常，可以引起人们对特殊情况的加倍注意。

（6）时间序列分析：即描述行为随时间变化的对象的规律或趋势，并对其进行建模，如股市、物价、流行病等分析与建模。时间序列分析包括趋势分析、相似搜索、序列模式挖掘和与时间有关的数据周期性模式挖掘。

（7）预测：从历史数据中找出规律，建立模型，并利用此模型预测未来数据的种类、特征等。通常用分类来预测离散数据，而用回归分析来预测连续数据。典型的回归分析是利用大量的历史数据，建立线性或非线性回归方程。根据回归模型，只需要输入自变量的值，就可以求得因变量的值，以达到对因变量预测的目的。

知识发现的主要方法有传统方法（回归分析、聚类分析）、模糊集方法、粗糙集方法和机器学习（规则归纳、决策树、范例推理、支持向量机、神经网络、贝叶斯信念网络等）。

3.2　组织外部知识的定义与获取

管理学家普罗布斯特等人（2000）指出，组织的内、外部知识定义同样重要。除了上述的内部知识定义外，组织也要重视外部知识的转移，可以用 SWOT 模式分析自己现有的知识,并利用标杆学习明确自己与外部相比较下的知识缺口。然后找出外部环境中自己需要的重要知识,以及这些知识存储的位置,并加以获取。

3.2.1 组织外部知识的定义

1. 组织外部知识定义的意义

组织为了实现对外部环境的快速反应,必须快速找出组织外部有哪些是组织需要的重要知识或新涌现的知识,并知道这些知识在哪里,需要通过哪些渠道寻找。

外部知识的定义包括对环境的了解、分析与学习等问题。对组织外部知识缺乏有效定义,将产生以下的后果。

(1) 无法了解外部环境的重要变化。组织如果不清楚外部有哪些产业上重要的、新的技术与知识,无法及时发现新经营典范的转移,或了解哪些重要的知识急需引进,则很容易被新时代的竞争方式所淘汰。因此,组织对于外部环境,例如政治、经济、社会与技术等方面应投入相当多的注意力。

(2) 组织无法分析本身知识的 SWOT。组织如果不清楚外部新知识出现后所产生的机会与形成的威胁,不了解自身在知识资源上的优势与弱势,那么在以知识为竞争武器的 21 世纪必将面临很大的危机。

(3) 组织无法有效进行标杆学习。标杆学习是以产业内最卓越的组织为标杆,了解组织自身与标杆之间的知识缺口,以弥补该缺口作为组织中最优先进行的工作与方向。

2. 组织外部知识源

外部知识的主要来源如图 3-3 所示。在图中说明的是组织能够接触到新知识的各种主要渠道,组织必须密切地与这些单位或渠道保持高频率的相互作用,才能了解整个产业与技术的动向;不能闭门造车、耗时费力地研发出外面已证实没有效用或早已可以在市场上低价取得的知识和技术。

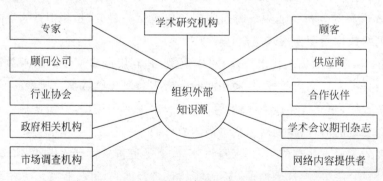

图 3-3　组织的主要外部知识源

3.2.2 组织外部知识获取的主要方法

知识的外部获取是指组织通过外部市场的采购、战略联盟的合作或与相关团体间非正式地交流而获得外部有价值的知识。外部知识的获取对组织而言,依其关系密切程度大小,可分为网络获取、调研、公开市场采购、与合作伙伴的非正式合作互惠交流、正式的战略联盟关系 5 种主要方式。

1. 网络获取

互联网已经成为人类最大的知识资源库,并成为人们获取知识的最重要的和首选的途径。"百度一下"几乎已成为知识型员工的一种习惯。企业可通过互联网获取关于人才、产品、技术、市场、政策等各方面的知识。目前,企业可以利用以下工具从互联网获得知识。

(1) 搜索引擎:通过输入关键词获取相关网页或文档。基于语义的内容和多媒体搜索技术已经取得重要的进展,随着内容和多媒体搜索引擎的成熟,信息和知识搜索的查全率和准确性将会更高。

(2) 网络沟通:通过虚拟社群交流或征集问题答案而获得所需要的知识。

(3) Web 挖掘:利用统计方法和/或人工智能技术从网页抽取信息,经分析综合后形成所需要的知识。

(4) 个性化知识服务:根据用户的兴趣特征和历史行为,利用软件技术为用户推送知识。

2. 调研

调研仍然是组织获取外部知识的一种重要手段。调研对象包括文献调研和实地调研;调研的方法主要有问卷调查法、访谈法和联合会议法。调研法所获的信息通常是比较准确的,但是获得的信息量有限,成本较高。

3. 公开市场采购

利用自由市场的价值机制,通过招聘专家、并购企业、购买知识外包和相关的知识产品等方式进行采购。

(1) 招聘专家

即招聘拥有所需知识的专家。

优点:组织在知识获取的速度上更加快速,不需要浪费很多的资源和时间培训人才及自行研发外部已经存在的知识。

缺点:新招聘者与现有员工间可能会不愿意合作。

应注意的重点:要招聘拥有差异性专长的员工,即招聘具有不同文化、不同背景和价值观的员工,因其差异性较大,可以借此促使团队用不同的观点来思考问题,也可以挑战组织过时、僵化的行事成规。例如,有些公司在招聘新人时,会特别挑选与目前团队成员的性别、教育背景、个性和人格特质不同的人。

(2) 企业并购

并购拥有知识的企业是企业获取知识最直接的方法之一,但在并购的过程中可能会出现下列问题。

① 人员流失

组织在并购时要注意人力资本是否会流失,要明确知识到底存在于哪里。例如 EL Product 日光灯公司在 1998 年收购 Grimes 公司,是为了获得高质量电灯生产的知识,但因 EL Product

日光灯公司在并购过程中的理念与条件无法令老员工满意,致使许多老员工相继离职,造成整个流程团队的技能变质,无法恢复过去优秀的生产能力,而导致最后全面失败。

② 生态改变

组织在并购时因组织企业文化与生态的改变会使得知识无法生存。因为知识、员工、环境三者是一个有机的关联体,每种知识只能生存在它所适合的环境下,若在并购时破坏、改变了组织生态,就会使原有的知识无法生存。例如,并购后的领导方式、互信文化、团队精神、薪酬制度、工作气氛和公司的价值观遭受巨大的改变时就会使原有的知识消失。因此,在并购之后要有效地维护原本生存的环境才能避免破坏原有知识的生命力。

③ 政治冲突

并购时新知识常常因为政治因素而很难融入老公司,原因有以下两个。

老员工排斥新员工:如果新知识较为优秀就会产生威胁或利益冲突的状况,而使老员工排斥新员工。

被并购者排斥并购者:并购者若有征服者的心态,并企图以新的文化和制度改变公司,则被并购者会产生抗拒的心态。

总而言之,并购的关键成功因素包括下列几点:正确地搜索与评估所需的知识;保护原有的环境与文化;保留重要的专才,以及平稳调和新旧文化与知识。

(3) 知识外包

知识外包,是指通过合约的签订由承包单位负责研发所需要的知识,主要包括以下两种。

① 产学研合作

由公司财务支持研究单位换取研究成果的应用权。例如,Hoeschst 制药公司支持麻省医院在分子生物学上的研究以研发新药,等到将来产品研发成功后取得优先应用权。

② 顾问咨询

组织对于自己缺乏的知识,可以通过签约的方式由顾问公司提供咨询来获取,但也会产生以下问题。

忽略知识转移:由于知识常常会随着专家的撤回而消失。如果公司完全忽略了知识的转移,只求当时能解决问题,即对于建议而非知识本身有兴趣,那么,在下次碰到类似的状况时依然不会解决。所以在寻找咨询公司时,不仅要解决当时的问题,同时知识也要转移。例如,在合约中注明顾问所提出的知识需要通过训练或必须是经过结构化整理以形成文件的形式进行转移。

员工抗拒:当咨询公司以强势、优秀和先进的新技术进入公司时,容易使员工产生贬抑的感觉,由于双方背景和文化不同也常会产生冲突。

(4) 购买相关的知识产品

购买相关的知识产品,主要包括以下几种方式。

① 购买知识产权

例如,购买专利、授权及特许加盟权(licenses and franchise),这种方式可以快速弥补知识缺口,利用市场得到已经证实有效的知识产品。

② 购买设计蓝图

购买产品的设计蓝图也是一种能够快速获取产品知识的方式。

③ 逆向工程

组织可以通过对产品、信息系统等成品的拆解，了解其内部整体设计结构及所使用的模组或零件组合的方式。例如，某家电公司对 3 个主要对手的优势产品拆解后，了解其内部的设计构造，并综合了这 3 种产品的优势，自行设计创造出成本更低、质量更佳的家电产品。

4. 与合作伙伴的非正式合作互惠交流

除了购买外，组织也可以通过非正式的人际网络关系和外部相关者进行知识交流，其主要方法有下列几种。

（1）与顾客的知识交流

焦点团队（focused group）：由组织内重要的顾客组成焦点团队，以便深入讨论并提供产品及市场需求的知识。

网络虚拟社群（virtual community）：提供良好的意见沟通渠道。例如，由企业主导，在网站上组成顾客的虚拟社群，鼓励顾客提供与产品相关的意见与重要知识。

实地了解：企业通过实际观察进一步了解顾客的作业流程、工作方式，如何使用企业的产品，其经营的关键成功因素是什么，并在现场直接与顾客讨论，使得双方不只是短暂的交易关系，而是一个密切配合、交流知识的生命共同体。

CRM 系统的运用：通过 CRM 系统与顾客进行即时的、相互作用的在线协同设计，搜索反馈信息、建议及抱怨，并利用信息技术分析顾客的采购行为。

向早期使用者学习：早期使用者指的是一些具有冒险性、喜欢尝试的顾客，由于其在产品早期上市时便率先使用，因此常会发现产品的瑕疵、问题、创新及有效的使用方式等。因此，通过与这些顾客的密切联系，组织可以在早期就获取许多有关产品使用的珍贵知识。

（2）与供应商的知识交流

① 供应商参与实践

例如，日本丰田汽车公司在知识交流方面的做法是：丰田汽车公司组成供应商协会，只有愿意共享最佳实践的供应商才能加入，加入的成员要开放工厂让其他供应商参观，每日共享各公司的新做法。丰田汽车公司 60 位工程顾问被派驻到各供应商，合作发展最佳实践，并通过轮岗共享和扩散最佳实践。丰田汽车公司投资各种供应商，董事在公司与供应商之间轮岗促进交流新知识。这个做法可以达到上下游共享知识，供应商同业公开讨论共享知识，各公司共享战果，把供应商当作创新的伙伴，使供应商依赖形成的生命共同体。

② 在线协同商务（collaborative commerce）

是指供应链的上下游伙伴之间利用 Internet 在线实时地合作。主要包括：协同设计、协同规划/预测、协同销售等，合作的伙伴可以通过这些在线协同的机制快速地交流知识和信息。

5．正式的战略联盟关系

组织可以通过正式长期合约的关系、入股、合资等方式,与其他组织进行正式长期的知识共享、交流和合作。这种战略联盟的合作关系使双方分别提供并共享各自专长的知识,创造一个共赢的关系,这是 21 世纪专业分工网络型组织最主要和最普遍的现象。

(1)战略联盟的基本概念

战略联盟是指双方(或多方)为了造成双赢的战略目标,通过正式的协议,彼此贡献并共享双方的资源利益共同体。战略联盟根据其正式化与密切程度的不同,分为长期合约关系、网络型组织、入股和合资,越靠后者的关系密切程度越高,如图 3-4 所示。

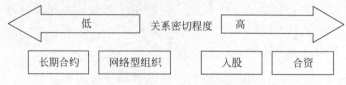

图 3-4　战略联盟的不同联结方式

网络型组织(network organization),是指通过正式的协议,多家组织为了某特定产品的销售或服务的提供彼此分工合作,整合成一个虚拟式的组织。例如,Dell 公司整合全球各地的电脑零件供应商、制造商、货运公司和维修公司,经营电脑产品的销售与服务。这种因产品销售的成败影响所有相关的成员所形成的联结方式称为生命共同体的关系。关系密切程度只限于合约项目上合作的长期合约型,因为除了合约项目外,其余方面各方都不相干。

(2)影响战略联盟知识交流效果的重要因素

联盟型的知识交流失败的案例远超过成功的案例,主要影响因素如下。

① 交流知识的特性

知识的重叠性:合资共同创新产品的双方在专长技术上的知识如有重叠部分,就容易加速双方在共享知识时产生交集,并进行知识的交流共享。

知识的互补性与差异性:重叠性与差异性两者目标是相互冲突的,因为若重叠太多会降低创新,而差异太多则在交流时会产生问题,因此双方应注意基础层次的重叠性与应用层次的差异性,两者要保持适当的平衡。

② 双方背景的相似性

除了知识的特性外,交流的效果也需要注意双方的背景,原因如下。

知识的内在性:双方原有专长的知识常具有隐性、复杂性、专门性和经验性,不是外化的标准化知识。

共享的背景与认知结构:越是隐性的知识,双方背景(即认知层面)越相似就越容易吸收。背景包括双方组织的文化、管理制度、知识的处理流程和决策方式等。此外,双方的认知结构、思考方式和语言越相近,就越有助于彼此知识的交流与吸收。

③ 双方交流相互作用的特性

除了知识的特性、组织背景的特性外,另一个影响交流效果的就是双方相互作用的特性(即关系层面),包括以下几个方面。

互信与承诺的程度:双方都愿意忠实地实践合约上的义务,为对方的利益着想,相信对方的承诺。在此种氛围中,双方有价值的知识才会充分地提供出来。

投机的行为:如果双方都只想吸收对方有价值的知识,而不想提供或隐藏自己的核心技术部分,就只能交流一些没有价值的知识,无法达到双赢。

泄密的行为:双方为了本身的利益泄漏了对方的知识机密,则会产生彼此不信任、投机或隐瞒的恶性循环。

④ 双方私利与共同利益的平衡性

双方的知识交流合作都会产生以下两种利益。

单方的私利:是指某一方从另一方得到知识后,私下对自身的技术、研发与产品创新的水准进行提高,以及竞争优势提升所产生的单方面利益。

共同的利益:是指因为战略联盟合作后,双方通过知识的共享共同创造出来的共同利益。例如,合资共创的新产品所产生双方可以共享的利润。

而在战略联盟的合作中,通过知识的共享所形成的私利与共同利益比例(也就是私利同共同利益的比率)如果过高,那么某一方就会为了获取大量的私利而采取投机行为。反之,如果双方创造新知识的获利潜力,远超过任一方私下吸收新知识所创造出来的价值时,则双方都会忠实地执行合约所规定的合作事项,而较少有投机行为。

⑤ 双方战略联盟的密切度

从有股权的相互合资关系到只是长期的合约关系,如果双方的关系越密切,以及承诺程度越高,与只有长期合约的联盟相比,其知识交流程度与效果都将更佳。

⑥ 合作对象与知识对象的合适性

主要的思考重点包括:双方要能定义并选择出对自己最有价值的知识和存在的确实位置,以及是否为对方所拥有;双方要能清楚地评估对方在这方面的能力、知识的深度与广度,以及质量、口碑如何;双方要能选择出与自己最能合作愉快,且能产生默契与信任的好伙伴。

⑦ 合作时间的长短

刚开始的合作,由于双方对新知识与技术的市场不熟悉,彼此也没有合作的经验,还未产生信任,因此,常常以关系密切程度低的合约方式试探对方,合作范围仅只限于条款,其他行为则不受限制。等到双方合作配合一段时间,彼此产生互信与默契后便会进行更为密切的合作方式,投入更多的资源进行共享,知识交流的深度与密度,以及互补和综合效果都将随之提高。

3.2.3　组织外部知识获取的主要优缺点

1. 组织外部知识获取的优点

(1) 速度快:对于已经存在的外部知识将提高获取速度。例如,许多管理咨询公司已经有非常好的 BPR、知识管理引进知识与经验,相对于由内部自行学习、创造和开发,组织外部知识获取将可能大幅度缩短时程。

(2) 质量好:由于专业分工,造成知识质量及专长上各有差异,例如 IBM、HP 等信息公司的电脑知识,无论战略、信息技术结构和引进方法都是其专注经营的核心能力。因此,创新性、突破性和质量方面较其他企业优秀许多。

(3) 成本低:由于经济规模与成本的差异,专业组织由于提供知识服务或销售的顾客较多会形成规模经济使成本分摊。例如,许多大型咨询公司所提供的在线知识库投资巨大,一般的组织虽无法自制,但可以通过订阅而廉价取得。

(4) 能力强:相对于专业厂商,某些知识需要长期的经验积累和大量的人力、物力及财力的消耗,而许多组织自身并不具备这种能力。

(5) 避免闭门造车:如果组织都只是由内部创造知识,久而久之,在欠缺外部新知识的刺激下,员工、团队间的思考模式和参考结构会逐渐僵化,形成集体盲点,即只选择自己熟悉、习惯的解决方案,而忽视一些重要的外部知识。

2. 组织外部知识获取的缺点

(1) 组织失去创新的能力:组织太过依赖外部知识的获取会因此丧失了创新的文化、动机与能力,而永远称为跟随者,无法形成以创新产品来达到先占市场的优势。

(2) 打击内部员工的士气,产生冲突:在打击士气方面,员工无法提升创新、研发的能力与潜力,这种外来和尚会念经的现象会影响其自尊心、工作满意度与士气。因此,内部员工会对外来的知识产生很大的抗拒,造成误用和抗拒学习等冲突问题。此外,也会有内部员工看不起外来知识而不愿学习的情况。

(3) 适用性与整合问题:每个知识的产生都与其他特殊的组织文化、经营理念及团队合作方式有关,尤其是一些较为隐性的知识更难以有效地移植。例如,日本的销售知识与技巧很难有效地移植到美国;许多咨询公司常将制度、标准、套装的知识一成不变地引进组织,而大部分遭受到失败的命运。此外,外部知识与内部既有的知识,由于彼此根本的思考哲学与基本假设都不同,如何使两者有效地整合成为一大难题。

(4) 核心能力与差异化的问题:根据核心能力理论,每个组织都必须掌握比别人更佳、更有价值及难以模仿的核心能力,如果这些能力是组织无法自行创造的,仍须依赖外部取得,组织就无法掌握主导产品未来的创新,从而产生差异化的优势。

(5) 组织吸收能力的问题:根据吸收能力理论(Cohen & Lerenthal,1990),并不是每种外部植入的知识组织都有能力吸收,组织本身是否具备扎实的相关知识吸收新知识是对组织的一大考验。许多优秀的外部知识的引进,会因为接受者的"消化不良"而失败,或者在知识的深度与广度上与原来的理想相差甚远。

(6) 交易成本的问题:组织为了获取外部有用的知识,投资许多资源寻找合适的对象、协调沟通、监控对方的合约履行并防止对方投机行为等,尤其在知识复杂时,更需要花费大量的监控和协调的交易成本。

3.3　组织的知识创造

组织知识创造,是指除了由外部获取所需的知识外,组织内部的个人、群组及整体,通过各种不同的方法(包括创意、实验、教育培训、谈论及互动等)增进、强化原有的知识,或创新开发原来不存在而对组织有价值的新知识的过程。

3.3.1　组织知识创造的重要理论

1. 组织知识创造的分类

组织知识创造的分类方式很多,下面介绍 3 种重要的分类方法。

(1) 个人知识创造和集体知识创造

个人知识创造:是指员工个人通过学习培训、个人的创意或直觉,以及相互的讨论所产生的新的个人隐性与显性的知识和技能。

集体知识创造:是指通过员工间的互动、分享和谈论,进而产生存储在群组团队或作业流程中不可分割的集体知识,不属于任何特定的员工。

个人知识好比树根,而集体知识就如同树干和树叶,前者自身必须转化成后者才能形成组织的价值和对外竞争力。

(2) 产品、流程和社会人文创新

Nonaka 将组织内部知识的创造概括为产品创新、流程创新和社会人文创新。

产品创新:利用新知识创造出新的产品(服务)。

流程创新:利用新知识创造出更有效率的新流程。

社会人文创新:利用新知识改善组织的文化、管理、士气及合作精神,提升人文方面的效果。

目前组织知识的创造最注重产品创新(如设立研发部门)和流程创新(如 BPR),不太重视社会人文创新,这是只重视有形资产而不重视无形资产的另一个例子。

(3) 隐性知识的创造和显性知识的创造

隐性知识的创造包含认知与技能两种元素。认知元素是指人类的思维模式,即在其脑海中的参考框架、价值观、基本假设及自我观点等,这种创新主要是在分析中学习。技能元素指的是手艺、技能及专有权等,这种知识的创造主要是在"干中学"和培训,并凭借自己实际经历才能体会到的知识。

组织通过隐性知识的外化可以创造出许多有价值的蓝图、信息系统及方案计划,这些都属于显性知识的创造。

最著名的知识创造理论是野中·郁次郎的 SECI 模型,该模型在第二章进行了介绍。此外,组织知识创造的学习理论和伦哈德-巴顿(Leonard-Barton)的组织核心知识构建模型等在学术界具有重要影响。

2. 知识创造的学习理论

Argris(1978)从学习类型的角度对组织学习的过程进行了描述,如图 3-5 所示,并在过程中嵌入了单环学习和双环学习,使组织学习的过程更加具体,更加切合企业组织的实际情况。

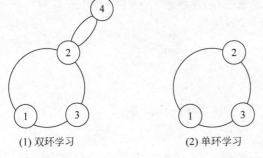

| (1) 双环学习 | (2) 单环学习 |

说明:
1—感知、监测环境的变化
2—获得的信息与企业规范与目标进行比较
3—对行动进行改进
4—思考企业规范与目标的正确性

图 3-5   单双环学习示意图

单环学习是一种低水平的学习方式,组织学习只发生在发现错误和纠正错误的过程中,组织原有的规范并没有改变。双环学习是单环学习的深化,不仅可以检测和改正错误,还进一步对现存的规范、程序、政策和目标进行质疑和调整。

根据组织学习方式的不同,组织知识的创造也有相应的两种方式,一种是已有知识的充分利用;另一种是新知识的探索。

在已有知识利用方式下,组织采用的是单循环学习模式,即通过"干中学"的经验学习,但这并不会挑战工作设计背后的价值观、基本假设与思维模式,仍然是在既有的经营哲学与理念的指导下进行体制内的改革,这种改革是渐进式的,而不是突破性、跳跃式的改革。例如全面质量管理。

组织探索新知识的主要目的是不断追求自我超越,以具有突破性、跳跃的方式成长,希望在产品与技术创新方面不断领先对手、领导产业,形成对手难以跟上的竞争优势。组织的学习方式主要是通过理论的演绎、归纳,并由分析中学习或直觉创意寻求具有突破性、根本性的新知识与新方法,挑战既有的经营模式与工作流程上的基本假设、价值观与诠释框架。

两者的主要区别如表 3-1 所示。

表 3-1   新知识探索与既有知识的充分利用的比较

特　性	新知识探索	既有知识的充分利用
战略目的	创新、先占优势、领先对手	既有知识资源的充分利用
组织的学习方式	双环学习模式	单环学习模式
适合的情境	动态的新兴产业	静态的稳定产业
实施的重点	冒险挑战的文化	流畅的知识管理流程和弹性
优点	难以模仿的创新先占优势	成本低、风险小、成效快
缺点	风险大、成本高	报酬低、进步有限、过时技术

在产业经济与竞争方式的交流中,有两个探讨科技进步与组织适应学习的重要理论:一个是学习曲线理论;另一个是范式转移模式。前者为单环学习和已有知识充分利用的典型代表,后者为双环学习和新知识探索方式的典型代表,现分述如下。

(1) 学习曲线

学习曲线是 1930 年由一群飞机制造厂商所发现的,它说明了当积累产量增加一倍时,飞机制造成本反而下降 30%,且学习效果会以复利的方式像滚雪球般越滚越大,即当飞机产量增加两倍时,其成本因累进学习率(learning rate)的效果,而下降为原来的 49%。这种成本下降的主要原因是工人、管理者、销售人员和顾客都会将以往的经验和积累的专有技术,更有效地运用在下一次的生产上,达到熟能生巧的学习目的。当然,这种现象也会随着时间的演进和资源与技术的先天限制而递减,如图 3-6 所示。

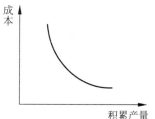

图 3-6　学习曲线(示意)图

学习曲线理论的特点如下。

① 单环学习:学习曲线描述的是在同一作业流程基础上,不断学习和改善运作的效率,并非挑战目前流程的存在价值。

② "干中学":学习曲线是由相关人员从实际工作中学习改进,并非理论上的创意。

③ 各企业效果不同:每一个产业甚至每个企业的累计学习率都不相同。在相同的时间内,要由企业本身员工的素质、企业的知识基础和学习方式能力来决定。

④ 各种不同的效果呈现:学习曲线的效果各有不同。如降低成本、缩短生产时间和提升品质等方面。例如,半导体随着时间的演进,在产品功能和品质方面越来越好,而成本价格越趋降低。

(2) 范式转移

范式转移是传统的营运模式被具有突破性的新模式完全取代的一种现象,它是一种非连续性、跳跃式的转换,不同于一般的学习曲线是在同一曲线内连续性的效果改善,而是跳到另一个学习曲线。企业的"范式转移"就是企业面对外部环境、科技的突破性改变,企业对其经营产生一种本质上的新假设,包括组织结构、文化、科技、管理、员工、生产、市场、价值及顾客关系等各方面的重新定义。

学习曲线说明了企业的经营会因为所拥有的经验越来越丰富、员工的技能知识越趋成熟,而使整个组织流程越具有效率。但范式转移强调的是不同学习曲线的转换。图 3-7 说明了信息传递科技的范式转移。刚开始传递信息是依靠马车进行,此时的竞争优势决定于驿站的多少和马匹的品质。在这个学习曲线中,所有的竞争者比较的是马匹及驿站的优劣,但是当有突破性的科技产生时,整个范式便向下移动。例如火车发明后,刚开始或许由于成本高、使用者少、技术未成熟,不具有经济规模,所以其成本和效益比值不如马车,但当火车的发展日趋成熟后,范式逐渐向下方移动,马车的经营模式便永远无法与火车相比。同样,当电报发明后,以火车传递信息能力便无法与电报相比。

范式转移具有如下三个典型特点。

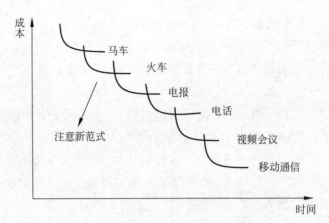

图 3-7   信息传递科技的范式转移

- 双循环学习:范式转移并非在同一学习曲线上的单循环学习,而是挑战、跳离原来作业流程到另一个突破性的新流程中。
- 创意研发而不是"干中学":"干中学"着眼于原来流程的改进,而不是跳跃式的创新。
- 杀手应用:范式转移是一种杀手应用,即新科技成熟后,旧科技由于赶不上新形势的变化而遭淘汰的命运。

对企业而言,范式转移最重要的启示是在原来经营模式的某一点上,必须注意新科技的产生。以上例子说明,如果没有注意到火车的出现,还停留在马车这个经营模式上求改善,那么当范式向右下方转移时便永远无法赶上,即企业的经营模式应居安思危、先知先觉,公司内要有一个科技雷达,随时注意新范式的产生可能及生存的危机。许多企业常沉溺于目前成功的安乐状态,而忘记了下一波新科技范式来临后。目前的经营模式是永远无法赶上的。

范式转移带来行业跳跃式变革的例子非常多,如手表、照相、媒体等产业。目前,人工智能技术和新能源技术的进步正在给汽车产业带来一场新的革命。

3.组织核心知识构建模型

知识管理的著名研究者伦哈德-巴顿(1995)研究组织如何建立知识和核心能力时,提出了如图3-8所示的组织知识构建模型。此模型指出:组织采用面向内部、外部、目前和未来的4种知识创造方法来建立核心能力。这4种方法要根据组织不同背景和需求来平衡发展,同时,组织也要配合这4种背景的发展形式提供合适的环境。

(1)组织核心能力的内涵

核心能力是指组织内的一种特别的知识、技能,通过这种知识和技能,组织协调其内部的各种生产技巧并使组织的多项技术能够融为一体。核心能力是组织竞争优势的重要体现。

组织核心能力具有以下三个鲜明的特征。

① 核心能力必须能为组织提供接近各种市场的潜在机会。

② 核心能力应该能够满足顾客对最终产品的要求。

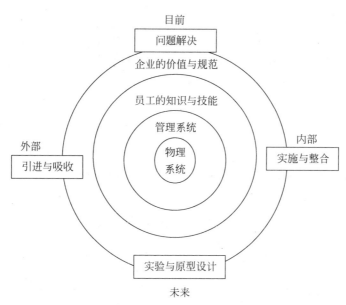

图 3-8　组织核心能力与知识构建模型

（来源：伦哈德-巴顿，1995）

③ 核心能力应是竞争者难于模仿的，因为它是多项技术和生产技巧的复杂融合体。

（2）核心能力的组成

核心能力由四个相互作用的方面组成：物理系统、管理系统、员工的知识与技能、组织的价值观与规范。

① 物理系统

物理系统即有形的技术系统，是指体现显性或隐性知识的软件、硬件及其他技术设备和生产过程。物理系统是组织有形的知识资产，它不随着员工的流动而流动，而且，还可以通过申请专利得到保护。

有形技术系统是否能成为组织核心能力的一部分，取决于该行业竞争的基础是什么。技术系统可以形成组织暂时的竞争优势，也可以成为组织永久的优势。例如，美国航空公司的计算机订票系统最初就成为该公司的一大竞争优势，直到其他公司拥有了各自的计算机订票系统，这时该技术系统由核心技能的角色退位于"必要"技能。

组织专有知识所形成的数据库可能构成组织核心技能的永久组成部分。如特斯拉汽车公司收集了多年来的测试数据和监测数据，这些数据进入计算机模拟系统可以加快产品的概念测试。这一模拟系统是一个刚进入智能汽车行业的组织难以模仿的，即使是现有的竞争者也无法获得这些数据。因此，特斯拉公司模拟系统成为公司的车辆设计的核心技能。

② 管理系统

管理系统是核心技能最不明显的组成部分，它用来指导组织资源的收集与分配。管理系统包括组织的激励机制、教育培训项目、职业升迁道路的设定等。一个好的管理系统能够激发员工的积极性。

③ 员工的知识与技能

组织员工的知识与技能基础应该既广且深。知识和技能有三类：科学知识(或称公共知识)、行业特有的知识、组织特有的知识。这三类知识的可传递性依次减少,科学知识是人人都可以接近的,行业特有的知识则是通过行业内的专家、咨询顾问、供应商等来传递的,组织特有的知识则往往难以复制。

④ 组织的价值观与规范

知识管理的价值观与规范会影响员工的认知。例如,企业的价值观认为关系很重要,自然就会积累和创新与顾客关系的知识。又如,如果企业认为知识共享行为是有价值的、重要且必需的,则这种共享行为便会通过规范而得以贯彻执行。

组织所形成的价值观,协同组织的管理系统,如激励机制,保证了组织可以获得所需的技能,在此基础上为组织构建所需的知识基础。

上述4种核心能力中,越外层的越为隐性,影响力也越大,越属于基础性的范畴;越内层的则较为显性。例如,组织有好的知识管理价值观和规范,才会产生重视知识的员工;形成支持知识管理的管理系统,以及能够设计出支持知识管理的技术系统。因此,建立核心能力时,不可本末倒置,只重视外显的实体系统,而忽视基础的组织价值观和规范。

(3) 组织核心知识的4种创造方法

如图3-8所示,Leonard-Barton认为,组织主要通过下面4种方式创造并建立核心知识。

① 目前知识创造方法：问题解决

问题解决法是指组织通过发明或共享一种崭新的、有创意的且具有效率的方法来解决当前的问题时,能产生新的知识。即当组织为解决一个问题时,会利用各种已有的能力和知识进行思考或创新解决的方法,经过不断的尝试和学习后,就会发展出一套新的方法或知识。图3-9给出了这种模式示意图。

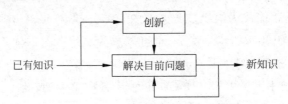

图3-9　解决目前问题创造新知识模式

例如,企业面临员工无法有效地解决顾客问题时,就不断地研究,开发出一个专家系统,使所有的员工可以获取知识库中的重要法则,进而快速地解决顾客问题,这就开创了一个新的问题解决方法。如果企业在实施该措施后效果不错,那就证明创造出了一个新的知识。

② 面向未来的知识创造方法：实验与原型法

实验是指组织为了研发新知识不断进行试验的过程。例如一家制药公司为了研究一种新药持续地进行各种配方的实验。

原型法是指组织通过原型设计速度快、成本低的优点对新产品进行实验和开发,建立研发新产品的能力。例如汽车公司要实验一款新型电动车,研发部门对原型车评估不同的设计方案和商品化的可行性,另外通过不同的原型设计与评估,企业可以找到最合适的方案进而创造出新的知识,建立企业未来开发新款电动车的能力。

原型法是信息系统研发的基本方法。设计者在获取一组基本的需求定义后,快速地建立一个目标系统的原型,并把它交给用户试用,获取进一步的需求,再进行新的版本迭代开发。反复进行迭代过程,直到用户满意为止。图 3-10 给出了利用原型法设计新产品和开发新系统的迭代过程。在系统迭代过程中,需要反复听取用户的反馈,反复修改系统。随着系统复杂性的增加,迭代成本会快速提升,因此,原型法适合于比较简单系统的开发。

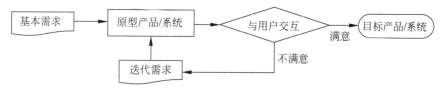

图 3-10　原型法创造新知识的迭代过程

③ 外部知识创造方法:引进与吸收

引进:是指组织通过招聘外部专家、购买专利权、取得授权、人员的外部培训或在网上获取外部的新知识。

吸收:是指组织通过从外部研究单位、咨询公司或战略合作伙伴的合作项目中吸收对方的知识。例如,组织和咨询公司合作实施 ERP 项目,并从中吸收实施 ERP 战略的相关知识。

在 20 世纪 80 年代改革开放之初,我国生产力水平还比较落后,当时的改革开放的主要目的就是引进、吸收国外先进技术和管理方法。通过“走出去、请进来”、逆向工程、购买技术、合资办厂等方式,实现了我国生产力水平的快速提高。

④ 内部知识创造方法:实施与整合

组织可以通过项目的实施来获取经验等核心知识,也可以通过创意整合已有的各种知识,进而产生新的知识。根据系统科学的原理,将多项知识有机组合起来,构成解决某问题的新知识的过程,称为集成创新。

集成创新在实际工作中广泛应用,小到一个 U 盘,大到宇宙飞船都是集成创新的成果。U 盘是闪存技术与标准接口技术的集成。区块链技术是集成创新的另一个很好的例子。区块链技术不仅集成了分布式计算、链式数据结构、密码学等 IT 技术外,最大的创新点是将经济学中的激励理论与信息技术有机集成,从而实现了从信息共享系统到价值共享系统的创新。

3.3.2　个人知识创造模式

管理学家梅拉利(Merali,2001)认为个人知识创造可分为“新知识的探索”和“已有知识的充分利用”两种模式。新知识的探索主要依赖人的抽象思维能力,即逻辑分析能力和直觉创意能力,是具有突破性、挑战目前知识框架的学习模式,称为"分析中学习"模式;而知识的充分利用则是在目前知识框架下的"干中学"模式,即在经验中,通过学习曲线效果,习得经验教训及改善原有工作方式,但并不会挑战原来工作方式后面的假设。两种模式的分类框架如图 3-11 所示。

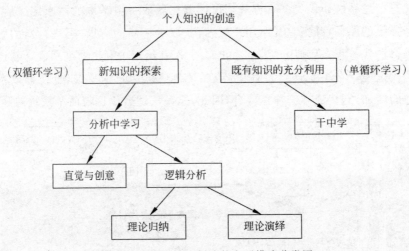

图 3-11   个人知识创造的主要模式分类图

1. "分析中学习"模式

(1) 个人的创造性思考与知识创造

创造性思考是指人们利用各种新的、突破的、非传统的和不相关的角度扩大思考空间,跳离传统思考的框架寻求新的解决方案。这种突破习惯与传统而去发现解决问题的"新"方法的能力称为创造力。

创造性思考是个人产生新知识最主要的方式,不管是创造出具有突破性的新观念,还是巧妙地将既有知识做创新性的组合(动态能力理论),都能脱离旧有的窠臼而产生新知识。因此,这是员工创造知识的主要源泉,组织有必要极大限度地激发员工的创造力。

影响员工创造力的主要因素有个人特质、支持创意的环境和所受的训练等。

① 个人的特质

表 3-2 对个人的创造力与个人智力、知识结构、热情和冒险精神等方面特质的相关性进行了总结。

表 3-2   个人特征与其创造力的关系

个人特征	与个人创造力的关系
智力	创造力与智力的正相关关系存在一个临界点。在这点以内,个人智力越高,就越具有创造力;但超过这一点,当一个人的智力已经足以应付工作,这种相关性就不复存在。
知识结构	在任何领域,要具有创造力,需要在该领域有一定的专业技能。然而,太多的专业知识带来的思维定式也会阻碍创造力。跨领域的知识结构有利于创造力的发挥。
热情	人的创造力是热情和经验的函数。
冒险精神	勇于冒险、勇于失败是具有创造力的必要条件。

根据表 3-2 显示,对于一个企业来说,如果它所雇佣的员工胜任目前的工作,他们的创造力往往是等同的,他们智力的多少并不表明其创新潜力的大小。美国芝加哥大学 1962 年的一项研究发明,在智商为 120 以上的人中,智力与创造力没有必然的联系。保罗·托兰斯(Paul Torrance)对学龄儿童所做的类似研究也得出了相同结论。加州大学伯克利分校的唐纳德·麦克因农(Donald Mackinnon)教授所做的研究也得出了相同的结论:在企业环境下,在某种智力水平之上,人的智力与创新之间没有联系。

专家往往对他所在的领域非常精通,容易理解该领域其他专家的观点,他们对其所在领域的某些特殊问题有着新手所不具备的洞察力。然而,长期的专门领域的工作容易让他们形成了某种思维定式。这种思维定式反而会限制了他们的创造力。因此,具备其他领域的相关知识和技能对创造性活动来说是相当重要的。对于组织来说,组织的创新活动不能仅仅限于专家们。

经验随着人的年龄增长而增加,而热情在 30 岁左右达到顶峰,然后就逐渐减弱。一个人在其一生中,一定存在一个时期,在热情与经验的共同作用下,达到创造力的顶峰。在这种意义上,创造力实际上与工作环境有关,因为环境会影响一个人的热情,也会影响人的经验。实际上存在这样的情况,当一个人在他并不年轻的时候,进入一个新的工作领域时,却突然迸发出创造力。如肯德基上校 65 岁时以一张 105 美元的支票为起点,开创了肯德基快餐。两个有相同年龄的人,由于其经验和热情的差异,其创造力也可能有较大的差异,因此,一个人的年龄并不能说明创造力的大小。

喜好冒险与创造性行为之间有着紧密的联系,只有勇于冒险、勇于失败,才会有创造性的表现。但在组织条件下,这种论断并不完全正确。有些具有创造力的人确实具备这种特点,然而大多数人在现实生活中都是理性的,更愿意把时间花在现金收益的项目中,而不愿意一味地冒险。

② 支持创造的组织环境

组织应该建立一种有利于激发员工创造力的环境,包括组织结构、组织资源、组织文化和薪酬制度等方面,简要说明如表 3-3 所示。

表 3-3　支持创造的组织环境

环 境 因 素	说　　明
组织结构	开放、分权的组织结构,架设良好沟通的渠道,使各种观念流通。
组织资源	给员工提供时间、空间、设备等方面的条件,支持他们从事创造性的实验。
组织文化	创造并支持冒险与不同的组织文化,重视个人创造与集思广益,并允许幽默活泼的工作气氛,且相信人人都可以产生新的创意。
薪酬制度	员工可以尝试失败并免受处罚。了解创新通常很难立竿见影,组织应给予适度期限,关心目标是否完成,同时也重视意外发现。

(2) 从直觉中获取知识

直觉是一种最隐性的知识,而且具有无可替代的价值。但由于理性社会讲求的是客观、显性、有明确逻辑和证据,认为这种形态的知识才具有说服力和行动力,因此直觉的这种隐性知识常被认为是没有依据、胡乱猜测、无法提出证据而常遭忽视。然而直觉并不是没有根据的,其价值可以由以下几点来说明。

第一,人类的大脑发展潜力远大于我们所能清楚明确描述的部分。

第二,许多知识无法以明确且理性逻辑来描绘其因果关系。

知识与知识之间的关系错综复杂并互相影响,关系方向不一定,时常同时会有多重因素影响着其他因素,并有回馈的关系。因此,人类如果以目前的逻辑观念来描绘他们之间因果关系,是无法清楚说明的。

第三,人类常会以模式的方法存储及匹配复杂的知识。

对于上述复杂的现象,人类常常以类似一幅图像的类型方式整体地存储印象与知识,并在下次碰到相似的情况时,撷取出过去的这幅图像进行匹配,如果相似度高,则可以判断应该出现的后果。

其实,这些都是过去习惯用整幅不可切割的画面思考的方式,而不是以类似手册(可系统化分解)的方式存储知识,再通过经验类型的匹配和判断的结果做出决策。

(3)逻辑分析:知识理论的归纳与演绎

相对于创意的自由联想,另外一种产生知识的方法则属于理性逻辑分析的方式,而这也是形成与发展一般理论最主要的方式。它有两种主要的知识产生方法,即归纳法和演绎法。

① 知识创造的归纳法

归纳是指从一个复杂、模糊和结构不清的实际现象中,经过反复的思考,将这些大量复杂的资料予以分类、概念化和整合,以发现它们之间重要的类型而加以分类,或以少数几个重要概念来描述其因果关系的框架。例如:麦克尔·波特(Michael Porter)从企业所面临的复杂的外部竞争压力环境中,将其最主要的压力归纳分类为"五力"(供应商的讨价还价能力、购买者的讨价还价能力、新进入者的威胁力、替代品的威胁力和竞争对手的威胁力),形成了著名的竞争力理论,这就是一个重要的知识创造。

如果知识不经过归纳的过程,那么这些复杂、隐性、大量而且结构不清的实际现象将很难描述、传递和与别人分享。因此,将复杂的现象归纳成简单的概念是一种非常重要的知识创造的手段,也是知识"外化"最主要的方法。

② 知识创造的演绎法

演绎法与归纳法刚好相反,归纳法是由复杂的实际现象整合成几个抽象程度高的简单概念而形成通用性的一般理论。演绎法则是利用一般的理论,并利用逻辑推导的方式创造新知识来预测并解释一些特殊性的事实现象。

2."干中学"模式

学者梅拉利(2001)以"行动—认知"循环模式来说明行动与知识创造的关系,如图 3-12 所示。

图 3-12 "行动—认知"循环模式

认知指的是人类对外部环境的一种知觉能力。当外部环境对人类产生刺激时,人类会通过所知觉到的刺激与思维模式(或称诠释框架,interpretative framework)相对应,即由诠释框架进行选择、评估及计划应该采取的行动。而在行动结束后,个人会将行动所得到的经验,经过筛选后归纳出一些重要的信息,通过认知更新、改善自己的诠释结构,学习到新的因果关系的知识,以便能帮助自己在未来把这件事做得更好。

学者布鲁金斯(1999)认为"干中学"包括以下两种主要学习方法。

(1) 在"干"中学习

如前所述,员工即使有了观念性知识,但必须把这些抽象隐性的观念应用到实际的工作环境上,才能由"干"中清楚了解每个细节和每个观念的实际应用。

(2) 全身接触的学习

除了"干"之外,通过其他感官的感受和运用也同样可以学到新知识。各种感官的利用效果因人而异,但根据统计,知识的接受者在吸收的程度上会有所差别。教育学专家提出如图 3-13 所示的 7 个分类。

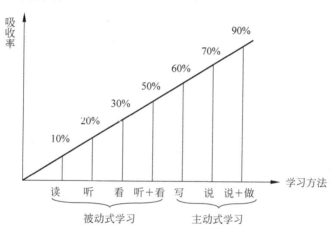

图 3-13　不同的学习方法与吸收程度

由图 3-13 可见,人们只能记住所"读到"的 10%。例如,由资料库或公司的知识库中所读取的知识,可以记住其中的 10%。能记住所"听到＋看到"的 50%。例如,小木匠观察老师傅如何制作桌子,老师傅在制作过程中也会把细节的动作告诉小木匠,有哪些步骤是特别注意的。能记住所"说过＋做过"的 90%。例如,信息部门在导入 ERP 时,团队彼此沟通整个 ERP 项目应如何进行,或是在项目进行中实际遇到困难时应如何解决,大家提出来进行谈论,并且按照所提出来的方式执行,从这些互动与实操中获取经验和教训。

3.3.3　集体知识创造模式

知识除了个人学习外,对组织而言更重要的是群组知识和组织知识,本节将先讨论群组知识创造的方法。

1. 协同知识创造

协同知识创造是指一组人为完成一个共同的任务或实现一个共同的目标而一起工作的知识创造模式。项目团队就是一种集体知识创造的例子。此外,开源软件的开发、网络协同创意产品的创作、极限编程等也都是协同知识创造的例子。

2．师徒制的传承

师徒制的传承方式对学徒而言是一种重要的学习新知识的方式，其基本特征与一般对员工的培训不同，具有下列特性。

（1）以个人为重点。重点在学徒个人整体智能的发展而不是某一特殊技能。

（2）量身定做。每个学徒都是独一的个体，所以，师傅会以量身定制、因材施教的方式来指导，而不是采取一视同仁的培训方式。

（3）全方位指导。师傅的带领是全方位的指导，包括工作技能、知识教育、工作文化规范和价值观等内在与外在的知识。

（4）潜移默化的功能，由于长时间密切的互动和相处，学徒常能在潜移默化中吸收师傅隐性的知识和风范。

3．员工间对话网络

从员工彼此的对话和谈论产生出新的知识，是人类最普遍使用的知识创造的方法。员工间的对话可以避免个人盲点，产生综合效果并提升知识的广度，形成彼此间隐性知识的外化。通过互动谈论可以将个人隐性的知识通过对话的分享和观念的澄清产生共识，进而创造出组织可用的显性知识。

4．头脑风暴

这是群组谈论时作为构成突破性创意的主要方法，其特性如下。

（1）利用个别不同观点对所有成员进行多角度刺激。

（2）鼓励具有突破性的创意。

（3）方案越多越好，越具有突破性的越好。

（4）任何人不得对任何创意有任何的批评和阻碍。

（5）会议中任何人都一律平等。

（6）必须由有经验的主持人维持会议流程的顺畅。

3.3.4　组织知识创造方法与机制

组织知识创造，是指以组织为单位发展知识创造的机制，并从中获取新的知识。根据知识管理的核心能力与知识构建模型，组织知识创造有以下 4 种方法。

（1）解决目前问题产生新知识。

（2）通过实验与原型设计创造新知识。

（3）通过实施的经验和已有知识的整合创造新知识。

（4）通过引进外部知识和吸收得到新知识。

除了上述这些方法外，整合学者罗布斯特（2000）、达文波特和普鲁萨克（1998）、野中郁次郎（1994）以及约凯·本克勒（Yochai Benkler，2002）等人的研究，得出几种主要知识创造的机制，如表 3-4 所示。

表 3-4　组织知识创造的机制与方法

组织知识创造的机制	主要特性和目的
设置专门研发的单位	负责知识创造的单位,目的在于研发新的技术
多样化的融合	利用异质团队的组合机制刺激新的创意和知识
对环境压力的适应	利用压力威胁的紧张感避免核心僵化,并借此刺激不断地革新和创造新知识
构建学习型组织	用系统化思维以团队学习方式解决复杂问题,实现不断自我超越
组织的记忆	利用过去成功的经验、培训学习的存储来吸收创造知识,降低重蹈覆辙的成本
战略方式模拟	利用未来环境变化的模拟,了解并创造出能够有效对应的战略和知识
知识大众创造	利用互联网/移动互联网平台,围绕某主题,由网络大众协同无偿创造新知识

下面分析组织知识创造的各种机制的主要做法与思考重点。

1. 设置专职研发的单位

组织为了创新应设立专职的部门,包括一般的研发(R&D)部门或研究中心。例如,施乐公司内有名的 Palo Alto 研究中心(Palo Alto Research Center,PARC)。组织还可以自设大学,例如摩托罗拉与麦当劳的企业大学。

以研发主导组织知识的创造会有以下几个重要的议题。

(1)自主研发与合作研发问题

知识经济时代,即使组织设有研发部门也不应该总抱着凡事自己来,什么都做的心态,仍然要有与外部企业团队进行联盟、外包或专业分工的想法。例如,思考不同分工程度的合作方式,如图 3-14 所示。

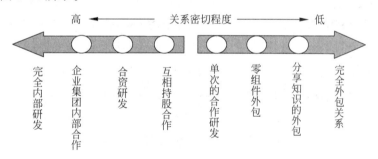

图 3-14　自主研发与外包程度的图谱

(2)研发部门的方向问题

研发部门是由自主性很高的专业人士组成的,一般很难强迫和控制,组织只能创造一个良好的环境支持其创新。因此,研发创新的方向经常和组织的知识方向不同,无法配合。例如,某汽车厂商的研发部门常常研发出自认为非常有创意、别出心裁的车款,但往往却是市场上难以销售的车种。

(3)研发技术转移的问题

由于研发部门不同的工作特性,使得它与使用单位沟通和认知上的差异变成知识转移最大的问题。例如,施乐公司的 Palo Alto 研究中心在 1970 年推出图形用户界面(GUI)失败的主因便是研发与营销部门双方产生了隔阂,缺乏共通的语言和价值观,而使双方沟通不良。过于突破的新观念常无法使业务单位了解其重要性,继而忽视不采用。最后苹果公司的工作人员在拜访施乐的 Palo Alto 研究中心之后,对 GUI 的概念感到很吃惊,反而移植了这个设计概念,作为设计苹果 PC 的界面而大获全胜。相反,夏普公司的研发部门、使用者部门与高层委员会三方面充分合作、沟通与分享新发明,研发部门人员经常亲自到基层和最终使用者谈论,整个团队非常重视新发明的评估、沟通、转移和利用,因此,其研发技术转移非常成功。

2．多样化的融合

多样化的融合是指组织在组成团队时,成员应该具备相当的背景差异性,其主要原因如下。

（1）创新的本质需求

创新最重要的是应从各种不同的角度来思考,脱离原来习惯的思维模式。因此对于任何团队而言,如果长久都是由背景相同的老员工所组成,那么这种习惯成自然且僵化的团队,由于观念同质性高,很容易形成共识的盲点,也很难从不同的突破角度来看待问题。

（2）可避免共识的盲点

由于团队是由背景、专长和思考方式不同的人所组成的,每个人的思考模式都不同,所以并不存在一个能够获得大家的共识,而且全体认同的解决方式,必须通过每位成员各自阐述观点,通过谈论、辩论、比较和整合后,再经过头脑风暴的过程,创新的知识才可能出现。

（3）创造力的混乱原则

知识创造大师野中郁次郎(1994)以创意性的混乱(creative chaos)原则来说明组织的目的不在于降低和控制不确定性,而是在不确定性与混乱的威胁中寻求创新的机会。他认为公司投入人力的复杂性与多样性,必须等于问题本身的复杂性和多样性,即越复杂模糊的问题,越需要多样化的团队共同解决。例如,松下自动面包机的设计团队,就整合了电饭锅部门(计算机控制专长)、烤面包机部门(电暖炉经验)和咖啡机部门(螺旋马达知识)这 3 种不同背景的成员,共同集思广益设计简单好用的自动面包机。

3．对环境压力的适应

对环境压力的适应是指组织为了创造知识,必须时刻让员工感受到环境对组织存亡所构成的威胁,员工才能兢兢业业地努力创新。其主要原因如下。

（1）外部威胁危机:组织常常处于急迫存亡的危机下,才会有"退此一步,即无死所"的这种彻底改革的觉悟与决心。因此,为了能持续地学习进步并不断创造新知识,组织必须常常居安思危,才不会因松懈懒散而成了龟兔赛跑中的兔子。

（2）越艰难的环境越产生出优秀的人才:越能在困难、激烈竞争的考验下存活下来的企业,越能产生他人难以模仿和超越的竞争能力。

（3）核心僵化的危机:核心僵化,是指成功的企业经常会错误地认为,过去成功的经验对未来有适用性而固执地继续执行已不合时宜的传统方法,即企业会固守过时的成功之道,因此,有学者警告成功是赢家的诅咒。例如,麦道飞机公司的 CEO 说过:"改变一家岌岌可危的公司很难,而要改变一家外表看起来很成功的公司则不可能。"许多公司的失败是因为安于过去非常成功的经营模式而不想改革,以致不能适应环境的改变而失败。20 世纪 60 年代以后,成功的德国汽车业在面对日本车所带来的新挑战时,非但不正视,而且不认为是威胁,不改变过去成功的模式加以适应,因此遭受了重大挫败。

在这个方面为了提高组织知识创造的原动力,有以下主要做法。

(1) 企业应在危机来临之前,先灌输员工危机意识,预防真正危机的发生。例如,由企业内最了解本身竞争方式和 SWOT 的人组成假想的竞争对手,或假设新进入者攻击本身来发现自己的威胁与弱势。又如,HP 公司故意制造假想的威胁培训公司的适应方式与反应能力,假设公司发生庞大竞争对手的进入、公司发生天灾、新产品完全失败,以及政府对公司不友善等。

(2) 愿意学习而且能够吸收新知识的员工是公司适应环境的重要元素。企业可有以下做法:优先雇用能彻底接受改变的员工,以及鼓励员工轮换,休学习假,接触大量性质迥异的新知识。

4. 构建学习型组织

学习型组织的突出特点是从自身发展中学习和向外部学习。从自身的发展中学习包括在业务流程中实时记录活动中产生的知识、吸取过去的经验与教训,以及通过数据挖掘从历史数据中获得新知识。

(1) 在业务过程中学习

在组织的业务活动中,许多员工会发挥自己的创造性,产生许多处理业务活动的技巧、新方法、新工艺等。学习型组织要善于动态保存员工在业务流程活动中产生的知识,并集中管理,以便在以后的业务中共享。在制度和技术的支持下,工作流管理与知识管理集成为该问题提供了解决方案。

(2) 吸取并吸收过去的经验与教训

吸取过去的教训是组织避免重蹈覆辙,从失败中学习和创造知识最重要的手段。对一个项目组而言,如何将过去的经验通过所有成员的坦诚讨论,再以故事和案例研究的方式整理出来,创造出组织重要的知识(或称组织记忆),是组织最主要的学习与知识创造的方式。

(3) 从业务数据中挖掘潜在的知识

现代企业大多积累了大量的业务数据,包括客户、销售、产品、采购等数据,这些数据是企业知识的宝库。利用数据挖掘技术可以发现蕴含在其中的企业经营和决策知识。例如,为了能够准确了解顾客在其门店的购买习惯,沃尔玛利用其顾客的购物行为进行购物篮分析,想知道顾客经常一起购买的商品有哪些。

(4) 引进、消化吸收再创新

组织知识创新除了自主原始创新外,引进、消化吸收后再创新也是一种行之有效的方法。例如,中国北车股份有限公司坚持自主研发与引进消化吸收再创新的有机统一,根据中国轨道运输发展的要求和国内外相关产品技术发展状况,在货车、城轨地铁、机车、动车组方面分别选择了不同的产品创新路线。货车方面,以自主研发为主,产品技术达到世界先进水平,部分指标世界领先;城轨地铁方面,以集成创新为主,适应了城市轨道交通快速发展和产品多样化、高品质要求,实现了产品和技术向国外输出;机车、动车组方面,在自主研发基础上,引进消化吸收再创新,具备了批量制造国际先进水平的大功率机车和高速动车组的能力。

作为本章的总结,表 3-5 给出组织知识获取和知识创造的几种途径及其特点。

表 3-5   组织知识获取和知识创造的途径及特点

知识获取和知识创造的途径	来自(组织内/外)	显 性 隐 性
干中学	内	
通过用户和生产者的沟通	内/外	
通过生产与营销的沟通	内	
通过知识溢出学习	外	
通过技术发展过程学习	外	
通过对国外经验学习	外	
通过培训学习	内/外	
通过兼并与系统集成学习	内/外	

3.4   知识大众生产

Web2.0 技术支持的用户与互联网的动态交互,使得广大用户成了互联网内容的主要贡献者。学者本克勒(Benkler,2002)将此现象概括为"大众生产"(Peer Production)。Linux 计算机操作系统、维基百科(Wikipeida)、百度百科等都是在这种模式下高效地生产出的知识产品。大众生产已成为互联网环境下,知识产品生产的一种新型的组织模式。

3.4.1   大众生产的定义与特点

本克勒将大众生产定义为:在基于对回报的期待和"礼物交换"的文化情境下,分散在各地的互联网用户共同生产并共同享用知识产品的现象。我们把这种基于互联网进行的、网民自愿参与的、能生成明确的知识产品(如词条、源代码)的知识生产活动,称为狭义的大众生产。大众生产的参与者被称作大众生产者。在狭义大众生产中,不存在雇佣关系,大众生产者通常不会得到直接的工资报酬。

互联网不仅是纯虚拟知识产品的创造平台,也逐步成为线上、线下协同的实体产品的研发与生产平台。企业利用互联网信息传递又快又广、网民人才众多的优势,将其工作任务以项目的形式外包给分散在各地志愿者,以实现快速的任务完成和知识创造。这种模式被称为众包。与狭义的大众生产不同,众包可以获得报酬,也可以线上、线下相结合。我们把一切基于自愿参与和网络协同的知识生产活动称为广义的大众生产。广义的大众生产既包括有、无明确的知识产品的无偿网络创新活动,也包括有偿完成任务的网络创新活动。以下提到的大众生产是指广义的大众生产。

　　大众生产的出现,使得传统的知识社会系统结构及其特征发生了巨大的变化。知识、创新能力和市场力量前所未有地被分散分布于各地的个体手中;专有化、排他的知识产权以及专利制度受到了严峻的挑战;知识、技术创新与传播的数量和速度也由此大幅度提高。依赖于互联网,并以开放、共享、协作为准则的大众生产,正在改变着整个社会的知识创造、资源配置、技术创新方式。如同 Facebook、微博等社交媒体促进了信息传播方式、社会监督方式的转变。基于互联网的大众生产也正在推动组织模式和创新模式的转变。

　　狭义的大众生产是通过自动配置资源、相互适应与共同参与,产生公共品的自组织形式,其特点是:产品源代码或初始材料开放和免费提供,过程参与式,产出公共品。广义上讲,系统开放、参与人数众多、大众自发进行互动和协作是这一模式不同于企业组织,也不同于市场机制的基本特点。

3.4.2　大众生产的分类

　　大众生产的表现形式丰富,目前对大众生产还没有公认的分类标准和严格的区分。学者孟韬(2017)根据是否产出公共品和生产内容的专业性程度两个维度,将大众生产分为用户创造内容(user generated content,UGC)、维基产品、众包和开源项目四种类型,如图 3-15 所示。表 3-6 给出了各种大众生产类型的国内外典型案例。维基产品和开源软件都依靠参与者投入生产和创造活动,能够生成特定的产品并公共使用,而以 YouTube、优酷网为代表的用户创造内容模式则是依靠用户贡献、分享文本、影像等资料;开源软件参与者都是专业的计算机人士,众包也需要参与者具有能够完成发包任务的专业技能,相比而言,UGC 模式和维基产品需要的专业性较弱。

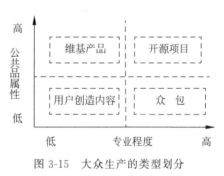

图 3-15　大众生产的类型划分

表 3-6　大众生产典型案例

类　　别	国外典型案例	国内典型案例
用户创造内容	YouTube、Flickr	优酷网、豆瓣网、腾讯视频
维基产品	维基百科	百度百科、知乎
众包	InnoCentive、Yet2	任务中国、猪八戒网
开源项目	Linux 及开源社区 SourceForge	开源中国社区

1. 用户创造内容

　　Web2.0 环境下的"用户创造内容"模式泛指用户在网络上发布文字、图片、音频和视频等内容。它的兴起为虚拟社区用户打造了一个自由表达、沟通的互动及共享网络平台。目前国内外典型的用户创造内容模式的网络平台包括 YouTube、优酷网、大众点评网、豆瓣网、果壳网以及百度知道等。此类大众生产模式具有三个特点:仅限于信息交流而不产出产品;参与者之间关系强度较弱;平台所有者对创造的内容具有控制权。

2. 维基产品

维基(Wiki)是一种可在网络上实现多人协同创作的超文本系统。维基百科(Wikipedia)是一个基于维基技术,由参与者自己创建、编辑和发布词条的多语种网络百科全书。维基百科由非营利组织维基媒体基金会负责营运。目前,是全球网络上最大且最受大众欢迎的维基网站,其发展速度远远超过文本式的、由专家撰写的《大不列颠百科全书》。截至2016年底,覆盖全球285种语言的总条目数达到3000万个,约有3500万名注册用户。维基百科由参与者自己管理,管理员一般是积极参与并得到信任的成员。

维基百科还有派生产品,维基词典、维基文库、维基学院等。国内的模仿者百度百科、互动百科等发展也十分迅速。学术界用"维基经济学"的概念来表示通过大众的大规模协作产生的经济效应。维基经济学提出了四个新法则——开放(openness)、对等(peering)、分享(sharing)以及全球运作(acting globally)。用这些新法则取代一些旧的商业教条,让许多成熟的传统公司受益,如Google、亚马逊、宝洁、IBM、乐高、英特尔、宝马、波音、百思买、Youtube、MySpace等,都已经从维基经济中获得巨大的成功。

3. 众包

众包是一种利用潜能、集聚人才、节省成本的一种新型商业模式。企业把原来由组织内部成员的任务外包给了企业外部大众,而承担这些任务的大众群体是没有清晰组织边界的。参与众包的业余爱好者往往不是业界精英,甚至谈不上专业人员,参与者以兴趣爱好为出发点,仅利用个人的业余时间投入到活动中。众包过程是一个完全主动、完全自愿的参与行为,参与者有完全的主动权决定是否参与、何时参与、怎样参与,他们从过去的"被动消费"变成了如今的"主动生产",劳动力的组织方式发生了前所未有的变革。

众包可以解释成一种在线的开放式外包,与大众生产其他模式最显著的区别就在于众包中存在一个特定的主体——发包商。发包商发起任务,对所有参与者开放,感兴趣的参与者自愿接受任务,任务完成可获得相应奖励或报酬。

众包模式包含大众智慧、大众创造、大众投票和大众集资四种基本类型。企业利用大众智慧解决难题或者来预测某种事物的发展,例如将企业内部无法解决的开发难题在网络平台上发布出来,向世界各地征募人才帮助企业,共同研发。大众创造是将企业内部任务"外包"给大众来创造产品或服务,例如百度百科和土豆网,用户在网站或平台上通过创建、编辑、上传、评论等互动行为参与到网站的平台架构之中。大众投票是依靠大众的辨别能力将海量信息分类,例如亚马逊通过分析消费者的购买偏好向其他有类似需求的读者推荐他们可能喜欢的书籍。大众集资是由大众来代替银行和其他机构提供基金的一种方式。

4. 开源项目

大众生产最早、最典型的现象是开源软件(open source software,OSS)。开源软件是以免费开放源代码、大众协作编程的方式开发的软件。开源软件最早可追溯到20世纪50年代,ACM算法的源代码在IBM和DEC用户群中的自由使用标志着开源软件的出现。90年代之后,随着LinusTorvalds开创了开源软件操作系统Linux,开源软件进入了快速发展期。目前,包括Linux在内的诸多开源软件覆盖了操作系统、网络通信、桌面环境、办公、安全、文字处理、数据库、中间件和娱乐软件等几乎所有软件类型。在移动通信行业，开源软件已经成为一种常态。

开源，可理解为是"开放源代码及详细设计资料"的简称。通常指互联网领域将软、硬件项目的源代码及详细设计资料（如电路图、材料清单和电路板布局数据）向大众开放，允许大众获取、使用、修改和发行。开源的概念及思想可以推广到普通的产品设计与研发领域。

开源项目，可简单理解为：开放源代码及详细设计信息的软、硬件项目。开源项目的产出物可以是软件，也可以是硬件。一个开源项目，可以不断对一款输出产品进行维护和升级；也可能在一个开源项目中产出多款不同的相关开源产品。

开源软件，直接的字面意思是公开源代码的软件，不过，对于很多商业公司来说，开源软件，只能看作某个开源项目给出的"软件示例"而已。商业公司根据自己的需要，基于这个示例，修改或衍生出真正适合自己的软件产品。开源硬件是指与自由及开放原始码软件相同方式设计的电子硬件。共享逻辑设计连同可编程逻辑器件的重构，就是一种形式的开源硬件。也可以通过硬件描述语言代码的共享代替共享电路图。在复制成本上，开源软件的成本也许是零，但是开源硬件不一样，其复制成本较高。

开源社区，为某个开源项目的开发成员提供的一个学习和交流的空间。由于开源项目常常需要散布在全世界的开发人员共同参与推进，所以开源社区就成了他们沟通交流的必要途径。参与者在开源社区中下载和使用源代码、报告错误、编写和修改代码、上传补丁、提出改善建议等。

开源项目所运用的大众生产模式也被应用到一些硬件产品生产中，如开源汽车 LMP1 项目、OScar 项目、Apollo 项目（百度）等，一些汽车迷推行一种在线协作模式，进行汽车的设计、投资生产、以极低的价格销售。开源项目所倡导的开放、共享、免费的精神还带动了大学课程和图书馆开放运动，如近几年影响颇大的麻省理工学院、哈佛大学等一流大学的网络公开课，由众多志愿者录入图书供大众免费下载和阅读的古腾堡网络图书馆（Gutenberg. org）等。

拓展阅读

3.4.3　大众生产的组织模式

大众生产的组织模式不同于企业与市场，也不同于一般的网络组织，参与者根据自身特长与兴趣爱好自由选择，自主优化人员与资源的匹配度。大众生产的优势在于有效识别参与者自身创造力。传统的企业组织理论难以解释这一现象，本克勒称其为大众生产之谜。

学者们基于案例研究，总结出如图 3-16 所示的大众生产的组织模式，包含参与动机、组织结构、运行机制、知识产出四个要素（孟韬、王博涵，2013）。其内容可描述为：以内在激励为主要动机，外在激励为辅助手段，大众生产参与者在一个没有清晰边界的组织内自由形成多层面的队伍，或独立竞标参与，或多人协作参与，自主选择不同层次的任务及活动，目的都是将个人或团队的隐性知识通过交易或沟通的方式转化为显性知识。

图 3-16　大众生产的组织模式

1. 动机与激励

动机是激发和维持有机体的行动,并将行动导向某一目标的心理倾向驱动力。动机具有三方面功能:(1)激发功能,激发个体产生某种行为;(2)指向功能,使个体的行为指向一定目标;(3)维持和调节功能,使个体的行为维持一定的时间,并调节行为的强度和方向。

可从不同的角度对动机进行分类,依据动机的起源,可分为生理性动机和社会性动机。前者与有机体的生理需要相联系;后者与有机体的社会需要相联系。依据引起动机的原因,可分为内在动机和外在动机。前者由有机体自身的内部动因(如激素、中枢神经的唤起状态、理想、愿望等)所致;后者则由有机体的外部诱因(如异性、食物、金钱、奖惩等)所致。

丁汉青、苗勃(2020)基于文献研究和实证分析,将大众生产者参与动机归纳为 13 项子类型,如表 3-7 所示。这些动机影响参与者的参与度,即参与者的参与时长和参与频率。

表 3-7　大众生产的主要动机分类

动　机	动机子类	解　释
内在动机	享乐	获得乐趣,为参与者带来挑战感、新鲜感和创造感
	社交和归属感	与其他成员紧密联系,产生归属感
	理想目标	追求知识开放、代码开放的理想目标
	求知和提高技能	获得新知识,提高专业技能
	提高声誉	提高自身的声誉和知名度,获得尊重
	自我效能感	认为自己有能力胜任大众生产任务
	社会规范	重视他者对参与者大众生产行为的评价和影响
	互惠	因受惠于他人,而认为有义务参与大众生产
外在动机	职业发展	为未来的职业生涯做准备
	利他主义	希望能分享知识、帮助他人
	获取报酬	获得一定形式的物质回报
	符合价值观	大众生产平台的价值观与个体既有价值观相符
	工作需要	因为工作需要而进行大众生产,如改进软件性能以提高工作效率

研究发现,自我效能感、利他主义、获取报酬、职业发展、享乐、社交和归属感、求知和提高技能动机对大众生产参与行为有显著正向影响;提高声誉、社会规范动机则无显著影响。其原因是,第一,虚拟、匿名的互联网生产难以与现实世界中的参考群体建立联系,个体在大众生产平台上的贡献难以与现实世界的声誉提升直接挂钩。第二,参与者虽然能在大众生产平台进行社交互动,但是互动相对有限,限制了虚拟社区中声誉的提升。

激励是指激发人的行为的心理过程。在大众生产中,需要利用各种激励手段激发大众的参与动机,即用各种有效的方法去调动参与者的积极性和创造性,使大众生产者努力去完成任务,实现知识生产目标。

大众生产的激励机制可以归纳为如图 3-17 所示的层次结构。顶层为内在和外在激励机制两大类。第二层次中,外在激励机制按照物质还是非物质分为经济利益激励和外界因素激励。内在激励机制从个体需求激励和社会需求激励角度进行划分。个体需求激励又分为享乐需求激励、能力需求激励和自主需求激励。其中,享乐需求激励包括兴趣型动机激励和单纯以娱乐为目的的娱乐型动机激励;能力需求激励包括胜任动机激励、成就动机激励和知识学习动机激励;自主需求激励包括自我表达动机激励、自我选择动机激励和自我保护动机激励。社会需求激励又可分为社会交往动机激励、社会责任动机激励和职业学习动机激励。表 3-8 给出了各种激励方法的含义与优缺点。

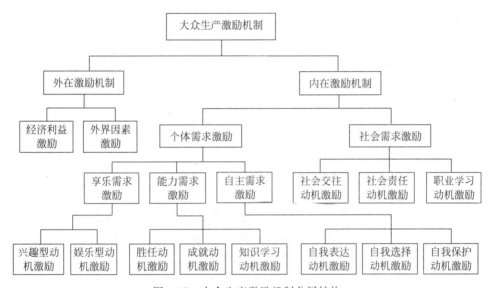

图 3-17 大众生产激励机制分层结构

表 3-8 各种激励方法的含义与优缺点

激励方法	解 释	优 缺 点	实现成本	对参与度贡献
经济利益激励	金钱或物质报酬,如薪酬、礼物、奖品等	优点:直接,容易得到参与者的积极响应,快速提高参与度 缺点:难以持续激励,易产生诚实性问题	高	高
外界因素激励	参与者间关系及环境等因素,如竞赛、优美环境	优点:既可以作为经济利益之外的补充,也可以一定程度影响参与者的心理 缺点:单一外界因素难以产生持续激励作用	低	低
兴趣型动机激励	激发参与者兴趣、让参与者选择自己有兴趣的任务	优点:能使参与者持久参与且更加努力 缺点:难以找到所有工作者都感兴趣的点,缺乏普适性	高	高
娱乐型动机激励	在参与过程中获得的乐趣和享受	优点:减轻任务本身带来的压力 缺点:与任务结合不当会导致工作者过度关注娱乐而使质量下降	中	高
胜任动机激励	关注参与者能力,匹配能胜任的任务模块	优点:提高任务质量和效率 缺点:准确描述参与者能力具有难度	高	高

续表

激励方法	解　释	优　缺　点	实现成本	对参与度贡献
成就动机激励	协助参与者出色完成任务、并给与夸奖	优点：提高工作效率,提升结果质量 缺点：参与者倾向于选择容易获得地位、成就和荣誉的任务,有造成冷任务的可能	中	高
知识学习动机激励	在参与过程中获得帮助和指导,能快速掌握感兴趣的知识	优点：激发工作者学习知识的心理,提高其参与度 缺点：感知有用性较弱时无法激励人参与	中	低
自我表达动机激励	让参与者自由表达自己的意愿与观点	优点：实现协同工作者最大表现自我的意愿,提高其努力程度 缺点：易产生诚实性问题	低	高
自我选择动机激励	让参与者自由选择感兴趣的任务或项目	优点：以参与者为主,按其喜好选择任务,激励其付出更多努力且持续参与 缺点：容易造成任务分配不平衡	低	高
自我保护动机激励	保护参与者隐私,避免个人独自承担太多压力	优点：以参与者为主,跟随大众参与任务,提高任务参与度 缺点：易造成任务分配不平衡及诚实性问题	低	低
社会交往动机激励	参与者能与协作者平等、自由、方便地交流	优点：促进交流与参与,无须付出额外成本 缺点：选择任务时容易产生从众心理,使协同任务质量下降	低	高
社会责任动机激励	用利他主义价值观、责任观和道德观鼓励参与者	优点：从社会价值观出发,用道德、法律责任激励其参与任务,有助于提高结果质量 缺点：刻板的说教不一定有效果	低	中
职业学习动机激励	任务完成能提升职业技能,丰富职业经验	优点：任务与职业特性结合时,对与自身职业相关的工作者很有吸引力 缺点：受益人群较少且无法持续激励	中	低

大量研究表明,有效的内在激励比外在激励会更持久,也往往更可能取得高质量的结果,因此,重点以内在激励机制为主;外在激励机制中,金钱奖励和物质奖励是主要的激励方式,而其他激励方式多数与外部因素有关。但以金钱奖励为主时,参与者可能更多地在意完成任务之后可以获得多少奖励而往往会忽略任务完成的质量。

值得注意的是,外在激励机制的设计是容易的,而内在激励机制的设计则相对比较困难。这导致在实际工作中,注重于外在奖励而较少关注大众生产者的内在需求。单纯地从外在激励出发很容易让工作者以获得奖励为目的进行工作,而造成大众生产任务结果质量低下。此外,有研究表明,以金钱为基础的外在激励机制的长期应用反而会导致工作者减少参与。

在具体项目中,单一的激励方法不容易形成普适性的机制,多因素结合的混合性激励机制更为有效。具体操作可从多个角度设计激励措施,例如：从成就动机出发,给予大众生产者地位、荣誉等奖励以激励其参与任务;从胜任动机出发,根据大众生产者自身能力分配任务以激励其参与任务;从娱乐动机出发,设置新颖的、具有挑战性的任务类型以激励大众生产者参与任务……

在设计激励机制时，要平衡考虑成本控制和任务结果质量问题。大众生产的原则在于使用最小的成本使结果质量最大化，其中成本包括时间成本、金钱成本以及数据资源成本等。由于大众生产者的异质性，不少众包任务参与的目的在于获得金钱奖励，对于任务的结果质量并不关心，极易存在欺诈行为，提交虚假的结果，造成众包任务结果的质量低下。

2. 组织结构

（1）开源软件项目的组织模式

大众生产组织是一种对企业组织的结构（Hassard，2008）。雷蒙德（Raymond，1998）在《大教堂与集市》一书中提出了大众生产的集市（Bazaar）化组织结构。他用大教堂和集市分别比喻传统开发模式和开源模式的组织。书中是这样描述的，在宁静、虔诚的大教堂式的编程观念中，源代码中的错误是复杂而有深度的，需要几个人投入大量时间检查清理错误，因此，较长的版本发布周期、不甚理想的使用效果，使得等候多时用户难以满意；而在充满不同意见和方法的嘈杂的大集市里，在开源项目众多开发者的积极参与下，纠错工作变得快速又简单，并可通过频繁发布新版本来得到更多的纠错，综合同一领域内的众多观点要比随机挑选其中某个人的观点更加可靠。这种集市化的组织结构具有四个特征：①缺少对于软件发展方向的决策中心；②开发与改进工作可同时进行；③用户亦可参与软件开发；④参与者根据个人能力自由选择任务。

德米尔和勒科克（Demil & Lecocq，2006）提出了"集市治理"（Bazaar Governance）的概念，通过集市治理与市场、层级和网络的比较分析认为集市治理具有三个特点：第一，以开放许可作为特殊的合同关系；第二，双边交易受到开源社群的影响；第三，激励与约束机制较弱。虽然集市治理的激励和约束力度都很弱，不确定性大，但是它能够降低交易和生产成本、具有数量庞大的潜在参与者、形成了持续的互惠效应，因而，集市治理有独立存在的逻辑。

表 3-9 给出了集市治理与其他治理模式的比较。可见，集市与企业和市场的区别是明显的，但与网络的区别不明显，可以看作网络的一种特殊形式。首先，集市与企业相比，不存在层级结构、雇佣关系和行政命令机制，没有能够发号施令的权威人员，大众生产的社区都不是具有法人资格的企业。其次，与市场相比，集市中的信息资源是免费共享的，存在的是信息资源的交换，而不是基于价格机制的交易；参与者的行为主要来自自身的内在动机，如来自兴趣、利他主义，而不是市场机制中的追求自身利益。

表 3-9　集市治理与其他治理模式的区别与联系

	企　业	市　场	网　络	集　市
契约类型	雇佣契约	交易契约	隐性契约	开放许可
协调机制	行政命令	价格机制	信任关系	信任关系
主体选择	选择成员	选择交易对象	限制性进入	系统开放
运行机制	专业化分工	供求关系	互惠、共同规范等	互惠、共同规范等
产权特征	产生私有产权	产生私有产权	产生集体产权	部分产生共有产权

（来源：孟韬）

（2）众包的组织模式

逻辑上，众包包含技术与社会两个层面，技术层面主要是指互联网工具，包括任务设计、任务匹配、方案迭代等一系列模型及算法；社会层面主要是指创新意识、人员激励、知识产权、知识管理等一系列与人有关的环节，两者有机结合促进众包的模式应用。

物理上，众包是由平台、接包方与发包方三者形成一个动态的复杂系统，如图3-18所示。

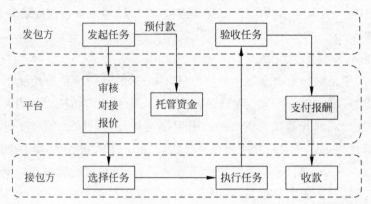

图3-18 众包的组织模式

平台是将发包方和接包方联系在一起的中间媒介，包括平台系统、机制设计以及人机交互方面的关键技术。发包方在平台发布求解的难题或任务，接包方通过平台与发包方完成各种交互。平台伴随Web2.0技术的兴起产生了协作式与竞赛式运作形式，形成了商用、公益、社交、社群、共创、众筹、O2O等不同的众包平台类型。众包平台通过多人任务分配、人机结合、补充提问等策略与方法，调和发包方和接包方之间的矛盾，保证了众包输出成果的质量。威客网实际上是一个以任务的发生、完结为主线的众包平台，中国最大的威客网"猪八戒网"将交易整个过程分为八个主要的功能型模块，即任务发布模块、审核管理模块、买方支付模块、竞标模块、选稿模块、加价延期模块、平台支付模块、提现模块。

发包方是众包活动的发起者，主要从事众包任务设计、发布、与接包互动、方案整合等工作，直接从大众提交的方案中受益。与发包方直接相关的任务模型，包括任务内容、任务类别、任务粒度、任务约束等方面因素。通过任务分解，将工作量大、难度不高、对人力资源有较高要求的问题转化为众包任务是众包工作的前提。

接包方是由个体组成的问题解决群体，主要有寻找任务、接受任务、完成并提交任务等方面的工作。接包方依靠自身能力提交解决方案，是众包产生集体智慧的关键环节。接包方也被称为工作者，通过建立工作者模型，为众包中的任务推荐和质量控制奠定基础。通过收集接包方的注册信息与问卷反馈，结合众包平台的交互行为信息，可以对接包者的能力水平、信誉值、兴趣爱好、其他属性有一定程度的了解。

拓展阅读

例如，InnoCentive平台，是一个面向跨国公司或中小企业解决研发难题的商用平台，主要针对化学、商业、计算机科学、清洁技术等领域，寻求大众智慧支持。发包方发布需求标准包括需求说明、截止日期及奖金额度；发包方名称完全保密，并且有安全保障；发包方审阅所有的答案，并只把奖金发给最符合其要求的解决方案；奖金额度从5000美元到10万美元不等。在该网站注册的世界各地的科学家均可以对任务进行查阅、选择、提交答案；平台Innocentive.com网站履行保障接包方信息安全的职责。

3．运作机制

大众生产的运作机制包括任务模块化机制与成员互动机制两个方面。

（1）任务模块化机制

模块化是开源社区所遵循的一种运行机制。模块化就是将任务分解成一个个独立的模块，参与者可以根据自身能力选择合适的模块参与项目，而无须同步化地参与整体行动，这样就增加了行动的自由程度。模块的大小很重要，像这种缺乏层级制和管理制度的组织，模块的大小直接影响到项目开发的质量，在开源社区中，参与者的自由性是其参与的激励因素之一，模块比较大会降低他们的参与度。

表 3-10 给出了知识生产相关的众包任务模块化案例。

表 3-10　知识生产相关的众包任务模块化案例

众 包 任 务	任务模块化
图书情报领域众包任务，在图书馆管理、文化遗产管理、档案管理等方面，解决工作冗杂但难度不高、人力资源不足的问题	众包任务细化为图书缺失补齐、图书评级、图书介绍、读者互助、意见收集、外文文献的翻译等工作
计算机领域众包任务，解决个体人脑能力不足、无法汇集整理现有数据的问题	众包任务细化为信息检索、数据采集、数据清洗、数据标注、质量评估、人工智能等工作
交通领域众包任务，解决人力监管资源不足而任务通常多而烦琐的问题	众包任务细化分为众包行程规划、交通监测、众包配送等方面
创意设计领域平台，解决了解用户需求，引入外部创意的问题	众包任务细化包括工业设计、场景建模、产品概念、平面广告等创意设计工作

（2）成员互动机制

在虚拟化的社区中，成员之间的互动质量，决定着输出成果的质量。世界各地的社区成员不可能面对面交流，只能通过网络和智能设备互动。因此，互动平台是虚拟社区运行的核心。开源软件本身就是社区最好的互动媒介，每次软件的更新都会公布，参与者之间就可以根据软件的修改程度知道彼此之间的想法，但是这种互动仅仅是局限于软件本身。

开源社区内的互动基本都与"学习""知识共享"相联系，参与者之间的开放性互动降低了知识共享的成本，而有效的知识共享又促进了成员间互动。此外，在互动基础上，开发者在开源社区内的声誉也因此而建立。众包项目中的互动过程则体现在发包方和参与者之间，发包方在平台上发布任务，各个参与者向发包方提交解决方案或向发包方询问更加具体的任务要求等。

4．知识共享

知识共享是大众生产组织遵循的基本原则。知识共享的模式是由隐性知识向显性知识的转化，包括个体向群体转移的知识共享和个体向个体转移的知识共享。

个体向群体转移的知识共享模式，是先将个体的隐性知识编码外化为显性知识，然后再向群体转移的过程。在开源社区内，鼓励专家与业余大众通过网络进行知识共享，让业余爱好者快速认识学科和项目概貌。这种"认识"不断累积，达到一定程度时，个体的知识量便可以逐渐覆盖一些简单的工作,如,逐步具备修改代码的基本能力,与其他爱好者进行更好的学术交流。

个体向个体转移的知识共享模式下,个体的隐性知识经过编码外化成为显性知识,再传递给需要的个体。例如,在猪八戒网上,问题发起者(可以是个人、组织、企业)作为一个个体,将研发与生产过程中遇到的问题发布出来希望得到解决,而问题解决者(可以是个人、组织、企业)通过平台与发起者进行反复交流以获得对问题的深刻理解。

个体与群体之间、个体与个体之间的知识共享模式都存在着一个动态的知识创新过程,信息交流的主要目的是实现知识共享从而达到知识创新。个体和群体把拥有的知识资源在大众生产平台上进行知识的再创造,从隐性知识向显性知识的外化过程中,随着个体隐性知识的丰富,群体的隐性知识量也逐渐扩大,当隐性知识聚集到一定程度时,便会通过群体或个人能力将隐性知识外化成显性知识,而这些显性知识又会帮助越来越多的个体获取知识,又回到最初个体隐性知识向显性知识的转化过程,使得知识创新的整个效率被提升。

📋 本章小结

1. 组织知识的生产包括识别组织已有的知识、从组织外部获取所需的知识和创造组织战略上需要的知识。组织只有清楚地定义内、外部的重要知识,才能了解组织知识的缺口,避免重复开发的浪费,避免已有知识资源的闲置,了解组织所处的外部环境和有效地向外部标杆学习。

2. 组织内部知识的定义主要包括员工个人知识、团队知识、工作知识和组织知识的识别,其目标是明确组织内部有哪些知识和知识流动情况。

3. 个人知识定义的主要工具有专家黄页和知识地图。组织的结构资本或集体知识通常存储在组织的核心流程、组织的专家经验、组织内的知识产权、组织内的非正式人际网络结构中。

4. 知识的外部获取是指组织通过外部市场的采购、战略联盟的合作或与相关团体间非正式的交流而获得外部有价值的知识。组织的外部知识源非常广泛,包括供应商、客户、合作伙伴、咨询机构、互联网、各种学术机构与媒体等。

5. 组织知识创造,是指除了由外部获取所需的知识外,组织内部的个人、群组及整体,通过各种不同的方法(包括创意、实验、教育培训、谈论及互动等)增进、强化原有的知识,或创新开发原来不存在而对组织有价值的新知识。组织知识的创造有两种主要方式,一种是已有知识的充分利用;另一种是新知识的探索。

6. 个人知识创造有两种模式:"分析中学习"和"干中学"。除了个人学习外,对组织而言更重要的是群组知识和组织知识。群组知识创造的方法主要有师徒传承制、员工间对话、网络和头脑风暴等。

7. 组织核心能力与知识构建模型指出,组织知识创造有 4 种方法:解决目前问题产生新知识、通过实验与原型设计创造新知识、通过实施的经验和既有知识的整合创造新知识和通过引进外部知识和吸收得到新知识。组织知识创造的主要机制有:设置专门研发的单位,强迫多样化的融合,对环境压力的适应,组织的记忆和构建学习型组织等。

8. 知识大众生产是指基于自愿参与和网络协同的知识生产活动。系统开放、参与人数众多、大众自发进行互动和协作是大众生产的基本特点。目前,大众生产主要有用户内容创造、维基产品、众包和开源项目四种类型。

9. 大众生产的组织模式:以内在激励为主要动机,外在激励为辅助手段,大众生产参与者在一个没有清晰边界的组织内自由形成多层面的队伍,或独立竞标参与,或多人协作参与,自主选择不同层次的任务及活动,目的都是将个人或团队的隐性知识通过交易或沟通的方式转化为显性知识。大众生产运作中,激励机制、任务模块化和参与者互动机制设计非常重要。

即练即测

📝 思考题

1. 什么是组织知识的定义?
2. 组织为什么要重视知识定义?存在的困难是什么?
3. 组织知识定义的目标是什么?
4. 在个人层面上组织知识定义有些什么主要工具?
5. 什么是知识地图?怎样制作组织知识地图?
6. 什么是集体知识?怎样定义组织的集体知识?
7. 外部知识获取的方法有哪些?比较这些方法的优点和缺点。
8. 外部知识获取有什么优缺点?组织获取外部知识要注意些什么?
9. 组织知识创造有哪些类型?
10. 个人知识创造的模式有哪些?试对它们进行比较分析。
11. 群体知识创造有哪些方法?
12. 什么是知识大众生产?目前有哪些主要类型?
13. 对比分析众包和开源项目两种知识创新方式的异同。

☕ 案例 万科的知识管理

案例分析

☕ 案例 众包翻译案例

案例分析

第 **4** 章

组织知识存储

本章学习目标

通过本章学习,学员应该能够:

1. 掌握组织知识存储的概念、方法和流程;

2. 理解显性知识的存储方法,了解知识库管理内容;

3. 理解和熟悉隐性知识的存储管理和技术工具;

4. 了解知识的访问策略。

引例:美国福特公司第一代金牛(TAURUS)汽车的销售成绩非常成功,但由于其成功的经验没有记录存储下来,使得第二代金牛的设计和销售团队无法获得这些珍贵的知识而失败。相反,瑞典的 SKANDIA 公司由于完整地记录了兴建分公司的相关知识,使得第二次建立分公司的时间和成本只有第一次的 1/12。可见,组织如果忽视了重要知识的纪录和存储,那么它损失的成本将相当惊人。因此,在知识管理中,组织不仅要定义、获取和创造珍贵的知识,更要将这些珍贵的知识保留下来,以便充分地利用并发挥更大的价值。

4.1 组织知识存储概述

4.1.1 组织知识存储的概念

1. 定义

知识存储是指组织经过选择、过滤、加工和提炼后将有价值的知识保存在适当的媒介内,并随时更新和维护其内容和结构,以利于需求者更加便利、快捷地访问,获得有效的知识。

根据上述定义,可以得出组织知识存储要考虑的重点内容如下。

(1) 选择性:只存储有价值的知识。对于存储成本高于生产成本的知识无须保存。

(2) 知识的加工:为了确保和提升所存储知识的质量和便于用户访问,知识在存储前,需要进行加工和提炼操作,包括编辑、编码、分类、索引及摘要等。

(3) 不同的存储媒介:不同的知识有不同存储方法。例如,显性知识存储在纸张和电脑中,而隐性知识存储在个人、团队和组织的大脑、文化和流程中。

(4) 方便用户访问:知识存储结构的设计必须要让用户能按照最方便和最有效的方式

快速地访问。为用户提供方便、快速的检索机制。

（5）知识的更新与维护：存储的知识必须动态更新，以确保知识的有效性。

2. 组织知识存储的必要性

基于下面的理由，组织必须重视知识的存储。

（1）存储已有知识，节约知识的重复开发成本。知识是组织投入成本所获得的提升组织优势的重要资源，从成本分摊的观点看，知识不应该用过一次后就被忽视和遗忘，而是越利用，知识的相对价值也越高。

（2）知识的积累是知识创新的基础。根据学习创新能力理论的观点，当组织积累越多的知识，就越容易吸收、学习新知识和创造新知识。

（3）知识容易流失，需要及时保存。员工的离职、退休、死亡以及遗忘，项目团队在完成任务后解散，或者组织在推动业务流程再造（BPR）后成员的流失和变动都会让原来存储不健全的知识流失。

（4）凭借知识的存储可以降低重复开发的成本和重蹈覆辙的损失。

3. 组织知识存储的主要问题

组织知识存储涉及员工个人和组织两个层面。

（1）在员工个人层面

首先，员工没有养成记录存储的习惯。员工没有意识到记录、保存知识的重要性，或组织在工作流程设计中没有要求员工将新发现的具有价值的知识记录下来。当然，员工也不会主动保留。

其次，员工没有意愿去存储。即使员工了解知识保留的价值，但是，为了积累和保持个人知识的优势，员工并不想将自己知识完整地存储到组织的知识库中，尤其是非常独特、隐性且非常有价值的知识。

（2）在组织层面

在组织层面有如下几个主要原因影响知识的存储。

第一，组织忽视知识存储的重要性。许多组织还没有把知识管理作为管理的重要议题，在进行各种改革战略时，还停留在质量、成本和生产力的改善方面，而忽视了知识的价值。

第二，组织没有专门的人负责管理知识存储。组织如果没有专人负责记录、分类、管理更新及咨询等工作，那么就因缺乏责任归属，而使知识质量不佳，可用性不高。

第三，没有合适的技术支持。组织没有方便的知识存储技术支持工具，如组织没有公用的知识库，或者知识库与业务系统相脱离，员工记录知识不方便。

组织从意识、制度和技术上全方位地重视知识的存储，使员工养成知识存储的习惯对组织来说是非常重要的。

4.1.2　组织知识存储的方法

组织知识存储主要有三大媒介：个体、团队和组织系统。

1. 个体知识的存储方法

与组织知识存储相关的个体包括在职员工和离职员工。

(1) 在职员工知识的存储

对于在职员工,存储其重要的知识有下列几个重要的方法。

- 利用知识黄页或知识地图定义出具有重要知识的员工。
- 鼓励并支持员工对重要知识的记录、存储与共享。
- 保留具有核心知识资源的员工,防止其流失。
- 通过师徒制的建立存储重要的知识。
- 加强员工间的交流与协作,促进知识的社会化。

对组织而言,一味强调个人知识存储是不够的。关键的工作是建立相关的文化、制度和方便的技术平台与工具。

(2) 离职员工知识的存储方法

对于即将离职的重要员工,组织可采取下列措施存储重要知识。

首先,对离职员工知识的外化。当一个具有重要知识的员工即将离职时,组织应该安排包括主管及其下属和一位知识搜索专家进行深度、开明、融洽及其具有建设性的访谈,将这位员工所掌握的重要显性知识(包括文件、协议、系统流程)和隐性知识(重要的项目经验和教训)仔细明确地记录下来。例如,有些公司就利用录像和录音的方式进行访谈和知识存储。应了解重要员工离职的真实原因,组织也可以通过此种信息或知识的获取亡羊补牢,以降低员工的离职率。

其次,要建立离职员工的人际网络。对于具有重要知识的离职员工,组织可以通过下列方式建立双赢的合作机制存储知识:聘请其兼职回来处理特殊的事件,以及维护那些年纪稍长或退休员工之间密切联络的人际网络。

上述方式的成功与否都依赖于员工平常对公司的向心力与忠诚度,以及公司对待离职员工的态度。

2. 群组知识的存储方法

由于组织许多重要任务的规划和执行都是通过委员会开会和项目团队的合作方式来执行,而且,这种集体知识是隐藏在群组内,是不会随员工离职而流失且也难以模仿的,因此是组织重要的竞争优势来源。由于群组间的相互作用牵涉许多人际沟通、领导、协调、团队默契协同合作,因此,这种集体知识动态性强,且为隐性知识,相对于员工个人知识更加难以存储。

群组知识的常用的存储形式包括会议记录、项目总结报告、虚拟社群等。

(1) 会议记录

群组的许多知识都是通过会议的方式产生的,成员通过对某项议题不断地进行讨论、辩论和头脑风暴等方式,大多对问题有更为广泛切身的体会。因此,整个会议中不仅蕴藏了许多专家的精辟见解,也说明了整个决议或解决方案的来龙去脉和组织最重要的因果考虑。例如,一个项目团队讨论是否要自行开发还是外包开发一个大型信息系统,其中,成员们从不同的角度搜索来各种证据和资料,以评估各种方案的成本和效益,并深入讨论组织的 SWOT、外部的压力和内部的核心能力等,最终做出决定。在整个讨论过程中,成员们花费了很多精力搜集资料,分析并归纳各种内、外部因素,所以,这些都是组织应该存储的重要知识。团队知识存储的主要效益包括三个方面：

① 当组织下次面临相似的问题时，有充分的资料可以参考，不用重新在信息的搜索与分析上投资；

② 对于没有参与会议的成员与部门，可以通过这项记录让他们清楚地了解决策的过程与思考的重点，并能马上进入状态；

③ 可以借此了解组织的历史，形成一种组织的记忆，并且了解一些重要流程设计或决策背后的原因与诠释结构。

（2）项目总结报告

项目团队在结束一个重要的任务以后，应该将此次执行结果获得的经验与教训完整地记录下来，作为下次执行团队重要的参考和学习资料。一个完整的项目总结报告包括项目背景、项目过程和执行分析三部分。

① 项目背景包括垂直背景（项目相关的外部环境、组织战略、结构、文化、技术及员工认知）和水平背景（与项目相关的历史背景与现状）。

② 项目过程通常按时间顺序进行描述。包括何事、何人、何时、何地、为何，而不只是数据库中的静态描述。

③ 执行分析是以本身经历的观点来分析整个执行过程的行动，并诊断方案执行的有效性，记录重要的经验和教训，作为后续团队改进的参考。

（3）虚拟社群

分散的成员为了实现一个共同的目标，或为了完成一项共同的任务，通过互联网或无线通信网上的各种工具，以同步或非同步的方式进行交流、讨论。对于这种支持隐性知识外化的群组讨论方式，组织也应该有专人来整理与分析这种知识。

3. 组织知识存储的系统化方法

组织的知识隐藏在各种流程、制度、规则和信息系统中，外化的知识大多存储在手册、文件、公文、会议记录、ISO 文件、设计蓝图和协议等各种文件中。组织的知识存储有下面几个重要的管理要点。

（1）知识的自动存储应尽量地自动化和电脑化

- 利用自动化的电脑辅助设计（CAD/CAM）软件存储设计蓝图。
- 利用产品开发管理（product development management，PDM）软件自动记录存储与整个产品开发生命周期相关的知识与信息。
- 利用计算机辅助软件工程（computer aided software engineering，CASE）自动记录并存储信息系统分析与设计文档
- 利用工作流（workflow）软件自动记录并存储工作流程设计的规则和工作流程执行过程中产生的数据、信息和知识。
- 利用项目管理软件自动记录并存储项目管理中主要的流程文档与报表。
- 利用群组决策支持系统（group decision support system，GDSS）自动记录和管理会议的主要议题与内容。
- 利用专家系统（expert system）将专家解决问题的方案与规则自动记录并存储下来。

（2）善用文档管理系统，形成无纸化管理

组织内有许多的公文、表格、手册、协议和蓝图等文档，组织应将这些内含丰富知识的文档，以文档管理系统支持其记录、存储、分类、索引和检索，形成一个无纸化的办公体系。

（3）建立及维护一个高质量且易于使用的知识库

这是知识管理中最重要的一环，组织除了对上述传统的知识文档记录、存储外，更要主动、有目标地搜索、定义、选择并筛选对组织核心能力重要和有价值的各种最佳实践，以良好的结构设计让用户可以方便地在适当的时间获得量身定做的知识。

（4）建立活跃的实践社群

实践社群（community of practice）是活动的知识储存体，是组织中最多方面与最具活力的知识资源以及组织认知与学习能力的基本形式。因此，组织应该提供资源，鼓励组织相关知识领域的实践社群的发展，并安排专人有系统、有结构地整理存储社会成员交流中所显现出来的许多珍贵知识。

本节上述各种知识存储方式可归纳为如图 4-1 所示的结构。

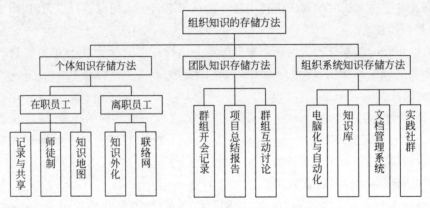

图 4-1　个人、群组、组织的主要知识存储方法

4.1.3　组织知识存储的流程

知识存储包括知识的选择与过滤、知识的加工与提炼、知识的存储与检索、知识的更新与维护 4 个基本步骤，如图 4-2 所示。

（1）知识的选择与过滤

知识的选择就是从组织运作所产生的大量知识中，决定保留哪些知识，并过滤掉价值不大、管理成本高的知识。

（2）知识的加工与提炼

组织运作中产生的粗知识可能存在许多错误、矛盾和不一致的地方，内容结构也可能过于冗长和难以理解，因此，需要对这些初步知识进行净化、标识、索引、排序、标准化、整合、重新分类和注释等加工提炼工作。这个步骤的主要目的是提升知识的质量，包括知识的准确性、有用性、方便性和易于理解性。

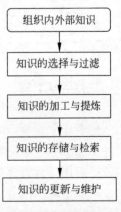

图 4-2　组织知识存储管理流程

（3）知识的存储与检索

将加工后的知识以适当的结构存储在合适媒介中，并设计多元的索引和分类目录，以便用户方便检索。

（4）知识的更新与维护

许多存储在知识库中的知识可能随着时间变得不合时宜或失去存储价值。因此，需要按照不同的知识特性，定期或不定期地进行更新、重新分类、淘汰并另外增加的工作，以维护知识库的有效性。例如，可以根据用户对存储在知识库中知识的点击率和评价，决定知识是否淘汰。

4.2　组织知识的选择与加工

知识的选择与加工是知识存储的前期工作，以保证存储知识的合理成本和知识的有效性。

4.2.1　知识的选择

由于人类信息和知识处理的能力有限，对于过量（overload）的信息和知识，人类不仅处理能力递减，而且会引起人们无所适从的反面效果。因此，信息与知识量的不足与超载都不利于人类的决策质量。例如，在各种媒体高度发达的今天，每个人每天收到大量的与自己专业和不相关的信息，使人们对于传递来的知识敏感度降低，甚至会忽视，大幅度降低知识传递的效果。

知识系统中的知识达到一定量以后，知识内容的边际效用递减，"知识"和"垃圾"的差别往往只在一线之间。因此，组织在对知识进行存储前，要对知识加以评估，过滤掉那些价值不大、存储成本高的内容。

组织对知识进行选择和过滤时，通常根据知识的特性和知识的价值进行决策。

1. 基于知识特性的选择

即使对于企业的核心流程，也不应该把所有相关的知识都记录存储下来，学者们认为需要存储的知识需具备下列特性。

（1）创新性与独特性

扎克（Zack，1996）认为，所存储的知识都应该具有创新性和独特性，并在未来有被利用的潜力。对于组织必须具备的普通的、基本的知识，其创新空间非常小，无法引导组织提升竞争优势，因此，不值得额外地投入资产进行存储。

（2）难以获得性和有用性

埃森哲咨询公司认为，组织应搜索并以分析报告的形式存储最佳实践、最佳标杆典范及独特的知识，这些都是从外部难以获取的成功经验与失败教训。

（3）重要、困难任务相关性

戴维斯（Davis，1998）认为，企业最重要的知识不应只是一般的交易程序，而应该包括一些困难任务上具有创意的做法、重要的问题解决程序与方法，以及在面临危机时有效的协调处理方法。

2．基于知识价值的选择

（1）战略导向的选择

组织知识管理应该有战略上的重点和方向,例如,针对核心能力和 SWOT 的知识缺口等,都是指导组织知识选择的方向。

（2）市场交易导向的选择

利用市场交易机制,组织从外部选择和购买所需要的知识,如聘请顾问,购买资料或知识服务等。越来越多的企业也建立了内部知识市场机制,利用积分或内部虚拟币对知识定价,知识需求者和知识所有者通过市场交易进行知识共享。例如,富士通公司、Fosys 软件公司都建立了这种基于市场交易机制的内部知识管理系统。

知识市场机制可以避免知识需求的无度和浪费,也体现了"用户愿意付费的知识才有价值,才值得搜集和存储"的原则。

（3）成本效益分析导向的选择

当组织决定是否要存储某一个员工、流程或项目的知识时,可以用成本效益分析法进行决策。

① 由决策的效果来估算知识的价值

例如,通用汽车公司要求经理人说明进行重大决策时所依据的知识,将决策产生的收益作为评估相应知识价值的依据。反之,对于失败的决策所产生的损失,成本也可以反向评估其失败的原因是缺少了哪些知识,由此可以导出这些损失就是这些相关知识的价值。原则上对重大决策越有帮助的知识,价值越高,就越需要妥善地存储。

② 由员工的离职估算知识的价值

可以用员工离职对公司所造成的损失来衡量员工所拥有知识的价值。例如,员工离职后可能造成的问题及其损失的知识价值估算方法如下。

- 造成对外服务中断或效率下降,估算因此而使任务执行时间延长和绩效降低的成本。
- 使得项目团队找不到需要的知识,估算因此而降低决策质量所发生的损失。
- 使得项目团队失去原有的能力和特长,估算因此而导致该团队生产运作困难所发生的成本。
- 造成顾客流失,评估因此带来的损失。

原则上,对于任何战略上组织的重组或如 BPR 的推行等,都应该思考有无流失重要的知识,并制定成本效益分析来计算其机会成本,不应该只考虑短期的、有形的成本和生产力。

4.2.2　组织知识的加工

为了确保知识的质量,选择的知识在存储之前必须经过多方面的加工与提炼,以提升知识的正确性、知识的价值和知识的方便性。图 4-3 给出了组织知识加工与提炼的框架。

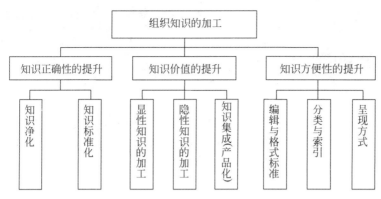

图 4-3　组织知识加工与提炼的框架

1. 知识正确性的提升

知识正确性的提升包括知识净化与知识标准化两个方面的工作。这需要设立专人或建立机构负责检查所获得知识的正确性和规范性,主要目的在于解决下列问题。

- 知识间的矛盾与冲突:如不同来源的知识在内容上不一致,甚至相互矛盾。
- 知识的重复与不一致:如不同来源的知识涉及的术语、度量单位等不一致。
- 知识的错误:如知识内容错误或知识的背景不适合。
- 知识的时效性:如原来正确的知识,随着时间的流逝变得不再正确了。

例如,当存在不同生产线或项目团队所获得最佳实践与组织既有的知识有矛盾冲突的现象时,或者两个信息系统产生的数据不一致时,或者某些知识的利用并不适应本公司的文化或理念时,都要对知识进行净化、汇总与整理后才能进行存储工作。此外,还可以建立一套适用于全公司共同标准的关键名词与用语,即知识的标准化。为了避免企业内部不同部门、不同知识背景的全体员工、企业外部的合作伙伴和客户在交流中产生歧义和误会,企业应该对相关领域的名词、术语进行标准化定义,以利于大家在共同标准上共享知识。

2. 知识价值的提升

提升知识的价值是指提升知识的附加值。

（1）显性知识的加工

对于一些设计蓝图、财务报表、程序手册等显性知识,由专家在这些结构化的知识上加以注解:是何含义,该如何应用,并提出分析看法。

（2）隐性知识的加工

例如,由优秀的专家针对不同员工在线下、线上所交换的心得、意见和所提供的知识进行整理、评估与分析。判断哪些意见或内容在何种情况下不能使用,在何种情况下最有价值,对哪个部门具有增值的潜力,将分析结果整理提供给用户参考。

也可以利用人工智能技术对网络社群互动内容进行文本挖掘,生成不同主题的知识图谱,从而提升社群知识的可重用性和易用性。

（3）知识集成

组织或个人结合社会、市场需求,将碎片化的、多方面的知识有机整合,形成完备的、可方便使用的知识产品,如分析报告、方案、论文、著作、专利、产品设计等,可最大限度地发挥知识的社会价值。

3. 知识方便性的提升

通过对知识进行编辑、分类、索引和提供适当的呈现方式来提升知识使用的方便性。

（1）知识的编辑与格式标准

由于外部搜集来的知识在结构、写法和格式上各有不同,为了方便用户的阅读,应有专人进行标准化格式的编辑,使得每一个报告文件都有标准的格式。例如,报告的主题、摘要、关键词、图表的格式和文件的标准内容结构等,并尽可能将结构不好的内容编辑成精简和严谨的文章结构。

（2）知识的分类与索引

由于企业知识种类繁多,涉及不同的顾客、产品、流程、市场及应用,因此,应该设计多元的分类结构与索引。例如,企业知识可以按部门分类、按流程分类等,用关键词、主题、时间等建立索引,以利于各种不同需求的使用者都能够方便、快速地找到他所需要的知识,也是决定用户是否愿意使用知识的重要因素。

（3）知识的呈现方式

不同特征的知识呈现方式应有所不同,同一知识也可以用不同的方式呈现。例如,可以以文本、数学公式、图形、表格、动画、语音、视频等形式呈现。因此,对于特定的知识提供合适的媒体丰富度,使其能更丰富地传递所要表达的内容,也应该有专家设计知识呈现的界面。

4.3　显性知识的存储管理

组织知识管理中一个核心的工具就是知识库。组织利用这个工具存储、传递和共享重要知识,让有需求的用户快速获得存储的知识,实现有用知识可以重复利用的目的。

4.3.1　知识库的概念

企业知识库是一个集知识的获取、分类、组织、存储、转播、维护、共享于一体的智能知识处理系统。该系统能自动或通过人工的方式获取针对某一主题的知识并按一定的规范进行分类、编码,能对各种结构和类型的知识进行集中或分布存储,能为用户提供良好的知识共享环境并能动态地对所存储的知识进行即时的更新和维护,从而支持企业知识管理的实施,是企业知识管理的核心技术工具。

学者Jovanovic(1998)指出知识库内主要存储下列形式的内容对象。

影像：图像与录像信息。

音频：录音信息。

文章：包括平面文本(flat text)与超链接文本(hypertext)。

数据：关系数据库。

文件：包括表格、报告、图形和图表。

案例：项目报告。

规则：专家系统内的指示规则。

对象：面向对象数据库所存储的对象实体。

流程：包括主要步骤、流程所用资源、角色、绩效的评估等。

模式：包括决策模式、系统仿真模式等。

知识库不同于信息库，知识库不仅要存储知识内容本身，还要存储知识的情境（也称为语境）。在构建企业知识库时，对于上述每种形式的知识对象，根据企业语境又可细分为人力知识、技术知识、组织知识、客户知识和社会知识等。

企业可能拥有多个知识库，每个知识库都有自己的结构。这些结构是与各自库中所存的知识形式与内容相匹配，如视频库、语音库、文本库各有不同的存储结构。不同知识库可以在逻辑上连接起来，形成一个联系紧密的统一的知识库。如图 4-4 所示，不同知识库可以分布在全球不同地方的分支机构所在地。事实上，企业知识库通常是存储在云服务平台的虚拟服务器上，已经没有了本地和远程的概念。集成良好的知识库不需要用户了解他们所需要的知识具体存储在哪个知识库中。用户通过集成的知识门户透明地访问知识库。

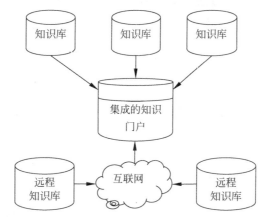

图 4-4　企业知识库的集成结构示意图

现在，构建一个在线的知识库已经是一个非常简单的事了。Baklib 这是一款专业的知识库制作工具，支持电脑、手机在线编辑，拥有多级分类、标签管理、团队协同等内容管理功能。不需要下载下来，只需要访问官网就能够使用。满足了不同人群知识的创作与存储的需要。使用 Baklib 制作的内容可以转化一个个精致的站点，在方便内容分享的同时还加入了站点访问权限的功能，保障知识的安全性。

学习者还可以利用有道云笔记、石墨文档等开放软件工具建立个人或团队的知识库，将平常遇到的知识进行统一汇总管理。

4.3.2　知识库中知识的属性

为了便于知识的重用，知识库中的知识应以对象化、模块化的方式存储，即应将复杂的知识分割成许多单一的、独立的知识单位（knowledge unit）。用户在知识库中查找知识单位时，主要是基于文本字符串的匹配，因此，每个公司必须定义自己的一组知识属性（也称为标签),来对知识库中的知识单位进行标识。Tiwana(2001)建议一个知识单位的内容利用下列属性来识别。

1. 活动属性

活动(activity)属性用来说明给定的知识单位的相关活动。例如,一个CAD设计蓝图是属于产品开发活动,而顾客的建议或投诉文件则是属于产品营销的活动。这种属性的值必须定义在最前面,而且值之间不是互斥的。即相同的知识条目可能归于两种或更多的类别。例如,计算机测试相关的知识可能在测试、质量控制、容错分析等活动中都有用。

因此,组织必须有一个明确的活动和流程模型,定义组织有哪些重要的活动。也许在开始时这个模型并不完美,但是,应尽量在开始时就努力去做,在以后的发展过程中逐步完善活动属性值的集合。

2. 领域属性

领域(domain)属性标识知识单位所属的学科主题领域。例如,网站设计技术是属于电子商务的主体领域,而神经网络设计要点是属于人工智能的领域。

组织可能已经有一个由专家知识和技能领域所构成的广泛的域,但是,要注意域的定义不要过于微观,域必须定义在集合的水平上。如果组织还没有定义这样的域,就必须制定该标准,让员工明确他们的域是什么,并考虑词汇上的匹配性,以避免域名相互重叠。

3. 形式属性

形式(form)属性用来定义知识单位的物理表示形式。这个属性的定义是十分灵活的。可以用一个基本值的集合来定义。例如:

> 纸质的
> 电子的
> 文本(文件、文档、电子数据表等)
> 多媒体(声音、视频磁带等)

> 隐含的或内在的知识
> 链接(例如指向以前曾经解决过该问题的人等)

如果组织的有关信息是以其他形式存在的,用户可以扩充上述形式类型列表。链接属性广泛应用于员工技能数据库中。例如,在该数据库中,如果搜索"Web数据库集成的专家",那么所有与之匹配的员工的详细信息将会在列表中给出。当公司的办公地点比较分散时,或当公司员工很多时,这种指针尤其有效。

4. 类型属性

类型(type)属性明确地说明了一个知识单位的呈现形式,如手册、备忘录、最佳实践、项目报告群组讨论内容、新闻稿年度财务报表等。Tiwana(2001)给出了该属性的一个基本的取值集合:

> 程序文件
> 指南
> 原型
> 手册
> 参考书

> 时间表
> 最差实践报告
> 最佳实践报告
> 注释
> 备注

> 失败的报告
> 成功的报告
> 新闻发布报告
> 竞争情报报告

每个公司还可以在这些基本类型的基础上进行扩展。类型属性的值也可以在多个公司之间标准化,例如,你的公司和你的供应商可以建立共同的知识类型标准。

5. 产品和服务属性

产品和服务(product and service)属性用来说明此知识单位相关的产品和服务。例如,某一客户分析报告与某智能型手机产品相关,某知识管理现状调查报告与知识管理咨询服务相关。

6. 时间属性

时间(time)属性用于标识该知识单位创建或修改的时间,其主要作用在于方便用户了解该知识的时效性和设定搜索范围。

7. 版本属性

版本(version)属性用于说明这份文件知识单位是否是最新版本,或原始版本。因为有许多技术文档或报告是经过多次修改的,应该让用户了解目前使用的是哪一个版本。例如,Word 文档会自动打上时间、作者和版本标签。

8. 位置属性

位置(location)属性指明该知识单位现在存储在什么地方(物理位置或逻辑位置)。例如,某客户关系管理分析资料目前存放在销售部门的资料柜中,某设备的维修专家的联系方式是什么。

9. 作者属性

作者(author)属性是指该知识单位的作者、负责人或部门。每个知识都有创建人、负责人或部门,该属性有利于用户有问题时可以联系相关负责人,或负责人应该负责该知识的质量与更新维护。

表 4-1 对描述知识单位的属性进行总结说明,在最后一列中,以知识单位"知识库框架结构的最佳实践"为例,给出了各属性的取值。

表 4-1　知识属性说明与举例

属性标识	说　　明	属性值举例 (知识库框架结构的最佳实践)
活动	活动属性将组织活动和知识单位相关联	知识库的建立
领域	领域属性是指知识单位属于哪个专业技能和主题领域	知识管理、资料库、内部网
形式	形式属性描述了相关知识单位的物理特性(纸、电子、多媒体、正式、非正式隐性、启发)。每一个知识单位都可以具有多个知识属性,它们也可能有重叠	文档
类型	类型属性说明了给定知识单位所在的文档类型。例如,明确的类型属性包括程序、手册、指南、时间表、最好的实践、备注,出版发行物、年报、竞争情报	手册
产品和服务	这个属性描述了特定的、理想的、非重叠的与知识单位相关的产品或服务	组织知识管理的导入
时间	时间标识标记对象创建的时间,用于标识知识的时效性和减少检索时间	2006/4/18

续表

属性标识	说　明	属性值举例 (知识库框架结构的最佳实践)
版本	标识知识单位的版本	Version 2
位置	说明知识单位的大约物理位置或逻辑位置	知识管理项目团队文件管理系统
作者	标识知识单位的创建者或负责人	Amrit Tiwana

4.3.3　知识库中知识分类方法

对于网络或组织内成千上万的文件,为了便于使用者访问,应如何分类存储? 根据什么分类准则? 利用什么技术实现?

知识库中知识文件的分类主要有两种方式:分类(classification)和聚类(clustering)。

1. 知识文件的分类

知识文件的分类则是利用人类专家事先定好的分类结构,由手工或电脑自动将新输入的知识归类到最适当或最类似的类中,其主要步骤如下。

(1) 专家制定分类结构

专家根据组织的业务领域将知识分为几个类型。例如某管理学院将管理科学与工程专业的硕士学位毕业论文分为运作管理、信息化、物流管理、项目管理等类别,并定义了各类别的基本特征。

对于人工分类,由专家阅读知识文件,比较文件与各类别的特征,根据主观判断,将文件归入到最相近的类中。

(2) 机器学习

对于机器自动分类,首先用电脑从分类好的文件中找出主要的词句,并按照出现的频率、位置和距离基于各种不同的权重构成每一类文件的特征模式,称为标准模板。

(3) 模式匹配与分类

由文本挖掘软件自动搜索出新加入文件主要的词句与权重,并将其特征模式与原有已分好的各类型的特征模式进行匹配,找出最佳的匹配组合,并将其归类。例如,新加入论文的特征模式与物流管理的标准模板最吻合,那么,该论文就会归入物流管理这一类。基于文本挖掘的知识自动分类技术,可快速地进行知识分类,从而节省知识入库的时间。

良好的知识分类结构是企业知识库建设的重要保证。传统图书情报学中,文献按其内容按所属学科归类。而企业知识分类应根据企业的实际运作和发展需要,将企业的所有知识按照一定逻辑习惯编排起来,以便这些知识资源可以准确地被组织内人员找到。因此,企业知识分类结构应满足两个要求:一是具有较好的可扩展性,方便知识归类保存;二是易于用户理解,方便用户获取知识。

很多企业将其知识分为通用知识和应用知识。通用知识包括企业事实方面的知识、原理知识等,例如企业有多少员工、产品用的什么原料、企业的主要产品等;为什么选用某一种原料、为什么生产某种产品而非另一种等。企业应用知识可分为下述 7 类。

员工知识：员工个人技能、知识潜力、工作经验、工作记录。

流程知识：将知识嵌入业务流程中，在关键环节能有专家知识支持。

组织记忆：记录现有经验以备将来之用，既可以采用知识库的形式还可以开发知识引导工具，包括案例与历史档案。

客户知识：通过客户关系发展深层知识，提高产品及服务质量，以此赢得更多客户。

产品和服务知识：产品中要有深层知识围绕产品提供知识密集服务。

关系知识：提高跨领域的知识流动，比如利用与供应商、客户以及雇员的关系等。

外部情报：从 Internet 等外部渠道收集而来的各种情报信息。

也有许多企业按部门、按项目等分类方法存储其知识。

2．知识文件的聚类

知识库内文件数量惊人，很难以人工的方式将类似的知识文件区分、归整到不同的类型。知识文件的聚类分析是一种利用知识文件内容的重要词句和权重进行的计算机自动归类技术。其主要步骤如下。

（1）文件特征词语的抽取

由计算机软件将文件内主要的特征词句抽取出来（例如一篇新闻稿件中的人、事、时、地、物等），去掉一些主语、介词、形容词和副词等之后，再将文件转换成数十或数百个主要的词语，称为知识文件的特征词汇集。

（2）词句权重的设置

根据词句出现的位置、频率和距离而给与其不同的权重因子。例如，一篇文章中，"成本控制"出现的频率非常高，而且时常出现在内容摘要中，因此，"成本控制"这个词的权重就会非常高。相反，在同一篇文章中，"企业文化"的出现频率很低，也没有出现在摘要中，也常常是"企业"与"文化"分得很开，不是同时出现（两个词距离很远），在这种情况下，"企业文化"的权重相对而言就很小。

知识文件的特征词汇集的每一个词语标上权重因子后，就形成了该文件的特征模式。

（3）文件的聚类

文件聚类分析是对文件的特征模式进行比较，将模式相近的文件聚集成群。例如，对历届积累下来的研究生学位论文，可以按照其出现的最主要的词语汇集成群。而这个群组可以由专家为其命名一个最适合的主题。这种学位论文的聚类方法，比传统的按毕业生的所学学科分类更合理和准确一些，因为，许多论文是跨学科的论文。

4.3.4　知识库的内容管理与维护

内容质量控制是知识库内容管理和维护的核心任务，主要包含新增内容的质量控制、内容更新与有效期管理更新、过期知识归档与报废和知识关系维护等工作。

1．新增内容的质量控制

新增内容的质量管理通常由知识库管理软件和审批机制解决。大部分知识库软件都配有相应的审批发布控制流程。企业需要做的是确定合适的质量控制人员，主要是企业内各个领域的专家能手,确保输入知识库内容的正确性和有效性。他们主要负责内容的审核,文档格式、分类等形式方面的审核,可以交由专职的知识库管理员去完成。这个流程应该简练,在一定的时间期限内完成,尽量为知识共享者创造方便,使他们的共享成果能尽快地发布。

上述可见,知识库内容的质量控制涉及企业知识质量控制人员、知识库管理员和知识发布者三个角色。

2. 内容更新与有效期管理

内容更新和有效期管理是一个容易被忽视的问题,知识存在时效性,放入知识库的内容并不是一劳永逸的,必须根据公司业务、产品和市场环境的变化进行及时更新和归档报废。否则,知识库内存放的过时失效信息不仅影响系统运行效率,甚至会给企业带来不必要的损失,比如新的销售人员就很有可能使用知识库中过期的销售政策给客户编制合同。内容更新是一个比较烦琐的工作,有些知识库管理软件提供了版本控制功能,但是还没有一个软件能告诉我们什么时候什么内容该进行更新了,这个工作必须由人来进行。一方面要鼓励并要求内容的原作者在产生新的知识或者原有知识发生变更后,主动更新知识库内的内容;另一方面知识库管理员也要随时关注公司的业务产品变动,及时提醒原作者对其内容进行更新。

3. 过期知识归档与报废

过期的知识也要及时进行归档和报废处理,避免成为信息垃圾影响系统运行速度。一般情况下,可以在新增知识的时候,由审核者根据具体情况确定某些知识内容的有效期,到期后系统会自动发送过期提示给原作者、审核者和知识库管理员。根据当时情况,可以重新审订有效期,确认过期的应该归档后清理出知识库。这些工作没有任何捷径可言,而且必须及时处理,否则日积月累,本应该日常进行的整理工作积累到一定程度时,知识库就要变成垃圾库,这时再想处理就要花费超过日常工作数倍的时间和精力了。知识库管理员在这些工作中扮演着非常重要的角色。

4. 知识关系维护

除了质量控制,内容管理和维护的另一项重要工作是维护知识之间的关联关系,包括知识链接、知识树、知识地图、目录索引、分类结构等。所谓知识链接,就是采用类似超链接的方式,将互相关联的一些知识链接在一起,使原本各自独立的知识关联到一起,形成知识网络结构。使用者在使用这样一个充分链接的知识库检索或搜索知识的时候,可能某篇内容不是他所要的,但他却有可能在这篇文章的链接中发现自己需要的知识,避免了再次检索或搜索的麻烦。随着知识库规模的增大,手工维护知识库中相关知识之间的关系结构是困难的。一些高级知识库管理软件提供了智能化的知识关系维护工具。

4.4　隐性知识的存储

组织隐性知识的存储管理主要针对两个方面:一是对 know-who 类知识的管理,便于找到拥有特定隐性知识的人;二是为隐性知识提供充分的信息材料,便于人们理解、学习和使用。

4.4.1　组织隐性知识的种类、特征与存储方式

1. 组织隐性知识的分类

隐性知识的种类很多,按照其作用不同可分为技能方面的隐性知识和认知方面的隐性知识。技能方面的隐性知识主要包括那些难以编码和表达的技能、专长、经验、诀窍等。认识方面的隐性知识主要包括洞察力、感悟、灵感、直觉、价值观、心智模式、预见性、团队的默契、组织文化、个人信仰及文化习俗等。

在企业知识管理中,通常按隐性知识的载体,即员工个体、群体和组织企业层次拥有的隐性知识进行分析讨论。

(1)员工个体拥有的隐性知识。员工个体的隐性知识主要以经验、个人技能、直觉、灵感、洞察力等形式存在。员工个体拥有的隐性知识的主要特点是:高度个体化,不易言传和模仿。深植于员工个人的行动与经验之中,同时也深藏于员工个人价值观念与心智模式之中。这类隐性知识与个人经验、行为和工作内容紧密相关,是个人长期积累和创造的结果。有些技能类隐性知识具有很高的价值。

(2)群体(项目组、部门)拥有的隐性知识。群体的隐性知识则依附于群组,是某一群组区别于其他群组的人格化特征,如某一组织的价值体系、群体成员默契程度、成员协作能力、组织文化和组织氛围等。群体的隐性知识还可以被细分为项目组织中的隐性知识和部门层面的隐性知识。主要特点是它表现为群体所掌握的技能、研究过程,以及群体成员的默契、协作能力等。

(3)组织/企业层次拥有的隐性知识。个体拥有的隐性知识、团体拥有的隐性知识和企业层面拥有的隐性知识构成了企业隐性知识体系。企业层次拥有的隐性知识既不能脱离企业中个体或群体的隐性知识而独立存在,但又不是个体隐性知识或群体隐性知识的简单累加,而是在对员工个体、群体和从企业外部获取的各种知识有效转化、整合和长期实践的基础上形成的,它呈现出单个个体或群体所无法具有的知识特质。主要特点是它表现为只有组织层次才具有的企业文化、价值体系、惯例、共同愿景等,这些是难以清晰说明,却发挥着重要作用的知识。

表 4-2 总结了企业隐性知识的层次及分类结构。

表 4-2　企业隐性知识的层次及分类

分　类	个 体 层 面	群 体 层 面	企 业 层 面
技能类隐性知识	个人掌握的技能、技巧、手艺、诀窍、经验等	群体所掌握的技艺、操作过程等	企业层次技巧诀窍、最佳实践、经验与教训等
认知类隐性知识	个人的直觉、灵感、信念、价值观、感悟、洞察力、心智模式等	群体成员的默契协作能力等	惯例、价值体系、共同愿景等

企业内部与企业外部之间也存在着多种知识的交流,其中包含着大量的隐性知识交流与转化。由于内部知识有限,企业应广泛地与外部交流知识,高效地收集和获取各种所需要的外部知识,包括大量的隐性知识。

2．隐性知识的特征

（1）非系统性和非结构性。隐性知识通常是粗糙的、零碎的和不明确的，我们很难对个性化的隐性知识（如技能、诀窍等）进行系统编码。因此，隐性知识以一种非结构化的、未编码的形式存在于人的大脑或一定的组织形态中，尽管它客观存在，却难以系统地为大家所共享，它可以是个体对客观世界的感悟和判断，也可以是一种特有的文化。

（2）经验性和体验性。隐性知识一般存在于个人的头脑中，是个体在长期实践中积累的经验，一般很难通过正规的形式（例如学校教育、大众媒体等）进行传递。隐性知识的传递主要依靠观察、模仿和亲身体验。在传递过程中，往往需要对隐性知识进行显性描述，将其转化为别人能够理解的形式，同时，这一过程也是将零散、杂乱的隐性知识进一步系统化的过程。在日常生活中，隐性知识成为人们实现自己认为有价值目标的工具，目标越高，这种知识就越有用。

（3）内隐性和模糊性。隐性知识的内隐性是指隐性知识隐含于个体的意识之中，以个人的经验、印象、感悟、技能等形式存在。隐性知识是在下意识层面形成的知识，其形成过程和运用都不受主观意志控制。但是，隐性知识可以用比喻、象征等模糊的方式表达出来，最终实现显性化并能够被人们所利用。

（4）动态性和情境性。隐性知识是个人在特定的实践活动中形成的某种思想和行动倾向。隐性知识产生于认知者正在进行的认知活动中，总是与特定的情境相联系，依托特定情境而存在，其作用的发挥往往与某种特殊问题或任务情境的"再现"或"类比"有密切关系。

3．隐性知识的存储方式

隐性知识很难像显性知识一样直接存储其内容信息。隐性知识的存储有两种方式。一是将隐性知识显性化后再存储，然而，高层次隐性知识是很难显性化的。因此，就有了第二种方式，即将隐性知识社会化，通过交流，隐性知识转移给其他人或团队，隐性地存储在组织系统和技术系统中。这里把隐性知识的外化存储和社会化转移统称为隐性知识存储。

表 4-3 给出了组织隐性知识存储涉及的管理要素：组织隐性知识资源，隐性知识存储的两种方式，隐性知识管理的影响因素。组织不同层面的主体具有不同的隐性知识；组织隐性知识存储分为外化存储和社会化转移两种模式；同时企业的隐性知识管理活动受到企业资源、技术和组织环境因素的影响，合理的工具运用、精心设计的企业结构、良好的激励和方便的技术系统等可以有效促进组织隐性知识转移。

表 4-3　组织隐性知识存储涉及的管理要素

隐性知识管理	内　　　容
隐性知识资源	(1)个体拥有的隐性知识；(2)群体拥有的隐性知识；(3)企业层次的隐性知识。
隐性知识存储/转移模式	(1)外化—存储—内化—积累—应用；(2)社会化—积累—应用。
隐性知识管理的影响因素	(1)资源因素：财力、人力、物力等；(2)工具因素：管理工具、技术工具等；(3)组织因素：组织结构、激励、文化、领导、控制、评估等。

促进隐性知识外化和转移的工具包括管理工具和技术工具两大类。

管理工具是对人的管理，主要致力于营造有利于知识转移的工作和交流环境，通过工作安排、职位设计、沟通引导等,促进知识的转移。如果企业奉行隐性知识转移模式,那么必须在管理工具方面投入较多的关注。目前企业中主要的隐性知识管理工具有实践社群、谈话管理、工作轮换等。

技术工具是指用于储存知识和方便知识交流的信息技术工具。根据所管理对象的结构化程度和参与知识活动个体间的协同性两个维度,可以把隐性知识管理技术工具分为如图 4-5 所示的四种类型:外化类工具、链接类工具、协作类工具和交流类工具。由于隐性知识存在于人脑中,所以在隐性知识的转移中发挥作用的主要是链接类和交流类工具。链接类工具主要是使知识需求者能快速地找到适当的专家,在知识需求者和知识拥有者之间建立链接。企业知识成长是动态的,任何知识编码的企图都缓不济急,而且隐性知识在当前往往无法编码。因此与其试图将企业员工的隐性知识编码记录下来,不如努力识别出最重要的知识资源,并且以知识地图、索引等形式来表现它。

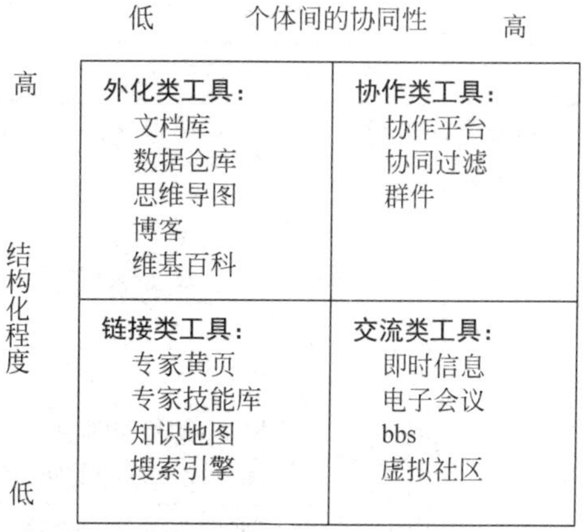

图 4-5　隐性知识管理技术工具分类方法

表 4-4 总结了隐性知识存储、转移工具的分类情况。

表 4-4　隐性知识存储、转移工具分类

管 理 工 具	技 术 工 具
实践社群	外化类工具:文档库、数据仓库、知识地图、博客、维基
谈话管理	链接类工具:专家黄页、专家技能库、知识地图、搜索引擎
工作轮换	协作类工具:协作平台、协同过滤、内部网络、群件
经验管理	交流类工具:BBS、即时信息、电子会议、E-mail、QQ

4.4.2　组织隐性知识转移的管理工具

1. 实践社群

实践社群就是一群专注共同话题,并有热情参与交流的人组成的非正式组织。实践社群的规模可大可小、存在时间可长可短、成员可集中可分散、可属于不同的组织机构……尽管实践社群有不同的组织形式,但它们却有相同的基本结构。一个实践社群是三种基本元素的独特组合:共同关注的知识领域,共同参与式的社团结构,共同开发出来的共享资源。

实践社群在企业的知识创造、知识积累,尤其是隐性知识转移方面执行着一系列重要功能。第一,实践社群提供了一种促进知识交流和解释的情境。实践社群是伴随着对知识的需求而产生的,而不是面向具体产品的需求或某个正式部门的需要而产生的,从而弥补了正式组织结构的缺陷,使知识工作者能够跨越传统的部门边界,实现知识的整合。第二,实践社群在隐性知识共享方面有着独特的优势,共同关注的知识领域,能够创造出某种程度的对实践社群的责任心和使命感;共同参与能够使社群成员同时对显性知识和隐性知识进行动态的讨论及交流;成员通过长期交流建立起来的共享的知识库对于相互交流及共同解决问题来说,是一种十分有效的资源。

埃蒂纳·温格(Etienne Wenger)经过经验研究,认为培育社群应该遵循以下七条原则,如表 4-5 所示。

表 4-5　培育社群应该遵循的原则

实践社区培育的原则	含　义
① 精心设计实践社群的演化历程	企业要引导社群的演化,而不是主导社群的发展,使社群保持其自然形成的非正式组织特征。
② 社群观点的开放讨论	在社群内部和外部的不同观点之间建立公开的对话,避免社区观点盲区。
③ 鼓励不同程度的参与	成员根据对社群的兴趣自由选择对社群活动不同程度的参与,而不是平等的参与。
④ 社群的公共空间与成员私人空间并存	同时营造公共活动和私人活动的空间,利用个人关系的力量来丰富公共活动,用公共活动加强个人联系。
⑤ 以价值为关注焦点	社群的成员都是自愿参加社群活动的,必须让社群成员自始至终明确社团的价值,社群才会有生命力。
⑥ 组合熟悉与兴奋的感觉	把熟悉的和令人兴奋的事件组合起来,使社群成员能够发展他们所需要的良好关系,同时产生能够让他们全心投入的兴奋感。
⑦ 把握社群活动的节奏	活跃的社群是有节奏的,但必须有适当的节奏。如果节奏太快,社群就会喘不过气,如果节奏太慢,社群就会无精打采。

2. 谈话管理

谈话就是两个人或多个人一起的思想交流。萧伯纳有句名言:"你有一个苹果,我有一个苹果,你和我交换以后每人只有一个苹果;你有一个思想,我有一个思想,我们交换之后各自有两个思想。"思想能激发创新。不同思想交换得好的谈话在任何组织中都是组织知识的摇篮。

谈话尤其适用于在小团体中共享隐性知识。通过谈话,有助于团队行为和见解的统一;谈话还可以使个人思想接受他人的检验,他人可以通过肢体语言、语言评论来做出反应。在企业中对谈话进行适当的管理可以极大地改善企业中的交流环境,促进隐性知识的转移,优秀的谈话管理应该遵循四项指导原则,如表 4-6 所示。

表 4-6　谈话管理应遵循的四项指导原则

谈话管理的原则	含　义
① 积极鼓励参与	需要有各种背景、各种年龄层次、各种技能的人参与;给出好的理由让他们开始交谈,并坚持下去。
② 建立谈话的礼节	推行使谈话成为愉悦和难忘经历的规则,如发言简明扼要,不得威胁其他参与者,避免以权压人,避免过早地下结论,帮助其他发言者勇于发言等等。
③ 恰当地组织安排谈话	正确选择话题,根据主题来确定相关的参与者,使参与者有着相同或相似的隐性知识基础,选择合适的表达方式和统一术语等。
④ 鼓励创新性的语言	为了交流和转移人们头脑中的隐性知识,产生新思想,可采用有活力的语言表达方式,而且并不总是"正确的"。

在基于谈话的隐性知识转移中,有三种重要的方法:隐喻法,结构化表达法和故事法。

野中郁次郎的研究指出,隐喻在隐性知识到显性知识的转化过程中有着重要作用。隐喻,也称为暗喻,是在此类事物的暗示之下感知、体验、想象、理解、谈论此类事物的心理行为,语言行为和文化行为。隐喻提供了一种对那些"只可意会不可言传"的思想的表达方法和领悟方法。在这种方法下,那些不同背景、不同经历的个体,可以通过想象和象征直观地理解事物。例如 Hiroo Watanabe 的"汽车进化理论"口号将很难联系到一起的两个概念结合起来——汽车和进化理论。前者是一种机器,而后者则是针对有机的生命体而言的。然而,正是这种差异提供了巨大的想象空间,为设计理想的轿车提供了一个广阔的舞台。

赫歇尔(Herschel,2001)等人以学生为对象的研究表明,结构化的知识表达方式能有效帮助学生记忆和理解。结构化的表达之所以能够促进隐性知识的转移,一个主要的原因是它在传播者和接受者之间建立了一种知识传播的协议(protocols),这种协议帮助了知识的编码和解码。一些看起来无法表达的知识,经过结构化的梳理,变得可以被他人理解,从而便利了隐性知识的转移。在这里,传播协议是一个非常关键的因素,知识转移效率和协议质量有直接的关系。它可以表现为几个要点、几个维度等。

讲故事是一种转移隐性知识的有效工具。故事通常受人欢迎,在组织中传播阻力很小,能够很快地在大范围内传播。自古以来,人类就通过讲故事传递经验和知识。通过故事,一些知识变得生动,更加有启发性。例如:通过讲故事的方式阐述企业文化,会更形象生动,也能使员工更容易记住,引起共鸣;通过讲故事,能更容易传递信息,使员工反省,并把在故事中获取的知识与自己已经知道的信息或知识进行融合;通过讲故事,能够使员工记住情景,与事件直接联系,比单独的语义记忆更加有效。有许多经验研究表明,讲故事的方式是一种有效的转移隐性知识的方式。除了讲故事,也可以创设相应的情景和活动,通过行为强化来加强企业价值观、信念等知识的渗透。

麻省理工学院的学者和一些社会学家开发了一种学习型历史文献的故事工具。它是一套记录企业重要事件的文本。每件事情都用两栏表示。其中一栏是由事件相关人士所描述的感情丰富、有说服力的故事。在另一栏中,学习型历史文献专家在记叙中确定重复出现的线索,提出问题,发掘出那些看起来"不可讨论的"问题。学习型历史文献可以作为故事在企业中流传,实现知识的广泛转移,也可以成为群体讨论的基础,使组织从过去的经验中学习。

3.工作轮换

工作轮换是指员工从一个工作岗位变换到企业内部同一层面的其他工作岗位的过程。员工岗位的变化伴随着知识的流动。与其他知识转移方式相比,工作轮换特别适合于隐性知识的转移,因为它是知识载体自身流动的结果。

工作轮换也有利于非正式群体产生的知识转移。在每个工作岗位,人们总会与一些同事建立良好的人际关系。当一位员工离开一个工作岗位到另一个工作岗位时,依赖这种人际关系,轮换者仍然可以在一定程度上了解先前团队的知识存量变化,并将这些新知识带到目前所在的团队。随着工作轮换的推进,这种人际关系就演变成一个复杂的社会网络,在这个社会网络中,人们相互直接或间接地转移企业内部的隐性知识。

4. 经验管理

在 18 世纪末到 20 世纪初的 100 多年里,经验管理就是企业管理的主要方式。在企业员工执行公司任务的过程中会形成自己的经验,这些经验背后蕴藏着丰富的隐性知识。对这些经验加以有效的管理,可以减少错误的发生,不断优化工作流程。大多数公司的经验管理更多地围绕团队知识进行,正如学习理论权威约翰·西利·布朗(John Seely Brown)和保罗·杜奎德(Paul Duguid)所论述的:"工作中的经验创造了知识,因为大多数工作是集体的、合作的活动,所以大多数沉积下来的知识是集体性质的,它们很少由个人掌握,而是由工作团队共享。"围绕着团队的知识转移,目前已有很多的管理方法被开发出来。事后回顾法和最佳经验复制法是最有影响力的两种方法。

事后回顾法(AAR)最早由美国陆军开发,后来在企业界得到应用推广。美国陆军在任何一次团队行动之后,都要进行事后回顾,以便在下一次战斗中能利用所学到的知识。每一个参与行动的人,无论军衔高低,都要参加这个事后回顾。其原则是:不表扬、揭示基本的事实、不批评、做记录、所见即所述。会议通常由小组的某位成员组织,有时是军官,但更多的时候是一般成员。事后回顾法可以标准化为三个关键问题:曾经设想将发生什么事情? 发生了什么事情? 产生差别的原因是什么? 一个事后回顾持续 15 分钟到 1 小时,这取决于所讨论的行动,但应该力求简短。英国石油公司则把事后回顾称为"事中学习",并把它与"事前学习""事后学习"共同组成一系列知识管理活动。

最佳经验复制法的一个例子是福特汽车公司的"最佳经验复制"。福特汽车公司的总装部门统辖 37 家工厂。每周,各工厂的核心人物都会收到 5～8 种适合汽车制造厂的最佳经验。核心人物都是每个工厂经理亲自任命的生产工程师,主要负责最佳经验活动,他们既负责收集其他工厂提供的最佳经验,又负责将来自其工厂的最佳经验输入其内部的经验系统中。企业内部交流报告往往是简洁而且标准的,通常包括该经验的来源方、简单描述、取得的效果以及联系人的姓名和电话,有时候还会有录像等。各分厂可以采用也可以不采用该经验,但需要对该经验做出评价,在表格中选择:已采用、调查中、以前用过、不适合或成本太高。一旦最佳经验被采用,核心人物需要对取得的效益做出评估。各分厂采用最佳经验的情况报告,将在总厂或副总裁级的会议上进一步总结。

4.4.3　隐性知识外化和转移的技术工具

隐性知识转移主要涉及组织软环境的营造,侧重于组织管理方法的运用。但知识管理技术也并不是毫无作为,适当地运用知识管理技术可以促进隐性知识转移。互联网技术、移动通信技术、语义网络技术和云计算技术是隐性知识存储和管理的基础技术。基于这些基础技术和隐性知识的特点,科技人员开发了一系列的隐性知识管理技术工具。根据图 4-6,隐性知识的存储与转移工具可大致分为 4 类:外化类,如思维导图、博客、维基百科等;链接类,专家黄页、知识地图等;协作类,如协作系统、办公自动化系统等;交流类,如

QQ、Facebook(Meta)、Twitter 等社会性软件以及远程会议系统等。

下面简要讨论几个代表性工具在隐性知识存储和转移中的功能与作用。

1. 思维导图工具

思维导图类工具一大特色就是让思考看得见。思考的最大敌人是复杂,最大障碍是混乱,运用思维导图作为隐性知识管理工具可以使所思所想流程化、图形化、图谱化、清晰化。市场上有很多概念地图和思维导图的工具和软件,如 Inspiration、Mind Manager、Brain、Activity Map、Smart Ideas 等,此类工具有的功能和大脑思维的结构很相似,思维像不断生长的树根,由一个中心概念向四周扩散,那些向四周扩散的思维又会引出更多的分权直到无穷,在这一过程中,隐性知识通过图的形式转化为显性知识,从而更容易传递、分享和交流。

2. 网络博客

网络博客,简称博客,是指网络日志,是网上的一种日记体形式。其使用极为简单,使用者只需在博客平台建立个人博客账号,而后按日期、按类别记录和检索自己的心得、灵感、创意、思想、心情等。相同专业领域共同主题的博客之间,可以相互引用或相互评论,从而构成一个博客群组。不仅如此,利用新闻聚合工具软件(类似 Outlook 的功能),可以从预先设定的博客站点自动搜集新的内容并集成在一个界面中提供给读者进行阅读。

Blog 对于隐性知识管理的重要性在于它作为一类社会性软件,使知识工人能与自己所关注的领域、专家保持同步联系、协作交流。基于 Internet 的 Blog 所创造的这种环境,本质上是一个个更广阔、边界也更为模糊的实践社区。

Blog 与企业知识管理的融合就是 K-log,目前已经有很多公司发布了此类工具软件。例如,Userland 公司开发的 Manila 能够帮助企业建立内部的 Blog 社区,从而鼓励员工记录自己的所思所想,并形成相互交流、讨论的氛围。

无论从个人知识管理层面,还是组织层面,类似于 Blog 的社会性软件的应用会给隐性知识管理带来诸多便利,知识工作者及组织管理者都应该根据组织的知识管理战略推行这些系统的应用。

3. Wiki

Wiki.org 将 Wiki 定义为"可以运行的最简单的在线数据库"。Wiki 是一种多人协作的写作工具。Wiki 站点可以由多人(甚至任何访问者)维护,每个人都可以发表自己的意见,或者对共同的主题进行扩展或者探讨。Wiki 系统支持面向社群的协作式写作,Wiki 的写作者自然构成了一个社群,在这个社群内共享某领域的知识。

Wiki 作为一种社会软件可以为社群或组织提供一个知识共创共享的平台。Wiki 不同于 Blog 浓厚的个人色彩,它更强调的是匿名与合作精神。Wiki 的基本管理单位是页面,每个页面可以代表一个知识片段、一系列知识总结。知识的发布就是一个页面的创建,每个页面的创建都可以看作一个知识从隐性到显性的外化过程,每个页面的修改和链接的添加都可以看作显性知识的组合和深入表达过程,Wiki 通过人工将信息整理、分类,形成一种网状的链接,各个词条之间的关联性十分智能,是搜索引擎无法完成的。而 Wiki 的自组织形式也促进了显性知识的进一步内化。Wiki 的社会化特性使得人人都可以参与知识的收集、编辑与修改,Wiki 的灵活性又允许参与者按照各种格式来组织知识。

由于 Wiki 的公共参与性特征,参与者通过充分的交流,就共同关心的主题作内涵式和外延式的扩展和深入探讨,实现"头脑风暴"式的社群成员之间的知识共享与知识创新。群体中的任何一个个体都可以通过对 Wiki 知识库的学习将自己已有的隐性知识外化,群体成员对其进行讨论修改,达成一致意见形成系统的新知识后再汇入 Wiki 知识库,以便新一轮的共享与创新,如图 4-6 所示。

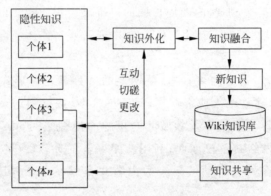

图 4-6　Wiki 平台上的隐性知识外化与转移

(来源:焦玉英,袁静)

4．协作工具

群件、远程会议系统、网络社群等都是重要的协作工具。移动计算的功能使得它们不但能支持公司员工之间的信息交流和工作进程协调,而且还能支持成员间的问题设计和知识共享,从而使工作组成员可以真正高效地协同工作。由于群件技术在通信、协作等方面功效显著,因此成为公司知识管理的基础技术和有效工具。

办公自动化(office automation,OA)是一种线上协同办公工具。它可以使企业内部人员方便快捷地共享信息,高效率地协同工作。信息技术的发展与应用,使过去烦琐、低效的手工办公方式有了根本性改变,OA 系统能够迅速实现信息采集和信息处理,为企业的管理和决策提供知识支持。OA 是一个将知识管理与工作情境完美融合的协同办公环境与工具。利用它既能方便地实现隐性知识共享与转移,也能方便地进行显性知识的管理。

5．人工智能技术

人工智能技术是隐性知识理解和挖掘的核心技术。所谓人工智能就是研究人类智能活动的规律,构建智能人工系统,让计算机去完成以往需要人的智力才能完成的工作,研究如何应用计算机的软硬件来模拟人类某些智能行为的一门新的科学。人工智能技术的运用,可以使计算机逐步具有人脑或类似于人脑的某些智能,并解决人脑难以解决的复杂问题。人工智能技术被大量运用于知识管理的理论和实践中,专家系统、语义网络技术、神经网络技术、智能代理技术等将在隐性知识理解和应用方面发挥重要作用。

4.4.4　隐性知识库的整理

组织存储知识时,应该先清楚了解这种知识是否适合利用结构化的工具进行存储。虽然将员工隐性知识外化后存储有利于全公司员工共享,使其价值提升,但如果强行将难以显性化的知识一味地存储在数据库、表单、规则、程序和蓝图中,反而由于这份知识表达不够清楚、丰富度不够,让用户产生不信任、看不懂、误解以及无法吸收等问题,浪费了公司的资源。因此,组织应在存储前,先判断哪些知识需要存储在结构化的知识库中,哪些知识只要支持其对话讨论,而不需要显性地存储。

知识库以知识的呈现方式可以分为显性知识库与隐性知识库。隐性知识库,如电子论坛,即对某一领域有兴趣的实践社群通过 Internet 或群件对动态、特殊背景的隐性知识进行互动、讨论,彼此共享知识。其存储整理的方法主要有以下两种。

1. 整理与清洗

对于群组在公共论坛上的问答、补充和注解等随时涌现出的知识,应有专人负责将同一主题或作者的意见以出现的先后顺序为线索整合起来,并设置各种主题、作者或日期的检索方式,让使用者可以方便地针对某一主题(例如,知识库的设计)快速地找到所有相关意见。

由于在论坛自由交谈是没有结构的,没有人可以强制和限制对话的主题,因此,许多不相关的主题会同时出现在对话中。因此,必须有专人进行整理,对内容进行精简、摘要、编辑、提炼并删除没有价值的内容等。

2. 与现行知识库的整合

主要包括以下两个重点。

(1) 隐性连接显性:在讨论中,电子论坛可以方便地采集显性知识库内相关的产品、技术、文件及蓝图等知识,辅助互动讨论。

(2) 显性连接隐性:显性知识库应连接相关的、经过加工、提炼和整理后的电子论坛的内容,将其当成一个重要的辅助知识。例如,关于某一品牌知识库管理系统的产品,在其电子论坛上许多使用过的成员交换了许多意见,这些内容就应该纳入或连接到显性知识库的知识库管理系统中。

4.5　知识的访问策略

知识管理的目的就是让知识需求者在适当的时候以适当的方式获得适当的知识。知识库中知识繁多,知识搜索工具是知识访问的必备工具。知识库系统通过获取用户特征,可以得出用户的知识需求倾向,从而为用户推送知识。

4.5.1　知识的搜索

用户对于所需要的知识如何通过搜索机制进行查找? 如何找到适量且相关的文件?

对于存储在 Internet 或知识库内成千上万的文件,用户搜索文件的方法主要有两种:面向文件的搜索和面向内容的搜索。

1. 面向文件的搜索

该类搜索主要利用关键词和全文检索的方式,对比用户输入的关键词与知识库内的关键词(或全文),看是否符合。面向文件的检索可分为以下两种类型。

(1) 传统简单型

在传统简单的关键词检索中,会列出所有出现关键词的文件,但一般都会造成信息超载现象,即查找出数量多且不太相关的文件,效果不好。

(2) 相似度的区别

许多搜索引擎都可以依据用户所输入的词汇集(不止一个)对知识库内的文件进行全文检索,找出与该词汇集相关的所有文件,同时按照词汇集出现的频率高低、相关词汇距离的远近和位置的重要程度对搜索到的文件进行排序,并可以根据其符合的状况(例如所有词汇都同时出现且频率与权重都非常高)提供相似度等信息,让用户优先找到最相关的文件,不需要从头到尾逐一浏览。

2. 面向内容的搜索

基于关键词的文件搜索,无法分辨出不同词汇间自然存在的重要相关性,即词汇的语义(semantics)结构,如图 4-7 所示。

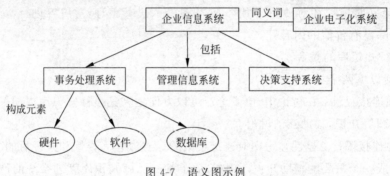

图 4-7　语义图示例

如果用户以"企业信息系统"作为关键词进行搜索,那么知识库内有许多深入描述企业的事务处理系统、管理信息系统、决策支持系统或许多描述企业信息化的文章,会由于关键词不符合而找不到这些相当重要的文件。为了防止上述的缺失,于是就有了面向内容的搜索技术,其主要的理论基础是知识本体(ontology)和语义网络,因此,也称为基于语义的内容检索。

4.5.2　知识的推拉策略

从知识库中获取知识有知识推(push)和知识拉(pull)两种方式。知识推式策略是指由组织主动地将其认为相关的知识推送给相关的员工;知识拉式策略是指组织建立知识库,由员工按照自己的需求主动获取(拉)其所需的知识。

学者 Steward(1997)在比较两种策略时,认为组织不要把信息或知识硬塞给员工,把一些与员工工作无关的或员工不感兴趣的信息塞给员工,会造成信息过载,而引起员工对知识的忽视和反感。Steward 认为应该推行拉式策略,即员工有需要时,由其主动采集相关的知识。HP 等许多公司采用拉式策略,他们认为,员工采用拉式策略的效果比使用推式策略更好,而且动机性更强,满意度也高。

在实践中,常采用"推、拉相结合,以拉为主,以推为辅"的策略。一方面,员工可以主动访问组织知识库,获取自己所需要的知识;另一方面,根据员工的注册信息和访问知识库的历史行为信息挖掘员工的知识兴趣,当知识库更新或添加了与用户兴趣相关的新知识时,系统会推送一些知识库更新信息给用户,让用户知道知识库中尤其感兴趣的内容。

推式策略在知识订阅系统中也是非常有用的。当用户在现有知识库中没有找到自己所需要的知识时,可以向知识库预订他所需要的知识,当知识库添加了用户预定的知识时,知识库会在第一时间将该知识推送给订阅者。

📋 本章小结

1. 知识的存储是指组织将有价值的知识经过选择、过滤、加工和提炼后,存储在适当的媒介内,并随时更新和维护其内容和结构,以利于需求者更加便利、快捷地访问,获得有效的知识。

2. 组织知识存储主要有三大媒介:员工个人、团队和组织系统。

3. 在职员工个人知识存储的方法有:利用知识黄页或知识地图定义出具有重要知识的员工;鼓励并支持员工对重要知识进行记录、存储与共享;保留具有核心知识资源的员工,防止其流失;通过师徒制的建立存储重要的知识。存储离职员工知识的主要方法是:对离职员工知识的外化和建立离职员工的人际网络。

4. 群组团队的知识存储方法是:团队开会记录、团队项目总结和群组互动的讨论版。

5. 组织系统的知识存储方法是:使用自动化软件;善用文档管理系统,形成无纸化管理;维护高质量的知识库管理系统;建立实践社群。

6. 组织在对知识进行存储前,要对知识加以评估,过滤掉那些价值不大、存储成本高的内容。

7. 为了确保知识的质量,选择了的知识在存储之前必须经过多个方面的加工与提炼,以提升知识的正确性、知识的价值和知识的方便性。

8. 组织知识管理中核心的一个工具就是知识库。组织利用这个工具存储、传递和共享重要知识,让有需求的用户快速获得存储的知识,实现有用知识可以重复利用的目的。知识库中的知识是经过选择、加工提炼后的知识。知识库本身具有生命周期,建立后将会随时间而成长,达到某个程度后,则会因为知识库的存量过于沉重和内容过时而不适用。因此,知识库的维护与更新是知识管理的重要任务。

9. 按隐性知识的载体,企业隐性知识包括员工个体、群体和组织层面拥有的隐性知识。

隐性知识具有非结构化、个体性、内隐性和动态性等特点。隐性知识的存储有两种方式,一是将隐性知识显性化后再存储,二是建立有利于隐性知识转移的技术系统和组织系统。隐性知识转移的管理工具包括实践社群、谈话管理、工作轮换和经验管理。隐性知识管理的技术工具有思维导图工具、博客、维基百科、协作工具和人工智能技术等。

即练即测

10. 最常用的知识的访问策略有知识搜索和推拉策略。面向文件的知识搜索(关键词检索和全文检索)是目前主要的知识搜索方式;面向内容的搜索(基于语义的搜索)查全率更高,但是,实现上要困难一些。知识的推策略和拉策略各有优缺点,在使用时要针对具体应用将两者结合起来。

📝 思考题

1. 试述组织知识存储的主要步骤。

2. 试述组织知识存储的主要原因与问题。

3. 试述组织知识存储的主要分类结构。

4. 什么是知识地图?知识地图的作用是什么?

5. 员工个人知识存储的主要方式有哪些?

6. 群组团队知识存储的主要方式有哪些?

7. 知识加工和提炼有哪些主要活动?

8. 分析知识自动分类的两种主要技术是什么?有什么区别?

9. 比较知识推式策略和拉式策略的优缺点。

10. 隐性知识管理的工具有哪些?各有什么特点?

11. 讨论:如何防止因为员工离职而造成的知识流失?

☕ 案例　华为十年维护专家的"秘籍"

案例分析

第 **5** 章

组织知识共享与转移

🎯 本章学习目标

通过本章学习,学员应该能够:

1. 理解和熟悉知识共享的概念、目的与障碍;

2. 熟悉组织知识共享的方式;

3. 理解组织知识共享的驱动力;

4. 理解组织的最佳实践转移模式。

引例:2013 年,华为北非地区的负责人邹志磊认为一线项目经验的互相分享做得非常不够。比如,中国区有很多好的做法,没有传递到海外,有些知识甚至还在运营商那里。他在北非需要这样的经验,但是没有合法的渠道可以拿到。另外,埃塞俄比亚这么难以开拓的市场,最后华为到底是怎样成功的,有什么经验和教训,这也是值得其他项目学习借鉴的。为此,华为派人去北非,把埃塞俄比亚的经验完完整整做了知识收割,做总结、拍视频,把项目的背景、如何做的、哪些值得学习的都梳理清晰,这种形式大家非常欢迎。真正以用为主的知识管理思路、方法在一线非常受欢迎。

知识共享(knowledge share)与知识转移(knowledge transfer)是组织知识管理议题中最重要,也是最困难的一个。从知识的价值层面看,组织知识必须通过共享才能使其效应扩大,通过转移才能更好地重用。从管理层面来看,知识不应该是静态的存量管理,更应该注重的是动态的流量管理。然而,由于知识就是力量,是个人或团队工作的核心资源,很难要求员工无私地贡献。这成为组织知识管理所面对的最大挑战。知识共享与转移(主要是最佳实践转移),两者的含义很相似,在许多议题与思考上经常被互用。但相比而言,前者属于没有特定对象的自由交流共享,后者属于有目的、有特定对象、较正式的由组织主导知识的转移。

5.1 组织知识共享概述

知识共享是指组织的员工或内外部团队在组织内部或跨组织之间,彼此通过各种渠道(例如讨论、网络会议和知识库)进行交换和讨论知识,其目的在于通过知识的交流扩大知识的利用价值并产生知识的效应。知识共享的本质就是知识重用,包含时间、空间和人群三个维度的重用。

5.1.1　组织知识共享的原因

组织知识共享的原因是组织价值创造的需要和知识价值特征使然。可以从知识的本质、组织的绩效、知识共享的杠杆效益和现代的组织结构特点 4 方面理解。

1. 知识的特征

(1) 知识的可复制性

物质和能量是守恒的,因此不可以被放大共享;而知识是可以复制的,通过多个副本同时发挥作用而实现其价值共享放大。例如,一个大饼 100 人共享,则每个人分得很少。但是知识如果由 100 个人共享的话,所产生的效用则是一个人独自享有的 100 倍。而且,知识也不会因多人共享而磨损或产生折旧,不会降低其原有的价值。

(2) 知识的"杂交"效应

不同知识的交流会碰撞出新的知识,异质性越高的知识越可能产生出新的知识。例如,信息技术加上脑神经医学的知识可以形成人工神经网络系统。

(3) 知识共享绩效的"指数"增长效应

Arthur Andersen 咨询公司提出了一个在知识管理领域中非常普遍流行的"公式":

$$K = (I + P)^s$$

其中,K = knowledge, I = information, $+$ = technology, P = people, S = share

上式的主要意义为,组织知识存量的多少取决于以下因素。

- people:组织内部员工本身拥有技能和知识的程度。
- information:整个组织内存储的信息和知识的丰富程度。
- technology:组织内支持知识创造、存储、传递的信息技术结构品质的优良程度。
- share:员工之间的信息与知识有否利用信息技术达到共享的极大化程度。

要指出的是,上式只是知识管理要素的一种形象的表示方式,目的是说明知识共享对组织知识绩效的贡献是非常大的,并不具备严格的数值意义。

以某石油公司的 64 个团队为例,一个团队发现一个提高生产力的最佳实践,如果不共享,其效果只有 1;但如果通过共享,效果就可以发挥到 64 倍,再加上共享了彼此互补的知识,而产生 1+1>2 效应,效应后再乘以 64 倍,通过这种不断的良性循环就会促成知识效应的"指数"增长效应。

2. 组织的绩效

(1) 知识不共享会造成重复开发的浪费。由于组织内时常对已经发生且已取得的知识和经验没有传递与共享,当另一个部门发生类似问题的时候,就可能浪费这些宝贵资源重复地开发相同的知识。

(2) 知识不共享会造成重蹈覆辙的损失成本。组织内如不共享经验教训,那么当另一个单位碰到相同难题时,很可能由于没有预先获知其他单位的经验教训而重蹈覆辙,产生不必要的损失。例如,福特汽车公司第一代的金牛(Taurus)汽车运作得非常成功,但由于没有保存、传递与共享这方面的数据,使得第二代的团队找不到第一代所累积的经验和教训,只有一切从头摸索,不仅浪费重复开发成本,更不幸的是无法获得之前的经验与教训而导致失败。

3．组织知识共享的杠杆效益

除了上述组织知识共享的原因和重要性外,普罗布斯特(Probst,2000)等学者指出组织的知识共享可以产生下列几个重要的杠杆效益,即利用最小的投入力量,产生最大的产出效果。

(1)加速时间的杠杆效益

组织可以利用强烈、冲击较大和风险高的企业流程再造(BPR)加速产品上市的时间,也可以利用比较温和但同样有效的知识管理加速员工之间、团队之间和部门之间的知识共享,并通过各部门的协调合作加速产品上市的时间。

(2)提升品质的杠杆效益

组织可以利用全面品质管理(TQM)达到"第一时间就做对"(first time right)的品质效益。然而,知识管理则可以通过教训学习的共享,有效地达到在"第二时间一定对"(second time right)的品质效益。

(3)顾客满意的杠杆效益

第一线员工通过知识共享可以快速获取全公司最好和最新的顾客,以及产品和问题解决的最佳实践,即全公司有效地实现知识共享。客服人员集合了全公司所有相关的最优秀员工为顾客一人服务,发挥了更高的杠杆效益。

(4)形象一致性的保护

例如,一流的咨询公司为了追求全球一致化和高品质服务,就必须做好知识传递与共享的工作。否则,各子公司没有最佳实践的共享,将使其品质相距太大,从而会破坏公司的形象。

4．现代组织结构特点

(1)组织的全球化。例如,惠尔丰(Verifone)公司就有 2000 个员工散布在 90 个国家,因此,到处都有最佳实践的提供者和需求者。这种知识共享的重要性就远远大于传统集中于一个公司厂房的区域型企业。

(2)网络型组织、专业分工团队的形成。由于未来的组织已不像单一组织从头到尾掌握产品的开发与销售,以及整个产品生命周期的工作与知识,而是每个组织只负责专业化的一小部分,因此产品的销售成败必须依靠负责每一个环节的组织成员快速地共享彼此的知识,才能产生共赢的结果。反之,如果各个部门都不共享或是共享得不够确实充分,那么整个组织的知识管理的运作都将失败。

5.1.2　组织知识共享的机理

组织知识共享通过组织各层次之间的知识转化而实现。野中郁次郎的 SECI 模型被认为是知识共享过程方面最具影响力的模型。

一个组织中,通过个体知识转化为组织知识再延伸到组织以外。而同时,组织通过学习,吸收外部知识,增加组织知识存量,再被个体所吸收,如图 5-1 所示。从图中可以清楚地看到,组织知识共享的过程是由两个知识转化的循环过程构成的。一个是组织内部知识转化的循环,完成了组织内部的 SECI 过程。另一个是组织内、外部之间知识转化的循环,完成了组织内、外部之间的 SECI 过程。而在这两个过程中,无论是对于组织还是对于个体而言,都会有知识增量,知识共享产生知识创新。

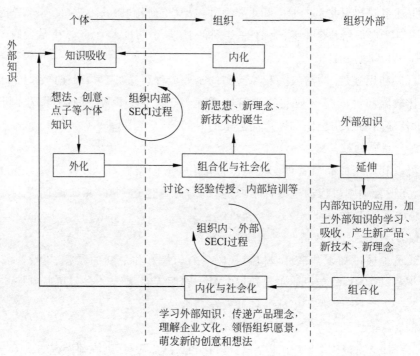

图 5-1　组织知识共享的机理

5.1.3　组织知识共享的主要障碍

由上述可看出知识共享对组织的效益很大,然而,为什么目前一般组织的知识共享效果不明显呢? 根据统计,企业一般的知识都只掌握在少数几个人手里,共享的状况极不普遍,且有大于 50% 的知识资产(例如专利)因为没有充分共享而被荒废,没有产生应有的价值。知识共享的主要障碍存在于知识本身的复杂性、人方面的障碍和组织方面的障碍三个方面。

1. 知识本身的复杂性

知识本身的复杂性是造成知识共享困难的一个重要原因,主要体现在以下几点。

① 知识的情景性,它是活的和丰富的,它紧紧地依附于事物的前因后果(背景),前因后果赋予它意义,没有前因后果它只能是信息。

② 知识的动态,它不断地发展和变化着,它甚至也会死亡,变得无关紧要,而最终被抛弃。

③ 知识的多维性,它包含巨大数量的内容、前因后果和经验。

④ 隐性知识共享的困难性。隐性知识的共享通常需要"干中学"。例如,一般而言,人类只有 20% 的知识属于显性知识,而 80% 的知识是难以道明的隐性知识。

2．人方面的障碍

知识共享受到人的认知、能力和心理因素等方面的限制。

（1）员工的认知与能力的限制

员工对知识的认知和能力是影响组织知识共享的一个原因，主要体现在以下几点。

① 员工不知道自身具有组织需要的重要知识。不知道当然不会想去共享，这称为被隐藏的知识。

② 员工不知道组织内已存在自己所需要的知识。如果员工没有事先搜寻或是无法寻找组织中已有的相关知识，当然就无法达到共享的效果，这种是盲目的问题。

③ 与员工的表达能力有关。许多知识无法用言语描述，即员工知道的比能用言语表达的更多。

④ 言过其实。这种情况下会产生夸大、失真、随意猜测的偏差知识，反而形成负面效果。

⑤ 对于他人所传授的语意无法意会。这是接受者吸收能力的问题，或者陈述者失真模糊的问题，甚至可能是知识本身隐性的问题，这样也达不到共享的效果。

⑥ 单一僵化的眼界。永远以自己最熟悉、最专长的知识解释任何问题，即工具箱里只有一把铁锤，而把世上所有的事物都看成铁钉，这种偏差会形成排斥新的、不兼容的知识，而只是利用原有的知识。

（2）员工的心理因素

奥戴尔和格雷森（O'Dell & Grayson Jr.，1998）认为，即使员工知道存在某些有价值的知识，但会因为下列的态度和看法而不愿共享。

① 自我中心过重，永远以自我思考为重点，凡事都是"我认为……"很难也没兴趣听取别人的意见。

② 过于骄傲。例如，20 世纪 70 年代，德国汽车制造工程师根本不屑了解日本汽车的制造技术，以致后来遭受到很大的冲击。

③ 不信任。是指彼此之间缺乏既存的人际关系，员工间由于彼此不认识、没有互动经验，因此不信任或不尊敬，因而不愿意也不敢共享彼此的知识。例如，对于许多道听途说的知识，人们不敢相信和利用。

④ 自我价值的保护。传统组织的员工认为知识是权力的来源，谁拥有知识，谁就拥有专家权力，就可以获得资源、影响别人，所以不愿意因为共享知识而丧失权力。

⑤ 工作安全感。在传统的组织中，员工认为如果掌握了知识就可以提升对公司的贡献，尤其当组织推行 BPR 裁员时，具有特殊专业知识者就不容易被裁员。基于这些工作安全感上的考虑，无形中加大了知识共享的障碍。

3．组织方面的障碍

知识共享需要合适的组织系统和组织文化支持，不合适的组织系统和组织文化就会成为知识共享的障碍。

（1）组织系统障碍

组织系统障碍是指存在于组织结构、制度、管理实践以及评价系统中的障碍因素。如果组织中只是告知人们要彼此共享知识,而不是在系统上给与支持和鼓励,那么组织内部的知识共享就一定不会成功。

① 薪酬制度。在传统的组织中,只要员工具有完备的知识并且工作绩效良好,那么组织所给予的奖金或升迁的幅度也较高,但对于员工是否乐意共享其知识并不列入考虑之中。由于奖赏考核会直接影响员工的行为表现,因此,员工便不愿意共享其知识。

② 没有充分的资源。知识管理需要资源的投入,而许多组织恰好缺少充分的时间、金钱、计算机网络系统以及其他管理资源来促进知识共享。

③ 没有共同语言。员工之间彼此共享知识的一个重要基础就是要有共同语言,彼此相互理解。而有些公司的员工彼此不了解对方所做的工作,不同的部门有不同的工作描述方式及分类和记录的标准。这种不同的语言阻碍了部门之间的沟通,即使他们愿意分享知识,但是各说各话,难以达到知识共享的目的。

④ 忽视对隐性知识的共享。这种组织并不反对分享知识,然而组织只重视对显性知识的传播,忽视对隐性知识的共享。组织通过建立完善的数据库,运用相应的计算机平台,使员工能够进入并获取那些已记录在案的知识,而对于那些体现在员工头脑中的知识、经验,由于难以记录,往往会被忽视。隐性知识(包括人的经验、判断、知觉)转移的成功同样对组织起着非常关键的作用。

⑤ 只注重表面的技术,而没有追求知识共享的实质。企业只是在平时的工作流程基础上,运用信息技术,如在线聊天室等,对技术本身寄予厚望。实际上,技术只是"使能器",关键在于观念和业务流程的根本改变,在旧的工作基础上运用信息技术未必能产生新的工作结果。

认识到阻碍组织内部知识共享的因素,企业知识管理的首要任务就是要试图改变、消除这些障碍。

(2) 组织文化障碍

奥戴尔和格雷森(1998)将阻碍知识共享的组织分为以下四大类。

① "聚敛"型组织

大公司往往有囤积资源或人才的倾向,这种倾向表现在组织内部,就是指组织中的个人或部门或业务单位为了追求自己绩效的最大化,把自己所拥有的信息和知识收藏起来,防止其他人拥有。在这种斗争、对立和竞争的企业文化下,当然不可能有员工愿意共享自己的知识,尤其是对于价值较高且难能可贵的隐性知识。

② 崇尚创新型组织

在许多大企业,特别是咨询公司和以研究为主的企业,往往过分提倡创造独一无二的产品或服务。这些企业中的员工崇尚发明,而不看重对现有技术的改进。这种企业文化容易造成过分强调自主创新,认为吸收和借用别人的思想是一种不好的行为,会贬低自己的创新能力,因此,凡是不属于自己的发明(not invented here,NIH)就不去用。

实际上,组织应该只关心知识是否能提升组织价值,而不需了解其出自何处,而且不应该浪费巨资发展外部已经存在的知识。例如,通用电器(GE)公司在 1996 年从摩托罗拉公司学到了 6 个标准差(six sigma)的知识,经过消化利用后,1999 年利用这个转移来的品质提升战略,帮助 GE 公司产生了 20 亿美元的利润。

③ 买书型组织

买书型组织的组织文化具有两个特点。第一,不清楚隐性知识的存在或价值。认为购买显性的专利文件、书籍和蓝图是唯一可以获取新知识的来源,于是只依赖显性知识,而忽视了隐性知识。第二,只重视外在的知识管理设备。只注重利用最佳的信息技术、数据库和知识库存储与共享等显性于书面的知识,而不注重员工间隐性知识的交流。但实际上,许多重要核心知识都是隐性的知识,这是组织推动知识共享必须注意的。

④ 随意附加型组织

随意附加型组织认为,只要员工在日常工作上附加一些知识共享的工具,例如在线聊天室,知识共享效果自然就会出现。但实际上,知识管理不是在旧有的流程与工作上随意附加一些工具就可以成功的,仍需思考组织文化、信息技术、员工认知态度与知识管理的流程设计等,这样整体规划才能成功。

5.2　组织知识共享的方式

人们通常把知识共享的方式分为正式和非正式两类。

5.2.1　正式方式

1. 正式的网络

正式的网络(formal network)是组织通过管理系统由上而下传递、指示,或由下而上汇总、呈送与工作、任务相关的正式信息和知识。例如,一般由组织主导的教育训练课程,或主管将战略规划的观念用正式会议的方式或渠道传达给下层,或第一线员工将市场与消费者的意见与信息用撰写报告的方式上传给主管。这是一般组织知识共享最普遍例行的渠道。这种方式适合于显性知识的共享。

2. 师徒制传承的传递和共享

师徒制传承是指资深的员工(师父)以资历较浅的员工(徒弟)个人整体的智能与技能发展为焦点,而不是以某一特定的知识为目标,密切地通过日常工作的讲解、示范进行教育和训练。例如,日本钢铁公司正式鼓励这种制度与团结关系。B. A. H 顾问公司也将辅导资历较浅的员工的绩效列入考核目标,这是最有效的知识共享渠道。由此可见,对于某些复杂、细致和隐性的知识无法经过外化成为系统共享,但通过密切的师徒制传承却可以成功地共享。

3. 知识库的建立

是指组织通过知识外化的过程,将有价值的文件、蓝图、案例、经验和教训等知识通过分类整理后存储在某一特定点上,利于员工获取及利用。

4. 知识展览会与知识论坛

知识展览会和知识论坛是指由组织主导,在特定的时间与场所,对于领域的重要知识召集相关知识团队和与之相关的需求单位共同聚在一起,自由交流共享知识,这是较为结构化的知识交流场合。例如,致远顾问公司举办知识展览会,由 30 个民间顾问、研发单位共同参与,各自推销自己的专长与知识(信息),知识供给团队和需求团队自由地互动交流。这种知识共享渠道的特点是通过知识展览会与知识论坛的方式,没有任何正式组织和固定流程,可以随心所欲聊天,享有充分自由的谈话时间。但这种知识共享渠道也有缺点,例如,某一大型科技公司聚集了 300 位资深经理,举办一场为期 3 天的具有规模的知识交流会议和报告讨论,日程安排非常紧凑,结果使得参与人员疲于赶场听讲(被动式学习),缺乏时间自由互动、认识与聊天,因此造成知识无法共享。

5.2.2 非正式方式

相对于人们在正式学习环境(教室、学校、有组织的培训与 E-Learning 计划、脱产培训)中学习显性知识,人们往往在非正式学习环境中观察别人的做法、向别人请教、试错法,或与行家在一起工作,从而学得隐性知识。

CapitalWorks 调查了数百位知识工人,他们获得知识的各种途径所占的比重如图 5-2 所示。

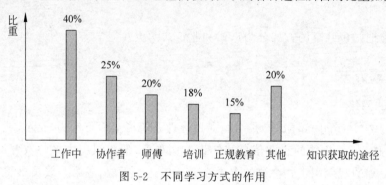

图 5-2   不同学习方式的作用

非正式学习不容小视,人们在工作中习得的知识有 80% 来自非正式学习,而人在其一生中习得的知识也有 80% 甚至更大的比重来自非正式学习。不仅如此,组织的非正式学习与隐性知识管理有着密切的关联。首先,隐性知识不能用文字完整表达,通过示范、行为、适当的场景、共同的实践最有利于隐性知识传播、发展;其次,在非正式学习环境中,人们在工作或消遣的同时有意或无意地共同完成体验与认知过程,这与隐性知识所要求的传播、发展环境相合。因此,非正式学习环境是知识创新、隐性知识验证、传播与管理的天然土壤。

1. 常用的非正式知识共享方式

非正式知识共享包括非正式网络、实践社群和非正式场所等方式。

非正式网络是指员工之间通过私下关系,例如,利用沟通网络、咨询网络和信任网络,通过非正式的职权关系进行自由、非正式的沟通讨论并共享知识。

知识网络(或称实践社群)是指组织内由那些兴趣、专长相同的员工所自行组成的以知识共享为目的的实践社群(practice community)。成员们经常自动地通过 Internet 讨论共享某一特定领域的专长知识。例如,针对电子化、知识管理、TQM 和 BPR 等主题组成讨论社群。

非正式场所即一般所指的茶水间与谈话室文化,是指员工通过在非正式场所(例如茶水间、谈话室、午餐餐厅、员工休息室、自助贩卖机前及走道等)不期而遇的对话,产生知识交流和共享的一种方式。学者达文波特和普鲁萨克(1998)认为,自由闲谈是员工发掘自己所知,进而与同事共享、创造组织新知识的主要过程,这种头脑风暴比员工孜孜不倦地坐在固定的位置上辛勤地工作更有意义和效果。当企业面临难题时,员工会很自然地聚在一起讨论问题、共享解决方案,这是非常重要的知识来源。例如,许多公司设有谈话室、茶水间,鼓励员工在上班时间与同事不限任何议题地随机沟通,这种方式所产生出来的创意很多是在讨论中无法达到的。虽然茶水间的自由闲谈能激荡出新知识,但也有缺点:一是不一定可以找到急需的知识;二是重要的知识难以有效地传给最需要的人。

此外,能否成立非正式场所要视企业文化对于什么是实质有效工作的认定。例如,IBM公司 CEO 约翰·阿克尔斯(J. Akers)在进行 BPR 时,就要求员工不要在茶水间闲逛,回去努力工作,不要逃避工作,这种 CEO 的理念当然会阻碍知识流动。

2. 营造组织中非正式的知识共享环境

组织通常将大部分的精力与资金花在为员工营造正式的学习环境,无论是通过教室里的面授、脱产的培训还是 E-Learning 的形式,公司按照其战略与业务,衡量员工的职业胜任力,将组织好的课程与培训计划付诸实施。

而对隐性知识管理,公司需要对这种常规的做法进行反思,需要更多关注组织中非正式学习环境。如何促进、鼓励非正式学习环境,使之创造出期望中的价值,有一些做法值得借鉴。

为了支持组织中的非正式的知识共享,组织需要提供必要的资源:

* 企业需要为员工们留出一定的时间;
* 需要提供员工聚集、休息以及闲聊的场所;
* 鼓励跨部门之间的聚会与交流;
* 在组织内外寻找各个业务领域的专家,公之于众,以便使员工们在遇到问题时知道去征询谁的意见,等等。

这些方法的使用能有效地促进组织内非正式学习的顺利开展。同时,组织也有必要帮助员工提升其学习技能——

* 帮助他们去了解人的认知过程;
* 帮助他们认识共享、协作、交流对于知识建构的重要性;
* 鼓励他们反思;
* 帮助他们分辨显性知识与隐性知识,等等。

这些方法对提升员工的学习技能大有裨益。另外,组织需要有意识地去创造支持非正式的知识共享的组织文化。如:

* 将学习能力写入职位描述中;
* 发表支持非正式的知识共享的声明;
* 为非正式的知识共享提供资金支持,等等。

实践社区是非正式学习环境的一种重要也是卓有成效的形式,已经被广泛实践、被总结成较系统的理论,也有丰富的案例供人们研究。

鼓励员工进行个人知识管理,员工的个人知识管理是组织非正式学习环境的有机组成部分。

IT 技术作为建构非正式学习环境的技术要素,为隐性知识管理提供了许多可资利用的工具,尽管知识管理的规划与 IT 技术无关,但是不容置疑的是 IT 技术所构成的便捷的交流环境为知识(隐性知识)管理提供了诸多便利。

缩小知行差距是隐性知识管理成败的试金石,通过观察绩效提升、知行差距的变化可以辨别隐性知识管理的成效。

3. 实践社区——非正式知识共享的典型形式

作为一种较为流行的非正式知识共享组织形式——实践社区(communities of practice,CoP)能有效地管理组织的隐性知识,是组织中非正式学习的一种重要而卓有成效的形式。

《实践社团:学习型组织知识管理指南》一书较为系统、全面地介绍了实践社区,作者在对戴姆勒·克莱斯勒、麦肯锡、壳牌石油和世界银行等案例进行研究的基础上,提出了有效的管理知识,驱动公司战略的实际模型和方法;描述了实践社区的基本元素、七大原则、潜在缺陷;并且还说明了认识实践社区创造的价值及围绕社区制定知识战略的方法。

"实践社区是这样一群人,他们有着共同的关注点、同样的问题或者对同一个话题的热情,通过在不断发展的基础上互相影响,加深在这一领域的知识和专业技术"。在实践社区的结构模型中有三个组成要素:定义专业知识的领域,由人员构成的社区,成员间共同进行的实践活动。

实践社区与组织中的其他结构形式有别,其目的是创新、扩展、交流知识,发展成员的个人能力或兴趣;成员凭兴趣自愿加入或退出;实践社区的边界模糊;对社区和专业技术的热情、承诺、身份认同感是社区凝聚力的来源。

实践社区的管理要注意平衡下列几对要素。

① 干预还是放任自流?组织的管理者既要通过资金、时间等的资源培育、引导实践社区,又要保证实践社区的非正式性。然而,社区的非正式性会时常因其贡献、地位变化而受到威胁。组织的高层领导和社区的协调员在干预与放任自流之间必须保持微妙的平衡,而这种平衡经常会因为实践社区的自身演化而被打破,因而适时的、动态的调整是必需的。

② 社区的公共空间还是成员的私人空间?社区的协调员需要既保证社区公共空间的正常运作,又能顾及成员的私人空间。鼓励不同程度的参与,并允许参与程度的动态变化;鼓励一对一的交流;通过合理的日程安排以统一社区的活动等措施也有助于平衡这两个要素。

③ 价值导向还是兴趣导向?社区对于成员及组织的价值是社区能够持续繁荣的保证,而保持成员的兴趣、成员对社区的熟悉感与认同感是成员活动的源泉。如何将二者有机地统一起来,是社区在其发展过程中需要时刻关注的话题。

④ 保密还是泄密?实践社区不受公司从属关系的束缚,不排除会出现跨组织边界的、企业与企业之间、企业与研究机构之间的实践社区,作为一个正在发展中的创意,需要在社区中进一步锻造,但社区是否会成为创意流失的地点?这值得人们去关注,推迟编码或适度编码会有一定的作用;如使用简短的语言、缩略语、Powerpoint 等,使得只有了解公司的业务与战略的人才能完全理解文档的意思。

⑤ 内部观点与外部观点？实践社区在某个领域内的专属感有可能导致"学霸"情绪。如何平衡内部观点与外部观点，在发展对社区内部的领域知识体系的同时，不时引入、吸收外部观点，才能避免由于人性的缺点而引起的社区的自恋性、边缘性和派别性等消极因素。

5.3　组织知识共享的驱动力

对于一个想要实施知识共享的企业来说，首先，应该有一个良好的驱动知识共享的环境，具体说就是要有知识共享的文化，有知识网络的环境和个体共享理念的导入。其次，组织对于知识共享的过程应该有制度的保障；有了制度的保障，就要考虑对企业中个体进行知识共享的激励和约束，包括物质激励、精神激励和考核约束，这些是驱动个体进行知识共享最直接的手段。

5.3.1　知识共享中个体角度的驱动

1. 环境驱动

当组织中的个体都不愿意共享或者说组织中没有共享的氛围的时候，那么文化、环境和理念的导入是关键。

文化是首要因素。这种情况下，组织领导层首先要倡导和建立鼓励知识共享和创新的文化，形成自上而下的组织文化渗透。知识共享的推动，早期主要通过领导人行为、行政命令、利益诱导、引入培训的形式。这时必须依赖文化制度的配合，通过改变组织领导体制、组织机构和管理制度，使员工形成自愿的共享观念。建立共享性的组织文化是一个漫长的过程，组织管理层应该从自身做起，加强与下面员工的交流，循序渐进地建立新文化。

其次，完善内部知识网络，营造有利于知识共享的环境。有利于知识共享的知识网络应该使员工能够轻松地进入知识库，自由地利用电子邮件、电子公告栏、内部电子论坛和技术图书馆，获取对业务活动有价值的信息，及时提供自己的感想和经验体会，并与其他人员自如交流。知识共享也需要组织拥有完整的信息管理系统，出版组织内部刊物、定期公布组织内重大信息、定时召开通报会、公布组织经营状况、建立组织系统知识平台等。网络技术不一定要最好的，但应该是最实用的，其中知识的质量才是最重要的。

最后，培植新的思想观念和价值取向，形成自然而然的共享行为。传统上认为共享是一种损己利人的事情，实际上共享可以实现交流者之间的双赢，包括员工和组织。人具有创造知识的无穷能力，而知识不同于传统的资产，它只有在共享的同时，才会不断地增长，知识被越多的人共享，知识的拥有者就能获得越大的收益。在知识交流中，如果员工为了保证自己在组织中的地位而隐瞒知识，或者组织为保密而设置的各种安全措施给知识共享造成了障碍，对组织的发展都是极为不利的。认识到这一点最为关键。

观念的转变要循序渐进。传统企业文化崇尚个人成就，漠视和逃避合作，视个人对知识的掌握为个人资本，这种长期以来形成的观念不可能一下子改变。所以文化的变革应该渐进,突然的变化得到的结果可能是消极应付。

2. 激励驱动

环境驱动之后,可能组织中已经有个体愿意合作共享,而有的个体还是出于经济利益的考虑,或者出于自身在组织中的地位威胁考虑,不愿意参与共享。这个时候相应的物质激励或精神激励是关键。有效持久的知识共享不可能在组织中自发地实现,一套外在的、完备的激励机制是推动知识共享的保证与动力。

同时,知识共享过程也可以看作知识拥有者之间的交易行为。知识共享之所以能够发生,是因为这种交易能够为交易者带来收益,而激励制度的落实就是增大员工的个体收益,组织有必要为了这种交易行为制定一些合约性质的制度。

这里的激励措施包括物质激励和精神激励。下面的激励措施中前三项是物质激励,后两项属于精神激励。

(1) 知识薪酬的支付:将能比较确定其收益的知识成果与员工的远期收益联系起来,通过增发薪水来激励企业员工。特别是对于咨询公司而言,员工的收入通常分为固定收入和项目提成两部分。项目提成就是企业给予员工的远期收益,通常要等到被咨询企业的项目运作正常并取得起色之后才支付。

(2) 知识股权期权的给予:将收益比较准确,并且主要在远期实现的知识成果与员工的远期收益联系起来,通过给予股权期权的方式来激励企业员工。

(3) 知识带来的晋升:对于那些既取得了较大知识成果,又具有较强管理能力,并且对经济利益的刺激不太敏感的员工采用晋升、晋职的方法来激励,以使他们取得更大成果。

(4) 知识署名:对于那些取得了较大知识成果,对经济利益的刺激不太敏感,但对名望非常重视的员工采取知识署名的方法来激励。比如以员工的名字命名某种工艺、某种营销经验等。这样既可以让被命名的员工深受鼓舞,也可以激发其他员工的精神追求。这方面,国内的海尔集团是做得很不错的。

(5) 知识培训:对于那些取得较大知识成果,对经济利益的刺激也不敏感,但是比较重视进一步深造的员工,采用知识培训的方法来激励。同时这也是外部知识内部化的方法之一。员工在接受深造后,更容易有新的知识成果产生,从而形成一种知识成果的良性循环。

有了激励措施,当然要有相应的惩罚措施,譬如说知识淘汰制度或者降级制度。对于那些不能实现企业知识管理目标或者不愿意知识共享的员工应该建立起淘汰制度或者降级制度。比如可以采用年终出考卷的方法,考卷的内容为本行业的新知识和本企业或本部门的知识成果,如果第一年落在倒数 5%之内予以黄牌警告,降一级;第二年又落在倒数5%之内予以红牌警告,再降一级;第三年若还落在倒数 5%之内则予以辞退。这样,既给后进者机会,又给每个人以压力。

3. 考核驱动

将知识共享纳入考核中,让个体既受到考核的约束,也能因考核得到激励,这也是知识共享驱动机制中的一个重要的驱动力。事实上,将知识共享融入绩效考核制度里面,与企业绩效和核心价值一致的行为是影响个体行为强有力的因素。

所谓知识共享的考核体系,就是通过对知识共享态度、过程、成果等进行评价,以此作为依据,与个体的薪酬相挂钩,与个体在组织中的发展相联系,与实际工作绩效相联系,真正起到督促个体积极共享知识的目的。例如,著名的 IBM Lotus 公司在对其职工进行总业绩评价时,知识共享的考评便占了 25%的份额;ABB 公司在对管理人员进行评价时,不仅依据他们业绩的优劣,而且还考察其在决策过程中所使用的知识和信息。

知识共享的评价指标体系是知识共享考核制度的核心,常用的指标包括如下几个。

(1) 知识共享的态度。知识共享的态度可以从参加知识交流会次数、主持技能培训的次数、提出建议被采纳的次数,以及上级、同事和下级的主观评价等方面进行考核。

(2) 知识绩效。员工若是申报了知识成果,上级领导和相应知识管理人员应对其真实性和有效性进行审查评定,确定其业绩和效果。这个指标与企业利益直接联系了起来。说到底,知识的共享必须要为组织服务。

(3) 知识创新成果。知识共享的最终目的是知识创新,不断地将创新知识运用到企业中去,以增强组织的核心竞争力,所以知识创新成果指标也成为知识共享的重要考核指标。

(4) 团队业绩。这种以小组或部门为考核单位的做法,有利于激励组织成员将自己个人的知识与技能贡献出来与他人共享,有利于不同专业背景的知识员工围绕共同目标协同作战。

5.3.2　知识共享中知识角度的驱动

1. 打破知识排他性采取的补偿措施

通常企业员工用自己所掌握而别人尚未掌握的知识来体现自身价值,不愿意与其他人共享知识,如果把知识传授给他人,就会影响他们工作的稳定性和个人利益。同时,隐性知识的形成,是个人的经验、对事物的感悟和深层次的理解等方面的长期积累和创造,是投入了巨大成本的。员工在知识共享问题上,会对垄断利益与补偿利益进行比较,选择其中的高额者。为了保障知识拥有者的利益,企业就应制定相应的补偿制度,并且使补偿额度高于垄断利益,用利益来驱动知识共享。

2. 推动隐性知识共享的对策

隐性知识的共享一直是知识管理的一个难题,基于案例的培训和案例推理是目前比较有效的方法。网络和信息技术的发展,也为组织提供了学习交流、隐性知识显性化的平台。

野中郁次郎教授发现,员工工作中会用隐性知识加工信息,产生显性知识并传授给同事,和同事一起把显性知识汇总并在产品或服务中体现出来。

隐性知识显性化的关键,是要为隐性知识流动、转化、创新和应用提供和创建良好的机制、体制、文化氛围、各种有利环境和技术条件等。可以从以下几个方面分析。

(1) 促进使隐性知识流动、转化、创新的高效机制的建立。隐性知识的挖掘、流动、转化、共享和创新等管理问题并不是简单的技术问题,建立完善的激励机制和文化氛围极为重要。建立"按知识贡献分配"的激励制度,用物质利益来驱动,同时以精神激励满足员工的成就感和尊重欲,对推动员工隐性知识交流与共享十分重要。

(2)管理机构和组织体制的改革与创新。我国大多数企业没有设置知识管理专门人员,对隐性知识的重要性和复杂性认识不够,所以管理机构的改革势在必行。企业可根据自身的具体情况,设立知识主管、知识分析师等专职管理人员,组建知识管理体系。企业知识管理体系的主要职责之一是使隐性知识显性化。

(3)信息技术与智能技术手段的充分利用。每个组织在建立自己的知识库、内部网络的时候要充分考虑怎样便利于隐性知识的共享。让员工在做完每一个项目之后,可以写下自己的感受、经验和最佳实践方案,存储到讨论数据库中,以利于大家的交流和共享。很多知名的咨询公司,在 Internet 上应用专家系统,加快了专家隐性知识显性化的速度。除此之外,借助软件与 AI 工具,总结员工技能、经验和诀窍等,在一定程度上也能加快隐性知识交流、共享与创新的进程。对于大多数难以编码的隐性知识,有效办法是建立"寻人数据库""知识地图""专家网络系统"等,让员工迅速找到拥有某种隐性知识的对象。还可以通过视频工具使分处两地的人像面对面一样地进行交流,消除空间距离所造成的障碍。

隐性知识显性化绝对不是简单的技术问题,关键是营造一个以人为本、鼓励知识交流、共享和创新的知识主导型企业文化。建立"自觉合作""自觉交流""自觉共享"的价值观,促进员工主动交流、共享与创新知识。

5.3.3　知识共享过程中的制度保障

1. 知识分类与标准化

为了使组织的知识更好地共享和应用,组织应该建立知识分类制度和知识标准化制度。组织知识的分类既要根据岗位、专业分类,更要按照局部知识和全局知识,常规知识和特殊知识等进行分类。局部知识指的是在组织的一个班组、一个部门应共享的知识,而全局知识则是指组织所有部门都应该共享的知识。常规知识指的是经过实践的检验已经很成熟的知识,可以进行编码进行标准化处理,建成知识库以利于计算机处理的知识。将常规知识标准化,有利于计算机处理和员工共享。特殊知识指那些因突发情况出现而需要运用到的知识,对于这种知识的归纳整理,也有助于组织扩大自己的知识范围和组织内部的知识交流。知识型组织中,受空间、时间、经费等资源的限制,组织和个体都必须强调"适时、适当学习",即围绕自己的业务进行学习。

2. 文档积累与更新

组织文档的积累与更新很普遍,然而大多数组织都没有将其制度化和规范化。只有部分组织编制年鉴或年度汇总材料,一般都比较厚,有的还一年比一年厚,这都是由于没有将组织的文档积累与更新形成制度的原因。建立文档积累制度,就必须有具体的知识管理人员将组织的技术诀窍、最佳实践整理成文字材料,将组织的经营战略和优秀的营销方法与技术整理成材料,予以分类存档,以便供组织员工共享。这一点在知识型组织尤为重要,因为知识型组织的知识存量本身就是相当大的,如果没有相应的积累和更新,那就是知识拥有者不知道将自己的知识输入到哪,知识需求者不明白去哪找想要的知识。这方面,汉密顿公司的做法是由自己专门的专家组,对组织中新近的知识进行梳理,对过去的知识进行更新,永远保持知识库的精炼性。

3. 外部知识内部化

组织如何将外部专家和学者的知识转化为组织内部的知识?从经济学方面的角度看,将所有的人才集中于组织肯定是不经济的。所以建立外部知识内化机制,订立长期、中期乃至短期的规划,按照计划定期请专家来讲解、培训最新的业务技术、管理技术和经营思想,并且将外部专家所传授的知识加以整理成规范的文档,定期更新,成为组织内部可共享的知识,这样,组织获得外部知识就会既有规划,又能以一次投入、永久受益、全员受益。

4. 知识型项目的管理

知识型组织中,业务更多地以知识型项目为主。它依赖于人的智慧和创新能力,对规定的时间和场地的依赖倒在其次。所以,对于知识型项目,更重要的是强调人本管理和目标管理,而不是过程管理。强调目标管理,就是要求在规定的成本和时间内完成既定的目标,而不必要求在整个过程内要严格遵守组织的规章制度,比如打卡、坐班等。知识型项目的激励机制不但要考虑即期激励,还要考虑远期激励,并且根据项目风险的增加增大远期激励的比重。这是因为,有些项目的收益目前不一定能显现出来,这时组织往往会低估项目的价值,而项目参与人员一般会高估项目的价值,如果采用远期激励比如股票期权和远期分红等手段,充分考虑委托人与代理人利益的相容性,则项目实施就会顺利得多。

5. 宽松的交流机制

知识运行机制很重要一点就是要建立知识宽松交流的机制和宽松交流的环境。相比环境而言,机制的建立对于企业来讲更为迫切。比如圆桌会议机制、午餐会议机制、周末企业发展沙龙机制等都是可以具体操作的制度。有些企业为每个部门固定一个时间举行圆桌会议,会上自由交流,没有主宾之分,只需要指定的知识管理人员作记录,并加以整理。有些则比较重视午餐时间的开发,午餐时分指定一个专门的人员交流其所拥有的知识和技术,而其他人则边吃午餐边听演讲。待大家吃完后,再给演讲人提些问题,由演讲人或知识管理者加以整理。有的组织定期搞周末企业发展沙龙,既有利于上下级的沟通,又有利于员工们献计献策。还有组织之间定期搞董事长沙龙等。像这样的机制只要制度化,并且给定一个宽松的情境,都会取得较好的效果。

6. 创新失败宽容机制

知识共享鼓励创新,而创新是有风险的,不可能每一次创新都能成功。创新成功了有奖励甚至是重奖,创新失败则需要一个比较好的处理机制。建立创新的激励机制,除了有创新成功奖励机制外,还应该建立起创新失败宽容机制。

建立创新失败宽容机制时,通常做法是对各个岗位和职位予以定级,根据不同的级别规定允许失败的项目数、时间和经费规模。在上述范围内允许失败,超出范围的失败是不受支持的或者是要受到惩罚的。这样,由于在一定范围内的失败可以被宽容,组织员工创新的积极性就会非常高涨,创新意识就会增强,自然,创新成果也会随之增多。除了限定宽容的范围之外,创新失败宽容机制还要求失败者将失败的原因进行分析,整理成相应材料,供其他人参考。这样,就将主观上不愿意看到的失败客观上规范起来,纳入有效管理的范畴,同时找寻失败原因,为后续的成功奠定基础。

5.4　组织的最佳实践转移

知识转移与知识共享的概念相当接近,广义上都是指给不同的人提供不同的知识,并通过知识的外化、共享及互补产生出对组织更有价值的集体知识。在狭义上,知识共享比较强调非正式(偶发性)、水平式(非组织主导)、自由式(无特定目标与对象)和个人平等式(无特定提供者或接受者)的学习。知识转移比较强调由组织主导、较正式、有明确知识目标,以及提供者与接受者有明确流动方向的知识流动。

5.4.1　最佳实践的基本概念

1. 最佳实践

在知识管理研究中有一个非常重要的研究领域,就是最佳实践转移(best practice transfer),其主要的核心概念是将组织内执行某项任务获得成功的团队,把其所获取的有价值的知识和经验转移给执行类似任务而绩效不佳的其他团队,以实现知识共享,价值呈指数增长的效果。

学者 O'Dell&Cayson(1998)对最佳实践的定义是:某种在其他地方执行得非常成功且适合本单位,值得引进和采用的一些经验、知识或工作方式。最佳实践可分为以下四个层次。

(1) 好的创意:是指未经证实,但直觉上感到一种对组织能够产生效益的创新思想。

(2) 好的实践:证实成功的一项技术、方法、程序或流程。

(3) 地区最佳实践:是指在组织内相类似的单位中,经过实践被证实是最好的某一项技术或流程。

(4) 产业最佳实践:是指组织内某项技术或流程在产业内被认定为绩效最优,是产业内的一个标杆。

2. 组织最佳实践转移的主要类型

组织在进行最佳实践转移时,由于对象、任务、背景和知识形态的不同会有许多不同类型的共享方式,狄克逊(Dixon,2000)根据决策树将其分为下列 5 种:连续性转移(serial transfer)、相似性转移(near transfer)、差别性转移(far transfer)、战略性转移(strategic transfer)和专家性转移(expert transfer),如图 5-3 所示,并对这 5 种方式提出了主要的管理原则。

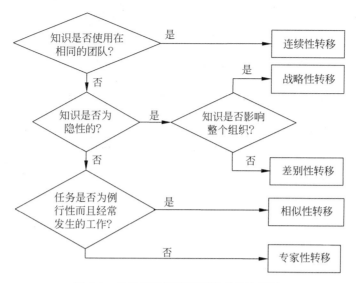

图 5-3 最佳实践转移不同类型的决策树

5.4.2 连续性转移

1. 连续性转移的定义

连续性转移是指同一团队在某一背景下执行任务后将所获得的经验或教训予以存储和记录,以此作为下次在类似背景执行任务时可以运用。连续性转移的优点在于,避免组织重蹈覆辙,浪费成本,以提升组织执行任务的速度与质量。

例如,某一软件公司的项目团队,协助某一政府部门开发了财务管理信息系统后,将从中所得到的经验、教训和关键成功因素,以及如何配合政府部门特有的规定与思维方式等知识,通过所有成员的参与讨论,清楚地分析、整理并记录下来,当下一次开发类似的信息系统时,可以快速找出最有效的进行方式,这样做可以事半功倍。

2. 连续性转移的主要特性

- 知识的来源者和接受者:属于相同的团队,即由组织自行创造及利用。
- 任务与背景的相似度:两次任务虽发生的时间与场所背景不同,但任务类型相似。
- 任务的特性:虽非例行性,但仍时常发生。
- 共享知识的类型:显性与隐性都有,但主要知识是实践中的工作经验和教训学习。

3. 连续性转移的重要指导原则

连续性转移所用的方法是利用小组会议融合团队的显性与隐性知识,这种会议需要遵守以下一些重要原则。

(1)会议的制度化。为了执行知识管理战略,要将创造、记录、整理和共享项目知识的检讨会议变成工作的一部分,不可或缺。

(2)会议要简短扼要。开会时间不要太长。例如,Bio-Tech 生化公司称其为站立会议。

(3)每位成员都要出席。团队中每位成员必然都要负责某些工作,承担某些责任,为了全盘多角度、多观点地了解情况,成员应全体参加。

（4）会议气氛。应该要有建设性、客观性和融洽性，不要有人身攻击、破坏性批评、隐瞒和庇护等行为。

（5）会议重要性的宣布。目的是让成员了解会议对知识保存和转移的重要性。

5.4.3　相似性转移

1. 相似性转移的定义

相似性转移是指某一执行例行性工作的团队，将其在工作中所获取的显性知识予以记录、存储，并转移给执行工作范围类似的另一个团队使用。例如，福特汽车公司共有 37 个工厂，其中位于亚特兰大厂的装配线员工发现了一个可以快速地在 l0 秒钟内完成刹车系统安装的程序，并将这项新技术转移给在芝加哥分厂同样装配线的员工，使其比原来安装刹车系统的程序减少 15 秒钟的时间。

2. 相似性转移的主要特性

- 知识的提供者与接受者属于不同的团队。
- 任务、背景相似。
- 任务的特性是例行性。
- 共享知识的类型是显性知识。

3. 相似性转移的重要指导原则

（1）由接受者主导

① 尊重接受者选择的自由：任何知识的共享与利用都必须是接受者自愿接受才能善加利用。如果是由组织高压强迫，或使用者违背自主意愿被迫执行，就不能达到真正的效果。

② 接受者自行决定转移的内容与方式：在哪个时间、使用何种媒介、转移哪些内容和双方如何讨论等方面皆应由使用者主导，组织不应做太多的干涉。

（2）利用适当的媒介

① 充分利用信息技术和网络：利用速度快、成本低的企业内部网络、因特网、电子视频会议和群件传递给分处世界各地的团队。

② 面对面沟通的重要性：许多知识的共享，必须先使彼此相互了解和信任后对方才有动机、兴趣和信心接受外来知识，而不能只依靠信息技术的界面。

③ 以推的方式主动传送：筛选出来的重要知识，经过谨慎评估和验证后，系统主动传送到有用的相关单位，避免使用者因为不知道有好的知识存在或找不到而丧失了学习的机会。但应注意的是，知识应定位在重要、相关和少量的基础上，不可以产生信息超载现象，而使员工在遭受太多垃圾信息空袭后，再也不愿意看传来的信息。基于这项考评，福特汽车公司的最佳实践传递，规定每周只传 5～8 项最佳实践。德州仪器公司的自动工作警告系统，每月只发送一次最佳实践，且经理人只需要花几分钟时间就可加以运用。

（3）明确易懂的知识

① 知识报告必须简短：相似性转移中各团队的工作内容和背景很相似，因此无须长篇

大论进行背景介绍。例如,致远顾问公司的最佳实践知识库,员工只需要花大约 10 分钟的时间就可以将相关数据汇总送至知识网站,使浏览的人同样感到轻松容易。

②　知识库目标要明确:组织如果规划出整个组织的最佳实践知识库,常常会造成员工产生信息超载的结果。因此,组织在设计时,要清楚地针对某些特定的主题和群组定义其范围,且范围不能太大。

（4）要监控成效

监控知识转移的成效有两种作用:一是可以验证知识来源者所提供的知识品质高低;二是评估接受者是否实际吸收了最佳实践的精神。

5.4.4　差别性转移

1. 差别性转移的定义

差别性转移是指某个团队将其处理某偶发性任务所获得的隐性知识,提供给组织另外的团队在不同背景下执行相类似的偶发性任务时使用。例如,新西兰一个开凿海底隧道的团队,将其隐性知识通过各种互动媒介,传递给波士顿一个当地开凿海底隧道的团队。

2. 差别性转移的主要特色

- 知识的提供者和接受者属于不同的团队。
- 任务相似,但执行的背景环境不相似。
- 任务的特性不是例行性的,但经常发生。
- 共享知识的类型是隐性知识。

3. 差别性转移的主要指导原则

（1）注意双向互惠的交流

知识的提供者和接受者在交流知识时,提供者可以和接受者一样,在互动中吸收到更多的新知识。因此,团队间不管扮演何种角色,都要有这种教学相长的认知。

（2）原有的知识要经过适合当地特色的转移

一定要根据本身不同的背景将知识提供进行适合当地特色的转化,使其能符合接受者的使用要求。这种转换工作有两种做法:由接受团队自己主导知识的修改和调整,提供团队提供辅导和协助;或由提供团队来主导,在经过深入了解与分析后决定如何转化或提供何种适用的知识给接受团队。

（3）充分利用"活"的知识库——人

人类在传递或共享知识时,相对于结构化的知识库有以下优点。

①　可随机应变:人可以随机应变地立即响应偶发性的问题,而知识库却只有固定的内容与法则,如果超出此范围则无法回答。

②　有丰富的常识:人有丰富的常识,可以广泛获取知识联想、推理、引喻并回答问题。例如,医生除了治疗某种疾病的法则外,还拥有非常丰富的医学、病理、药理和人体解剖等各种医学常识,可随时视情况参照引用。相反,知识库上除了内部特定的经验及法则外,对其他方面的知识则一无所知。

③ 精确与量身定做的回应：人可以依据对方的需求而量身定做解决方案,让接受者获得最符合其需求的知识。

④ 友谊与信任感：人可以通过交谈与互动,让对方产生熟悉感、亲切感和信任感,而更有助于交流的动机。

⑤ 快速激发创意：人可以针对新问题的刺激,在第一时间内激发出新的创意和知识,修正答案或响应问题。

(4) 知识共享互动要有合适的名称

有时员工由于自尊心会抗拒外来优秀的知识,因此,如果方式不好可能会伤及员工的自尊心。因此,组织应该设定一个知识共享的正式流程,并赋予该流程正当性与义务性。选取一个适当的名称,使大家都可以借此教学相长,角色也要设定成人人平等,不要有提供者与接受者等清楚的阶层划分,在组织文化上要强调只要能提升绩效就可以。

5.4.5　战略性转移

1．战略性转移的定义

战略性转移是指某一个团队具有战略性知识可以影响整个组织经营的集体知识,由专家整理提供给另一个团队在不同背景下执行相类似的战略性任务所需时使用。例如,某个组织的团队成功地并购了一家研发公司,6个月以后,组织的另一个团队利用前述的经验、教训与知识指导在另一个场所并购公司。

2．战略性转移的主要特色

• 知识的提供者与接受者属于不同的团队,并且知识由特别的专业团队编写。

• 背景不同,但任务相类似。

• 任务的特性虽然足以影响整个组织,却是非例行性的且不常发生。

• 共享知识隐性与显性都有,但以隐性为主,且其属于战略层而不是运作层,故范围较广且复杂度及模糊度更大。

3．战略性转移的主要指导原则

(1) 高层管理者要定义所需要搜集与转移的战略知识

由于战略性的知识具有前瞻性、多元性、复杂性和模糊性,开发的成本很高。因此,高层管理者必须定义对组织最有价值的核心领域,而不是搜集所有的战略。例如,英国石油公司开发的知识库知识资产就仅锁定了几个最重要的战略性议题,如新市场的开发、组织的重整、合资战略联盟和新渠道的开发等战略议题。

(2) 要由专家搜集和整理战略性知识

战略性知识不像操作性、程序性的结构知识,其范围广泛、复杂、多元、模糊且是非结构性的知识,开发这种难度高的战略性知识,如果没有学过知识的搜集、编码、分类、归纳、解释及撰写是不能胜任的。因此,这些重要和困难的知识都要由专家搜集、整理与撰写。

例如,英国石油公司就为此成立一个中央知识管理团队,由受过知识分析训练的知识专家到发生事件的地点实际利用所学的专业知识,用科学、客观、严谨的原则实地观察,访谈当事人,并搜集各种文件和记录,将整个事件的前因后果、背景、主要事件及影响因素经过解释、分析、归纳,最后编写成一个内容客观、可靠、详细的案例书。其主要内容包括:企业背景、指导原则、相关专家名单、相关文件与记录等。

(3) 资料的搜集要实时而不是事后

由于战略事件的知识错综复杂,当事人在事后也许离职或遗忘,因此对于战略性知识的搜集应在当时、当地实时进行,以免事后由于人类本身认知与记忆的限制使得事件真相无法客观、正确地显现出来,这与上述结构知识可以事后整理的特性较为不同。

(4) 以接受者的需求为焦点

对战略性知识的接受者最大的问题并不在于找不到 know-how,而是不知道自己要找什么。例如,对自己未曾碰过的一种战略联盟问题应如何进行? 在这种情况下,由于接受者是第一次遇到,自然无法了解还需要哪些知识,因此,这种知识不像上述几种是由知识提供单位所主导,再包装整理成一个有价值的知识产品,而应以知识接受者的需求为焦点。这意味着战略性知识不可能是一个固定的产品,而是需要不断地互动、相互了解以产生一个量身定做的知识。例如,英国石油的知识专员就会与接受者合作,通过面对面的讨论与互动逐步地协助接受者了解问题,并定义出有价值的知识,协助其做出决策并学习新知识,以及指导其利用知识等,这样,使用者才可能实际吸收到这些隐性的知识。

(5) 整合多元意见

战略性知识具有模糊、多元和非结构等特性,因此,不可能存在一个单一、正确和客观的最佳实践。战略性知识的搜集要注意以下几个重点。

① 多来源搜集:是指搜集包括不同特性员工的正反面意见,以及不同层级职位、部门,与不同利益关系等多方面的意见来源,相互印证其数据的客观性与可靠性。

② 多方法搜集:是指通过文件、访谈、观察和问卷等各种方法进行搜集,并将各种方法相互印证。

③ 多人分析:一个人的分析会带有个人偏见,而多人不同角度和视点的互补,会消弭掉一些偏见和缺陷。通过整合多元意见所呈现的知识更加可靠、客观和可信。

5.4.6　专家性转移

1. 专家性转移的定义

专家性转移是指一个工作团队在执行例行工作面临一个超越其知识范围的问题时,主动寻求组织内的专家提供专业知识的协助。例如,某一公司技术人员寻求如何增加某一过时监视器的亮度,组织内不久就有 7 个具有相同专长的专家提供解答。

2. 专家性转移的主要特色

- 知识的提供与接受者属于不同团队。
- 知识背景相类似,但任务形态不一定相同。
- 任务的特性是例行性,但不经常发生。
- 共享知识的类型是显性知识。

3．专家性转移的指导原则

（1）善用信息技术

如 Intranet、E-mail、Groupware、视频会议和电子论坛等。

（2）电子论坛要有划分清楚和明确的主题

如果电子论坛上的主题不明确，提出的求助信息过于庞杂和大量，或许多是不相干的，久而久之，专家们就不想浏览并处理这些信息。

给相同背景的专家发布请求与回复的信息，在用语上要精简扼要，不需长篇大论地描述问题完整的始末。

（3）电子论坛要得到支持和监督

① 要有专人负责：例如，致远顾问公司就设有知识经理一职专门负责管理电子论坛。

② 确认每个请求都有回音：如在某段时间内对于某个问题没有回音，负责人员就要设法解决，否则石沉大海，以后员工就不会有提出问题的动机。

③ 将回复建档处理：经过筛选、分析及整理所有电子论坛上的问题与回复后，将这些有价值的知识归档处理，并分类或设定关键词以利于搜寻。

（4）鼓励不同程度的参与

这种利他性的自愿行为较难使人有动机参与。因此，组织应通过薪酬制度、奖励甚至考绩加分的方式，鼓励各种不同程度的参与。

（5）需求拉动式的知识

电子论坛的好处是能针对问题拉动最直接相关的知识。即需求拉动式的知识，而不是使用者利用搜索引擎，耗费大量时间在成千上万个内容数据库中找寻所需的知识，这种大海捞针的方式结果常常是找到的数据相当庞杂或相关性低，甚至根本找不到。

上述 5 种知识转移方式以其主要特性的不同归纳如表 5-1 所示。

表 5-1　5 种知识转移方式的特征

主要特征＼转移类型	连续性转移	相似性转移	差别性转移	战略性转移	专家性转移
知识的提供者与接受者	相同团队，时间不同	不同的团队	不同的团队	不同的团队，有专家记录	不同的团队，没有特定的对象
任务与背景的相似性	任务相似，背景不同	任务、背景都相似	任务相似，背景不同	任务相似，背景不同	任务不相似，知识背景相似
任务的特性	非例行，但常发生	例行性且常发生	非例行，但常发生	非例行，不常发生，但影响很大	例行性，但不常发生
知识的类型	显、隐性皆有	显性	隐性	以隐性为主	显性
案例	软件团队系统开发经验的自我存储，以利于下次利用	同一公司不同分厂间某工艺的最佳实践转移	A 海底隧道团队将建设海底隧道的知识转移给 B 海底隧道团队	战略性收购知识，不同背景的转移，将项目经验转移给公司的另一团队	相同领域的网络专家通过信息技术等各种界面获取反馈

本章小结

1．知识共享是指组织的员工或内外部团队在组织内部或跨组织之间，彼此通过各种渠道（例如讨论、会议网络和知识库等）进行交换和讨论知识，其目的在于通过知识的交流扩大知识的利用价值并产生知识的效应。

2．组织强调知识共享的原因主要是：知识共享可增大组织存量；知识共享可以减少重复开发的成本；现代组织的全球化、网络化特征更加需要知识共享。

3．组织知识共享的过程是由两个知识转化的循环过程构成的。一个是组织内部知识转化的循环，完成了组织内部的 SECI 过程。另一个是组织内、外部之间知识转化的循环，完成了组织内、外部之间的 SECI 过程。而在这两个过程中，无论是对于组织还是个体而言，都会有知识增量，知识共享产生知识创新。

4．组织知识共享的障碍主要来自知识本身的复杂性、作为知识共享主体的人的认知能力和心理因素，以及组织的制度、文化等方面。

5．组织知识共享的方式包括正式和非正式方式。正式方式主要有培训、师徒制、知识库和知识展示会等方式；非正式方式是隐形知识共享的主要方式，非正式知识共享方式包括非正式网络、实践社区和非正式场所等。实践社区是一种重要的非正式组织知识共享方式。"实践社区是这样一群人，他们有着共同的关注点、同样的问题或者对同一个话题的热情，通过在不断发展的基础上互相影响，加深在这一领域的知识和专业技术"。

6．对于一个想要实施知识共享的企业来说，首先应该有一个良好的驱动知识共享的环境，具体说就是要有知识共享的文化，有知识网络的环境和个体共享理念的导入。其次，组织对于知识共享的过程应该有制度的保障；有了制度的保障，就要考虑对企业中个体进行知识共享的激励和约束，包括物质激励、精神激励和考核约束，这些是驱动个体进行知识共享最直接的手段。

7．知识转移与知识共享的概念相当接近，知识共享比较强调非正式（偶发性）、水平式（非组织主导）、自由式（无特定目标与对象）和个人平等式（无特定提供者或接受者）的学习。知识转移比较强调由组织主导、较正式、有明确知识目标，以及提供者与接受者有明确的流动方向类型的知识流动。

8．最佳实践是指某种在其他地方执行得非常成功且适合本单位，值得引进和采用的一些经验、知识或工作方式。根据对象、任务、背景和知识形态的不同，组织最佳实践转移可以区分为连续性转移、相似性转移、差别性转移、战略性转移和专家性转移 5 种类型。

- 连续性转移，是指同一团队在某一背景下执行任务后将所获得的经验或教训予以存储和记录，以此作为下次在类似背景执行任务时可以运用。
- 相似性转移，是指某一执行例行性工作的团队，将其在工作中所获得的显性知识予以记录、存储，并转移给执行工作范围类似的另一个团队使用。
- 差别性转移，是指某个团队将其处理某偶发性任务所获得的隐性知识，提供给组织另一个团队不同背景下执行相类似的偶发性任务时使用。

即练即测

- 战略性转移,是指某些团队具有可以影响整个组织经营的战略性集体知识,由专家整理提供给另一个团队在不同背景下执行相类似的战略性任务所需时使用。
- 专家性转移,是指一个工作团队在执行例行工作面临一个超越其知识范围的问题时,主动寻求组织内的专家提供专业知识的协助。

思考题

1. 什么是组织知识共享?
2. 组织为什么要注重知识共享?
3. 组织知识共享可以获得什么好处?
4. 组织知识共享存在哪些障碍?
5. 知识共享的正式方式和非正式方式哪个更重要?为什么?
6. 组织应该怎样建立知识共享的环境?
7. 什么是最佳实践?
8. 知识共享和知识转移有什么区别?
9. 小组讨论:分析企业中员工知识囤积的原因,并提出解决方案。

案例　汉密顿咨询公司的知识共享及启示

案例分析

第 **6** 章

知识管理的组织环境

本章学习目标

通过本章学习,学员应该能够:

1. 掌握知识管理的组织行为的基本理论;

2. 理解组织文化与员工的知识管理行为关系;

3. 理解和熟悉组织知识管理的激励体系;

4. 理解知识管理与组织结构的关系;

5. 理解知识管理与组织领导的关系。

引例:在某些企业,主创设计师设计的作品被拿出去参赛或者评优,往往署名却是公司领导,这样一来,将会严重影响员工的创新冲动和激情。如果能够对员工创造发明的某一种新的管理方法、分析工具、构件或技术革新,给予知识产权的拥有者以署名的权利,如"XX方法""XX模型";设立最佳原创文档 TOP10、知识贡献先进员工;作为导师组织知识分享讲座或者训练营,公司给予一定的荣誉或者现金奖励;对于某些特别有价值的知识的分享下载,让使用者支付即时性小额现金……这些举措对于知识的贡献者来说,都是一种认可和鼓励。

知识管理是一项借助于信息技术而与人打交道的管理活动,处于一种知识导向型文化中的人的发展是知识管理成功的关键因素,组织内人际之间、团队之间知识流的管理是知识管理的焦点。知识管理必须生长在适合自己的组织环境里,在一个对知识管理不利的文化、领导、组织结构及技术下,企业可能不仅花费巨资,甚至还会挫伤今后开展知识管理的积极性。

6.1　知识管理的组织行为概述

组织行为学是研究一定组织中人的心理和行为规律性的科学。它综合利用社会、人文、经济、政治学知识的系统分析方法,研究一定组织中人的心理和行为的规律性,从而提高各级领导者和管理者对人的行为预测和引导能力,以便更有效地实现组织预定的目标。

目前,组织行为学有四个研究领域:一是个体行为分析,主要研究作为组织或群组角色的个体的需要、动机、态度和行为激励;二是群组行为分析,主要研究群组动力、群组沟通与群组人际关系等问题；三是领导行为分析，主要研究作为动态活动过程的领导行为方式的选择及其效率分析，以及领导者的影响力、素质结构和领导决策的有效性；四是组织行为分析，主要研究组织结构对组织成员心理活动的影响，组织设计与组织变革的心理阻力及其克服办法，以及组织心理环境等问题。

6.1.1　组织知识管理行为分析的理论基础

组织知识管理行为问题分析的目的，主要是为了解有哪些因素会影响员工执行知识管理的行为与绩效。这方面所利用到的理论结构是由组织行为学研究领域发展起来的。

1．影响员工知识管理绩效的主要因素

布鲁姆伯格和普林格(Blumbeg & Pringle,1982)认为影响员工工作绩效的主要因素是

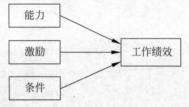

图 6-1　影响员工工作绩效的主要因素

能力、激励和条件，其逻辑关系如图 6-1 所示。

（1）员工本身知识管理的能力

员工本身是否具备良好的知识和实践经验，是否会运用知识管理的信息平台，以及如何撰写结构完整、严谨的项目报告手册等都表明员工本身是否有知识共享的能力。如果员工本身缺乏这方面的专业知识及执行的能力，那么这时组织应着重于通过教育和训练提升员工执行知识管理的能力。

（2）员工本身知识管理的激励因子

激励产生动机，即员工要具有参与知识管理的动机，才能产生知识管理绩效。如果员工本身具有执行知识管理的动力，却缺乏动机和进取心，不认为这对自己的工作、升迁、名誉具有任何的价值时，他们是不会有执行的意愿的。此时，知识管理的思考重点在于，如何形成一个有利于知识管理进行的文化、薪酬制度及遵循的方针。

（3）组织所提供的知识管理的条件

即使员工具有执行的能力及意愿，但如果组织没有提供他们所需要的时间、人力、物力和财力等资源，那么他们也无法有效地执行知识管理相关任务。

没有时间：组织没有提供必要的时间，却要求员工利用自己的时间。

没有工具：组织没有提供知识管理的信息平台和缺少最佳实践的妥善存储，以及缺乏如电子视频会议或群组软件等技术工具。

没有预算：知识管理需要一定的资金预算，如果组织不为知识管理团队或员工提供足够的预算，各单位或个人不会自己出资协助公司进行知识管理。

2．影响员工动机的主要因素

执行知识管理是员工的一种行为，组织的激励措施会影响员工的这一行为。此外，组织关于知识管理相关制度的设计及其他因素也会影响对员工的激励作用。影响员工激励程度的主要因素如图 6-2 所示。

组织的知识管理文化：文化是存在于组织内部的意识规范，是那些受到认可与期望的行为成了员工的习惯。员工的知识管理行为与动机深受组织文化的影响，即员工不喜欢执

行与组织文化相冲突的行为。

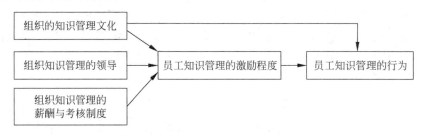

图 6-2　影响员工激励程度的主要因素

组织知识管理的领导：高层管理者的价值观、战略方向、重要性认知及执行决心等都会影响员工的动机与行为。

组织知识管理的薪酬与考核制度：组织的薪酬或处罚、评估等方式都会强烈地影响员工的动机与行为。

以上 3 点会在下面几节做详细分析。

6.1.2　激励理论与员工的知识管理行为

研究员工动机的理论称为激励理论。激励理论以如何通过满足员工的需求，驱使员工朝组织的目标努力工作为研究重点，主要包括员工努力、组织目标和员工需求 3 个要素。

员工努力：是指员工是否会在工作上尽心尽力，如员工是否尽心尽力地进行知识的创造。

组织目标：是指努力的方向。只有朝组织所期望的行为努力才是激励的目标。

员工需求：是指员工期待某种结果出现的心理状态。当员工执行某种任务时，对其结果一定有所期待，如果对工作产生负面期待，那么将无法满足员工的需求。此时员工将不会去执行。例如，某员工非常期待受到同事的接受与肯定，但如果他在项目检讨会议上说出其他同事的错误行为，虽有助于知识管理教训学习的累积，但他可能担忧是否将因此受到同事的排挤，即对他最重要的需求得到负面的影响时，他将不会去执行。

著名的激励理论主要包括期望理论（expectancy theory）、目标设定理论（goal setting theory）、激励-保健理论（motivation-hygiene theory）和 XY 理论（XY theory）。

1. 期望理论在知识管理中的应用

期望理论是指员工之所以努力工作是因为他预期可以获得某些对其产生具有吸引力的结果。弗罗姆（Vroom，1964）以图 6-3 所示来说明期望理论的 3 个重要的关联性预期。

图 6-3　期望理论模式

（1）努力与绩效的关联性

如果组织希望员工能够努力工作，那么必须使员工可以预期看到努力的结果。例如，员工努力地收集、整理、分析工作经验，但共享后被上司与同事认为是没有价值的，那么，这名员工下次就不会再致力于这方面的工作了。

(2) 绩效与报酬的关联性

即员工的良好绩效表现能否得到组织提供给这名员工所期望的报酬。例如,员工提供有价值的知识共享而受到高度评价与绩效时,但组织却忽视其贡献或者只给予很小的报酬,那么在这名员工期望破灭后,下次就不愿意再提供知识的共享。

(3) 报酬与个人需求目标的关联性

即员工对于组织所给予的报酬是否符合个人所重视的需求程度。例如,员工分享有价值的知识,组织也肯定了其贡献,但这名员工最重视的需求是升迁和奖金,组织却只是当众表扬并给予奖状,那么员工在期望破灭后就不会再致力于知识的共享。

根据期望理论,知识管理中的人性行为管理,包括以下几个方面的含义。

(1) 让员工具备执行工作的最佳能力且方向正确。首先,组织应提供充分的资源(包括人力、物力、财力和信息技术),用教育与训练提升员工执行知识管理的能力与效果。例如,训练员工如何撰写一份具有结构清晰、重点分明的项目总结报告。其次,让员工清楚地了解组织知识管理的核心焦点,以及哪些是最有价值的知识。不要让员工错误地忙了半天,反而创造一些组织认为缺乏显著贡献的知识。

(2) 有功必赏。员工努力地实现了高绩效的知识管理工作时(无论是知识的创造、共享及利用),组织一定要清楚、明显地描述并表扬其贡献。否则,员工辛苦努力却没受到组织的任何注意与肯定,以后就不会再进行知识共享。

(3) 符合员工需求的报酬。马斯洛(Maslow,1954)的需求层次理论指出,人人都有由下而上有 5 个层次的需求:生理需求、安全需求、社会需求、尊严需求和自我实现需求。因此,每个人在职业生涯的不同时期,其需求层次会随之往上提升,而且每个人的层次也有所不同。因此,组织在设计知识管理行为的报酬时,最好能了解员工最希望获得的报酬是什么?是加薪的生理安全需求,还是肯定表扬其专业能力的尊重与自我实现的需求。有些拥有高度专业性的技术人员(例如研发工程师、科学家、医师和教授),非常希望在领域中得到对其专业能力的肯定与推崇,这时组织如果对其只增发红利,却没有公开表扬其卓越的贡献,将会使其感到沮丧。组织奖赏的方式最好能针对不同的员工有不同的做法。

2. 目标设定理论在知识管理中的应用

目标设定理论是指对员工而言,如果组织设定了明确和较难实现的目标,会比没有设定目标或目标过于容易实现,或根本达不到的目标所产生的激励作用更大。目标设定理论有两个要点:第一,组织要有明确的目标,员工才有努力的方向;第二,所制定的目标的实现要有较高的难度,但可以实现。因此,目标设定理论应用于知识管理中,要注意以下两点。

(1) 制定明确的知识管理流程目标。即不论是知识的创造、获取、存储、共享和利用等哪个流程,都需要设定明确目标。组织不能胡乱制定目标,让员工不知道努力的方向和必须实现的程度。

(2) 目标要具有可行性和可考核性。目标的设定应考虑财务性和非财务性、质化和量化、过程和目标等各种绩效评估工具的平衡,如此才不会有太大偏差。

3. 激励-保健理论在知识管理中的应用

激励-保健理论将传统的激励因素分为两种:一种是能激发员工工作动机的内在激励

因素；另一种是降低员工对工作不满程度的外在保健因素。前者有促进员工努力的效果，后者则能防止员工的抗拒情绪。两者的主要组成因素如下。

激励因素：主要包括内在因素。例如，成就感、他人的认同、与工作本身或职责的实现，以及个人的成就与进步等。

保健因素：主要包括外在的因素。例如，公司的管理政策、领导方式、工作环境、薪资、与同事的关系、阶层地位及工作保障等。如果这些因素造成员工有不良的感觉，那么他将产生抗拒与不满的反应。

赫兹伯格(Herzberg,1959)认为，如果组织只致力于后者的影响，那么很可能只能消极地去除员工不满的情绪，并不一定能激励员工，所以组织在激励方面应特别注意员工的内在成就感因素。

激励-保健理论应用于知识管理，要注意以下几点。

(1) 内在激励与外在保健因素的平衡

组织在进行知识管理时，要利用文化、领导等方式影响员工对知识管理重要性的内在认知。在奖励方面应激励并表扬员工内在的荣誉感、成就感及被同事肯定等方面，而不应只着重在调整薪资、职位及提供工作保障等保健因素方面。

(2) 设计良好的任务特性满足员工的内在激励因素

知识管理的任务特性设计应注重工作轮换、工作广化和工作深化方面的设计，这样有助于员工在知识管理执行上的激励作用。工作广化设计是指延伸工作的横向广度及技能更多样化，不要太过单调而没有挑战性；工作深化设计是指扩展工作的垂直深度，让员工承担更多的从规划到执行等方面的责任，提高员工工作的自主性。

4. XY 理论在知识管理中的应用

麦克格雷戈(McGeregor,1960)对人性提出两种极端的假设：一种是负面的 X 理论；另一种是正面的 Y 理论。

X 理论：基于人性的负面假设，即员工不喜欢工作，借机逃避并推卸责任，没有雄心大志，只按部就班，不喜欢创新。因此，组织必须施行高度的命令与控制的方式加以管理。

Y 理论：基于人性的正面假设，即员工热爱工作、富有创造力，且能主动要求承担职责，并自我反省。因此，组织要授权员工参与决策挑战性的工作，让其自主负责，如此才能激发员工高度的内在动机与潜力。

上述的论点并没有得到一致的实证结果。两种理论的运用要视情况而定，不一定哪一种是绝对有效的。

XY 理论应用于组织知识管理中，可以得出以下两个要点。

(1) 要相信员工有共享知识的动机

奥戴尔(O'Dell,1998)等人认为，如果要促进员工间的知识共享行为，那么就必须对员工有信心。即员工是乐于帮助同事的，并喜欢向他们信任及尊敬的人学习。

(2) 管理及控制、鼓励及支持两种政策的平衡

如果组织认同 Y 理论并依此进行知识管理时，组织就不应该强迫员工共享知识，应注

重积极主动的内在激励因素。换句话说,由于情境不同、员工的个人特性不同,因此,组织应判断在不同的情况采取适合的激励政策。

6.1.3　知识管理的领导

领导就是组织的管理者,其职责是激励部属、配置资源,引导并协调成员的活动,选择最有效的沟通渠道并解决成员间的冲突,其最终目的在于激励和引导员工的行为朝组织的目标前进。

由埃森哲顾问公司提出的知识管理 KPE 模型中,领导是其所列出的 4 个主要的知识管理促进者之一,其余三个促进因素是文化、技术与评估。组织高层管理者由于掌握组织最大的资源分配权与决策权,因此,其在知识管理进行中应如何扮演好领导者的角色,以及如何引导方向、激励士气、提供资源及扫除障碍等,便成了进行知识管理最重要的因素。

如果组织的高层管理者要成功地进行知识管理,就必须扮演好以下几个重要的领导者角色。林东清博士(2002)总结了领导在知识管理中的 7 大重要作用。

(1) 知识管理愿景的提出者

CEO 为了要让全体员工有共享的目标与努力的方向,必须清楚地指出组织明确的知识管理愿景。例如,成为"技术永远的领先者""持续不断进步的学习型组织""每个工作永远以最佳实践来执行""永远不可能犯第二次错误"或"将适当的知识永远正确地传递给适当的人"。

(2) 知识管理文化氛围的塑造者

如前所述,CEO 对文化的形成扮演着重要的角色,其一言一行都会被员工视为组织重要的行为指标,因此,其对知识管理的努力参与、以身作则、坚定的决心与承诺,都会营造上行下效的普遍氛围与文化。反之,如果他缺乏实际具体的行动及决心,那么员工就不会努力地执行知识管理的工作。

(3) 知识管理战略目标的制定者

组织领导要有知识的战略性观念,就必须认识到知识是组织重要的战略资源和核心竞争能力,它是提升竞争优势的重要武器。要了解组织的知识战略缺口,以及组织未来知识管理的主要战略方向,只有这样才能把知识资源配置在对组织最重要的目标上。例如,对客户的亲密性、产品的领导性或作业的卓越性有正确的把握,也就能将组织的战略目标与知识管理的目标最密切地对应起来。

(4) 知识管理资源的承诺与配置者

知识管理资源的投资,必须长期投入巨大的人力、物力、财力和技术。掌握资源配置权的组织领导,如果无法对知识管理资源的投入给以长期的承诺,那么他对知识管理的推行将难以成功地进行。在这个需求下,最重要的是组织领导要能了解知识管理绩效的长期性、无形性、累积性与间接性,不能以直接的财务性指标低估其重要的影响潜力。

(5) 知识管理障碍与冲突的扫除者

导入知识管理后,组织会出现排斥人性化、个人英雄本位主义,而且常造成权力的转移,在有形的财务绩效上的呈现又不明显,因此会造成员工的抗拒、不配合,或部门间的矛盾冲突。所以,组织领导必须利用职权协调部门间的冲突,扫除在知识管理进行时的抗拒与障碍,否则,知识管理团队必定会到处碰壁,工作难以顺利推进。

(6) 知识管理绩效的最高考核者

如果没有评估,就没有控制与管理,也就无法了解知识管理进行的效果,以及未来改进的方向。因此,为了解资源配置的正确性与有效性,组织领导必须利用各种评估工具监督考核各单位的执行绩效,并以此作为绩效考核与薪酬的依据。

(7) 知识管理的创业家角色

组织领导要能敏锐地发现如何利用组织的优势知识,以便快速地获取在外部环境中逐渐涌现的新机会与商机,充分利用知识发掘机会创造优势。由于 21 世纪环境变动、典范转移非常迅速,因此组织领导每次在面对巨大的变革时,都要有第二次、第三次和第四次的创业家冒险、进取和冲刺的精神,以创立新型的经营模式。

6.2　知识管理的组织文化

组织文化是组织知识管理的重要影响因素之一,它不仅会影响员工的激励因素,还会直接影响员工的行为。

6.2.1　组织文化的概念

组织文化是组织成员在长期适应外界环境、整合内部组织过程中形成的一系列相互依存的价值观念和行为方式的总和,是组织经营哲学与行为准则外化的总体体现。它包括成员价值观、信念、行为模式、思维方式、是非标准、习惯、风格等。具体地说,组织文化包括以下三个方面的内容。

价值观:价值观是指组织成员相信值得做的事情或值得拥有的东西,是组织成员对特定结果或行为的偏好,或者是组织期望达到的目标。

行为规范:行为规范是指关于人们在公司中应如何行动,或者应该做什么来完成他们的工作的共识。行为规范体现了对行为的期望方式。例如,行为规范描述了员工在他们工作中应如何创造、分享和利用知识。

惯例:惯例是指组织中正式的或非正式的工作程序,包括立项程序、团体会议、日程表、职业发展道路、薪酬计划,乃至其他有组织的娱乐性活动。每一项正式或非正式的惯例有其特定的角色和规则来指导其运行。

组织文化对公司的运行与发展具有十分重要的作用,它具有强劲的同化或融化力量,能使组织不断变革、发展,它将持续有效地影响组织的行为,进而影响组织竞争力。主要体现在以下几个方面:

- 组织文化对公司员工的行为起到规范的作用;
- 组织文化对员工起到凝聚的作用;
- 组织文化对员工起到激励的作用;
- 组织文化对员工素质起到强化作用;
- 组织文化能使公司树立良好的形象。

6.2.2 组织文化与知识管理的关系

公司知识管理并不是简单的信息技术应用,而是建立一个全公司范围内的、渗透于公司每一个方面的学习型文化。这就要求公司领导层把公司知识的培育和管理作为获得竞争优势的重要手段,建立有利于公司知识共享和增值的组织文化,鼓励员工与他人共享自己拥有的知识,并促使员工将知识转化为有利于公司发展的生产力。

理论研究发现,知识管理与文化是密切相关的,如果没有相应的支持创新行为的组织文化的调整,任何旨在改善公司创造、传递和应用知识的活动均无法取得成功。不合适的组织文化对于知识管理活动具有阻碍作用,例如:

* 内向性——害怕向外界学习或害怕将内部运行情况向外界和客户透露;
* 过于注重细节——对更为宏观和复杂的知识创造流程重视不足;
* 将知识管理视为一次性的活动——过于急功近利,对其长期性缺乏必要的认识;
* 专家主义——将知识管理视为某一个职能部门的工作,而不强调各部门之间的合作;
* 组织认知和奖惩制度不配套——轻视知识对组织运作和发展的重要意义,对贡献知识的员工奖励不足。

知识管理与组织文化的关系可以概括为以下四点。

1. 组织文化决定组织对知识重要性的认识

组织文化强烈地影响组织关于什么是有用的、重要的或有效的知识的认识,其实质是知识对公司是否重要的问题。

一些文化只认可能植入流程和系统之中的显性化知识,而另一些文化则认可和推崇那种从社会交往中获取的知识,也就是隐含知识。文化对知识的不同理解和不同偏好常常会引起信息的误传和部门之间的冲突。例如,在评价一个营销信息系统是否取得成功时,市场营销部门、财务部门和信息管理部门的评判标准截然不同,从而会导致在知识管理方面形成截然不同的战略和目标。

2. 组织文化影响员工个人知识与组织知识之间的关系

组织文化包含所有不可言传的关于组织与其员工之间如何传递知识的规则,它界定哪些知识属于组织,哪些知识属于员工个人,它决定在公司中谁应有什么知识,谁必须分享这种知识,谁有权保存这种知识。公司领导层如果不能准确理解公司现有的知识传播机制,不能制定相应的策略改变这种机制,那么想改变与知识相关的行为将会是十分困难的。

组织内各职能部门或业务单位之间的等级秩序是妨碍公司与员工之间知识传递的重大障碍,如果公司很明显地认为某些部门比另一些部门重要,那么毫无疑问会挫伤知识交流的积极性,导致各业务单位尽力保卫自己的知识库。

3. 组织文化决定公司对新知识和对待错误的态度

组织文化决定着公司如何对待、获取和传播新知识的行为。如果公司希望能在激烈竞争的环境中生存下来,便必须尽可能快地获取、验证和传播新知识,以便及时调整公司战略与资源配置。

公司对待错误的态度无疑会影响员工之间的交流活动和知识创新活动,并进而影响知识生产和利用的质量。有助于知识管理的行为应该是挑选出重大的错误,进行认真剖析,使之成为一种重要的知识来源。美国军队在这一方面堪称典范,依据其建军多年来的作战经验,它发现没有一项任务是百分之百完成的,总会犯这样或那样的错误,而评价和改正错误的能力对于未来的成功是至关重要的。所以为了使员工能够对所犯错误展开坦诚的讨论,并能从这种错误中获得宝贵的知识,美国军队建立了一项重要的制度——将任务报告工作同评估工作分离。

6.2.3　知识管理的组织文化特征

对知识管理标杆企业的分析发现,知识管理下的组织文化通常具有知识分享、鼓励创新、持续学习、信任合作等特征。

1. 知识分享

知识管理的目的在于应用知识以提升组织的竞争力,知识持续不断地创新是组织保持持续性竞争优势的关键。而创新知识的产生离不开组织成员之间的交流,交流便是分享的过程。因此,知识分享是决定组织知识创新和管理成功的关键因素之一。此外,组织成员知识的分享可创造乘数的效果,增加组织整体的知识。在一个有知识分享文化的组织中,成员们会将分享经验和想法视为理所当然的事情,会彼此主动地分享工作经验,这将极大地促进组织对于知识的吸收、创新、积累和维持。因此,培养知识分享的组织文化,使组织成员能自愿性地分享知识,对于知识管理具有重要意义。

2. 鼓励创新

知识管理要注意它内在的精神,若只是一味模仿、移植别人既有的制度、技术和方法,知识管理是不会成功的,学到的也只是显性知识的部分,真正重要的哲学、价值及无形的知识资产并未学到。创新是公司发展的必然要求,所以组织必须要创造出信赖的环境,授权给员工,建立起勇于创新、互相学习的文化。对组织而言,有强烈的创新意识和创新精神的知识员工是实现公司价值的最大资源。因此,要提倡员工勇于革新,鼓励员工多尝试,不要有错就责备,允许有失败,要把错误和失败当作创造和革新的正常组成部分。此外,组织的主管们首先要愿意接受新观念与新事物,对员工信任和授权,愿意承担员工创新的风险,这样才能使员工具有承担风险、当机立断的胆识,员工也会因此而比较主动地提供工作意见和创新的建议。

3. 持续学习

组织在推行知识管理时,需要创造一个持续学习的文化。要强调"终身学习",即组织中的成员均应养成终身学习的习惯,这样才能形成良好的学习气氛,促使其成员在工作中不断学习;要强调"全员学习",即企业组织的决策层、管理层、操作层都要全心投入学习,尤其是经营管理决策层,他们是决定企业发展方向和命运的重要阶层,因而更需要学习;要强调"团体学习",即不但重视个人学习和个人智力的开发,更要强调组织成员的合作学习和群体智力(组织智力)的开发。只有形成了这样一种持续学习的文化,才能不断地进行知识创新。持续学习是企业实施知识管理的动力保障。

4．信任与合作

由于多数的人都视知识为权力的来源,而且传统上,奖励大多是提供给有表现的个人,造成员工将自己的创新或建议视为自己的资源,而不愿与他人分享。因此,能否建立一种信任和合作的文化,将直接影响到知识管理的顺利实施。如果组织内的成员不害怕合作或彼此竞争,则比较容易将知识转化为行动。相反,如果太过强调内部竞争,则会混淆了激励和竞争,造成负面的影响。在一个相互信任与合作的组织文化中,员工能够与其他部门的人自由交流,愿意与他人共享自己所掌握的知识。在这种相互信任的气氛中,知识能自由地分享和流动,员工和组织将因此受益无穷。

6.2.4 大文化背景下的组织知识管理文化设计

每个国家、每个民族都有自己的文化背景,这种大的文化背景是很难改变的。组织导入知识管理,既要创造文化环境,满足知识管理带来的变革要求,也要适应大的文化土壤。

有研究指出,集体主义倾向、等级倾向、和谐倾向、人情倾向和面子倾向是中国企业普遍存在的文化特征,对员工知识共享和员工创造力有显著影响。其中,集体主义倾向、和谐倾向和人情倾向有利于促进知识共享并提升员工创造力,而等级倾向和面子倾向会负向影响知识共享并抑制员工创造力的提升。[①]

在企业知识管理中,要充分认识并合理利用知识共享和员工创造力影响机制,提升知识管理的效率和组织创造力。因此,管理者需要采取积极措施,发扬中国文化因素对知识共享和员工创造力的积极影响,规避其对知识共享和员工创造力的不利影响。具体而言,管理者可以从以下几个方面着手:

(1) 树立组织共同的愿景,加强集体主义精神教育,培养员工对组织的归属感,提高员工对集体的认同,使员工自觉积极维护集体利益,实现集体目标;

(2) 倡导平等思想,建立扁平化的组织机构,采取支持、激励型领导方式,打破权力等级,降低员工的等级倾向;

(3) 建立和谐的组织人际氛围,引导员工对"和而不同"真正和谐精神的追求;

(4) 制定和实施相关制度时,考虑中国的人情因素,尽可能做到情(人情)与法(制度)相统一,发挥人情的积极作用;

(5) 培养开放坦诚的沟通氛围,促进员工之间的信任,消除成员在提出自己见解时对丢面子的顾虑。

---

① 王国保.中国文化因素对知识共享、员工创造力的影响研究[D].浙江大学博士学位论文,2010.

在"人情"和"面子"文化背景下,在组织知识管理文化设计时,要考虑到组织知识内容和人际关系等因素。

1. 基于"内容"的知识管理文化考虑

根据员工共享意愿,共享的知识内容可分为一般知识和关键知识。一般知识对自身利益没有重大影响,企业员工比较愿意与同事共享;关键知识对自身利益有重大影响,一旦与同事共享有损失自身经济利益、地位、发展机会的可能,企业员工在与同事知识共享过程中就会"留一手"。对员工知识共享结构的探索,有助于指导组织知识管理实践。

对于员工的一般知识,不仅鼓励在本部门内共享,更要鼓励员工在不同部门、不同专业、不同职务间共享,并提供相应的技术支持和管理支持,如定期对员工进行工作轮换、业务培训,或鼓励员工自发组建跨专业团队、兴趣小组等,从而使知识在组织内自由地流动。

对于员工的关键知识,要充分考虑员工知识付出与利益回报的平衡。比如,建立内部知识产权保护制度使关键知识拥有者的利益得到保护,对知识共享贡献度高的员工加大奖励力度,或在晋升职务和技术职称时优先考虑等,使员工在把自己的关键知识传授给同事时得到相应的补偿,从而提高员工共享关键知识的积极性。

2. 基于"关系"的知识管理文化考虑

心理契约可以调节集体主义倾向、等级倾向、人情倾向和面子倾向与知识共享之间的关系。其中,关系型心理契约强化了集体主义倾向对员工关键知识共享的正向影响;交易型心理契约弱化了人情倾向对员工一般知识共享的正向影响,强化了等级倾向对员工关键知识共享的负向影响。

拓展阅读

因此,管理者可以在企业人力资源规划、招聘、培训、绩效考核、薪酬与奖惩等方面,传达组织对员工不同的期望,展示组织对员工不同的支持与承诺,从而构建企业与员工之间的基于社会情感交换基础上的关系型心理契约。

此外,还需要对这种关系型心理契约进行维护,比如,企业给予员工更多的关心和关怀,使员工感受到企业的温暖,尽可能使员工形成一种对企业的情感归属。通过重视组织与员工关系的培养,发挥员工心理契约对文化因素与知识共享之间关系的正向调节作用,强化积极影响,抑制不利影响,是促进企业内部员工知识共享行为与提升员工创造的重要策略。

6.3　知识管理的激励机制

激励理论指出员工为了满足需求才会有行动的动机,而期望理论则指出员工行动之前都会对报酬有所期望。对于员工报酬的许多方式,不论是加薪、表扬或更好的工作调派等都在组织的掌握中。因此,组织如何以有形的薪酬制度配合无形的文化规范影响员工的行为,便成了知识管理的一项重要的管理议题。

6.3.1 知识员工的激励系统与薪酬体系

1. 知识员工的激励系统

实施知识管理目标就是建立学习型组织。学习型组织中的员工被称为知识员工。与传统的雇员相比,知识员工的能力、目标、需求都发生了变化,因此,知识管理应该建立与传统组织不同的员工激励系统。

通过问卷调查,发现 4 个激励因素对知识工作者的激励作用从高到低的次序依次是:个体成长(33.74%),工作自主(30.15%),业务成就(29.69%)和金钱财富(7.07%)。可见,个体成长、工作自主和业务成就是知识工作者的主要激励因素。通过对员工物质及精神上的激励,可以提高其对工作的热情,更有利于发挥员工的积极性、创造性,从而改善了个人的心智模式,在组织环境中能够自主学习,不断调整自己的目标,树立个人愿景,提高组织能力,更有助于员工激励机制的完善。在人员激励过程中,要充分认识到上述因素,注意运用以下策略提高激励效果。

(1) 提供挑战性的工作机会。因为挑战性的工作不可能利用知识工作者原有的知识解决问题,而必须进行新的学习,新知识的获得和能力的提高会使知识工作者产生强烈的个人成长满足感,因而也会激发出进一步学习的强烈愿望。

(2) 注重管理过程的公平性。研究表明,程序公平性,即分配程序、管理方法的公平性更能激发人们的工作积极性,提高员工满意感和组织承诺的可信度。

(3) 创造自主的工作环境。组织中知识工作者的工作是一种创造性工作,其工作业绩取决于知识工作者本身的知识、技能和意愿,而不是周密的工作安排和法定工作时间的长短。组织要为知识工作者提供宽松的工作环境,使个人具有较大的安排工作计划和工作时间的自由度,这也是知识工作者激励要素"工作自主"的要求。

2. 组织薪酬的类型

组织对员工薪酬的类型比一般想象中更为复杂。表 6-1 所示为学者 Robbins(1992)给出的组织的薪酬种类结构。

表 6-1 组织的薪酬种类结构

组织薪酬体系(Robbins,1992)			
内在薪酬	外在薪酬		
	直接薪酬	间接薪酬	非财务薪酬
• 参与决策 • 工作上更多的自主性 • 承担更多的职责 • 较为有趣的工作 • 个人成长的机会 • 工作活动的丰富化 ……	• 调薪 • 加班费 • 绩效奖金 • 分红 • 认股权 ……	• 保险计划 • 休假 • 服务与津贴 ……	• 办公室装潢 • 较宽松的午餐时间 • 指定停车位 • 较好的工作轮换 • 名片、头衔 • 私人秘书 ……

(1) 内在薪酬

内在薪酬是指员工自己感受到的一些报酬,大部分来自工作中的满足感。例如,对于激励理论所描述的工作丰富化、工作任务特性的重新设计等,都会让员工从工作中得到更大的满足。

(2) 外在薪酬

外在薪酬包括直接薪资、绩效奖金、分红,以及间接的保险、休假、俱乐部会员卡等。

6.3.2　知识管理薪酬体系的设计重点

由于薪酬体系直接且具体影响着员工的行为,因此,它与文化和领导一样对于员工在知识管理执行意愿上会产生指标性的引导作用。所以,组织在设计知识管理相关的薪酬制度时必须配合知识管理的目标,否则,如果知识管理的目标是鼓励知识的共享,而薪酬制度却着重奖励个人杰出的绩效表现和知识的囤积,当然无法进行知识管理。在知识管理薪酬制度的设计上要注意以下几个重点。

(1) 薪酬制度必须是明确的

即要让员工清楚地了解组织鼓励哪些知识管理的行为,如果定义模糊不清或说明不够明确,那么员工对于应致力于哪些行为将无所适从。

(2) 要与知识管理目标密切配合

除了明确的薪酬制度,还要鼓励支持知识管理的行为,不要错误地鼓励妨害知识管理的行为,同时在薪酬制度的设计上不应该鼓励下列阻碍知识管理进行的不良行为。

- 个人本位主义,囤积知识而不共享。
- 抱持着不敢冒险创新和多一事不如少一事的工作心态。
- 内部钩心斗角,职位与权力间相互纷争。
- 粉饰太平,并且不愿公开检讨失败经验的教训。
- 陈腐的官僚制度,凡事推托而不敢承担责任。

(3) 要平衡内在报酬与外在报酬

量身定做符合员工的真正需求,即根据期望理论、马斯洛理论和激励-保健理论,外在报酬方式并不一定是每个员工的真正需求,只有能真正满足员工的需求才具有激励效果。例如,一个非常期望专业上受到肯定的工程师,如果组织颁发一个“本年度最佳杰出工程师”的荣誉奖章,或重新设计其工作特性使其拥有更高的自主性,这样也许比颁发 10 万元奖金的效果更佳。

(4) 平衡团队与个人薪酬

组织的薪酬不能只鼓励个人英雄主义,也不能只奖励部门和团队,使得内部形成齐头式平等的薪酬,而忽视肯定其中贡献度相对较大的成员。因此,薪酬制度的激励要兼顾到团队协力合作上成功的奖励和对其个人相对贡献的肯定。

(5) 组织要表彰与肯定员工对知识管理行为的贡献

如果组织忽视或不清楚员工对知识管理的贡献行为,那么在期望理论下,大部分的员工不愿意继续做无名英雄。因此,组织应该根据评估的结果,举行正式的典礼、仪式表彰其对组织的贡献。这样做一方面形成知识分享的文化而影响其他员工,另一方面也激励当事人未来可以再付出更多的努力。

此外,每个知识库上对提供优秀知识贡献的员工应加以注明,让其能享受到荣誉感和受到肯定的内在报酬。

(6) 薪酬要实质且制度化

薪酬要予以制度化,不能只有 3 分钟的热度,管理者也不能因自己的喜怒而随意奖罚。持续性的薪酬制度才能形成稳定和有影响力的文化。此外,薪酬不能太低,这样影响员工的积极性。

(7) 组织要肯定并全力支持员工进行知识管理所需的资源

如果组织鼓励员工执行知识管理,却明白规定上班时间要努力完成例行的工作,不能闲逛和闲聊,那么,员工一来本身的工作太忙没有时间进行知识管理;二来与其他员工知识的自由共享、交流或自我的学习都被视为是偷闲或玩忽职守,那么员工必须偷偷摸摸地进行。在这种不受组织肯定及阻碍知识管理的制度下,员工就会有何苦多此一举的想法。

例如,3M 公司规定每周星期三下午是员工知识共享与创意的自由交流时间,员工可以不用呆在办公室里。日本许多公司也特别规划出让员工知识内化、外化、社会化和组合化的特殊区域场所,以鼓励员工知识管理的执行。

(8) 组织提供的知识价值必须能唤起员工的内在报酬

员工的许多动机会因其受到内在激励的影响。因此,如果能让员工本身认识到知识管理的效益性、价值性及对自我成长的贡献性,那么他甚至不需要组织另外提供外在报酬都会努力地进行知识管理。例如,员工每次由知识库中获取到的知识质量、价值和助益都非常高,自然会对知识管理系统产生有用性的认知。在这种认知与内在激励下,会自动提高员工使用知识管理系统的意愿与行为。因此,组织对知识管理的失败不能只是一味责怪组织文化不佳,或员工自私自利、不共享、没有上进心及不喜欢学习,组织应该检讨知识管理的设计与质量是否让员工可以方便地从中获利,引发员工的内在激励因素。例如,E-mail 或 Internet 的使用产生了便利与效益,因而并不需要组织的奖励,所有的员工都会自觉地使用。

(9) 薪酬制度的评估要平衡与客观

评估员工知识管理的行为与绩效必须客观公平,不能随主管的喜好产生不公平的薪酬结果。应该尽可能通过不同的人和方法(主管、同事及客户、部属)力求客观,并且要针对财务性和非财务、质化和量化、过程和目标、内部和外部均衡地评估,否则很可能鼓励的方向会出现错误,而忽视了贡献极大的知识管理行为。例如只鼓励 BBS 上张贴文章的次数,而忽略对该文章质量的评分与评估,那么这种结果只是鼓励了大量灌水的垃圾文章,却阻碍了一些虽只占少数却是通过长期努力累积和谨慎思考,深度与广度兼备的高质量知识。

(10) 薪酬制度要与文化相容

薪酬制度如果建立在不相容的组织文化上影响力将会有限。例如,组织按业务员个人业绩表现的好坏来肯定及表扬其能力,这种个人英雄主义的主流文化就和每年按照团队合作的绩效作为薪酬的方式矛盾,其结果会让获奖的团队没有感到荣誉感,且团队合作共享知识的行为也不会受到鼓励。

6.4　知识管理的组织结构

影响知识管理除了员工个人面的行为外,一个组织的结构设计、职责角色分工及管理制度的规划也会深远地影响知识管理能否有效地进行。

6.4.1　知识管理组织理论

1. 知识管理组织结构的主要理论

组织结构是组织的全体成员为实现组织目标,在管理工作中进行分工协作,在职务范围、责任、权利方面所形成的结构体系。即由组织的结构设计说明组织内有哪些工作和任务? 这些工作应如何分工? 每个人的职责是什么? 汇报的层次是什么? 决策支配权在哪里及员工彼此间如何协调等层面。因此,一个组织如果没有这些结构的设计与规划,那么必将使得组织的权责无法区分,员工没有规则可以遵循,因不知如何分工合作而感到无所适从。

在知识管理的组织结构研究领域,有下列 3 个主要理论。

(1) 古典理性理论

古典理性理论学者认为,存在某一特定形态组织结构,由于其具有自由灵活的特性,并能水平式地分享知识,因此,有助于组织知识管理的推动。21世纪是个动态的全球化经济体系,讲求改变、创新与速度。因此,组织应尽量地转型为这种结构,未来才有发展的潜力。

(2) 权变理论

权变理论学者认为,各个组织的技术、环境和战略不同就应分别采用适合的组织结构。就支持知识管理而言,并没有最好的结构,而是一种权变的观念,即不同的组织支持的知识管理结构将有所不同,组织并不需要特别为了推动知识管理而大幅度地修改组织既有的结构,只要以适当的知识管理专职单位或职位角色加以辅助,就能有效地实现知识管理的目的。

(3) 知识导向的公司理论

格兰特(Grant,1996)认为在知识经济时代,组织结构的设计不能以传统的生产要素或产品和工作流程来思考,而应以知识为核心资源考虑,即组织在必须了解知识不同的本质与特性后,再来决定组织结构决策权集中度的设计方式,以达到充分支持组织知识创造和利用的目的。因此,他提出知识导向的公司理论,主张组织应该兼顾知识管理的专精分工以支持知识的创造,良好地协调整合机制以支持知识的利用,并建议利用模块化的团队构造组织的整体结构。

2. 知识型组织

古典理性理论认为,由于知识取代了农业时代的土地、劳动力和工业时代的资本及设备,而成为21世纪组织最重要的核心竞争能力与战略资源。由于它不易模仿及其高附加值,因此,传统资本及劳力密集的产业都面临极大的转型压力。

产业转型是指企业将其核心能力与价值的创造由价值链中的某些专注功能转移到新的、价值创造力更大的功能上。例如,耐克公司专注于品牌管理、营销市场战略、客户关系管理和价值网络管理等知识密集的核心能力,而将其他制造、生产、配送等设备及资本、劳力密集的功能外包。

戴斯(Deise,2000)将企业分成实体型企业(physical company)和知识型企业(knowledge company)两种。

实体型企业具有扎实的实体有形资产,包括土地、厂房、设备、劳动力及工具等。其主要价值链的重点在于产品的开发、制造、生产、配送及原材料的后勤管理,并专注于建立最佳等级的制造流程,属于价值网络中的供应链,例如一般的OEM工业。

知识型企业指的是运用知识来创造高附加值产品或服务的企业。知识型企业基于知识的运用、集成而向市场推出产品或服务。知识型企业并不局限于高科技企业,每个行业都有知识型企业。

知识型企业是一种典型的知识型组织。知识型组织为适应知识经济的发展而形成的以知识为基础的开放、互动的组织形态。莱博维茨和贝克曼(Liebowitz & Beckrnan,1998)认为一个知识型组织应该在价值观、核心能力和组织结构方面具备以下特征。

(1) 价值观与经营理念方面

① 面向客户

知识型组织必须是市场驱动和面向客户的,即传递最大价值给客户并提升客户的满意度与忠诚度,是一种由外向内的价值观。客户价值是其产品服务和流程设计的最大指导方针,即必须遵从由外向内(outside-in)和客户知识充分互动的指导方向,而不是金字塔形、闭门造车、由内向外的思考模式。

② 持续改善

知识型组织必须具有学习型组织的特色,全体员工具有强烈的自我超越的信念,而且,整个组织必须具备不断学习、进步、改善组织文化的动力,以及居安思危的危机意识。

③ 作业完美

通过内部、外部的标杆学习和最佳实践的定义与转移,达到任何作业的执行都达到最佳实践的境界或达到"合适的人在合适的时间、合适的地方干合适的事"的境界,即组织充满追求完美的文化与信念。

④ 尊崇专业技能与知识分享

知识型组织的文化不以年薪职位评定员工的价值,而是尊崇握有丰富专业知识并乐于分享知识的员工。组织应建立这种价值观,才有可能激励所有的员工努力追求和分享知识。

（2）组织具备的重要能力方面

① 高效率的学习与创新

知识型组织必须具备丰富的知识基础和学习创新的动机与组织文化,如同吸收能力理论所描述的具有高效率的学习及创新的能力。

② 高水平的专业能力与知识

知识型组织由于本身必须具有知识创造、存储、分享与转移的能力,以及文化、领导、信息技术的良好支持环境,因此,必须比一般竞争对手具有更高水平的专业技能与知识,只有这样才能成为产业知识管理的标杆企业。

③ 高绩效表现

知识型组织必须能充分利用知识强化组织的核心能力,以此激发知识更大的杠杆作用,提升各主要部门和工作的绩效,进而达到企业的高绩效表现。

（3）组织的结构方面

① 自我领导与管理的结构

自我领导与管理的结构,是指知识型组织不应是机械式的官僚型组织,而应由活泼、自主、充分地分享及创造整体形态的自主团队所主导,员工由于得到充分的授权并掌握丰富的知识,可以很好地进行自我管理。

② 高度灵活性与适应能力的结构

高度灵活性与适应能力的结构,是指知识型组织必须能因外部环境的变化,比对手更快速地调整经营模式和战略以适应本身的竞争环境。组织要达到这个目标,就必须依赖具有灵活性的网络型团队结构和快速吸收新知识的能力。

③ 信息技术充分支持的创新

信息技术充分支持的创新,是指知识型组织必须善用信息技术支持组织的创新。例如,善用知识创造、存储、分享及转移各种信息技术协助达成团队的知识分享和能力资源。

④ 主动积极与未来观

知识型组织必须具有主动、冒险、积极的创业家精神,并且是一个新典范的创造者、新产品流程的创造者,以及具备领导产业的信念与能力,而不是只是消极的跟随者。

简言之,知识型组织的特征可以概括为:知识成为知识型组织的核心资源;知识管理成为组织管理的焦点;智力资本成为组织创造价值的核心资产;智力产品成为组织生产的最具有市场竞争力的产品。

6.4.2　面向知识管理的组织结构

1. 工业经济时代组织结构不适应知识管理的要求

工业时代的直线制组织模式,已成为公司推行知识管理最大障碍之一,突出体现在以下三个方面。

① 高度分工和专门化。一件完整的工作被高度分割,轮至最后阶段的工作者,既不知道他们努力的结果是什么,也不可自作主张;工作者只是听命办事,不管自己有兴趣也好,

或是感到枯燥无味也好,都得要做。

② 高度阶层化和中央集权的组织。各职能部门之间的沟通往往要由更高级主管拍板。权力依组织层级逐次上移,上层所做决定往往过分标准化和僵化,以致和现实脱节。

③ 刚性管理体制。组织结构层次分明,员工与员工之间、员工与管理人员之间、管理人员和高层主管之间有明显的地位区分。员工的意见和建议必须经过多层中间管理人员的传递,才可能达到最高层管理人员那儿。而在信息传递过程中,中间层管理人员会根据自己的理解对信息进行过滤,因此到达公司最高层主管处的信息不可能是员工的真实想法。同样道理,公司最高主管下的指令或向下传达的信息会由于中间管理层人员的误解而变形,从而使公司内部根本无法实现知识的自由流动和共享,也无法培育起知识导向型公司文化。

在知识经济时代,经济结构和公司工作性质已发生了巨大的变化,突出体现在以下几个方面:

- 公司工作性质由非熟练工作转向知识型工作;
- 公司工作重点由枯燥重复性工作转向创新和关心;
- 工作组织形式由个人工作转向团队工作;
- 工作类型由职能性工作转向项目性工作;
- 员工技能要求由单一技能转向多功能;
- 权力中心由上司权力转向顾客权力;
- 工作协调力量由上司协调转向同事协调。

在这种形势下,世界不再需要直线制组织结构,公司面临的各种挑战要求将公司改造成为有生气、充满智慧的柔性组织。

2. 面向知识管理的组织结构的特点

面向知识管理的组织结构的特点可归纳为组织柔性化、组织扁平化、组织分立化、组织网络化和组织边界模糊化等几个方面。

(1)组织柔性化

"柔性"泛指适应变化的能力和特性。组织的"柔性化"是指企业具有参与国际竞争,对意外的变化不断作出反应,以及适时根据可预期变化的意外结果迅速进行调整的能力。实现组织的柔性化,在组织内部以组织可塑性为基础,而对于组织外部的环境变化,它就具有了较强的灵活反应的能力。

柔性组织设计基于三种能力。第一,组织内部形成跨业务单位的网络。这种能力需要以统一的人力资源政策来加以支撑,使得组织能够对其拥有的人力资源进行灵活的调配。第二,用价格、市场或像市场一样的机制来协调大量以盈利为中心的单位,这就要求组织内部拥有一套有效的激励机制和相应的财务核算系统,以及有效的信息系统。第三,建立与合作伙伴的外部联系网络。组织需要具有与其他企业建立知识联盟以实现优势互补的能力,同时能够把内部联系的网络与这种联盟结合起来,以创造新的竞争优势。

组织的柔性化可能有多种实施方案,比较典型的有多极结构和二元性结构。

① 多极结构

传统的组织结构是在拥有一个全权核心机构的基础上,建立多个分支机构。中心机构负责制定战略方向,确定和统一分支机构的计划,统一配置资源,监督执行。传统的组织结构对隐性知识管理具有障碍作用。

新型的柔性组织系统一般以多极组织的形式出现。在这种多极组织中,各业务单元都是相对独立的单位,它们相互之间组成"联盟",彼此相互依赖,在关键技术和难题的解决上互相帮助。各业务单元与核心机构处于一种平等的地位上。核心机构的职能是针对竞争环境的变化适时调整组织战略,发展组织和管理的基础结构,通过组织文化建设来创造凝聚力,使各业务单元互相合作,确保统一任务和目标的完成。组织中的各项具体业务由各业务单元来完成,核心机构为各业务单元顺利完成各项工作提供支持。

苹果电脑公司采用了新型的多极组织结构。苹果公司的产品部、美国分公司、欧洲分公司、太平洋地区分公司,可全权代表总公司处理包括财政、人力资源、法律行为、行政管理等各项事务。各业务单元还有选择性地参与建立和贯彻全公司的发展战略。全公司 400 多名总经理都出席两年一度的世界范围的会议,共同讨论公司所面临的关键性挑战。这种会议起到了加强各单元之间的人际交往和巩固各部门相互合作关系的作用。苹果电脑公司下属的各业务单元无论是否在大小、规模形式上相同,但都与总部的地位平等,是一种典型的多极组织。

② 二元性结构

二元性组织是指能够将稳定性与柔性相结合的组织系统。这种组织既有能力、结构和文化方面的内部不一致性,同时又拥有完全一致的组织目标。在有些高科技企业中,技术部门的划分、各业务单元的责任和权力等都在不断变化。在这样的组织中,管理者能够积极主动地对组织进行重塑。

从大的结构来说,二元性组织可大致分为两大部分。一部分相当于一般标准结构中的基础性组织单元,它是相对稳定的部分,只是定期发生重大改变。它为整个组织各个业务单元之间的联系提供了一种机制,并且使雇员有很强的稳定感。这种基本结构具有较大的刚性,不可能因内部或外部的原因而经常变化。二元性组织的另一组成部分是由公司成立的项目组和多功能群组所组成的,其成员来自各个不同的操作单位。这样,在集中处理关键的任务时,公司的各个部门不致发生混乱,使公司具有柔性化的特征。

(2) 组织扁平化

等级森严的层级组织体系中,信息的处理和传递要经过若干环节,致使整个组织对外部环境变化的反应迟钝,在激烈的市场竞争中处于不利地位。20 世纪 80 年代以来,美国不少企业开始对这种传统模式进行大胆的改革,减少管理层次,扩大管理幅度,组织结构呈现出扁平化趋势。90 年代初期出现了业务流程再造或企业再造的潮流,其核心思想之一就是要把原来的金字塔形的组织结构扁平化。

美国 SEI 公司在 1993 年取消了全部秘书建制,削减中层管理人员数量,最高管理层的管理人员的控制幅度增加到 20 人左右。联邦运通公司从公司董事长到最低一级职员之间总共只有 5 个管理层次。Sun 公司的管理层结构只有 3 个层次：总裁—副总裁兼事业部部长—工程师。

组织结构扁平化的两个前提条件是：信息技术的应用和组织员工独立工作能力的提高。

首先，以现代计算技术为基础的网络技术使得整个组织内部的各个部门、各个岗位可以由一个系统的信息网络紧密联系起来，使得企业的每一个普通员工都能够通过网络系统获得企业内与自己业务有关的任何信息。网络技术的应用可以大大减少企业内部的数据和报表工作，并且使基层工作人员能够直接与最高管理层进行沟通。这就为减少中间层级提供了可能。

其次，组织扁平化意味着管理者要向员工全面授权，要组建各种工作团队，使得员工承担更大的责任。在这样的组织中，普通员工与管理者之间的关系更为直接，下级管理者和上级管理者之间的关系由传统的被动执行者和发号施令者的关系转变为一种新型的团队成员之间的关系。摩托罗拉公司的总裁罗伯特·高尔文甚至说，普通员工在与顾客接触时，享有与总裁同样的权力。因此，如果组织的员工并不具备足够强的独立工作的能力，这种授权和团队成员关系是不可想象的。

(3) 组织网络化

这里所说的网络化是指组织内部的网络制运作。层级制组织形式的基本单元是在一定指挥链条上的层级，而网络制组织形式的基本单元是独立的经营单位。网络化组织通过使各组织单元之间的连接度最大化，而为知识共享提供最佳的组织结构支持。

例如，AT&T 公司通过企业重组，把企业改组为由 20 个独立的经营单元组成的网络制组织。在公司的历史上，首次让每个基层组织的领导全面负责定价、营销、产品开发和营利等工作。这就是典型的组织网络化的运作。

企业组织结构的网络化，具有两个基本特点。

第一，各经营单位之间，以及经营单位与公司总部之间，通过特定的市场机制，而不是行政机制联结。这种特殊的市场机制与一般的市场机制有所不同。按照一般的市场机制，交易双方之间是一种并不稳定的单一的商品买卖关系，而在网络型组织中，所谓"交易各方"之间的关系，则是一种以资本投放为基础的包含产权转移、人员流动和较为稳定的商品买卖关系在内的全方位的市场关系。

第二，在组织结构网络化的基础上形成了强大的虚拟功能。处于网络制组织结构中的每一个独立的经营实体都能以各种方式借用外部的资源，如购买、兼并、联合、委托和向外发包等，对外部的资源优势进行重新组合，创造出巨大的竞争优势。通过这种虚拟功能，企业可以获得诸如设计、生产和营销等具体的功能，但并不一定拥有与上述功能相对应的实体组织，它是通过外部的资源和力量去实现上述具体功能的。

① 虚拟组织模式

这是一种企业之间的暂时的组织形式，是不同的企业通过合作组建的一定形式的"战略联盟",因此又叫战略联盟组织形式。所加盟的各个企业可以充分发挥自己的竞争优势,共同开发一种或几种产品,并迅速地把共同开发的产品推向市场。所加盟的各个企业共同分担所有的成本费用,共同享有开发产品所研制的高新技术。一旦联盟的目标实现,先前所组建的虚拟公司即告解散,而为了新的战略目标,又可经过重新组合,创建新的虚拟组织。

虚拟组织模式与组织内部的网络化模式相比,具有如下特点。

第一,组织结构更为松散。虚拟组织打破了传统组织结构的层次和界限,是由一些独立的组织在自愿的基础上,为了一定的战略目标而组建的松散的企业联盟形式。

第二,技术联盟通常是整个战略联盟的基础。虚拟企业联盟是以一定的高新技术的开发和应用为基本内容的,在此意义上它是一种技术联盟。

第三,增强了各个成员组织的市场竞争力。虚拟组织是由一些独立的组织组合起来的临时性组织,易于抓住转瞬即逝的市场机会,具有灵活经营的优势。虚拟组织能够动员众多的成员加盟,能够迅速融集巨额资金,综合成员各具优势的设计技术和制造技术,组建阵容强大的技术和产品研发力量,具有整体经营的优势。

② 团队结构模式

在现代组织中,团队是对活动进行组织的一种非常普通的手段。过去,团队主要被广泛应用于基层管理的工作设计中,当团队这一组织形式被运用到一个组织的中上层,成为该组织的中心协调手段时,这个组织就实行了团队结构组织模式。这一模式的主要特征如下。

第一,组织中间层弱化。团队结构模式把横亘在一个组织的上层和基层之间的各个职能部门进行分解和弱化,把决策权分散到工作小组的层次上,从而形成一个中间层弱化的组织结构。随着信息加工和通信技术的进步,一个规模较小的管理层就能够对为数众多的商品制造或提供服务的一线工作人员进行协调,使得在原有组织模式下主要从事信息传递和加工的中间管理层成为多余。这就形成了高层不大,中间层细小,而基层宽大的"沙漏型"组织结构。

第二,组织成员既是专家,又是通才。在团队组织模式中,由于中高层管理人员队伍的缩小,一线工作人员的纵向提升机会减少了,而横向流动却变得更加频繁。通过横向流动,可以使一线工作人员从事报酬更高的工作,减少长期从事一项工作的单调感和枯燥感,从而对失去纵向提升机会提供一种补偿。频繁的横向流动,使一线工作人员的技能多样化,变专才为通才。对中高层管理人员来讲,要处理各种各样来自基层的问题,也需要他们具有多方面的知识结构,不仅是一个领域的专家,还需是多个领域的通才。

3. 面向知识管理的组织设计原则

面对多变的环境,组织必须作出对应的变革,而这种变革也必须在最基本的组织设计原则上反映出来。知识组织管理的知识共享原理、团队协作原理、才能识别原理、结构资本控制原理、知识资本积累原理、知识资本替代原理、客户资本价值原理、知识价值发掘原理、知识流辨识原理和智力资本的相互作用原理构成组织设计的基础。结合上述环境变化的基本趋势,面向知识管理的组织设计主要应遵循以下一些基本原则。

(1) 以核心能力为中心的原则

核心能力实际上已经成为现代企业确立竞争优势的基础,组织的设计也就应该以组织的核心能力为中心。也就是说,组织的结构要有利于核心能力的获取与保持,要有利于核心能力在竞争中发挥其作用。

例如,事业部是在组织中以独立生产最终产品为主,但此种结构使得组织重要的核心能力资源(包括设备、专家、知识和预算)分散到各个独立的事业部,使其力量分散、预算资源较少,无法凝聚在一起开发出产业的核心能力。例如,一个汽车制造厂把引擎设计专家分散到各个吉普车、卡车、旅游车、轿车等事业部,那么其引擎设计的核心能力就会因力量分散而无法领先对手。因此,组织应该设计能统筹负责核心能力的部门或机制,知识必须要深入、扎实才可能创新。

当组织在与外界进行信息交流、建立知识联盟等具体运作中,组织的设计同样要能够令其核心能力成为其中心。

(2) 组织灵活性原则

竞争就是优胜劣汰,当环境发生变化时,任何组织如果不能及时作出反应,最终的结果就只能是被无情地淘汰。因此,现代组织必须具有的一个特性就是应对变化的灵活反应能力。

例如,一家从事抚恤金业务的公司曾利用税法和银行利率无法预料的变化,推出一项服务。然而,它预见这项服务的市场畅销期不过 3 个月。进入市场只要迟 30 天,就会使该公司推销这项服务的时间减少三分之一。关键在于,不仅产品和服务的生命周期的缩短,而且可以用于开发新产品和推出新产品的时间也在缩短。因此,今天的竞争者不得不提高组织反应的速度,不然就会落后。

(3) 知识价值最大化原则

在知识成为组织运作的最关键资源的情况下,组织设计必须考虑知识的价值能否有效地实现,能否将知识的潜能最大地发挥出来。因此,知识价值最大化应该是组织设计的一个重要原则。

(4) 最少层级原则

传统组织的一个基本特征是其官僚层级制度,我们在前文中也已经提到,官僚层级制是知识管理的桎梏,因此,未来组织的设计应该遵循最少层级原则。

(5) 组织可塑性原则

任何组织都有其相对稳定的结构,但传统组织结构过于稳定而缺乏可塑性。为了应对环境的多变,组织的战略也就需要经常进行调整,因而也就需要组织内部的结构也进行适时的调整。

需说明的是,组织灵活性原则涉及的是组织对于外部环境变化反应的灵活性,而组织可塑性原则是强调内部结构变化的灵活性,两者的衡量标准是不一样的。

6.4.3　支持知识管理的职能机构设计

组织推行知识管理,除了需要适合知识管理需求的组织结构以外,还需要专门负责知识管理业务的部门和相关的人员,包括知识管理高层组织、知识管理基层组织、知识中心和相关的角色。

1. 知识管理的主要岗位、机构与职能

(1) 知识管理高层组织

知识管理的高层组织是指在公司最高领导层全面负责和指导公司知识管理活动的领导机构,通行的做法是建立专门的委员会、成立相应的职能机构、任命相应的具体负责知识管理的高级领导人,这些领导人便是知识领导(knowledge leader)。

知识领导包括一系列内容十分丰富的职位和责任,有各种不同的称谓,常见的头衔是知识总监(chief knowledge officer)或知识经理(knowledge manager)。知识总监这一职位的设立意味着知识管理已正式成为公司的一项重要管理内容,知识总监也因而成为公司知识管理的象征。

知识管理权威达文波特将知识总监的关键责任概括为如下三个方面。

* 创建知识管理基础设施:包括培训知识库、图书馆、数据仓库、研究组以及与外部学术组织的联系;
* 培育一个知识导向型的组织文化;
* 使上述两项产生效益。

不同类型组织的知识总监的具体职责不尽相同,对一个公司来说,知识总监的主要职责应包括如下几项。

① 确保知识管理能切实增加公司的利润并提高公司的营利能力,使公司能够从知识管理中获得最大限度的经济回报,这是所有知识管理活动与全体知识管理人员的最终目标。

② 了解公司的环境和公司本身,寻找公司的核心竞争力区域和高成本/高潜在收益区域,理解这些区域以及全公司的知识需求。

③ 建立和造就一个能够促进学习、积累并共享知识的技术与体制环境,加强知识集成以产生新的知识。

④ 保证知识库设施的正常运行,监督知识库内容的质量、深度、风格,并保证其与公司的发展保持一致,其中最主要的是知识更新。

⑤ 刺激知识在公司中的应用并为这种应用创造环境和条件,评测知识管理的绩效。

⑥ 促进知识共享并进而协助公司营造相互信任、开放的学习型的组织文化。

(2) 知识管理的基层组织

知识管理要充分发挥作用,必须与业务部门的活动和组织业务流程密切结合。因此在进行公司知识管理组织设计时,除在公司总部成立相应的委员会、任命知识总监并设立相应的职能部门外,还应建立知识管理的基层组织,任命知识管理的基层负责人。公司知识管理的基层组织可按部门知识经理制、多功能领导制两种思路来设计。

①　部门知识经理制

部门知识经理在人事关系上属于各业务部门,行政上受本部门经理领导,业务上受公司知识总监指导,常见的部门知识经理有客户知识经理(director of customer knowledge)、研究与发展知识经理(director of R&D knowledge)等。部门知识经理的具体职责是全面负责本部门的知识管理工作。

②　多功能领导制

多功能领导制有两种模式,一是将知识管理工作交由部门领导人中相对而言较有知识管理经验与技能的人与本部门的知识管理专家共同承担;二是将公司知识总监办公室直属的知识管理专家统一派往各业务部门,在各业务部门经理的领导下共同承担本部门的知识管理任务,例如公司知识管理战略专家就有可能被派到公司企划部,公司外部知识资源专家则可以安排到公司营销部或市场研究部工作,与此同时,相关的知识管理支持技术的管理工作也一并交由各业务部门管理。

多功能领导制的优点是加强了各业务部门对知识管理工作的领导,能够大大提高各业务部门的知识管理能力和积极性,更容易将知识管理与各部门实际相结合,从而使知识管理活动更容易取得有针对性和说服力的实效。其缺点在于可能会削弱知识总监必要的控制权和协调权,尤其突出的是技术协调和标准化问题。在这种情况下,知识总监的控制与协调变得更为重要。

(3)　知识管理业务人员

为有效地在全公司范围内推行知识管理,公司还应为知识总监和各级部门知识经理配备足够的知识管理专业人员,协助公司知识总监和部门知识经理处理知识管理的诸多业务性问题,这些专业人员分布于公司知识管理职能部门或各业务部门的知识管理办公室。所以在公司知识管理队伍中,存在着形形色色的角色,如知识管理战略专家、知识传递专家、知识网络经理、知识管理员、知识工程师、知识分析员、高级知识管理工程师、知识记者/知识编辑等。这些知识管理业务人员最常见的称谓是"知识管理工程师"。

知识管理工程师的职责是:

- 组建、运行、维护和管理公司/部门知识管理技术基础设施,如内联网、知识库等;
- 公司内外部显性知识的获取、过滤、编辑、审核,并将其录入相应的知识库;
- 公司内部隐性知识的记录和转化;
- 知识库组织与更新;
- 协助公司知识总监和部门知识经理完成公司知识管理的其他业务工作。

(4)　知识中心

知识中心既是企业知识汇集中心,也是企业知识管理服务中心,通常是组织内部的一个虚拟机构。组织知识中心应配备足够的知识管理专家和信息管理专家,中心工作人员必须承担一种综合性的职能。知识中心工作人员关注的焦点是促进高质量的知识在组织内自由流动,组织知识资源的有效标引与存储,并协助进行知识研究,针对员工需求提供各种知识服务。

① 组织知识中心的概念

组织知识库及其运作机制和服务体系的联合就形成了组织知识中心。知识中心负责组织拥有的所有知识库的运作,保证公司授权用户可以透明访问组织知识库。透明意味着员工不必关心知识库的具体物理位置,对员工来讲其所访问的知识库就如同在本地主机上一样。

组织内部拥有众多的业务部门,这些部门业务内容可能相差很大,地域上可能相当分散,各部门的知识库构建技术也可能千差万别,很容易形成一个个"知识孤岛",从而造成公司内部知识流的不畅和知识资源的相互封闭,影响员工对知识的获取和利用,所以必须将其统一地联结起来,并通过合适的技术和管理机制使所有员工都可以透明地访问组织的知识资源,从而,推动组织知识管理工作的发展。

组织知识中心的技术系统是一个"虚拟中心",它是一个个知识库的联合和相互联结而形成的网络,如图 6-4 所示。各个知识库的建设维护责任和管理权仍归各个业务部门,只不过快速的数据传输、强大的检索软件和统一的用户界面使员工觉得这个网络就如同一个单机数据库一样。

图 6-4　组织知识中心示意图

② 组织知识中心的职能

组织知识中心在组织知识管理中扮演关键角色,它负责组织知识的存储、组织和评价,是组织的知识收集、加工和处理中心,并向组织员工提供各种相应的服务。在组建组织知识中心时,必须对以下问题做到心中有数:

- 组织的知识资源是什么? 在什么地方?
- 谁在利用组织的知识资源? 谁创造了它们? 为什么创造或不创造?
- 知识的创造需花费什么样的代价? 会带来什么样的收益?

具体来说,公司知识中心的职能包括以下几项。

1) 管理职能

负责公司知识资源的收集和传递,明确组织内各个业务单位或职能部门围绕公司核心竞争力而产生的知识需求,针对这种知识需求进行知识地图绘制工作,并在知识配置文档(knowledge profiles)的基础上进行过滤工作。

知识中心的主要业务工作首先是建立内部知识源和外部信息源的指南,并揭示知识之间的相互关系,即构建知识地图。在知识地图的基础上,需要某一特定知识的员工不仅能够通过知识中心同特定的内部知识源或外部信息源取得联系,而且能够直接与组织内相关专家取得联系,这种人际之间的联系一般而言会导致内部网上专家讨论组的形成。

2)知识审计(knowledge audit)

知识中心必须承担相应的监督职能,负责监视组织知识的重复利用或创造,并在知识的流通统计工作中运用全面质量管理(TQM)方法(这称为知识审计)。具体包括如下内容:

- 确定公司、业务单位和员工个人的知识需求;
- 确认创造的知识并评估其价值;
- 确认隐含知识并评估其价值;
- 调查公司知识资源供给与知识需求之间的差距;
- 评价内外部知识资源的利用情况;
- 调查知识流动路线、规律与瓶颈;
- 绘制公司知识地图。

在信息资源管理时代,很少有公司建立正式的知识审计制度,这种工作一般均由研发部门、信息部门、文献中心或公司图书馆代理。

总之,组织知识中心的主要任务是实现各知识库的无缝结合,管理评测知识的运行规律和运行效果,确保知识在公司内部的最大化利用。

2. 基于"三支柱模型"的知识管理的组织结构设计

人力资源管理大师代维·尤里奇(Dave Ulrich,1997)提出了"HR三支柱模型",即人力资源能力中心(HR-COE)、人力资源业务伙伴(HR-BP)和人力资源共享服务中心(HR-SSC)。

吴庆海博士认为,知识管理的组织结构设计,也可以借鉴同样的思路,构建"知识管理三支柱模型",即KM-COE(知识管理能力中心)、KM-BP(知识管理业务合作伙伴)以及KM-SSC(知识管理共享服务中心)。

(1)知识管理能力中心(KM-COE)

知识管理能力中心(KM centre of excellence)代表组织知识管理的最高专业水平,由精通知识管理的专家构成,能够从知识管理专业角度为公司及业务部门提供专业咨询与引导。

KM-COE的职责包括:

- 确保组织知识管理规划、架构及设计的一致性;
- 提升公司知识管理政策、流程和方案的有效性;
- 确保组织知识管理的专业能力;
- 为服务对象进行知识管理赋能;

- 为 KM-BP、KM-SSC 提供知识管理专业支持。

作为组织内部的知识管理专家,KM-COE 必须不断提升自己的专业能力。在知识管理战略、知识体系架构、知识管理流程设计、知识挖掘及复盘引导、知识管理评估、审计等方面,KM-COE 必须具备相应的专业经验和能力。

当业务部门或用户在知识管理方面提出需求的时候,COE 专家能够从知识管理专业的角度给出令人信服的专业指导建议。

西门子当年在实施知识管理时,在全球正式成立中央知识管理组织 CKM(corporate knowledge management),在一定意义上就是一种 KM-COE。CKM 抽调了许多来自不同业务领域及职能部门的知识管理专家,他们之前就在各自的组织里进行知识管理的实践及研究,具有丰富的知识管理经验。他们积极推动西门子整体的知识管理规划、导入及变革,还汇集全球知识管理的实践智慧,编撰开发了《知识管理实施指导手册》,成为内部知识管理专业人员的宝典。其中知识管理成熟度 KMMM ©评估、知识战略规划 KSP 等知名的模型、框架及方法论,都被纳入了其中。

(2)知识管理业务合作伙伴(KM-BP)

知识管理业务合作伙伴(KM business partner)由业务部门甄选合适的业务人员构成,也可以由公司知识管理总部派驻人员前往业务部门,开展推动业务的知识管理实施落地。

KM-BP 的主要职责包括:

- 上传下达,是总部知识管理与各业务沟通的桥梁;
- 理解业务,识别痛点,能够有针对性地提供解决方案;
- 为业务部门带来成功与价值。

KM-BP 平时需要维护总部知识管理与各业务的协作关系及具体工作对接,把总部知识管理的目标、流程规范、行动策略等,在所辖业务部门进行推广及应用。

同时,KM-BP 也能利用自身的专业素养,收集并发现业务存在的问题及知识需求,整理并提交给 KM-COE 的知识管理专家,以便能够不断迭代和升级,设计出更有效的方法、更合理的流程等,不断满足所辖业务部门的要求。

KM-BP 擅长应用知识管理的方法与技术,与自己所辖业务场景、业务痛点进行匹配,并能提供合适的解决方案,最终为业务解决问题。

例如,华为知识管理组织设计中,公司知识管理部承担了 KM-COE 的职责。他们负责公司知识管理政策、流程、规则的制定,知识管理方法的研究以及公司知识管理平台的整体建设和运营。

在华为,承担 KM-BP 职责的是公司的质量与运营体系。他们负责知识管理方法的推广落地,帮助、辅导业务部门的知识管理活动开展,华为的主要业务体系均设置有专职知识管理模块,负责本业务体系的知识管理方法优化和落地推行工作。

华为还在各个业务线任命了 300 多个知识官(knowledge officer),他们本身可能就是业务的领导,对于本业务的问题了如指掌,这可谓是最有职权的大 KM-BP 了。

在华为各基层业务部门还设置有领域知识经理,赋能领域知识的看护;在各一线项目,设置有兼职项目知识经理,主导本项目的知识管理规划的制定及组织知识管理活动的开展。

华为公司级 KM-COE、各业务体系 KM-BP 以及基层业务部门领域知识经理,共同构建了华为知识管理组织网络。

(3) 知识管理共享服务中心(KM-SSC)

知识管理共享服务中心(KM shared service centre)负责组织知识管理日常性工作。它可以由信息管理部、图书情报部等相关部门构成,共同为用户提供标准、统一的知识管理服务。

KM-SSC 的主要职责包括:

- 界定知识管理相关的服务标准;
- 定义知识管理相关的服务流程;
- 确保知识管理服务交付的一致性;
- 为目标用户提供高效、高质量和成本最佳的知识管理共享服务。

KM-SSC 的服务内容通常包括知识管理平台的桌面支持、软件系统运营维护、知识积分的核算及礼品兑换、文献情报等各类知识资源的查新检索等。

在许多企业里,KM-SSC 的不同类型的服务由不同部门分担,而不是由一个所谓的知识管理共享服务中心来整体承担。例如,知识管理软件系统的研发与运行维护服务,通常会由 IT 部来承担;知识积分的核算及礼品兑换,通常会由办公室或工会等组织来承担;外部知识资源的查新检索,通常会由情报档案部等来承担;知识产权的申请、分析等,通常会由知识产权部来承担。

对于 KM-SSC,其核心能力是要平衡所提供服务的质量、效率及成本。组织是否需要成立一个专门的 KM-SSC 中心,要视组织知识管理服务工作量的大小和价值而定,也不排除把其中部分工作进行外包的可能性。

📋 本章小结

1. 组织知识管理行为问题分析的目的主要是了解有哪些因素会影响员工执行知识管理的行为与绩效。影响员工工作绩效(例如知识转移)的主要因素,有员工本身知识管理的能力、员工本身知识管理的激励因子和组织所提供的知识管理的条件。

2. 组织知识管理中,影响员工激励程度的主要因素有组织的知识管理文化、组织知识管理的领导和组织知识管理的薪酬与考核制度。

3. 组织文化主要包括组织价值观、行为规范和惯例三个方面的内容。组织文化是组织进行知识管理的一个重要的影响因素,它不仅会影响员工的激励因素,还会直接影响员工的行为。具体体现在:组织文化决定组织对知识重要性的认识;组织文化影响员工个人知识与组织知识之间的关系;组织文化决定公司对新知识的态度;组织文化为知识管理提供了环境。因此,培育一个知识导向型组织文化是知识管理成功的关键要素之一。所谓知识导向型组织文化,是指将知识视为组织最重要的资源,能够支持有效地获取、创造、交流和利用知识的组织文化。

4. 领导就是组织的管理者,其职责是激励部属、引导并协调成员的活动、选择最有效的沟通渠道并解决成员间的冲突,其最终目的在于激励和引导员工的行为朝着组织的目标前进。领导在知识管理中充当的角色是:知识管理愿景的提出者;知识管理文化氛围的塑造者;知识管理战略目标的制定者;知识管理资源的承诺与配置者;知识管理障碍与冲突的扫除者;知识管理执行绩效的最高考核者和知识管理的创业家。

5. 组织知识管理的薪酬制度要注意下列几点:组织在知识管理方面的薪酬制度必须是明确的;薪酬制度要与知识管理目标密切配合;薪酬制度要平衡内在酬偿与外在报酬;团队与个人薪酬的平衡;组织要表彰和肯定员工对知识管理行为的贡献;薪酬要实质且制度化;组织要肯定并全力支持员工进行知识管理所需的资源;组织提供的知识价值必须能唤起员工的内在报酬;薪酬制度的评估要平衡与客观,以及薪酬制度与文化要相容等。

6. 面向知识管理的组织设计主要应遵循的原则包括:以核心能力为中心的原则、组织灵活性原则、知识价值最大化原则、最少层级原则和可塑性原则。

7. 组织推行知识管理,除了需要适合知识管理需求的组织结构以外,还需要专门负责知识管理业务的部门和相关的人员,包括知识管理高层组织、知识管理基层组织、知识中心和相关的角色。

8. 知识总监这一职位的设立意味着知识管理已正式成为公司的一项重要管理内容。知识总监的职责是创建知识管理基础设施和培育一个知识导向型的组织文化,并使两者生效。

即练即测

📝 思考题

1. 什么是知识管理的行为问题?

2. 影响知识管理的行为与绩效的主要因素是什么?

3. 影响员工知识管理激励程度的 3 个主要因素是什么?

4. 什么是期望理论? 它对知识管理有什么引申?

5. 什么是目标设定理论? 它对知识管理有什么引申?

6. 组织文化有哪些主要的表现方式?

7. 试述影响及支持知识管理各流程行为的主要文化有哪些?

8. 试述知识管理领导者的角色有哪些?

9. 试述知识管理的薪酬制度设计的重点?

10. 什么是知识型组织? 知识型组织有什么特点?

11. 什么是 CKO？其主要职责是什么？

12. 面向知识管理的组织设计包括哪些内容？

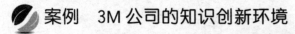 **案例　3M 公司的知识创新环境**

案例分析

第 7 章

学习型组织理论

本章学习目标

通过本章学习,学员应该能够:

1. 理解和掌握学习型组织的含义;

2. 理解学习型组织的各项修炼的含义和方法;

3. 理解系统基本模式。

引例:20 世纪初,在英国乡村,牛奶被直接送到顾客门口。由于牛奶瓶没有盖子,山雀和知更鸟常常毫不费力,便在顾客开门收取牛奶前先一步享用"免费早餐"。后来随着厂商加装了铝制的瓶盖,山雀与知更鸟便晕菜了。大约 50 年后,当地的所有山雀(约 100 万只)居然都学会了刺穿铝制瓶盖,重获"免费早餐"的本领。而知更鸟只有少数学会了这一本领。为什么山雀可以全体都学会,而知更鸟却只有少数能学会呢?经过生物学家研究发现,山雀从幼鸟到成年鸟,都习惯和平共处的群体生活。和谐相处的山雀们,整天共同面对遇到的问题,共同寻找解决的方法,很容易将偶然得到新知识和技能传递给群体成员。而知更鸟则是排他性较强的鸟类,势力范围内是不允许其他雄鸟进入的。这样即便少数知更鸟学会了新技能,也无法通过组织学习机制传递给其他同类。这也在一定程度上限制了种群的发展。还有种说法,知更鸟因不进行知识管理而面临种群灭绝,而山雀这个种群却因为始终践行学习型组织模式一直繁荣了下来。这种说法不一定准确,但一定能让你对学习型组织的团队学习印象更加深刻。

"学习型组织"是 20 世纪 90 年代发展起来的一种全新的、被认为是 21 世纪管理新模式的理论。该理论指出,企业持续发展的源泉是提高企业的整体竞争优势和整体竞争能力。21 世纪真正出色的企业是使全体员工全心投入并善于学习、持续学习的组织——学习型组织。学习型组织的培育和成长是一个组织"修炼"过程,即通过酿造学习型组织的工作氛围和企业文化,引领员工不断学习,不断进步,不断调整观念,从而使组织更具有长盛不衰的生命力。

7.1 学习型组织概述

人类进入后工业时代以后,信息和知识成为社会的重要生产要素,传统管理模式难以适应企业在动态复杂环境下的竞争和生存需要。彼得·圣吉指出,建立"学习型组织"是组织适应动态复杂环境的必需的"修炼"。

7.1.1 学习型组织的起源

传统型企业以权力为特征,是强调下级对上级负责的单向线性系统。它通过"制度＋控制",使人"更勤奋地工作",达到提高企业生产效率、增加利润的目的。这种权力控制型企业管理在工业经济时代前期发挥了有效作用,对生产、工作的执行和有效指挥具有积极意义。但在工业经济后期,进入信息时代、知识时代以后,这种管理模式越来越不能满足企业在科技迅速发展、市场瞬息万变的竞争中取胜的需要。企业家、经济学家和管理学家们都在探寻一种能够快速反应、充分发挥员工自主性的管理模式。学习型组织理论就是在这样一个大背景下产生的。

学习型组织的理论基础是美国麻省理工学院佛瑞斯特教授开创的系统动力学。系统动力学是研究人类动态性复杂系统的科学方法。所谓动态性复杂,就是将万事万物看成是在动态的、不断变化的过程之中,仿佛是永不止息之流。1965年,佛瑞斯特教授发表了一篇题为《企业的新设计》的论文,运用系统动力学原理,构想出未来企业组织的理想形态——层次扁平化、组织信息化、结构开放化,逐渐由从属关系转向为工作伙伴关系,不断学习,不断重新调整结构关系。这是关于学习型企业的最初构想。

彼得·圣吉是学习型组织理论的奠基人。作为佛瑞斯特的学生,他一直致力于研究以系统动力学为基础的更理想的组织。他用了近十年的时间对数千家企业进行研究和案例分析,于1990年完成其代表作《第五项修炼——学习型组织的艺术与实务》。他指出现代企业所欠缺的就是系统思考的能力。它是一种整体动态的搭配能力,因为缺乏它而使得许多组织无法有效学习。之所以会如此,正是因为现代组织分工、负责的方式将组织切割,而使人们的个体行动与整体工作时空上相距较远。当不需要为自己的行动的结果负责时,人们就不会去修正其行为,也就是无法有效地学习。

《第五项修炼》提供了一套使传统企业转变成学习型企业的方法,使企业通过学习提升整体运作"群体智力"和持续的创新能力,成为不断创造未来的组织,从而避免了企业"夭折"和"短寿"。《第五项修炼》以及随后的《第五项修炼·实践篇》《变革之舞》的问世,标志着学习型组织理论框架的基本形成。学习型组织的提出和一套完整的修炼的确立,宣告整个管理学的范式在彼得·圣吉这里发生了转变。

学习型组织理论在知识管理理论框架中,属于组织行为学派,但是更强调的是组织动态学习能力培养,即知识获取和知识创新能力的培养。从知识管理角度理解学习型组织,组织学习包括自觉地进行知识获得(技能、观察力、关系的发展创造)、共享(知识的传播)和利用(如何使知识产生效益)三个过程。彼得·圣吉从另一个角度论述学习型组织的,他认为,学习型组织不在于描述组织如何获得和利用知识,而是告诉人们如何才能塑造一个学习型组织。他说:"学习型组织的战略目标是提高学习的速度、能力和才能,通过建立愿景并能够发现、尝试和改进组织的思维模式并因此而改变他们的行为,这才是最成功的学习型组织。"

学习型组织的理念,不仅有助于企业的改革和发展,而且它对其他组织的创新与发展也有启示。人们可以运用学习型组织的基本理念,去开发各自组织创造未来的潜能,反省当前存在于整个社会的种种学习障碍,思考如何使整个社会早日向学习型社会迈进。或许,这才是学习型组织所产生的更深远的影响。

7.1.2　学习型组织的内涵

学习有三个层次:首先是个人学习,其次是组织学习,最后是学习型组织。个人学习主要是指认知学习、技能学习和情感学习;而组织学习是将组织作为学习的主体看待,包括适应性学习和创造性学习两个阶段;学习型组织是一种组织管理模式,组织学习是一个组织成为学习型组织的必要条件。

学习型组织是指通过培养弥漫于整个组织的学习气氛、充分发挥员工的创造性思维能力而建立起来的一种有机的、高度柔性的、扁平的、符合人性的、能持续发展的组织。彼得·圣吉在《第五项修炼》中是这样描述学习型组的内涵的:"那里,人们为了创造自己真心渴望的成绩而持续拓展能力;那里,各种开阔的思想得到培育;那里,集体的热望得到释放;那里的人们不断地学习如何共同学习。"

对学习型组织的内涵,概括地理解就是组织通过建立自我学习机制和环境,形成系统化思维方式,实现可持续成长;细致理解,包括以下几个要点。

(1) 学习型组织核心——在组织内部建立"组织思维能力"

学习型组织是一个会学习、会思考的"活"的系统,组织通过自我学习不断进步和完善。学习型组织建立自觉的自我学习机制:组织成员在工作中学习,在学习中工作,学习成为工作新的形式。

(2) 学习型组织的关键特征——系统思考

只有用系统的观点认识系统,不仅考虑系统的内部结构与功能,更重要的是认识系统的外部环境和系统反馈的重要性,才能避免陷入系统动力的漩涡里去。

(3) 学习型组织精神——学习、思考和创新

这里的学习是团体学习、全员学习,思考是系统、非线性的思考,创新是观念、制度、方法及管理等多方面的更新。

(4) 组织学习的基础——团队学习

团队是现代组织中学习的基本单位。团队学习依靠的是深度汇谈,而不是辩论。深度汇谈是一个团队的所有成员,摊出心中的假设,而进入真正一起思考的能力。深度汇谈的目的是一起思考,得出比个人思考更正确、更好的结论;而辩论是每个人都试图用自己的观点说服别人同意的过程。

(5) 学习型组织的学习方法——发现、纠错、成长

组织学习组织的学习方法是找到合适的成长环路。一切心理和机构层面的考量都不是学习的关键元素,修复和行动力才是主导。所以,方法只能在动态的过程里找到,最后实现成长。发现、纠错、成长是一个不断循环的过程,也是学习的自然动力。

学习型组织的缔造不是最终目的,而是手段。重要的是通过迈向学习型组织的种种努力,引导出一种不断创新、不断进步的新观念,从而使组织日新月异,不断创造未来。

7.1.3 学习型组织的特征

在学习型组织中,每个人都要参与识别和解决问题,使组织能够进行不断的尝试,改善和提高它的能力。学习型组织的基本价值在于解决问题,与之相对的传统组织设计的着眼点是效率。在学习型组织内,雇员参加问题的识别,这意味着要懂得顾客的需要;雇员还要解决问题,这意味着要以一种独特的方式将一切综合起来考虑以满足顾客的需要。组织因此通过确定新的需要并满足这些需要来提高其价值。它常常是通过新的观念和信息而不是物质的产品来实现价值的提高。

学者们总结了学习型组织的 8 个特征。

(1) 组织成员拥有一个共同的愿景

组织的共同愿景(shared vision),来源于员工个人的愿景而又高于个人的愿景。它是组织中所有员工共同愿望的景象,是他们的共同理想。它能使不同个性的人凝聚在一起,朝着组织共同的目标前进。

(2) 组织由多个创造性个体组成

在学习型组织中,团体是最基本的学习单位,团体本身应理解为彼此需要他人配合的一群人。组织的所有目标都是直接或间接地通过团体的努力来达到的。

(3) 善于不断学习

这是学习型组织的本质特征。所谓"善于不断学习",主要有四点含义。

一是强调"终身学习"。即组织中的成员均应养成终身学习的习惯,这样才能形成组织良好的学习气氛,促使其成员在工作中不断学习。

二是强调"全员学习"。即企业组织的决策层、管理层、操作层都要全心投入学习,尤其是经营管理决策层,他们是决定企业发展方向和命运的重要阶层,因而更需要学习。

三是强调"全过程学习"。即学习必须贯彻于组织系统运行的整个过程之中。约翰·瑞定(J. Redding)提出,任何企业的运行都包括准备、计划、推行三个阶段,而学习型企业不应该是先学习然后进行准备、计划、推行,不要把学习与工作分割开,应强调边学习边准备、边学习边计划、边学习边推行。

四是强调"团体学习"。即不但重视个人学习和个人智力的开发,更强调组织成员的合作学习和群体智力(组织智力)的开发。

学习型组织通过保持学习的能力,及时铲除发展道路上的障碍,不断突破组织成长的极限,从而保持持续发展的态势。

(4) "基层为主"的扁平式结构

传统的企业组织通常是金字塔式的,学习型组织的组织结构则是扁平的,即从最上面的决策层到最下面的操作层,中间相隔层次极少。它尽最大可能将决策权向组织结构的下层转移,让最下层单位拥有充分的自决权,并对产生的结果负责,从而形成以"基层为主"的扁平化组织结构。例如,美国通用电器公司目前的管理层次已由 9 层减少为 4 层。只有这样的体制,才能保证上下级的不断沟通,下层才能直接体会到上层的决策思想和智慧光辉,上层也能亲自了解到下层的动态,吸取第一线的营养。只有这样,企业内部才能形成互相理解、互相学习、整体互动思考、协调合作的群体,才能产生巨大的、持久的创造力。

（5）自主管理

学习型组织理论认为,"自主管理"是使组织成员能边工作边学习并使工作和学习紧密结合的方法。通过自主管理,可由组织成员自己发现工作中的问题,自己选择伙伴组成团队,自己选定改革、进取的目标,自己进行现状调查,自己分析原因,自己制定对策,自己组织实施,自己检查效果,自己评定总结。团队成员在"自主管理"的过程中,能形成共同愿景,能以开放求实的心态互相切磋,不断学习新知识,不断进行创新,从而增加组织快速应变、创造未来的能量。

（6）组织的边界将被重新界定

学习型组织的边界的界定,建立在组织要素与外部环境要素互动关系的基础上,超越了传统的根据职能或部门划分的"法定"边界。例如,把销售商的反馈信息作为市场营销决策的固定组成部分,而不是像以前那样只是作为参考。

（7）员工家庭与事业的平衡

学习型组织努力使员工丰富的家庭生活与充实的工作生活相得益彰。学习型组织对员工承诺支持每位员工充分的自我发展,而员工也以承诺对组织的发展尽心尽力作为回报。这样,个人与组织的界限将变得模糊,工作与家庭之间的界限也将逐渐消失,两者之间的冲突也必将大为减少,从而提高员工家庭生活的质量（满意的家庭关系、良好的子女教育和健全的天伦之乐）,达到家庭与事业之间的平衡。

（8）领导者的新角色

在学习型组织中,领导者是设计师、仆人和教师。领导者的设计工作是一个对组织要素进行整合的过程,他不只是设计组织的结构和组织政策、策略,更重要的是设计组织发展的基本理念；领导者的仆人角色表现在他对实现愿景的使命感,他自觉地接受愿景的召唤；领导者作为教师的首要任务是界定真实情况,协助人们对真实情况进行正确、深刻的把握,提高他们对组织系统的了解能力,促进每个人的学习。

7.2　学习型组织的四项核心修炼

《第五项修炼》是理论与实践相配套的一套新型的管理技术与方法,是继"全面质量管理""业务流程重组"之后出现的又一管理新模式,被西方企业界誉为 21 世纪的企业管理圣经。主要内容有"自我超越""改善心智模式""建立共同愿景""团队学习""系统思考"等五项管理技巧。这五项管理技巧的实践都是关于心灵转变的修炼；从观察局部到观察整体；从把人看成是无助的反应性动物到塑造自己的现实的积极参与者；从当前的反应到创造未来。学习型组织就是通过这些具体的修炼办法来提升人类组织整体运作的"群体智力"。

这五项修炼中,系统思考是其他四项修炼的基石,被称为第五项修炼,其核心是强调以系统思考代替机械思考和静止思考,并通过了解动态复杂性等问题,找出解决问题的高"杠杆解",其他四项修炼常被称为学习型组织的核心修炼。

为了能让学习者更好地掌握各项修炼,彼得·圣吉将每项修炼分成如下三个层次。

实践演练(practice):所做的事;

原则理念(principles):指导思想和理念;

精神实质(essences):修炼应掌握的本质。

本节介绍彼得·圣吉的学习型组织思想核心修炼的基本要义。

7.2.1　自我超越修炼

"自我超越"就是个人成长和学习的修炼。自我超越水平高的人,能不断为创造自己真心追求的生命成果而扩展自己的能力。学习型组织的精神,出自组织中的个人对不断学习的追求。

"自我超越"的修炼的基本思想是:认清自己真正的愿望,为了实现愿望而集中精力,培养必要的耐心,并能客观地观察现实,锲而不舍地去追求真正渴望的成果。自我超越是建立学习型组织的精神基础。一个能够自我超越的人,一生都在追求卓越的境界,自我超越的价值在于学习和创造。

在这里,"学习"指的不是获取更多信息,而是拓展实现我们生活中真正渴望的成果的能力。这是终生的成长性学习。如果没有各级员工在实践中进行这种学习,就不可能有学习型组织。

"超越"不是指对人或物的操纵和控制,而是表示对事物的精通和熟练。比如,一位技术精通的手艺人,不是控制陶器或编织品。而手艺人的技巧,会让作坊生产出更好的陶器和编织品。与此类似,自我超越是指个人的各个方面,包括生活和工作等方面,都有一种特殊的精通和熟练情怀,并努力去追求。

拥有高度自我超越修炼水平的人,都具备两个基本特征。第一,他们拥有自己的愿景、目标和使命感。对他们来说,愿景是一种召唤,而不仅仅是一个好的想法。他们善于基于"现实",擅长观察,运用变革的力量,而不是抵制这种力量,去达到他们的目标;他们既乐于沟通,又保持自我,他们把自己视为创造过程的一部分。第二,他们总是生活在不断学习的状态中,修炼永无止境。自我超越是一个过程,是一项终生的修炼。自我超越水平高的人,非常了解自己的无知、无能以及需要改进的地方。但他们有深深的自信,因为他们深深懂得"行程本身就是回报"。

人的全面发展,是企业实现卓越目标的基本要素。自我超越水平高的人,他们更具有创造精神,他们对工作有更宽广、更深远的责任感。他们的学习速度更快。因此,推进员工个人的成长,必将会带来组织的成长。

只有通过实践才能领悟自我超越修炼之道。自我超越修炼包括一系列原则和实践方法。就像要成就艺术大师需要不断练习一样。以下的原则和实践方法,就是不断拓展自我超越修炼的基础训练。

1. 建立个人愿景

愿景是发自内心的、真心希望未来能实现的具体、明确的愿望。多数人的愿景意识并不强,他们有目标,但这些不一定是愿景。在被问起想要什么时,许多人都会提到他们眼前想要摆脱的事情。例如,想要换一个更好的工作、想要搬到环境好一点的地方居住、希望能和父母住得近一点、希望困扰已久的脖颈不再疼痛等。这样的愿望比比皆是,甚至所谓成功的人也摆脱不掉。这样的想法是生活中适应或解决问题的副产品,它们只是一些令人困扰的、想摆脱的事情,并不会促进人的成长。

愿景是发自内心的,是一种内心真正最关心的事。因为发自内心,当他们谈及最关心的事情时,会神采奕奕,毫无拘束;因为真正在乎,自然会给予承诺;因是在做真正想做的事情,因此,充满热忱,当面对挫折的时候,他们会坚忍不拔;因为他们认为那是自己分内该做的事,觉得很值得做,意愿很强大,效率也自然提高。因此,在建立个人愿景时,要"注重结果不要注重手段"。比如,"高市场占有率""高利润率"是"让企业盈利""让企业可持续发展"的手段。手段是可变的,只有发自内心的愿望才能坚守。

愿景是具体的、明确的。愿景离不开"志向目标"(purpose),但他们又不相同。志向目标类似于一种方向,愿景是特定的目的地,是你渴望的未来图景;志向目标是抽象的、概括的,愿景则是具体的、明确的。例如,志向目标可以是"全面建成小康社会";愿景之一则是"2020 年,稳定实现农村贫困人口不愁吃、不愁穿,义务教育、基本医疗和住房安全有保障"。又如,志向目标可以是"尽量发挥自己的最好水平";愿景则是"10 秒钟跑 100 米"。没有愿景的志向目标,缺乏对适度规模的把握。就好比说,只有大方向,没有明确的、具体的目的地,人们很难合力高效地实现目标。

愿景不是拿来攀比的。愿景是内在的,是根植于你内心的渴望,不是相互比较的。相互攀比,会让你失去初衷,甚至误入歧途,很少能带你走向卓越。

愿景是多面的。它可能是物质上的欲望,如我们想住在哪里?有多少银行存款?愿景有个人的构面,像是健康、自由、对自己诚实。它也可能是贡献社会方面的,像是帮助他人,或对某一领域的知识有所贡献。这些都是我们心中真正愿望的一部分。但社会趋势常会影响个人的愿景,社会舆论也常会褒贬个人愿景的好坏。这也是为什么实现个人愿景需要勇气,而自我超越层次高的人,便能游刃有余地处理自己的愿景,做到愿景与行动合一。

2. 保持创造性张力

人们有了理想,才会产生行动。人们之所以有愿景,是因为对现实不够满意。愿景与现况之间的差距是一种力量,将人们朝愿景推进。这个差距越大,人们为愿景奋斗的动力就越大;如果没有这种差距,就没有任何追求愿景的行动的必要。正是由于这种差距可以激发人的创造力,是我们朝愿景前进的动力,彼得·圣吉把愿景与现实之间的差距所形成的努力向愿景靠近的动力称为"创造性张力"(creative tension)。创造性张力是自我超越的核心原理,它整合了这项修炼所有的要素。

愿景与现实之间的差距就像拉在两者之间的一根橡皮筋,会产生张力。在这张力的作用下,会产生两种可选的效果,要么让现实向愿景靠拢(努力实现愿景),要么让愿景向现实靠拢(向现实投降)。到底选择哪个选项,取决于我们是否坚持我们的愿景。

然而,愿景与现实之间的差距也会产生一种负面的效果。尽管愿景很美好,但是现实很"骨感"的时候,人们就会产生气馁、担忧,甚至沮丧、失望等"负面"情绪。从而寻找借口放弃追求愿景,如"我想要成立自己的公司,但是没有资金。"或是"我想从事真正喜爱的职业,但还得挣钱糊口"。可见,人们面对现实与愿景的差距产生的负面情绪就像另一根橡皮筋,在人们向愿景前进的时候,把人往回拉。彼得·圣吉把这种因负面情绪而妨碍人们朝愿景前进的阻力称为情绪张力(emotional tension)。若说创造性张力是一种动力的话,情绪张力就是一种阻力。

情绪张力是一种让人走向平庸的机制。人们因情绪张力而妥协的现象广泛存在。组织对情绪张力的承受力不足,就会对各类目标打折扣。情绪张力是妥协的由来、是造成放弃真正理想的根源。把握好创造性张力,才能克服情绪张力,实现目标。

保持创造性张力,可转变人们对"失败"的看法。失败,并不意味着所做的事毫无价值;失败不过是做得还不够好,是愿景与现况之间存在的差距。失败是一个学习的机会——可进一步弄清楚:对现状的认知是否正确、策略为何不如预期有效、愿景是否明晰等。

保持创造性张力,能培养毅力与耐性。一方面,人们越是对现状不满,就越有"动力"去推动变革,改变现实。另一方面,愿景是一种召唤及驱使人向前的使命,美好的愿景会让高度自我超越的人坚定他们的信念,永不停止学习,不达目的不罢休。

保持创造性张力,能改变人们对现实的认知和态度。人们习惯于根据自己的认知来定义自己的现实,这通常并不是准确的。《第五项修炼》中写道:"要依靠观念,而不是通过观察,来理解现实";"进行自我超越修炼,首先要做的是对自己的愿景做出承诺,第二个关键就是诚实地面对真相,不能有对现实的任何臆造。"意思是说,准确地认识现实,与建立清晰的愿景同等重要。尽管对现实不满意,但准确地认清现状是我们前进的基础,因此,"现状不是我们的敌人,而是我们的朋友。"

3. 看清结构性冲突

创造性张力和情绪张力构成了影响我们实现目标的相互冲突的两个因素。罗伯特·弗里茨(Robert Fritz)用这样一个比喻来描述这个系统结构:设想你向着自己的目标移动,有一根橡皮筋象征创造性张力,把你拉向想要去的方向,但是,还有第二根橡皮筋,象征无力感或不够格的信念;当第一根橡皮筋把你拉向目标时,第二根橡皮筋把你拉回你不能(或不够格)得到这个目标的潜在想法。弗里茨称这种系统为"结构性冲突"(structural conflict),如图 7-1 所示。它是一个两方力量互相冲突的结构,同时把我们拉向和拉离所想要的目标。

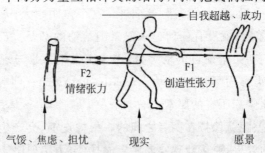

图 7-1　结构性冲突示意图

因而,当我们愈是接近达成愿景时,第二根橡皮筋把我们拉离愿景的力量愈大。这个向后拉的力量可以许多方式呈现:我们开始询问自己是否真正想要这个愿景、感觉完成工作愈来愈困难、意外的障碍在我们的路途上突然冒出来,或者周遭的人也让我们失望。但是我们常不能察觉有结构性冲突的存在。就是因为我们未能察觉,更增强了结构性冲突的力量。

弗里茨归纳出一般人对付"结构性冲突"的常见三种策略。

第一是降低愿景策略:消极地让愿景被侵蚀,放弃愿景或打折扣。

第二是"操纵冲突"(conflict manipulation)策略:通过刻意制造的假性冲突张力,来"操纵"自己或他人更加努力,追求想要的,或避免我们所不想要的。比如一些经理人,擅长鼓动言论,他们会宣传公司目标如果不能实现将会带来多么严重的后果;又如一些煽动恐惧情绪来动员力量搞社会运动的人。直销公司经理人擅长使用这种策略。他们通常利用"伟大的目标""光荣的使命"和"危机感""成功案例"等话术操纵冲突。这种策略也是那些害怕失败的人所偏好的策略。

第三是意志力策略:即用精神兴奋法,提高意志力,去战胜困难。意志力在成功人士身上表现十分普遍,其典型特征就是狂热地执着于目标,甘愿付出代价,以及击败对手、突破障碍的能力。意志力策略也可能会让人付出代价,如不计成本地坚持可能得不偿失。

不管哪种策略,丝毫不会触动深层的结构性冲突的系统问题。特别是深层的无能为力的观念,并没有真正改变。许多成功人士,虽然颇有成就,但他们在生活的某个领域,有种不为人知的无能为力感。结构性冲突来自深层的观念,要改变它只有通过改变那些观念,而那些观念又只能在自我超越修炼经验中才能改变。

4. 诚实地面对真相

解决结构性冲突的一个简单而又聪明的策略是诚实地面对真相。

诚实地面对真相,不是指追求一项绝对的真理,或追究万物之本源;而是心甘情愿地根除那些限制和欺骗自己、不让自己看到真实情况的习惯。也就是说,要不断质疑自己对事物和现状的认知和理解,不断对于自己心中隐含的假设加以挑战。自我超越层次高的人,对于自己行为背后的结构性冲突,看得特别清楚。

有这样一个项目小组,小组长整天加班,而有些组员似乎很清闲。问及原因,小组长说,有些成员不熟悉相关业务,与其花时间教他们,还不如我多做点来得快。这样一来,小组长自己很辛苦,团队成长慢,项目还存在人员流动风险。这种现象在企业中很常见。小组长对业务不熟悉的组员的无能为力感,来自他自身的短视的思维习惯。

每个人的认知都受限于自己的阅历。因此,你认为理所当然的观念或看法,不一定是真相。了解真相的办法,第一是敞开心胸,分析你形成某个观念的深层假设是什么,这个假设是否合理;第二是听取他人的意见。

5. 运用潜意识

自我超越修炼中,还有一个隐含的心灵活动——潜意识。事实上,所有人在面对复杂的问题时,都会运用潜意识。自我超越层次高的人有一个特点,就是他们在常态意识与潜意识之间,发展出较高的契合关系。日本的稻田和夫:"我在集中注意力时……就进入潜意识状态……而且当我们处在潜意识状态下时,能力要大上 10 倍……"

潜意识对于学习是非常重要的。人自出生开始,每项事都需要学习。只有渐进地学习,婴儿才能够学会一切新事务。任何新的工作,最初都需要意识非常专注与努力。在学习的过程中,整个活动从有意识的注意,逐渐转变为由潜意识来掌管。譬如,在初学开车的时候,需要全神贯注,和坐在身旁的人谈话都困难。然而,练习几个月后,几乎不需要在意识上专注,就可做同样的操作。不久之后,甚至可在车流量很大的情形下,一面驾驶,一面跟坐在旁边的人谈笑风生。显然,对于必须监测和回应的上百个变数,几乎不必在意识上加以注意了。学钢琴、学绘画、学舞蹈、学打球、学太极拳都是如此,把熟练的部分交给潜意识来管,而让常态意识专注于其他部分或新的事物上。

人们通过有意识的训练,获得大量的技能。一旦学会了,对这些技能的运用就是理所当然的了,或者说是潜意识层面的了。于是,在应用这些技能时,人们甚至根本注意不到。但是对于大多数人来说,很少认真思考过究竟是如何掌握这些技巧的,以及如何才能不断开发常态意识和潜意识之间的深层次的协调。这对于自我超越修炼,却是非常重要的。

拓展阅读

图 7-2 是自我超越修炼的三个层次的总结。自我超越的精神实质反应为高水平自我超越的人的身心体验。如"生成力"是指体验到自己成为塑造自己生命创造力的一部分。"关联性"指的是体验到自己是世界的一部分而不是与之分立的。"生存状态"是体验到自己所处的真实的现实状况和为实现愿景而努力的激情。

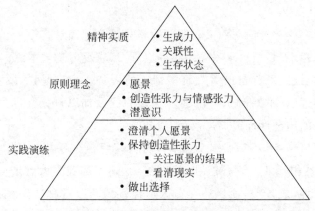

图 7-2　自我超越修炼的三个层次

7.2.2　心智模式修炼

1. 什么是心智模式

心智模式是指深植人们心中关于自己、别人、组织及周围世界,每个层面的假设、形象、故事甚至图像、印象,是对于周围世界如何运作的既有认知。它是人们头脑中"简单化的假设"，是人们认识事物的方法和习惯，人们正是通过自己特定的心智模式去观察事物、采取行动的。

通俗地讲，心智模式是指个体基于过去的人生经历、经验、知识素养、价值观等形成的基本固定的思维定式和行为习惯。任何人都有自己的心智模式，心智模式一旦形成，将潜移默化地影响我们看待世界的方式，进而决定我们将采取何种行动方式。因为这些"想法"都根深蒂固地存在于我们的心中，不自觉地主导着我们看问题的角度，它不易觉察、不易改变，逐渐形成我们思考和行为的规律和习惯，故成为"模式"。

每个人都具有独特的心智模式，人们总是在自己的心智模式的指导下，观察世界、解释世界，采取行动；因为心智模式的局限，人们常常会把他们观察到的现象当成事实，常常会坚持自己的看法。

心智模式的形成是先有信息刺激，然后，个人在运用信息过程中或通过观察得到进一步的信息反馈，若自己主观认为是好的反馈，就会保留下来成为心智模式；不好的反馈就会放弃。心智模式不断地接收新信息的刺激，这种刺激的过程可分为"强化"或"修正"已形成的心智模式。

心智模式是一种认知机制，在其中人们能够用一种概论来描述事物的存在目的和形式、解释事物的功能和观察事物的状态以及预测未来的事物状态。换句话说，即人们对于世界的理解方式是通过询问：这是什么？ 为什么这样？ 这样有什么目的呢？ 这个东西是如何运作？ 它会造成什么后果？ 每个人对这些问题的回答依赖其心智模式，反映出心智模式的功能结构，如图 7-3 所示。

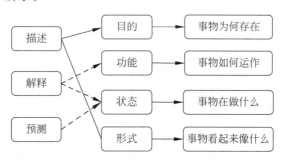

图 7-3　心智模式的功能

诺尔曼(Norman,1983)观察许多人从事不同作业时所持有的心智模式，归纳出五个关于心智模式的特征，这五个特征并非相互独立的。

不完整性：人们对于现象所持有的心智模式大多是不完整的。

局限性：人们执行心智模式的能力受到限制。

不稳定：人们经常会忘记所使用的心智模式细节，尤其经过一段时间没有使用它们。

没有明确的边界：类似的机制经常会相互混淆。

不科学：人们常采取迷信的模式，即使他们知道这些模式并非必要的。

根据人们应对外在环境变化的决策机制，可以把人的心智模式分为固定型和成长型两种。这两种心智模式的特点如表 7-1 所示。

表 7-1   固定型心智模式与成长型心智模式的不同表现

面 对 场 景	固定型心智模式	成长型心智模式
面对挑战	畏惧,回避挑战	兴奋,拥抱挑战
面对挫折	受阻碍后轻易放弃	终局导向,坚韧而坚持
面对努力	认为努力毫无意义	努力是成功的必经之路
面对批评	忽略一切负面反馈	自我反思,持续迭代
面对机遇	常常忽略可贵的机遇	能快速嗅到并抓住机遇
面对他人成功	感到威胁和气馁	积极吸取经验,转化为自己的能力
面对利益	看重短期利益	与短期利益比,更注重长期价值

固定型心智模式的人往往一成不变、畏惧挑战、遇到困难容易放弃,这类人只注重短期利益,因此常常会错失机遇。成长型心智模式的人总是用动态和发展的眼光看待一切、具备长期主义价值观、坚持自我反思和能力迭代,这类人擅长迎接挑战,并抓住机遇,所以更容易在不同领域中获得成功。

相比成功者,失败者则往往是自我设限的心智模式,他们的思维模式是消极、封闭、破坏性的。平庸的人生多是消极的心智模式所致。

2. 心智模式修炼的要点

心智模式的修炼要从审视自己开始——学习如何把我们内心的、有关世界的图像披露出来,让它们"浮出水面",并严格仔细地加以审查。这项修炼还包括"富于学习性"的交流沟通:把对对方好奇的探寻与对自己想法的宣扬相结合,在有效地表达自己思想的同时,也开放自己的思想,以接受他人的影响。彼得·圣吉指出,心智模式的改变要从下面三点做起。

(1)首先把镜子转向自己。我们每个人都有两面镜子,一面是玻璃镜子,用来正衣冠、端容貌的;另一面是深藏于我们内心,看不见摸不着的"心镜"。我们常常用这面"心境"去照别人,看别人这也不是,那也不行,却很少照自己,由此产生了诸如"归罪于外""自我感觉良好"等心智模式缺陷。改善心智模式,把镜子转向自己,先照照自己心态正不正,不断地反思。

反思技巧由辨认"跳跃性的推断"开始,只有经过这样的修炼后,再看看当前的事物,就会采取截然不同的态度。所谓"跳跃性的推断"是指人们直接根据观察细节,不经过检验,就得出的一般化的概念或结论。跳跃性的推断阻碍学习,因为它成了不需要证明的东西,它把假设当成了事实。

(2)倒掉壶中之水。一个人无论名望、学识再高,若想学进新东西,就必须先清空内心已有的成见或情绪,如同先倒掉壶中之水才能装进新水一样。抛却成见,从头学起,不耻下问,才能进入一个新的境界。在生活中也常常会发现,越是学识渊博之人,越是谦虚好学,就像我们经常听到的一句话:"学得越多,越感到自己的无知。"相反,越是才疏学浅之辈,越是妄自尊大,不爱学习。

(3)敞开胸怀。我们心中认为的事实都只是一种可能性。敞开胸怀对待持不同意见的人甚至反对自己的人,便能接受其他的可能性。在现实生活中,常会遇到别人和自己看法不一致的情形,一般人的习惯反应是更努力为自己的看法辩护,通常这样做并没恶意,但是这样做往往使讨论中断或两极化,且得不到自己真正期望的合作关系。但当我们使用探询与辩护的方式,双方都敞开心胸深入探寻彼此的看法,就会发现全新的看法,从而产生创造性的结果。

3. 心智模式的升级

人的成长,也是心智逐渐成熟的过程。对于心智模式而言,其底层是认知模式和思维模式。认知模式代表我们如何理解这个世界,思维模式代表我们如何思考、决策,以及如何行动。因此,心智模式升级的过程也就是认知升级＋思维升级的过程。

（1）认知升级

在认知升级过程中,主要分为三个阶段:归零心态＋反思、吸收知识＋拓宽认知边界、接纳新价值主张。

① 反思:归零心态、日三省吾身

反思的本质是对思之再思。反思让人突破认知局限,让认知更接近真相。

反思是心智成熟的必修课,是心智模式修炼的精髓。反思的方式很多,如向后看、回想、写日记、写总结等。在人生的成长道路上,学会反思是很重要的,不在乎采用何种方式,重要的是掌握反思的要素。反思有四大要素,也可以说是 4 个标准,符合这 4 个标准的就是反思。下面具体介绍反思的四大要素,以及做到这四大要素的一些技巧。

第一个要素是抽身在外,也是反思的第一步。反思的本质是对已有的想法、认知的审视,审视当然是站在第三方的立场,而不是站在自己原有的立场看问题。为便于验证反思的结论,在事前就要把预期实现的目标写下来,实际上就是把你最初的思想写下来,以便反思的时候进行对比。

第二个要素是放下情感。情感会妨碍人的反思,不管是正面情感还是负面情感。付出过努力的东西,自己会更喜欢,不愿意承认它可能是错的;自己犯过错,但不愿意承认,是因为不能放下情感,不愿意回想那个失败。放下情感才能使反思接近真实。

反思时,要有归零心态,即随时对自己拥有的知识进行重整,清空过时的,为新知识的进入留出空间,保证自己的知识总是最新,就是永远不自满,永远在学习,永远保持内心的活力。一个杯子里面装满了水,如果不先倒空,怎么还能装进去新的水呢?拥有归零心态并不容易,人们习惯把自己的认知当成事实,难以跳出自己的思维圈子。抽身事外和放下情感就是心态归零修炼的具体方法。

第三个要素是转换角度。转换角度是反思的核心要素。站在原有的角度不能发现的问题,换一个角度就不同了。转换角度包括两个技巧:换位思考和换人思考。换位思考说的是你站在其他人的角度思考。换人思考是反过来质问自己这个问题:“如果别人处在我的位置,他会怎么做?”而且这个别人不是抽象的别人,而是一个具体的别人,比如,我的上级。

第四个要素是指导实践。反思的目的是改进和成长。因此,反思得来的结论,能够更好地指导将来的实践。

作为职业人员,既要求反思业务技能,还要求反思人际交往技能。在面试时,面试官往往会在尾声问这么一个问题:"你是如何评价自己的?"而很多人往往会草草作答。实际上,这个问题至关重要,因为此时面试官旨在考察面试者的自我认知能力,也就是说是否具备自我反思意识,能否准确定位自己的优势和不足。

从今天开始,请你在每天临睡前问自己几个小问题:今天我有哪些收获?哪些事情我做对了?哪些事情我还可以做得更好?如何优化?通过每日反思,不断优化工作技巧,相信你会收获意想不到的惊喜。

② 吸收:广泛吸收知识、拓宽认知边界

著名心理学家戴维·邓宁发现了一个著名的心理现象——邓宁-克鲁格效应(The Dunning-Kruger Effect)。他将人的认知发展分为了 4 个阶段,如图 7-4 所示。自我认知水平越低的人,认知偏差越大,越容易自我膨胀(站在愚昧之巅);反过来,自我认知水平越高的人,认知偏差越小,越容易自我超越(走上开悟之坡)。

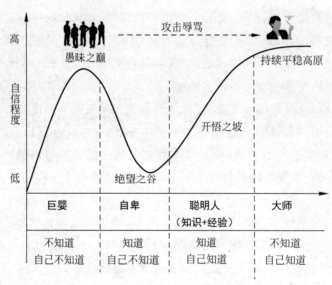

图 7-4　邓宁-克鲁格效应

比如在软件产品经理的日常工作中,常常会因为某个需求的实现方式与研发工程师吵得面红耳赤。这个问题的本质在于双方对同一事物的认知偏差大。因为研发工程师是技术思维,主要从研发架构的完整性、功能实现的角度思考问题;而产品经理是业务思维,主要从业务架构逻辑,用户体验路径思考问题。

如果双方能够同步拓宽认知边界,比如产品经理主动了解研发架构和数据流,研发工程师主动熟悉业务架构和用户体验,那么双方意见达成一致的可能性就会大得多,产品也就能按照原计划准时上线。

从图 7-4 中,还能得出:绝大多数人还处于不知道自己不知道的阶段,这也是成长最慢的阶段。受到他们认知边界的限制,他们最喜欢攻击谩骂。如果他们不能突破自己的认知边界,那就是常说的井底之蛙。

突破认知边界的方法就是不断反思、不断吸收和接纳新的信息和知识,如图 7-5 所示。

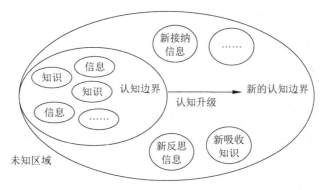

图 7-5　认知升级示意图

在信息和知识经济时代,职业人员所要掌握的知识正在呈指数级增长,也就是说我们不知道的东西会越来越多。为了不断提升能力,必须怀着开放的心态广泛吸收身边的新知识、新领域、新技能,不断拓宽认知边界。只有这样,才能成为一个有思想、有深度、有创造性的知识型员工。

③ 接纳:与人深层次互动、接纳新价值主张

如果说"吸收"能很好地帮助人们获得客观领域知识,那么"接纳"是获得主观经验知识必不可少的途径。通过接纳他人独特的思考、行动和观点,我们可以习得宝贵的历史经验,从而避免出现一些常识性错误,少走弯路。

下面是移动游戏公司 Supercell 的一个真实案例。

Supercell 将游戏通用的核心引擎实现了标准化和中台化。这种中台系统架构使得 Supercell 快速推出了新产品,并不断通过市场反馈试错,最终打造了四款现象级的游戏产品,创造了每年高达 15 亿美元的利润。为此,马云于 2015 年带领阿里高管团队前往芬兰赫尔辛基的移动游戏公司 Supercell 进行访问,学习他们的成功经验。

Supercell 的系统架构模式给参加此次拜访的阿里高管们很大的震撼,回国后,阿里高层们开始深入研究 Supercell 的成功模式,反思阿里产品技术体系存在的问题,并将阿里组织架构进行了快速调整和升级,同时将系统架构为"大中台-小前台"的组织机制(也就是说大量通用的业务标准化能力形成业务中台,不同业务线之间的数据打通形成数据中台),并将业务能力和资源进行充分复用,最大化数据应用价值。

正是因为阿里高管接纳了移动游戏公司 Supercell 的新主张,学习了 Supercell 的系统架构模式宝贵经验,才使得阿里的"大中台-小前台"的系统架构模式最终被行业广泛应用,并且创造了电商、金融、物流等领域一个又一个的奇迹。

(2) 思维升级

在谈思维升级之前,我们先了解一下大脑的运作规律。

行为经济学泰斗人物、著名心理学家丹尼尔·卡尼曼(Daniel Kahneman)在《思考,快与慢》一书中提到,我们的大脑存在两个思维系统:系统 1 和系统 2。

系统 1 负责快思考,即产生"跳跃式的推论",根据直觉下意识处理简单关系,通过自动

化程序执行大脑指令。系统 2 负责慢思考,它具备很强的复杂事务分析能力和逻辑推理能力,能通过理性思考做出正确的判断和决策,如图 7-6 所示。

思维系统1	思维系统2
• 由情绪控制、主导大脑运作	• 由理智控制、很难被启动
• 直觉、能不思考,则不思考	• 擅长复杂事物分析、逻辑推理
• 自动化执行,易产生错误判断	• 产生正确的控制力、决策力
• 无意识、冲动、眼见为实	• 有意识、谨慎、怀疑精神

图 7-6   人类大脑运作机制

实际上,大脑的运作机制是能不思考则不思考,也就是说,大多数的时候系统 1 主导大脑,而系统 2 处于休眠状态。如果我们只调用系统 1,则很容易做出错误的判断并产生错误的行为;如果我们调用系统 2,则能产生正确的控制力和决策力。

因此,思维升级的核心是调用系统 2,并让大脑通过逻辑分析做出正确的决策判断,最终采取正确的行动。如何调用思维系统 2 呢?这就需要坚持深度思考,形成底层思维模型。

由此可见,一个人的心智模式并不是一朝一夕形成的,需要经历一个漫长的演变过程,因为中间会受到很多外在因素的影响,比如我们所能触达的信息渠道、成长环境、独立思考能力等,而正是这些外在因素的一次次影响,最终形成了个体的心智模式。

4. 利用左手栏进行反思修炼

关于改善心智模式的方法,一些管理学者曾进行过广泛的研究,取得了一系列成果。例如,阿吉里斯(Chris Argyris)等开发了"左手栏""推论的阶梯""实践反思探询"等实用方法和工具;彼得·圣吉等整合众多学者的研究成果,提出了改善心智模式的若干方法,包括"深度汇谈""系统思考"等;奥托·夏默提出的"U 型理论",其核心也涉及心智模式改善。

左手栏也称为左右手栏,是一种反思交流的工具。即针对一次我们不满意的沟通,将实际说的话写在纸的右边,将想说而没有说的话写在左边,左右对比以洞察我们的内心假设,发现交流失败原因。其反思效果强大,能够暴露出我们看待问题最原始的想法。

左手栏是一项非常有效的反思工具,通过在对话与共享左手栏的过程中了解自己及对方的假设,促进有意义对话与探询,以此"看见"我们的心智模式在某种状况下怎样运作的,暴露出我们看待问题最原始的想法。

左手栏的操作步骤如图 7-7 所示。首先,选择一个特定的情况——在工作或生活中一次失败的交流经历、一次不满意或无效的沟通经历;其次,将一张纸对折,在右手栏写下当时真实的对话内容。按时间顺序在右半边写上你在这次的交流过程,要求很详细地回忆当时发生的背景、双方争论的对话,并把各个细节详尽记录;再次,在左手栏写下在上述对话各阶段中,自己想说却没有说出来的话(务必写自己的真实想法以及产生这些想法的直接原因)。最后,以左手栏所列的资料来反思,并进行总结、评价,得出反思结论。当你进行反思的时候,可以问自己:为什么当时说出来的话没有反映出自己内心真正的想法?没有说出来的那一部分应该如何表达比较恰当？为什么当时不说出"左手栏"那一部分？像这样做的代价是什么？另一个人的左手栏是什么样子？

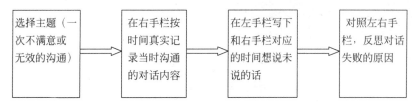

图 7-7　左手栏工具的操作步骤

"左右手栏"的使用，很大程度上为讨论者提供了一个表露想法，改善交流的工具，能不断地引导参与者在反思中批判性地吸收他人的观点，明晰和修正自己的思路，有助于讨论或研究不断地向纵深发展。

下面是彼得·圣吉在《第五项修炼》中给出的关于左手栏应用的一个例子。这个例子是关于"我"的搭档比尔向领导做了汇报后，"我"跟他的一段对话。

我所想的	我所说的
大家都说汇报很糟糕	我：汇报怎么样？
他真不知道糟糕的反应吗？还是他不愿意面对现实？	比尔：嗯，我不知道。现在说还太早。而且，我们正在实现一项新的突破。
他真的害怕看到真相。如果他更有信心，他也许能从这一次的情况中学到东西。	我：那你觉得我们应该做什么？我觉得你提的问题很重要。
我无法想象这次汇报对我们推进工作带来的灾难性影响。	比尔：我拿不准。我们还是等等，看下一步会发生什么。
我得想个法子，在他屁股下面点把火，让他行动起来。	我：也许你是对的。但我认为我们得做些什么，而不能只是等待。

左手栏工具能够让隐藏的假设浮现出来，并且显示它如何影响行为。在上面的例子中，"我"对比尔有两个关键性假设：一是他缺乏自信，特别是在面对他的糟糕表现时；二是缺少主动精神。两个假设实际上也许都不对，然而，两者都在"我"说的话中表现出来，而且影响了我处理这个情况的方法。"我"听说他汇报得很糟糕，而我却绕开了这个事实，而是从侧面问起这事。我担心，假如我直说了，可能会更让他丧失自信；不管我如何追问，都没有回答出具体的行动方案。我认为这是他懒惰或缺乏首创精神的证据。由此，"我"认定必须制造出压力迫使他行动起来。

左手栏的重要意义是了解对话双方如何没有抓住在冲突中学习的机会。"我"和比尔没有直截了当地谈论问题，而是绕着问题说话。我们没有达成任何解决问题的方案，谈话结果对下一步行动毫无推动。虽说对话没有唯一"正确的"方法，但是通过左手栏分析看到对话后面隐藏的假设，就可能找到方法来改善交流。这些方法涉及分享自己的观点，以及其背后依据的"数据"。比尔可能不接受"我"的观点，而且这两者可能都是错误的，两人对此也要持开放的态度，让双方都能从中有学习的收获。

图 7-8 是心智模式修炼的三个层次的总结。心智模式修炼的精神实质是开放性和热爱真相,即心智模式修炼高的人,能始终以开放的心态对待新观点、新事物,以追求真相而不是获得认同为快乐。

图 7-8   心智模式修炼的三个层次

7.2.3   共同愿景修炼

共同愿景是学习型组织的第三项修炼。彼得·圣吉认为,对学习型组织而言,共同愿景是至关重要的,因为它为学习提供了焦点与能量。在缺少愿景的情形下,充其量只会产生"适应性学习"(adaptive learning);只有当人们致力于实现某种他们深深关切的事情时,才会产生"创造性学习"(generative learning)。

1. 什么是共同愿景

所谓共同愿景,即组织中所有成员的共同愿望、理想或目标,并且这种愿望、理想或目标表现为具体生动的景象。共同愿景源于组织成员个人的愿景而又高于个人愿景。建立在共同价值观基础上,是对组织发展的共同愿望,并且这个愿望不是被命令的,而是全体成员发自内心想要争取、追求的,它使不同个性的人聚在一起,朝着共同的目标前进。共同愿景包含下列各项要素。

(1)景象。所谓景象就是未来组织所能达到的一种状态及描述这种状态的蓝图、图像。景象应具有一定的气魄和诱人特性,它应该给人以希望,给人以激励,而不应该给人空话连篇、难以体会的感觉。也正是如此,景象才能够成为全体成员发自内心的共同愿望;也正是如此,景象应该产生于全体成员个人愿望之上。

(2)价值观。指组织对社会与组织的一种总的看法。价值观与景象是有很大相关性的。某种意义上说价值观不同,追求的景象就会不同或至少具体实现这种景象的方式途径会不同。

(3)使命。使命是组织未来要完成的任务。使命代表了组织存在的根本理由。只有具有使命感的员工才可能创造出巨大效率和效益,才可能有持续的内在动力。使命应具有令人感到任重道远和自豪的感觉,而这又与景象和价值观相关。没有良好的景象,使命感会消失殆尽;没有良好的价值观,使命感不会持久。

（4）目标。目标是指组织在努力实现共同愿望或景象过程中的短期目标,这种短期目标可以说是总的愿望的阶段性具体目标。明确的共同目标对组织的零距离和绩效十分重要。杰克·韦尔奇(Jack Welch)曾说:"鉴别一个团队是平凡还是一流,就看他有没有一个明确的目标,而且这个目标还要让大家都兴奋。"

"共同愿景"的概念与"理想"相似,但又与理想不同,理想大多指向未来理想,与"共同愿景"相比更抽象,"共同愿景"描述的是现在,是具体明确的。

2．共同愿景的作用

共同愿景的力量来自所有人共同的关切,能够激发激情,指引方向,凝聚力量,提高执行力,创造佳绩。

（1）改善员工与组织的关系

组织成员所共有的目的、愿景与价值观,是构成共识的基础。企业中的共同愿景会改变成员与组织间的关系。共同愿景能把个性不同的人聚集在一起,组成"我们的公司",达成共识,相互信任,产生一体感。

著名心理学家马斯洛(Abraham Maslow)晚年从事关于高效团体的研究,发现它们最显著的特征是具有共同愿景与目的。马斯洛观察到,在特别出色的团体里,工作任务不再与个人的自我相分离……团队成员对其工作任务深度认同,以至于认为个人自我是其工作任务的一部分。正如歌剧《江姐》中的歌词所唱"我为祖国生,我为革命长,我为共产主义把青春贡献。"

（2）孕育无限的创造力

由于共同愿景是组织全体成员发自内心的愿望,工作变成一项通过努力实现组织目标从而实现自我成长的激励。这种激励机制深植于组织的文化或行事作风之中,它使组织跳出庸俗、产生火花,让全体成员真正焕发出无限的创造力。

（3）激发强大的驱动力

一个共同愿景通常建立一个高远而又可逐步实现的目标,它引导人们一步步排除干扰,沿着正确的方向达到成功的彼岸。共同愿景具有强大驱动力,驱动组织的全体成员产生追求愿景的巨大勇气,并把这种勇气转化为自己发自内心的行为动力,去做任何为实现愿景所必须做的事。

（4）创造未来的机会

共同愿景是组织战略规划的重要内容,是给组织一个长远的经得起推敲的未来定位,而这种定位应该是充满了挑战、机会和风险,为组织未来发展提供了机会。

（5）形成长期的凝聚力

企业的共同愿景够将全体成员紧紧地连在一起,淡化员工之间的个人利益冲突,从而形成一种巨大的凝聚力,促使大家不断为一个共同的目标而努力。

3．构建共同愿景

共同愿景是从个人愿景中结晶出来的。来源于个人愿景,但又高于个人愿景。构建共同愿景是一个对组织个人愿景进行开发、提升,赋予组织使命与价值观,融入组织文化,并植入组织行动的过程。

(1) 激励与分享个人愿景

组织建立共同愿景,首先要激励组织成员去开发个人愿景。即激励大家建立自己的愿景,并以组织的价值观、使命为框架,将个人愿景与组织或团队目标绑定在一起。个人愿景通常是个人对自己未来发展的一种愿望。个人愿景根植于个人价值观、关切与热望、利益之中,它是个人持续行为的内在动力。

并非每个人都有自己的愿景,同时,由于个人价值观和现状等因素的不同,个人愿景也不尽相同。如果成员没有自己的个人愿景,就只能"加入"别人的愿景。结果只是顺从,而不会有奉献和坚守;如果各自的愿景大相径庭,组织就没有凝聚力,也就没有行动力。只有大家都有很强并相似的个人志向走到一起,才能产生有利的协同效益。

自我超越修炼是共同愿景开发的基础。共同愿景会增加创造性张力,能够"支撑住"这种张力的人,就会更执着、更努力去实现愿景,对实现愿景做出更大的贡献。

沟通和分享是开发个人愿景的直接方法。没有人能够赠与别人愿景,也不能强迫别人开发愿景。正确的方法是营造沟通和分享氛围,领导者带头,在分享自身愿景的同时鼓励大家分享各自的愿景。这是一种领导艺术——如何从个人愿景出发构建共同愿景的艺术。

(2) 整合共同愿景

共同愿景必须具备三个特点:第一,共同愿景是个人愿景的"全息图像";第二,共同愿景是组织使命的具体、明确的描述;第三,共同愿景融入了组织的价值观。

共同愿景要给组织指明前进的方向,即组织未来究竟向何处去,达到什么状态。这些方向如果比较明确的话,共同愿景中的图像也就比较鲜明了,可以明白地让员工知道组织的未来,从而起到应有的内在激励作用。通过沟通和分享艺术,将个人愿景整合在组织的战略方向框架内,将"我的愿景"转变成"我们的愿景"。把大家的愿景整合在一起,使愿景变得更加清晰逼真,大家对愿景更有信心。大家有了合作伙伴了,愿景不再由自己单独承担了。

共同愿望是企业基本理念的一项内容,其他理念还包括,目的、使命、价值观。企业的基本理念要回答三个基本问题:追寻什么、为何追寻、如何追寻。追寻什么,追寻一个大家共同创造的未来景象;为何追寻,企业的目标和使命,组织存在的根源;如何追寻,在达成愿望的过程中,核心价值观是一切行动、任务的最高依据和准则。

共同愿景让员工及组织拥有了使命,即实现这一共同愿景的使命。所谓使命宣言是指把组织与员工拥有的使命用一些简练、明了、带有激动性的文字加以表达,形成格言、座右铭等。使命宣言是共同愿景实现的一种要求。使命宣言不应该是组织领导的一种说教。使命宣言作为使命的一种表达形式,是共同愿景构建的一个方面,须认真对待。

例如,华为的愿景宣言是"把数字世界带入每个人、每个家庭、每个组织,构建万物互联的智能世界。"华为及其员工都以实现这个愿景为使命,努力工作。

共同愿景中含有组织价值观,价值观不同,组织的共同愿景也会有所不同。华为的愿景中就体现了华为"以客户为中心""创新""不屈不挠"的价值观。由于组织的价值观是组织关于对自己、未来、社区、社会等各方面的完整看法和价值取向，所以它是完整的一个体系。共同愿景中含有组织的价值观，实际上它并不能全面包含组织的价值观体系，而只能是含有这一价值体系中的核心部分，这种核心部分我们叫作组织价值观。构建共同愿景的一个方式就是要从发展组织的核心价值观着手。一个组织如果没有核心价值观，那么这种组织一定是随波逐流无定性的组织，通常没有很长的寿命，而且其核心价值观对这些组织的发展具有巨大引导作用。组织的核心价值观有时就以组织理念的形式表达出来。

（3）共同愿景的推广

构建共同愿景虽然是从个人愿景出发，但组织愿景仍然不同于每个员工的个人愿景，因此共同愿景一旦形成，必须推广到组织中每个成员，成为每个人愿景不可缺少的部分。这一推广过程可以分为五个具体步骤。

告知：共同愿景一旦形成需要正式告知组织所有的员工。告知带有官方的使命式的色彩，带有传统且是权威式的方式鼓动变革，但它也有一定的激发力量。

推销：组织领导人努力将组织共同愿景推至组织成员的心中，以推动他们为实现共同愿景而全心奉献。

测试：让员工们敞开心扉说明组织共同愿景的哪些部分打动了他们的心，哪些部分对他们而言没有吸引力。

咨询：向员工咨询这是构建共同愿景中非常重要的一个步骤。咨询可以在共同愿景构建之前进行，也可以在已有了一个初步的共同愿景时进行。有效的咨询工作依赖于良好的咨询方式。

承诺投入：共同愿景是大家的愿景，每个人都要投入到共同愿景的推广和实现的工作中去，将共同愿景融入一切行为中去。

图 7-9 是建立共同愿景修炼的三个层次的总结。共同愿景的精神实质是所有成员的共同价值取向和奋斗目标，大家都是为实现共同愿景而努力的伙伴。

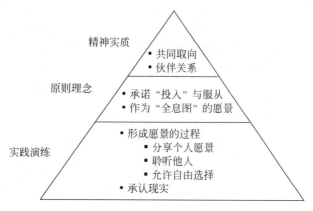

图 7-9　建立共同愿景修炼的三个层次

7.2.4　团队学习修炼

在现实生活中常有这样的现象：在一个团队里，个人智商都在120以上，而整体智商却只有60，以至于三个诸葛亮，不如一个臭皮匠，使得团队难有作为，甚至犯下严重错误。足球爱好者都知道一个简单明了的事实：球队的业绩表现除了要依赖单个运动员的优秀，更重要的是球队所有成员的配合水平。某种意义上，球员整体配合的能力决定了球赛的成败。球队是由不同目标取向的个人组成的，如果球员都向自己个人的目标和方向使劲，看起来他们都非常努力，但遗憾的是这种努力很难使球队在比赛中获得好成绩。相反，如果教练员能引导球队成员在志向目标、共同愿景以及如何互助互补等方面进行协同一致，朝着共同方向努力，那么球队就更容易取得好的成绩。所以，如何使球队成员的精力和意识得到融合和协同，从而减少损耗，是每个教练，乃至每个成员必须要思考，务必要学会，且必须付诸实践的课题之一。

1. 团队学习的内涵

团队学习就是发展团体成员整体配合而实现共同目标能力的过程。众所周知，在未能整体配合的团体中，许多个人力量一定会被抵消浪费。而当一个团体更能整体配合时，就会汇聚出共同方向，调和个别力量，从而使力量的抵消减至最小，发展出一种共鸣，就像凝聚成束的镭射光，而非散射的灯泡光。图7-10是通过团队学习修炼，从无序走向协同的示意图。通过团队学习的修炼，可以凝聚团队力量，提高团队协作的能力。

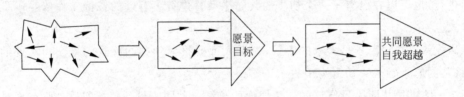

图7-10　从无序走向协同的团队学习实践过程示意图

团队学习是一种以团体为学习单位的集体性学习方式，是学习型组织进行学习的基本形式，也是学习型组织修炼的关键。这种学习方式便于成员之间的互相学习、互相交流、互相启发、共同进步，同时培养成员之间的感情和配合习惯。团队学习对组织与个体来说是双赢的选择。

团队学习是一种基于共同愿景和自我超越的协同学习，是通过团队知识共享，发展团队成员的技能和团队整体搭配能力，使团队智慧超过个人智慧的总和，从而创造团队成员真正想要、真心向往的结果——解决面临的复杂问题。团队学习要在开发共同愿景的基础上完成，此外，它还依赖团队成员自我超越的修炼。但是，仅有这两项修炼是完全不够的，真正的关键是，团队成员们知道如何一起学习。在组织内部，团队学习有以下三个关键方面。

第一，深入思考复杂的问题，且对其有明晰的理解。团队必须学会挖掘个人的思想潜力，以让团队智能超越个人的智能。这里很重要的一点是，找出妨碍集体智慧发挥的因素并废除它。这样才能集思广益,有利于复杂问题的分析和理解。

第二,需要有自发而协调的行动。这种行动要求在团队成员之间建立一种相互依赖,互助互补的信任关系,要求培养成员在行动上的默契,就像球赛冠军团队和伟大的爵士乐队一样。

第三,不可忽视团队成员在其他团队中所扮演的角色和影响。例如,高层团队的大多数行动,实际上是由其他团队完成的。所以,"学习型团队"要不断通过广泛传授团队学习的技能和实践方法,来培育其他团队的学习实践。

团队学习具有两个特征:一是团队目标一致,二是知识共享。

首先,个人目标与团队目标的一致,是团队学习的基本要件。现实中,个人目标是无法否定和抹杀的,但个人目标如果最大限度与团队目标一致,则会推进团队学习的进程。另外,知识共享实质上是内部交易的过程。只有通过知识共享,才能互通有无,共同提高。如果没有知识共享,团队学习只能是一句空话。

团队学习可以促进个人成长。由于个体间差异的存在,每个人都可以发现自身的比较优势。团队学习可以有效发挥队员个人的比较优势,来达到团队内部的互助。同时,通过团队学习能使团队智慧融入个人理念中,以不断适应新形势下开展业务的工作需要。可以免费享受别人的工作技巧和有效方法,更可以展示你的理解和独特设想,接受别人的启发和灵感。

团队学习有利于提高团队核心竞争力。团队核心竞争力不仅仅是个人的核心竞争力的简单累加。为了促进团队核心竞争力矢量叠加,必须开展团队学习,提倡知识共享。同时,团队中人人都可以找到个人核心竞争力发展的支撑点,崇尚互信和无缝配合的一种氛围。

团队学习是团队的一项能力,需要不断进行集体修炼才能提高。正如一场伟大的交响乐演奏,需要多次彩排一样。

2. 团队学习的修炼方法

团队交流是团队学习的重要方法,深度汇谈和商讨是团队交流的两项重要的实践法门。在深度汇谈中,对复杂的问题,要有自由的、创造性的探讨,要悬挂或暂时忘记自己的观点,相互深度"聆听",其目的是找到问题的解决方案;相比之下,在商讨中,不同的观点都摆出来,得到阐述和辩护,同时寻找最佳观点,支持眼下必须做出的决策。深度汇谈和商讨是互补的,团队学习中必须明确辨别,不能混淆,并能在两者之间自如转换。

(1)深度汇谈

"深度汇谈"是一个团队的所有成员,摊出心中的假设,让想法自由交流,进入真正的一起思考,以发现远比个人深入的见解。

深度汇谈需要创造一种互助的氛围,让大家在这种氛围里面互相帮助,从各个角度来深入分析复杂、困难的问题。大家都"悬挂"或暂时忘记自己的假设,又可以自由沟通这些假设。由此引发自由的探索,使大家的深层经历和思想都浮现出来,同时又能超越个人的观点。在这个过程当中,会形成新的心智模式,使得个人原先不连贯、有漏洞的思想观点连贯起来。

深度汇谈不是辩论会,也不是讨价还价的商讨,而是探寻复杂问题的解决办法的智慧交流。这个过程需要共同的愿景、目标来指引,需要以个人的良好心智和良好素质做基础。深度汇谈也是个人进行"心智模式修炼"的良好机会和过程。团队的学习实践,需要通过深度汇谈来落实。深度汇谈是学习型组织日常的活动。

在团队学习修炼中,管理深度汇谈需要重点关注以下四个要点。

① 悬挂假设

所有参与者都必须"悬挂"自己的假设。悬挂假设意思是,将自己的看法背后的假设"悬挂"在团队成员前面,以便不断地接受询问与探询。首先是"显露假设",一个人首先要意识到他所作的假设,然后才能把它提出来(即"悬挂");其次是展示假设,让你和其他人都能看到你的假设;最后是探讨,让别人看到你所思所言的新维度。通常情况下,人们很容易相信自己的想法比别人的更正确,但不愿意把自己的心思全盘托出。敢于悬挂假设就表明你有一种自信心,如果你的假设真的有价值,那就应该能经得起别人的探讨;如果没有价值,你就应该坚强一些,开朗一些,以海纳百川的胸襟接受队员的意见,重新考虑一下你的假设。

此项活动不仅需要成员对自己的假设有一种自信心,相信自己的假设经得起别人的问询;同时,也需要成员对其他成员有信心,相信他们可以通过探询已悬挂的假设,理解假设。这需要成员彼此建立信任关系,从而对探询持开放与欢迎姿态,这就涉及深度汇谈的第二个条件。

② 信任的伙伴关系

成员必须视其他成员为工作伙伴,是同事,而不是竞争对手抑或是上下级关系,平等相处,坦诚相待。彼此视对方为工作伙伴,有助于建立一种成员之间的良好关系和氛围,减少悬挂假设时成员感觉到的不安,以及消除由于个体差异带来的障碍。伙伴关系绝不仅仅是对赞同者而言的,还包括持不同意见者甚至是反对者。尤其是在意见出现重大不一致的情况下,后者往往可以带来更大的收获。

当观点不一致时,"相互看成同事,平等相处"存在一个巨大的阻碍因子,即团队中实际存在的阶层、等级关系。破除这个阻碍因子,需要那些身处高位的人真心想要获得深度汇谈的利益,并把它看得比保持自己的地位和特权更重要,从而真能与下属坦诚相待。另外,作为下属,想要获得深度汇谈的利益,也要有不惧怕权威的勇气,把上级领导当作同事,从而大胆地说出自己内心深处的真实想法。

③ 过程管控

必须有一位"辅导员"来为深度汇谈"护持场境"。必须有一位辅导者掌握深度汇谈的架构,从而保持深度汇谈的顺畅与有效。深度汇谈的辅导者起码要做好五项基本工作:第一,帮助参与者明白他们必须对深度汇谈的结果负责。第二,保持平等开放的团队交流氛围,把握好汇谈的方向。第三,准确地拿捏汇谈时机并有技巧性地给予启发或直接协助,切忌以专家的姿态出现,以免有些成员过分注意辅导者而分散了注意力或忽略了自己的想法及责任。第四,了解深度汇谈的技巧和熟悉其发展过程。辅导者可以是汇谈的提醒者,也可以是技巧的示范者。第五,当团队形成了深度汇谈的经验和技能后,辅导者的角色变得不那么重要,或可以成为参与者之一,甚至此阶段可以不需要指定深度汇谈的辅导者。

经验表明,经常深度汇谈的团体,能发展出一种彼此间深深的信任。他们彼此熟悉每位成员的独特观点;他们体会如何温和地主张自己看法,并使更广泛的见解逐步出现;他们也学习如何持有立场,而不被自己立场所"持有"。

④ 克服冲突和习惯性防卫

没有冲突的团队只存在于神话中,思想观念上存在冲突是学习型团队非常明显的特征。在杰出的团队中,冲突能变成富有成效的创新力。对愿景的关注可能产生冲突,也一定会产生冲突。事实上,形成共同愿景过程的核心,就是共同愿景从不同个人愿景中逐渐凝聚出来。即使大家分享一个共同愿景,也会对如何实现愿景有许多不同的看法。相互冲突的观点能够自由流动,对创造性思考、对发现新的解决方案都是至关重要的。冲突会成为持续深度会谈过程的一部分。

平庸的团队对待冲突有两种表现,要么表面上没有冲突,要么因冲突对立。在"表面和气"的团队里,成员们认为,为了维护团队团结,他们必须压制冲突观点,否则,各抒己见,巨大的差别会让团队支解破碎;在冲突对立的团队里,领导"高声喊话",大家也都清楚各自立场,相互冲突的观点根深蒂固,彼此不会妥协和松劲。

阿吉瑞斯(Chris Argyris)是研究管理团体及其障碍的世界权威专家。他和他的同事花了二十五年时间发现:杰出与平庸团体之间的差别,在于他们如何面对冲突和处理随着冲突而来的防卫。阿吉瑞斯说:"我们的内心好像被设定了习惯性防卫程序。"

彼得·圣吉指出,习惯性防卫是人们根深蒂固的习性,用来保护自己或他人免于因说了真话而受窘,或感到威胁。习惯性防卫种类繁多,且常常发生,但通常不会引起注意。例如,当人们无意认真接受某一个想法时,会故意轻描淡写,或故意说服别人某个构想行不通;或者在一出现困难议题时,便改变话题,表面上则显得很有风度、若无其事的样子。

有一位强势的企业老总,经常感叹他们的组织内部缺乏真正的开拓者。他觉得自己的公司充满听命行事的人,缺乏执意追求愿景的理想家。这对一位自认为擅于沟通和勇于承担风险的领导人来说,尤其感到挫折。事实上,正是因为他明确地表达"他的"愿景,以至于他周围的人感到怯惧;也因此,他的看法很少受到公然检视。员工已学会了不在他面前表达自己愿景。当然他不愿意把自己的强势当作一个防卫策略,但如果他细心地观察,应该会看到自己正是如此。最"有效"的习惯性防卫,往往就像强势领导们所使用的,是那些看不见的习惯和思维方式。

如何降低习惯性防卫呢? 首先,降低防卫反应对情绪上的威胁,习惯性防卫只有在禁止讨论的环境中才会强而有力,一旦开放讨论,它们就会"见光死";其次,管理者要善于自我揭露,以"询问"方式探究自己和别人防卫的原因。如,"我觉得这个新提议不妥。你或许也有这种感觉,能否帮我看看这个不妥的感觉来自何处?"事实上,习惯性防卫如果处理得当,它能为彼此思考打开一扇窗。

要想达到深度汇谈的预想效果,上述 4 个要点落实到每位参与者身上时,要求深度汇谈的参与者,遵守四项基本原则,具备五种基本能力。

四项原则是:不争执原则、平等原则、探寻原则和尊重他人原则。不争执原则是指个人不能为某个观点的假设去辩护、争执,而是要将分歧的假设先悬挂起来;平等原则是指参与汇谈的成员要解除职务特权,每个成员都是平等的,没有上下级和服从的束缚,只需要一个主持人来把握汇谈不会偏题;探寻原则要求每个成员要有探寻精神,探寻别人以及探索自己对问题深层次的假设;尊重他人原则就是要给予不同的人发表意见的空间。

深度汇谈参与者所需要具备以下五个基本能力。

聆听:聆听是深度汇谈的基础,不判断对错,只寻因果。

主张:主张是提出自己的观点,真实地表达自己的想法,暴露自己的思维假设。

探询:探询是提问、探究、了解他人掌握的信息、观点以及背后的理由,要善于鼓励和激发他人表达的观点。

悬挂:悬挂是指暂缓自己的假设与判断,当自己的想法提出后,大家一起审视、探询和反思,使我们逐渐脱离固有思维对我们的影响,悬挂是各种立场之间寻求平衡点的一门艺术。

觉察:在整个深度汇谈的过程中,要觉察自己的思维和情绪的变化,避免沉默或过激状态。

深度汇谈还有一个很重要的环节就是演练,不断地实践。当你真正去实践时,一开始你发现自己思想的改变很困难;紧接着,你将发现整个团队的思想改变更困难。但如果你坚持不懈地修炼下去,等待你的将是团队成员各个洋溢着生动表情,或狂喜、或激动、或愤怒、或严肃,"百花齐放""百家争鸣",而绝不再是"一言堂",一个人的无力沮丧,而是"群策群力"。

(2)商讨

在团队学习中,商讨是与深度汇谈互为补充的必要实践。两者的相同之处是通过沟通共享观点、看法,从而共同进步。不同之处在于具体的目的不同,商讨是为了分析问题,达成共识;深度汇谈是为了探索复杂问题,发现新观点、新方法。

在商讨过程中,不同的观点得到阐释和辩护,这能给整个情况提供有用的分析。团队在商讨中,基于大家都同意的分析检验,权衡各种替代观点,发现首选观点(这也可能就是原来的观点,也可能是商讨中出现的新观点),达成协议,做出决策。有效的商讨会凝聚意见,形成结论或行动路线。

在深度汇谈中,不同的观点也得到阐述,但阐述的目的是发现新观点。深度汇谈的目的是要探索复杂问题,开发对复杂问题的丰富感悟,而不是寻求意见一致,因此,深度汇谈是发散性的。深度汇谈和商讨都有可能形成新的行动路线图,不同之处在于新的行动往往是商讨的关注重点,但只是深度汇谈中可能出现的副产品。

学习型团队要能够掌握深度汇谈和商讨之间的转换。两者的基本原则不同,目标也不一样。如果不能区分它们,团队往往就会既做不到深度汇谈,也无法进行有效的商讨。

图 7-11 是团队学习修炼的三个层次的总结。团队学习的精神实质是通过深度汇谈和商讨,互相帮助,互相校正不正确的想法和观念,提升团队集体的智慧。

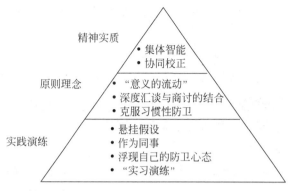

图 7-11　团队学习修炼的三个层次

7.3　第五项修炼——系统思考

赫伯特·斯宾塞(Herbert Spencer)说过:"如果没有系统的知识的帮助,先天的才能是无力。直观能解决很多事,但不是一切。天才和科学结合后才能取得最大的成功。"

系统思考就是从整体上对影响系统行为的各种力量(广度)及其相互关系(深度)进行科学思考,以培养人们对动态变化、复杂的系统性问题的理解和应对能力。

7.3.1　系统思考修炼的理论基础

系统思考可以理解为基于系统理论的思考方式。系统理论的核心是系统论。本节简单介绍系统论的概念和思想。

1. 系统的概念

钱学森先生给系统的定义是:"系统是由相互作用相互依赖的若干组成部分结合而成的,具有特定功能的有机整体,而且这个有机整体又是它所从属的更大系统的组成部分。"根据系统的定义,系统具有两个必不可少的特征,即结构性和功能性。

系统的结构性,就是系统是由部分有机连接而成的整体。系统结构有四个含义,部分即系统的组成要素,每个要素是相对独立的,可以看成系统的一个组成模块,即系统的构成是模块化的;部分之间相互作用,相互依赖,即模块之间是相互连接的;一个系统可以是一个更大系统的组成部分,即系统是可以嵌套的,或说系统是有层次的;一个实际研究的对象系统不可以无限嵌套下去,必须是有限的,即实际研究系统必须明确边界。系统边界以外的部分,称为系统的环境。因此,在进行具体系统结构分析的时候,通常包括系统的模块、模块间的连接(也称为接口)、系统的分层和系统环境四个方面。

由于系统构成要素不同以及要素之间相互联系、相互作用的方式不同,因此世界上存在着各种各样的千差万别的系统。

系统的功能性是指系统整体必须是具有一定目标,每个模块必须是具有特定功能的;系统整体的目标由各模块功能协作实现。系统的目标决定了系统存在的价值。

系统的结构和功能是相互关联的。结构的改变可以导致功能的改变;功能的改变,必须通过调整结构来实现。

对于一个系统来说,组成要素、内在连接和目标都是必不可少的,它们之间相互联系,各司其职。一般来说,系统中最不明显的部分,即功能或目标,才是系统最关键的决定因素;内在的连接也是至关重要的,因为改变了要素之间的连接,通常会改变系统的行为(功能);尽管要素是我们最容易注意到的系统部分,但是它对于定义系统的特点通常是最不重要的——除非是某个要素的改变也能导致连接或目标的改变。

系统的结构特征决定了系统的两个最基本的性质——复杂性和动态性。系统要素及要素间的关系的多样性导致了系统的复杂性;系统为了适应环境的变化而不断演化,即系统的动态性。

世上万事万物皆为系统,小到一个原子,大到一个企业、一个星球、一个宇宙。系统可以是实体的物质,如一台机器,也可以是抽象的概念,如知识系统。按照不同的属性分,有不同类型的系统。

按系统的自然属性分,可分为自然系统和人造系统两大类。自然系统是自然界客观存在的系统,如宇宙系统、生态系统、生物系统等;人造系统是指经过人改造或由人创造的系统,也叫有人系统,如国民经济系统、企业系统等等。

按系统的运动属性分,可分为动态系统和静态系统两大类。动态系统是指系统状态在一段时间内持续发生变化的系统;静态系统是指系统状态不随时间的变化而变化。这里的静态是相对的。

按系统与环境的关系分,可分为开放系统和封闭系统。开放系统是指系统与环境经常进行物质、能量和信息等交换的系统,如自然界存在的系统都是开放系统;封闭系统是指那些不与环境进行物质、能量和信息交换的系统。

按系统的反馈属性分,可分为开环系统和闭环系统。开环系统是指系统内不存在反馈线路和机制;闭环系统则存在反馈线路和机制。

2. 系统论的基本思想

系统论的基本思想,就是把所研究和处理的对象,当作一个系统,分析系统的结构和功能,以实现整体最优为目标,研究系统整体、要素、环境三者的相互关系和变动的原理和规律性。

将系统论的基本思想概括为八大基本原理和五大基本规律(魏宏森,2009),有助于读者对系统论思想的理解。

(1) 系统整体性原理。这是系统论最基本的思想。首先,它要求在建立系统目标时,必须谋求系统整体的最优化;其次,它要求系统的规律应该反映整体的规律,即系统的性质和运动规律只有从整体上才能反映出来,组成系统的要素间的联系和作用应从整体的协调中加以研究;再次,它要求系统要素的功能必须服从系统的整体功能,系统的功能不等于系统要素功能的简单相加;最后,它还要求系统整体功能必须大于要素功能之和,这是因为要素之间的联系能产生质的变化,产生出每一个要素所不具备的新功能。

因此,当我们对任何一个对象进行思考时,都应当把这个对象当成一个系统去看待,从整体上去观察问题、考虑问题;在注意局部的同时,还要注意各局部之间的有机联系。对于组织管理而言,在一定的人力、物力和财力条件下,只要能合理地进行组织、协调,就能发挥出更大的效益。

(2)系统结构性原理。系统的结构包括横向和纵向两个维度的结构。横向结构指组成系统的既相互关联又相对独立的若干组成部分,它们地位相同,结构相似,每个组成部分俗称为模块;纵向结构表现为系统的嵌套结构,即一个系统 A 是另一个更大系统 B 的组成要素时,系统 B 就是更高层的系统。系统 B 称为父系统,系统 A 称为子系统。父系统和子系统的功能是完全不同的,形成了具有质的差异的系统等级。

系统的结构性可描述为:横向模块化,纵向层次化,系统内各要素间、各层次间的相互作用。

因此,在我们研究某一个事物时,必须对它的内部诸要素间的联系以及它们与其他事物之间的联系,加以全面的考察和分析,才能揭示出事物之间的本质联系和规律。例如,对于制造和销售一体化的企业,系统结构观点必须显示出发出的订单、出货、库存如何变动,从互动中寻找货物不稳定与扩大的效应。由于结构触及行为背后的原因,进而可引发行为改造。

(3)系统功能性原理。系统在与环境相互作用的过程中,在一定范围内系统的发展和变化几乎不受条件和途径的影响,表现出某种趋向预定状态的特性。

每个系统都有自己的目标或功能,这是系统所固有的特性。在系统运行过程中,偏离目标的时候,系统会通过反馈机制,控制系统回归目标。例如,空调系统的目的或功能是保证室内在一定的温度范围,当室内温度过高或过低时,空调系统会调整出风量,来保证室内温度在设置的范围内。

系统的目标或功能是系统最重要的属性,决定着系统的价值;同时,系统功能性原理蕴含着果决性特征,即结果决定原因,怀着什么目标,就会有什么样的行动。因此,人也好,组织也好,做事之前明确目标很重要。

(4)系统开放性原理。系统具有不断与外界环境进行物质、能量、信息交换的性质和功能,开放性是系统演化的前提,也是系统稳定的条件。

一个封闭系统只会自发向均匀无序的方向演化(熵增原理),最终走向"死寂"状态。系统的开放是系统演化的前提条件之一,系统与外部环境交换物质、能量或信息,使系统偏离平衡态,通过系统的自组织,系统逐步趋于下一个平衡态。系统正是这种不断与外部交互,不断打破平衡态,又不断达到新的平衡,从而实现系统的不断演化。

可见,开放才能进步。个人也好,组织也好,都应持开放的态度和精神,不要拒绝新事物、新思想,不要害怕外部冲击。

(5)突变性原理。系统失稳而发生状态变化是一个突变过程,是系统质变的一种基本形式。系统发展过程中存在分叉而且突变的方式很多,使系统质变和发展也存在多样性。

经过突变而发展变化是系统发展变化的一种基本形式,突变是自然系统和社会系统的一种普遍的现象,比如:超新星爆发、火山爆发、高楼崩塌、河堤决口、战火突起、人工系统坍塌、灵感突来、眼前一亮等。

突变是一种质变现象,是一种从量变到质变的辩证过程。在实践中,要促成系统期待的突变,预防系统恶性的突变。

(6) 系统稳定性原理。开放系统在外界作用下,通过负反馈机制,使得系统在一定范围内具有自我调节、自我稳定能力。即系统具有自我调节,保持和恢复原来的有序状态、保持和恢复原有的结构和功能的能力。

系统的稳定性通常是指系统结构是相对稳定的,这是系统功能性的要求。系统的稳定性和发展变化性是一对对立统一的辩证关系。系统在稳定中发展,在发展中稳定。稳定是功能实现的保证,发展是功能升级的途径。

保持系统的相对稳定是非常重要的,系统的发展、进化必须在相对稳定的基础上有序进行。在实践中,善用反馈机制,维护系统稳定性,充分发挥系统的价值。

(7) 自组织原理。开放系统由于复杂的非线性作用而使涨落得以放大,从而产生更大范围更强烈的长程相关,系统内部各个要素自发地组织起来,系统从无序向有序,从低级有序向高级有序发展。

这里所说的组织是指系统内的有序结构的形成过程。德国理论物理学家 H. Haken 认为,组织的进化形式可以分为他组织和自组织两类。如果一个系统靠外部指令而形成组织,就是他组织;如果不存在外部指令,系统按照相互默契的某种规则,各尽其责而又协调地自动地形成有序结构,就是自组织。

自组织现象无论在自然界还是在人类社会中都普遍存在。一个系统自组织属性愈强,其保持和产生新功能的能力也就愈强。例如,人类社会比动物界自组织能力强,人类社会比动物界的功能就高级多了。

自组织理论的研究对象主要是复杂自组织系统(生命系统、社会系统)的形成和发展机制问题,即在一定条件下,系统是如何自动地由无序走向有序,由低级有序走向高级有序的。自组织理论主要由三个部分组成:耗散结构理论(dissipative structure)、协同学(synergetics)、突变论(catastrophe theory)。

系统自组织的发生,总体上来说是系统与环境相互作用的结果,可以分为以下几类:要素的质变引起自组织,要素数目的变化引起自组织,要素运动量的变化引起自组织,要素排列次序的变化引起自组织。系统的自组织真正得以实现,其内在根据在于系统内部的复杂相互作用,这是非线性相互作用。

复杂系统的自组织方法要求我们在企业管理中,必须从整体出发,把管理看作一个复杂的过程而且是自组织演化过程。企业的发展有其自己发展演变轨迹,企业管理者必须顺着企业的"脉络"实施恰当管理。

(8) 相似性原理:系统具有同构和同态的性质,体现在系统的结构和功能、存在方式和演化过程具有有差异的共性,是系统统一性的一种表现。

系统相似性就是系统的结构、功能和演变过程具有的共性和规律性。如果没有系统的相似性,就没有普遍性的系统理论。事实上,系统理论可以说就是关于系统某一或某些相似方面进行研究的学科。

系统的相似性原理在科学研究中具有重要的实践意义,例如,物理模拟、数学建模、功能模拟等;在社会实践中相似性原理也同样重要,如知识转移、标杆学习、最佳实践、信息系统应用等。

系统论的基本规律是关于系统存在的基本状态和演化趋势的、稳定的、必然的、普遍的规律。系统论的基本规律概括为以下五项。

(1)结构功能相关律:即关于结构和功能相互关联,相互转化的规律。一定的结构必然具有一定的功能并制约着随机涨落的范围,随机涨落可以引起局部功能的改变,当涨落突破系统内部调节机制的作用范围,涨落得到系统整体的响应而放大,造成系统整体结构的改变,而新的结构又制约新的随机涨落的范围。这样结构和功能动态地相互作用,系统不断地演化。

(2)信息反馈律:即信息反馈的调控作用是影响系统稳定性的内在机理。反馈是指将系统的输出返回到输入端并以某种方式改变输入,进而影响系统功能的过程。根据反馈对输出产生影响的性质,可区分为正反馈和负反馈。负反馈减弱系统的输出,强化系统的稳定性;正反馈增强系统的输出,使系统远离稳定状态,从而推动系统的演化。在一定条件下,涨落通过正反馈得以放大,破坏系统的原有稳定性,使系统进入新的稳定状态。

(3)竞争协同律:即系统的要素之间,系统与环境之间存在整体统一性和个体差异性,通过竞争和协同推动系统的演化发展。自组织理论认识到在竞争基础上的协同对于系统演化的重大意义。非线性相互作用构成竞争和协同辩证关系的自然科学基础。系统中普遍存在的涨落说明系统要素之间总是处于竞争状态,涨落得到系统的响应而得以放大说明协同在发挥作用。竞争是系统演化的创造性因素,协同是系统演化确定性,目的性的因素。

(4)涨落有序律:即系统通过涨落达到有序,实现系统从无序向有序,从低级有序向高级有序发展。这种转变与对称破缺紧密相关。系统演化过程中的分叉通过涨落实现,说明必然性通过偶然性表现出来。

(5)优化演化律:即系统不断演化,优化通过演化实现,表现系统的进化发展。耗散结构理论阐述了系统优化的一些基本前提,协同学着重讨论了系统优化的内部机制,超循环理论说明超循环组织形成就是系统优化的一种形式。系统优化最重要的是整体优化,"形态越高,发展越快"是系统优化的一条基本法则。系统优化是系统演化的目的。随着系统形态的发展,复杂系统的稳定性可以通过通信能力的改善和优化来保证。

系统理论不仅作为一般世界观和方法论,充实和发展了当代哲学,而且对管理学,以至整个科学技术的发展都有直接而巨大的贡献。

7.3.2   系统思考修炼的基本要素

系统思考修炼的实质是心灵的转变，包括两层含义：（1）看清各种相互关联关系，而不是线性的因果链；（2）看清各种变化的过程模式，而不是静态的"快照图像"。

系统思考的实践演练，要从理解简单的"反馈"概念入手。一些行动可以引起相互增强的效应，或相互抵消（平衡）的效应。这会让你逐步学会，如何识别反复出现的某些类型的"结构模式"。这些结构模式都包含三个基本要素，正反馈、负反馈和延迟。系统的结构模式可以用系统图形象地描述。

1. 正反馈：将变化放大

所谓反馈，就是从系统输出端提取一定的信号回送到输入端，从而调节（控制）系统行为的过程。正反馈就是反馈与输入叠加后，促进或加强控制对象的行为的反馈。例如，某人做了符合他人价值观，让他人感到高兴的、兴奋的事情，并受到夸奖、鼓励，进而做事人就会继续努力地把这件事情做好，而且会越做越好。即一件事情的发生、发展受到了另一件事情的刺激，促进了其正向发展。这是一个"良性循环"的例子。正反馈也导致"恶性循环"，例如，一旦"汽油紧缺"的消息传播出去，到加油站排队加油的浪潮就触发了；一旦人们看到加油站加油的场景，就对危机的到来深信无疑了……

下面来看看正反馈是怎样影响思维方式的。事实上，美国的反恐战争不在于政治意识形态之争，也许也不在于具体的军备，而在于双方都共有的一种思维方式。比如，美国的主流社会被如下的观念所主导。

恐怖袭击→对美国人的威胁→军事反应的必要

而恐怖分子对自己的处境的看法大体如下：

美国的军事行动→感受到美国的侵略性→招募恐怖分子

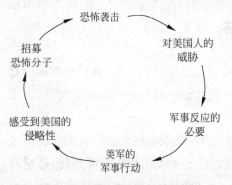

图 7-12   美国式反恐思维系统

从美国的角度看，恐怖组织是侵略者，而美国的军事扩张是应对这个威胁的防御反应。从恐怖分子角度看，美国在经济和军事上都是侵略者，恐怖组织招募活动的扩大，正是这种看法被广泛接受的证据。

上面的两条直线型的因果思维方式可以形成一个圆圈。两个对手各自的"线性的"或非系统的观点，相互结合构成一个系统，即相互影响、相互作用的一组变量（要素），如图7-12所示。

反恐战争的系统观，揭示出一个相互攻击的恶性循环。美国对从自身角度所看到的"对美国人的威胁"做出了反应，那就是加强军事行动。这又导致了"感受美国的侵略性"增加，于是就有更多的"招募恐怖分子"的活动，更多的恐怖活动和更多的"对美国的威胁"，更多的美军行动……如此，循环不止。双方从各自的角度出发，都只注重自己的短期目标，都在对感受到的威胁做出反应。但是他们的行为最终给大家都带来逐步升级的危险。这和许多其他系统一样,系统中的参与者做了自以为该做的事,却没有产生希望看到的结果,甚至产生越来越远离期望的结果。

正反馈环路的表现放大变化,不是加速增长,就是加速衰减。比如,核军备竞赛带来加速增长的核武器库;而银行挤兑则带来银行存款的加速衰减。

民间智慧对正反馈的表述有:滚雪球效应、流行效应、良性循环;还有些特别场合的说法,富人更富、穷人更穷。在商界,产品口碑在营销中就是一种正反馈。如果产品本身是个好产品,那么其销量越多,满意的客户也越多,正面的评价也越多,进而带来更多的销量,而更多的销量又带来更广泛的好评,以此类推。反过来说,如果产品有缺陷,那么循环就成为一种恶性循环:在购买产品的客户里,满意的人数寥寥无几,也没有什么正面评价,这将导致该产品的销量越来越少。

在系统思考修炼中,为了形象地理解系统变量之间的相互影响关系,通常用系统图描述系统关系环路。图 7-13 表示产品口碑营销的正反馈销售过程。

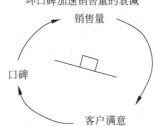

图 7-13　口碑营销的正反馈系统图

正反馈加速增长或加速衰减,但是,单纯的加速增长和衰减很少在自然界或社会中持续,因为正反馈作用很少孤立出现;逐渐会有限制因素起作用,增长会缓慢下来,会停止,然后转变方向。例如,即使是好产品、好口碑,销量达到一定数量后,会因原材料供应、服务等问题的限制,难以持续增长,甚至会因为服务不到位,销量开始下降。这种限制因素就是负反馈——系统思考的第二个基本要素。

2. 负反馈——系统的稳定因素

系统的输出返回给输入端与原来的输入叠加后,调节(减弱)系统的输出,使系统趋向于某一目标,这种反馈称为负反馈。

负反馈系统是寻求稳定的系统。例如,空调的室温控制系统(如图 7-14)、抽水马桶水箱的水量控制系统等。在负反馈系统中,就是利用反馈的自我调节机制,来保持某种目标或指标。拿杯子接水就是一个负反馈过程,其目标是装一杯水,通过杯子中水位距杯中的距离(反馈信息)调节放水量,直到装满为止。

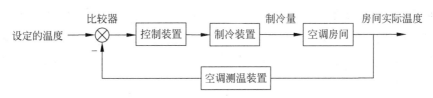

图 7-14　负反馈稳定系统示例图

负反馈过程无处不在,是所有目标导向的行为表现背后的机制。像人体这样复杂的机体,存在数千个负反馈过程来维持体温、保持平衡、愈合伤痛、调节瞳孔采光量,以及进行危机报警。生物学家说,所有的这些机制都是为了让身体得到"内稳态",即在变化的环境中保持其生存所必需的内部条件。负反馈的作用让我们在饥饿时进食,困倦时睡眠,寒冷时添加衣服。

企业和社会系统也像复杂的生物体一样,它们也需要负反馈来维护其稳定性。公司的生产和采购过程,就是根据生产订单的变化来不断调整的借贷是根据现金余额和财务需求来调整;商品定价根据供需关系来调整……

自然系统和社会系统特别偏爱负反馈的平衡稳定作用。人类却经常做出与这些平衡机制相悖的决策,并为此付出代价。在实践中,实现负反馈作用的难点在于,常常存在隐性目标,并且负反馈作用常常被忽视。

例如,经理人在预算紧张的时候压缩员工数量,以降低成本;但是他们会逐步发现,剩余的员工工作压力过大,而且成本也没有下来,因为完不成的工作又得雇佣外部人员,或者付加班费来完成。成本下不来的原因是,系统有自身的工作安排。它有自己隐性的目标,一种未经表述却又非常真实的目标——即预期要完成的工作量。

因为负反馈的作用就是维持现状,保持稳定,往往看上去就像什么也没发生一样,所以,负反馈环路比正反馈环路难于辨认。试图进行组织变革的领导者,常常发现他们不知不觉中陷入了负反馈平衡过程。对他们来说,似乎自己的努力突然遇到了无中生有的阻力。这是因为有一种"隐藏"的负反馈在起作用。

图 7-15 是调节现金过剩或不足,使之达到平衡的负反馈过程系统图。要看清这个过程,从差距入手往往是最容易的。差距指的是期待值和现实存在之间的差异。在这里,就是手头缺少足够的现金,不能满足现金流的需要。

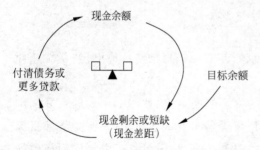

图 7-15　企业现金余额调节负反馈系统图

接下来看为了弥补这个差距所采取的措施:借钱,使现金余额增减,从而使差距缩小。

图 7-15 显示了一个平衡过程的运转,它总是以缩小期待值和现实存在之间的差异为目标。此外,目标值,也就是所期望现金余额,会随着业务量的变化而下降。尽管如此,即使是目标正在变化,平衡过程仍然会根据需要值来调整实际的现金余额。

3. 延迟——结果落后于行动

延迟是系统的一种固有特征。所谓延迟就是在行动和结果之间的间断或空隙。如果对系统的延迟效应缺乏充分认知,则可能会让你的行动过头,搞得适得其反;如果你能够辨认并应对它,则它又能给你带来积极的效果。

在人类社会系统中,行动和结果之间的延迟无处不在。例如,从投入到回报,从采购到产品入库,从政策发布到收到成效等等,都存在延迟。延迟有长有短,新招聘的员工,可能要几个月才能完全适应工作;资源投入到新项目中,可能几年后才能获得期望的结果。

当一个变量的作用需要时间来影响另一个变量的时候,延迟就出现了,它成了系统语言的第三个要素。几乎所有的反馈过程都存在一定的延迟,但是不被人注意,也不被人很好地理解。这往往会导致当事人在追求目标时走得太远,做过火。进食和感觉到吃撑之间的延迟,让许多用餐者受到惩罚:吃得太多而胃疼;新开工的建设项目从开始到完工之间的延迟,导致房地产市场过热,最终导致一些房地产商被淘汰;在采购活动中,下订单到收到订货之间的延迟经常导致过量订货;产品研发到产品面市的延迟经常导致产品面市即被淘汰。

未被辨别的延迟,尤其是拖得很久的那种,还可能导致不稳定和失常的故障。比如,调节淋浴水温时,10 秒钟的延迟情况与 2 秒钟的延迟情况比,调节水温要困难得多。图 7-16 为有延迟的淋浴水温调节系统图。

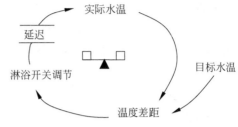

图 7-16　有延迟的淋浴水温调节负反馈系统图

你往加热水方向转动水龙头之后的 10 秒钟里,水温仍然是凉的,于是,你继续向加热水方向转动龙头,而当热水终于来到时,水温却有 88℃。你被烫得跳了起来,赶紧又往加冷水的方向转动水龙头。但又发生了延迟,水又变得太凉了。这样一次又一次,反复经过负反馈环路的过程。每一次都是对前一轮调整过头的补偿。

正反馈中的延迟也是同样的问题。比如反恐战争,双方都以为使自己对抗活动扩大,反应行动升级,会给自己带来优势,让自己占到上风。这是由于反应行动结果的延迟。这种延迟可能是几天、几个月,甚至几年,因为积聚力量进行下一轮攻击行动是需要时间的。使这种恶性竞争得以维持下去的原因之一,就是暂时的、自鸣得意的优势地位的感觉。如果双方能够立即对对方的力量集聚活动做出反应,持续集聚活动的动力就消失了。

系统观点就应该倾向于长期的视角。这就是为什么延迟和反馈环路会如此重要。短期看来,你往往可以忽视这些东西,但长期来看,却会回来找你的麻烦。

正反馈、负反馈和延迟都很简单,作为"系统基本模式"的积木块,它们得以实现自身价值。系统基本模式,就是生活和工作中反复发生的、更复杂的结构模式。

7.3.3　系统基本模式

当我们对所处系统的结构不了解的时候,我们常常是被自以为觉察的系统结构所困的囚徒,正如反恐战争的案例所述的一样。反过来,对自己所处其中的系统结构模式的学习观察过程,能够把自己从过去看不见的影响力下解放出来,并最终掌握一种应对和改变这些影响力的能力。

在系统思考修炼中,识别一些反复出现的基本结构模式,对修炼非常有帮助。这些"系统基本模式"或"通用结构"是我们学习观察生活、工作中的系统结构的钥匙。系统基本模式数量相对很少,这就告诉我们,并不是所有的管理问题都是独特的,有经验的经理人凭直觉就能了解这一点。

如果说正反馈、负反馈和延迟是系统思考的基本词汇,那么系统基本模式就好比是系统思考的基本语言,常被人们称为系统基模语言。系统基本模式揭示出管理问题复杂性背后的优美又简洁的结构。我们更多地学习和掌握系统基本模式以后,就能解决一个最令人烦恼的问题。

系统基本模式的作用,是重塑我们的感知力,以使我们更有能力看清结构模式的运作,以及其中的杠杆效应作用点。某个系统的基本模式一旦被发现,它就会不断告诉我们高杠杆效应和低杠杆效应的变革作用点。到目前为止,研究人员已经发现了12种系统基本模式,所有这些基本模式,都由系统正反馈、负反馈和延迟三种积木组件构成。下面介绍7种常见的基本模式及其应用。

1. 有延迟的负反馈

结构描述:图7-17是有延迟的负反馈系统图。个人、群体或组织为某个目标而行动,针对反馈过程的延迟做出反应,调整行动。如果意识不到延迟,就会做出过多的调整和修正,也可能由于看不到任何进展而完全放弃行动。

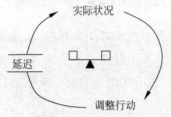

图7-17　有延迟的负反馈

症状预警:原以为很稳妥,但结果做过了头,然后可能反方向再次做过了头。

管理原则:在迟钝的系统里,富有反击性的过分行动将导致不稳定。要么保持耐心,要么使系统反应更灵敏。

案例:房地产开发商不停地上新项目,直到产生销售疲软——然而,那时市场上已经有足够多的其他在建项目,供过于求的结果已成定局。到处都可以看到类似的例子。如热水开关反应迟钝的淋浴;生产—分销系统供应过度和短缺的波动;由于生产周期过长而产生的生产率和在制品库存量的波动;股市突然间暴涨暴跌等。

2. 增长极限系统模式

结构描述:如图7-18所示,在一段时间内加速增长或扩张的自我增长过程,之后增长开始放缓(系统内参与者往往无法理解),并逐渐完全停止,甚至有可能逆转,开始加速崩溃。

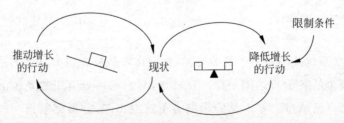

图7-18　增长极限系统模式

症状预警:增长很快的时候,瓶颈即将到来,然后,越是努力,越是原地不动。

管理原则:不要在正反馈(增长)环路上使劲儿推,要设法消除(或削弱)限制条件。

案例:学习一种新技能,比如打网球,最初可能进步很快,你的技术水平和自信心都在增长。但随后你的天生的自然的能力开始遇到极限,而这只能通过学习新技术来突破,但对这种新技术你开始会觉得"不自然"。又如,新公司从零开始迅速增长,达到一定规模以后就要求更专业的管理技能和正规的组织;新产品开发团队表现出色,成绩非凡,但它吸纳的新成员,许多并没有协调的工作风格,也没有创始成员的价值观,于是麻烦就来了;城镇化发展直线上升,直到土地资源枯竭,结果使房地产价格飙升;由于天敌消失,动物种群迅速繁衍,很快导致其生活地域里食物匮乏,最终由于饥饿而大量死亡。

3. 转移负担系统模式

结构描述:为纠正问题而使用短期的"缓解方法",看似立即奏效,但随着这种纠正方法的反复运用,更根本的长周期方法就越来越被忽视。最终的结果是开发根本解决方法的能力萎缩或消失,导致对"症状缓解法"的更严重的依赖,图 7-19 为该模式系统结构图。

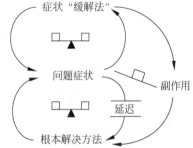

图 7-19　转移负担系统模式

症状预警:长期使用"去痛片"有较大的副作用。

管理原则:聚焦在根本解决方法上,假如"症状缓解法"是必要的(因为根本解决方法有延迟),那就用它来争取时间,以完善根本解决方法。

案例:一项突破性的新电路板技术可以用来开发独特的功能,并能在众多新产品应用上带来节约成本的效益。但现有产品的电路板也可以代替它。营销人员可以向理解这项新技术的客户推销新产品("根本解决法"),也可以继续推销只使用现有电路板的老产品("症状缓解法")。但管理层有季度销售额的指标压力,因此,销售人员就会采取哪种好卖就卖哪种方针,而往往是老产品的口碑和用户习惯,多数客户选择购买老产品,老产品的销售周期延迟较短。最终导致突破性新技术无法快速发展忠实的客户群体,结果变得和一般产品一样,承受价格和利润空间的压力。

还有类似的一些例子,如不拓展新客户群,而向现有客户推销更多的产品;借钱还债,不想做严格的开支预算;不降低工作压力本身,而通过饮酒、吸毒的方式减轻工作压力等等。

转移负担模式中有一种非常普遍又非常有危害的情况,就是外部"介入者"试图帮助解决问题。这种情况特别值得注意。介入措施是要改善问题的明显症状,而且非常成功地做到了这一点,以至于系统内部的人根本无法学会自己去解决问题。例如,工作依赖外部承包商,而不是培训内部员工。又如,众多的政府援助计划,试图解决紧迫的问题,却养成了援助对象的依赖性,需要不断增加援助。

外部援助要"授人以渔",而非"授人以鱼。"要关注"主人的系统"发展自己解决问题的能力。如果需要外来帮助,"帮助者"应该要么严格局限在一次性介入(且大家事先都清楚这一点),要么有能力帮助大家开发自己的技能、资源及基础设施,以便将来有更大的能力。

4. 目标侵蚀系统模式

结构描述:这是转移负担模式的了模式之一,其短期缓解方法使长期的、根本的目标受到侵蚀,如图 7-20 所示。

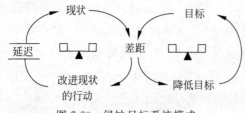

图 7-20　侵蚀目标系统模式

症状预警：为应对危机而降低工作标准。

管理原则：保持愿景。

案例：虽然产品很棒，而且不断有改进，某高科技制造商却在丧失市场份额。但是这家注重自己产品设计的"天才"公司，从未能有效地控制生产进度。外来的调查人员发现，其客户对公司交货逾期越来越不满，并正在转向竞争对手。公司却坚持自己的立场，满足于自己的业绩："我们在答应客户的交付时间内，一直保持 90% 的成功交付记录。"于是公司反而去寻找业绩不佳的其他原因。但实际的情况是，公司不断把承诺的交货时间加长一些。结果是，客户得到的承诺交货时间一步步变得越来越长了。

又如，公司为了降低成本，隐秘地降低质量标准，而不是投入开发新的可以提高质量（而且也可以降低成本）的工作方法，但仍然一直宣称自己不断保持注重质量的传统。

5. 恶性竞争系统模式

结构描述：如图 7-21 所示，两个人或两个组织认为，自己的成功依赖于建立超越对方的优势。如果一方占据了优势，另一方就觉得受到更大的威胁，于是便更加咄咄逼人地去重建自己的优势，结果又使前者感受到更大的威胁，也使前者更咄咄逼人，如此等等。双方往往把自己咄咄逼人的行为看成是对对方的防卫反应，而各自的"防卫"行动导致双方都不愿意看到的恶性循环。

症状预警：双方都觉得自己是被逼无奈。

管理原则：寻找"双赢"的方法，让双方都达到自己的目标。在许多情况下，某一方可以单方面缓解或扭转这种恶性循环，方法是公开、主动、大胆的"和平"行动，使对方感到没那么多威胁了。

案例：一些部门虚增预算，其他部门为了争得自己的份额也虚增预算，于是，导致大家都进一步做更膨胀的预算。恶性竞争的例子比比皆是，如价格战、广告战、黑帮火拼、军备竞赛、反恐战争等等。

6. 强者愈强系统模式

结构描述：如图 7-22 所示，两个活动为有限的支持或资源而竞争。某一方获得更多的成功，就会获得更多的支持，而另一方就会失去支持。

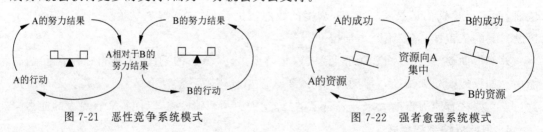

图 7-21　恶性竞争系统模式　　　　图 7-22　强者愈强系统模式

症状预警：相互关联的两个活动、两个团体或个人，有一方开始表现优异，另一方则处在挣扎状态中。

管理原则：寻找两者的总目标，以使两者获得平衡的表现。如果两者的关联是由于偶尔的疏忽，却引起对资源的不良竞争，那就要切断或削弱两者之间的关联，避免它们对同一个有限资源的竞争。

案例：某经理人希望自己的两个亲信都能在公司里得到发展，但由于其中一个生病告假在家一周，另一个就得到优惠待遇。前者上班后，经理人由于觉得内疚，于是就躲避前者，结果是后者有更多的机会，感受到肯定，工作更成功了，进而得到更多机会。前者由于心神不定，工作效率也下降了，于是机会就更少了。其实，两者开始都有同样的能力。前者最后离开公司。又如，家庭和工作的平衡。经常加班，影响到家庭关系，于是家庭就变成更"痛苦"的事，这又使家庭生活在未来更加被忽视。

7. 饮鸩止渴系统模式

结构描述：短期内有效的修补措施带来未来长期的后果，可能造成不断使用更多类似修补措施的需要。其系统结构模式如图 7-23 所示。

症状预警：以前一直有效的方法现在不管用了。

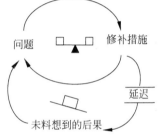

图 7-23　饮鸩止渴系统模式

管理原则：保持对长期目标的关注。如可能，要避免使用短期"修补措施"，或者只为"争取时间"才使用它，但同时要开发长期解决方法。

案例：空难频发，飞机黑匣子是破解飞机失事原因的关键设备。尽管基于云计算技术的"可不间断监测飞行数据及驾驶舱内部情况"在线黑匣子——"云匣子"在技术上并非不可突破，但现在主流机型上使用的依然是基于 30 年前的技术的黑匣子。飞机制造商关心的是成本，所以一直延迟研发和使用昂贵的新技术和新设备，结果是近年来，同款机型多次造成空难，却难以确定失事的具体原因，为人类造成了灾难，企业信誉严重下降。

又如，个人或组织通过举债来偿还贷款利息，使将来要偿还更多的利息；为节省开支而减少设备维护频率，结果是导致更多故障和更高的维修成本，也使降低成本的压力越来越大。

熟练掌握系统基本模式，可以帮助我们更加快速地掌握系统思考的技能。用这些基本模式，我们就能够越来越清楚地把握日常生活中各类因果环路。随着时间的推移，我们自然就能更系统地思考和行动了。

掌握系统思考的语言最终还要求掌握其他各项学习修炼。每项修炼都有重要的原则和工具，让个人、团队和组织有更大的能力去转变用线性的方法看待世界的习惯，进而用系统的方法去思考和行动，去观察和改变世界。

7.3.4　系统思考修炼

彼得·圣吉指出，系统思考修炼的目的是构造一种学习型组织，一个"不断创新、进步的组织，在其中，大家得以不断突破自己的能力上限，创造真心向往的结果，培养全新、前瞻而开阔的思考方式，全力实现共同的抱负，以及不断一起学习如何共同学习。"这种学习型组织是建立在五项修炼的基础上，即系统思考、自我超越、改善心智模式、建立共同愿景、团体学习,其研究范围是动态复杂系统。

1. 对动态性复杂系统的思考法则

彼得·圣吉认为,"动态系统是非常微妙的,只有当我们扩大时空范围深入思考时,才有可能辨识它整体运作的微妙特征。如果不能洞悉它的微妙法则,那么置身其中处理问题时,往往不断受其愚弄而不自知。"因此,在《第五项修炼》中,圣吉提出了十一项系统思考的微妙法则,列在表 7-2 中。

表 7-2　关于动态复杂系统的思考法则

法　则	说　明
今日的问题来自昨日的解	解决问题的方式,只是把问题从系统的一个部分推移到另一部分,当事者却未察觉。
愈用力推,反弹力愈大	系统思考有个名称——"补偿性回馈",即善意的干预引起了系统的反应,但结果反过来抵消干预所创造的利益。
渐糟之前先渐好	许多管理的干预行为,常在恶果显示之前呈现出良好状况的假象。
显而易见的解往往无效	这极可能是"非系统思考"的结果。
对策可能比问题更糟	短期改善导致长期依赖,系统思考学者称这个现象为"舍本逐末"。
欲速则不达	快速没有耐心的行动往往导致行动过头,返回来时可能又会过头。
因与果并不紧密相连	每个系统都有其固有的延迟效应。
寻找小而有效的高杠杆解	小而专注的行动,如果用对了地方,能够产生重大、持久的改善。
鱼和熊掌可以兼得	以系统思考代替机械思考,以整体思考代替片段思考,以动态思考代替静止思考,寻找真正的杠杆解。
不可分割的整体性	应该研究那些与要解决的问题相关的因素,而不是因功能而划分的人为界线为出发点。
没有绝对的内外	系统思考有时会将造成问题的"外"部原因,变成系统的"内"部原因来处理,解决之道常常藏在你跟你的"敌人"的关系之中。

系统思考的法则不仅训练人们扩大思考的时间和空间,以适当界定问题所处的系统范围,还提供了一些思考方法和工具,帮助人们了解系统发生变化背后的整体互动关系。这种互动关系称为"结构"。通过对结构的了解与不断改善,组织内各部门之间、发展战略与实际能力之间、现在的行动与未来的资源之间等等,都可以获得较长远而紧密的动态搭配。

2. 系统思考与其他四项核心修炼

系统思考是五项修炼的基石,它能够强化其他四项修炼,同时,系统思考也需要其他四项修炼来发挥它的潜力。只有高度自我超越的人才愿意进行系统思考,才会进行其他几项修炼。另外,通过系统思考才能更好地实现自我超越;系统思考对于确立有效的心智模式非常重要,同时,根深蒂固的不良的心智模式将阻碍系统思考所能产生的改变;只有当人们致力于实现某种他们深深关切的事情时,才会产生"创造性学习",因此,如果没有共同愿景就不会有学习型组织;通过团队学习才能够使自我超越的人不断改善心智模式;实现共同愿景。总之,自我超越的人,会不断改善心智模式,才能够组成在一起达成组织的共同愿景,才能够通过团体学习进行系统思考,实现组织的不断超越,建立并保持组织的持久竞争优势。系统思考与另外四项修炼是一种共生互动、你中有我、我中有你的整体关系。四项核心修炼与系统思考的关系如图 7-24 所示。

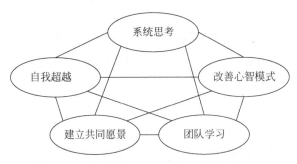

图 7-24　学习型组织五项修炼之间的关系

（1）自我超越中的系统思考

"自我超越"修炼过程中，内心渐渐会发生改变。这些变化往往不易察觉，因而常常未引起注意。自我超越作为一项修炼具有系统性，首先，自我超越具有结构性特征，如创造性张力、情绪张力与结构性冲突等；其次，自我超越修炼的目的是提升人的心智模式，形成系统思考的心智模式。自我超越修炼与系统思考修炼互为因果。彼得·圣吉强调这两项修炼的四个结合点：融合理性与直觉，看清自己跟周遭世界是一体的，同理心和整体的使命感，如表 7-3 所示。

表 7-3　自我超越中的系统思考

修炼要点	说　明
融合理性与直觉	人的直觉不会凭空产生，是主体长期沉浸在系统中，对系统的结构、发展规律非常熟悉后，所形成的潜意识反应。直觉来源于长期的系统思考。 直觉对常人而言，之所以难以理解，就是因为直觉是超越线性思考的对复杂系统的非线性特征的认知。需要经过长期的自我超越修炼才能形成。
看清自我行动与系统反应的关联	由于"自我"对所处"系统"认知的不足，常把系统反应归咎于外部原因，事实上，系统内部因素才是系统状态发生变化的根本原因。 因此，自我超越是不断提升对所处系统的认知；反过来，自我超越修炼好的人，更容易认清"自我"与"系统"的关系。
基于结构观的自我超越	身处系统中的所有人均受到系统结构的局限。"自我"深入了解自己和他人的关联，以及所受到的来自系统的局限，可以逐步改变责怪和内疚的旧心态。并逐步形成"以待我的方式待人"的同理心、慈悲心。
基于整体观的自我超越	置身于"系统"中的"自我超越"修炼，就是要建立"整体最优"的心智模式。在这种心智模式的引导下，自然会带来宏大的愿景，使人产生巨大的行动的能量。自我超越修炼高的人有一个特点，即超越私利，忘我为公。

（2）改善心智模式与系统思考

心智模式修炼是系统思考的基础。如果系统思考缺乏心智模式的修炼，其效力就大打折扣。这两项修炼可以很自然地结合，一项暴露隐藏的假设，另一项通过重新安排假设的结构来揭示主要问题的原因。

被禁锢的心智模式会阻碍系统思考能够带来的变革方案。如果经理人坚信自己的看法就是事实，而不是一系列假设，他们就不愿意怀疑自己的看法。如果他们没有能力探寻自己和别人的思考方法，就难以在协作中尝试新的思考方法。

系统思考是心智模式修炼的工具。现代研究表明,大多数人的心智模式都经常有系统的缺陷。它们忽略关键的反馈关系,错误地判定时间延迟,又常常只注重有形有象或突出明显,但不一定有高杠杆效益的变量。理解这些缺陷会帮助人们看清主流心智模式在哪里最薄弱,看清心智模式修炼的必要性。前面介绍的系统基本模式可以作为组织进行心智模式修炼的工具。

整合系统思考和心智模式修炼所得到的最终回报,不仅是改善我们的心智模式,还能改变我们的思考方法:从以事件为主导的心智模式,到新的心智模式——它能让我们看清长期变化规律,及其产生和发展背后的结构性原因。即学习型组织的决策过程是基于大家对相互关联和变化规律的共同理解。

(3) 共同愿景与系统思考

在许多的组织中,具有内在价值的愿景常常夭折,是因为愿景在传播过程中出现了一些"成长上限"的结构,抑制了新愿景背后的动能。了解这些结构,对于坚持愿景有很大的帮助。

愿景的传播是通过不断地厘清、投入、沟通与奉献所形成。谈论得愈多,愿景就愈清晰,人们也就开始热衷于追求愿景的好处。因此,很快地,愿景通过沟通,成为一种正反馈过程,以逐渐增强的螺旋式扩散开来,如图 7-25 所示。在追求愿景的初期若能成功,热情也能够被逐渐增强。

图 7-25　愿景的传播过程

愿景是如何夭折的呢?

如果增强环路不受限制,将使愿景愈来愈清晰,团体中越来越多的成员愿意为愿景奉献。但是此时会有各种限制因素开始发生作用,使这个良性循环慢下来。随着愿景涉及的人越来越多,不同的见解可能会分散大家的关注,并引发难以控制的冲突,如果这种情况发生,愿景就会夭亡。具体分析如下。

① 探寻并调和分歧的能力不足

如图 7-26 所示,人们对愿景的热情不断提高的正反馈过程,遇到了不断增加的多样化观点、意见分歧,形成限制愿景传播的负反馈过程,两者相互作用,这是增长极限模式的典型结构。

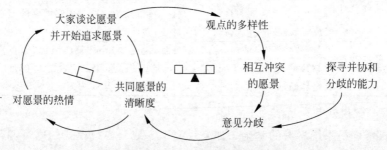

图 7-26　愿景传播过程的增长极限结构之一

在这个结构中,追求愿景的热情不断成长的增强环路,牵动了一个由于意见逐渐分歧化与极端化所形成的调节环路,而抑制了愿景的扩散过程。循顺时针方向解读这个抑制愿景的环路,当热情建立后,更多人谈论到愿景,看法的分歧性也因此提高,导致人们所表达的愿景互有冲突。如果不容许其他人表达不同的看法,则极端化作用增强,降低共同愿承的清晰度,并抑制热情的升高。

在增长极限的结构里,杠杆点在找出造成限制过程的原因。在这个结构中,限制因素是探究不同愿景,以融汇更深一层的共同愿景。如果组织无法发展出这种调和分歧的能力,个人愿景的分歧将逐渐扩大。

消除这个限制最重要的技巧是"反思与探询"。实际上,建立愿景的过程是一连串探询的过程,主要目的是让真正想要创造的未来更加明晰;如果只是通过倡导与辩护而不是探询得到的愿景,只能让人遵从,绝不是奉献。

通过探询来扩散愿景,并不意味着必须放弃自己的观点。相反地,愿景需要强而有力的辩护者。但是辩护者也应以开放的态度探询他人的愿景,才有可能逐步将个人愿景,汇集而成更大的共同愿景,如同全息照相的原理。

② 保持创造性张力的能力不足

愿景的实现过程中,因遭遇一些不易解决的困难,而使人们感到气馁,这也是造成愿景凋谢的原因之一。当人们愈能看清共同愿景的特性,愈能察觉愿景与目前现况之间的差距很大。人们可能会变得沮丧、不确定,甚至对愿景采取嘲讽的态度,因此造成热情的衰退;"组织气馁"形成了另一个可能的"增长极限",如图 7-27 所示。

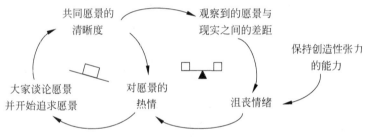

图 7-27 愿景传播过程的增长极限结构之二

在这个结构中,限制因素是组织内的人缺乏保持创造性张力的能力,这也是"自我超越"的中心原理;这也就是为什么我们一再强调"自我超越"是建立共同愿景的基石。不鼓励"自我超越"的组织,很难培养出对崇高的愿景经久不变的奉献。

③ 专注于愿景的时间不足

当融汇愿景及处理目前问题所花的时间过多时,用于实现愿景的时间相对地减少,而失去对于愿景的专注,也会使愿景在萌发阶段夭折。此时限制因素是专注于愿景的时间与精力不足,如图 7-28 所示。

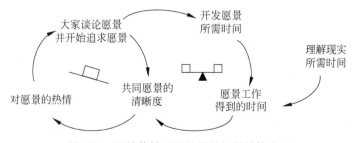

图 7-28 愿景传播过程的增长极限结构之三

这个结构的杠杆点在于能够找出方法,减少花在对抗危机与处理目前问题的时间和精力,或者是让追求愿景的人与负责处理目前问题的人各司其职。这种策略是由一小群人在组织的主要活动之外追求新构想;虽然这种方式往往是必要的,却难以避免形成两个阵营。譬如,在 20 世纪 80 年代初期,开发麦金塔电脑的小组,几乎与苹果电脑公司其余的人完全不相往来,虽然该小组开发出了一个突破性的产品——麦金塔,但也造成组织内部的严重不和,使得苹果电脑的史考利耗费相当长的时间才消弭裂痕。

④ 组织分化

如果组织成员忘记大家是一个彼此协作的整体,愿景也会凋零。这也就是为什么愿景的追求必须通过共同探寻的理由之一。一旦员工不再问"我们真正想要创造什么?"而是在原来的愿景之外,产生另一种愿景时,交流的效果和人际关系就会大打折扣。只要大家对彼此的见解失去尊重,团体的凝聚力便会分崩离析,导致共同愿景的破灭。当发生此种现象时,团体成员便不再产生对愿景的真正热情,如图 7-29 所示。

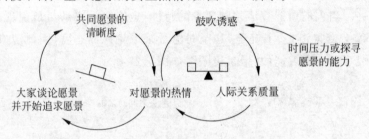

图 7-29 愿景传播过程的增长极限结构之四

可能因"时间"和"技能"两个因素的限制,导致有人鼓吹新愿景而产生组织分化。如果大家都认为新愿景很急迫,可能没有充分的时间彼此彻底地阐述和倾听;如果大家没有足够的"技能"进行这种交流,在分享愿景时无法有效避免鼓吹、诱惑,那分化就更容易发生。

系统思考是建立共同愿景的沃土。如果没有系统思考的配合,建立共同愿景的修炼会缺乏重要的支撑。

(4) 团队学习与系统思考

系统思考的观点和工具是团体学习实践的核心内容。系统整体观是贯穿深度汇谈的主线。学习型团队以整体的观点来处理习惯性防卫。一般总把防卫看作别人行为造成的,然而其杠杆点应在于辨认习惯性防卫是共同造成的,并找出自己在产生和持续习惯性防卫时所扮演的角色。如果我们只在"外部"找寻习惯性防卫的原因,那么我们愈是努力对付它们,只会愈激起更强烈的防卫。

系统动态观对团队学习也同样重要,因为管理团队的每一项主要工作,如发展策略、构建愿景、设计政策与组织结构等,都需要克服动态复杂性。这个复杂性并不是静止不动的,而是不断在改变。或许团队管理最大的一项障碍,就是简单、静态的方法,来应对复杂、动态的实际情况。

系统基本模式为团队共同处理复杂性问题提供了一种有效的工具。当采用系统基本模式来分析讨论复杂的、有潜在冲突的管理问题时,能够使交谈更客观,因为所有的交谈都是围绕系统的"结构性"展开,而不是谈个性与领导风格,原本难以启齿的问题,能够以不带影射管理无能,或隐含批评的方式提出来。

如果没有系统基本模式这样的"共同语言"来处理复杂性,团队学习将难以开展。假如团队中只有一位成员比其他成员更有系统地看问题,此人的洞识将很难被接受。只因为其他的成员是以我们常用的直线式语言来思考,根本无法看到整体的关系。

所以如果团队中的成员都能精熟系统基本模式语言,则效果非凡。语言是集体的。学习一种新语言的意思就是学习如何使用此种语言彼此交谈。因此,以团队的方式来学习系统基本模式语言,学习的困难度也会大大降低。

系统思考是学习型组织最重要的能力,即以一种新的方式认识自己与所处的世界。这是一种心灵的转变:从把自己看作与世界分开,转变为与世界连结;从将问题看作由"外面"某些人或事所引起的,转变为看到自己的行动如何造成问题。学习型组织是一个促使人们不断发现自己如何造成目前的处境,以及如何能够加以改变的地方。如同阿基米德所说的:"给我一个支点,我就能撬动地球。"

图 7-30 为系统思考修炼的三个层次的总结。系统思考修炼的精神实质是系统的整体性和内在联系性。系统思考修为高的人总能以全面的观点、联系的观点看问题。表 7-4 给出了系统思考的要点总结。

图 7-30　系统思考修炼的三个层次

表 7-4　系统思考的要点

系统思考的要点	说　　明
思考的方法	以动态的方法、非线性的模式分析因果之间的相互关联,看清事物的来龙去脉和发展变化的趋势。
思考的广度	看到全局与整体,明确分析的边界。
思考的深度	透过事物表象,洞悉驱动系统行为变化背后的内在"结构",把握本质和关键,即引起变化的杠杆点。

本章小结

1. 学习型组织是指通过培养弥漫于整个组织的学习气氛、充分发挥员工的创造性思维能力而建立起来的一种有机的、高度柔性的、扁平的、符合人性的、能持续发展的组织。圣吉提出了建立学习型组织的"五项修炼"模型。(1)自我超越:能够不断确认个人的真实愿望、集中精力、培养耐心、实现自我超越;(2)改善心智模式:心智模式是看待旧事物形成的特定的思维定式。在知识经济时代,这会影响对待新事物的观点;(3)建立共同愿景:就是组织中人们所共同持有的意象或愿望,简单地说,就是我们想要创造什么;(4)团队学习:是发展成员整体搭配与实现共同目标能力的过程;(5)系统思考:要求人们用系统的观点和工具对待事物的发展。

2. 组织中个体的自我超越需要把握以下几个方面。(1)建立个人愿景:一种期望的未来景象或愿望;(2)保持创造性张力:愿景与现实的差距,是创造力的源泉;(3)看清结构性冲突:愿景和现实的差距带给人们心理影响,即人性的意志力能否战胜阻力;(4)诚实地面对真相:要义是根除看清真实状况的障碍;(5)运用潜意识:使内心真正关注的目标清晰地展现在人们的脑海。

3. 心智模式的修炼首先要"把镜子转向自己""倒掉壶中之水"和"敞开胸怀"。然后通过不断的反思、吸收、接纳实践,实现认知升级;通过系统思考实践实现思维升级。

4. 共同愿景修炼的要点包括:(1)鼓励个人愿望。必须不断的鼓励成员发展自己的个人愿望,然后把拥有强烈目标感的成员结合起来,可以创造强大的综合效果;(2)学习聆听他人。将愿景与日常生活、工作联系在一起,与他人交流、分享愿景;(3)融入企业理念:建立共同愿望是企业基本理念的一项,其他理念还包括:目的、使命、价值观;(4)改进高层做法。抛弃原有的从高层开始的做法,要从告知、推销、测试、协商和共同创造五个阶段,建立组织的共同愿望。

5. 团队学习是学习型组织的基本构建单位,是学习型组织的基本学习方式,是构建学习型组织的基本过程。另一个角度看,学习型组织是团队思想的一种引申,或者说它是以团队运行为基石的。团队学习的主要方式是深度汇谈和讨论。

6. 学习型组织系统思考的要义就是在于看清复杂事物背后结构的形态。不断增强的反馈、反复调节的反馈、时间的滞延是系统基本模型的三个主要要素。不断增强的反馈是成长的引擎。反复调节的反馈是系统追求稳定和平衡的一种力量。时间的滞延是行动和结果的时间差。学习型组织系统思考就是这样一个过程,通过增路循环、调节循环与时间滞延进行的。圣吉根据这些基本的过程,建立了反应迟缓的调节环路、转移负担、目标侵蚀、恶性竞争、增长极限、强者愈强、饮鸩止渴等基本模式。

即练即测

7. 系统思考是学习型组织的灵魂。它提供了一个健全的大脑,一种完善的思维方式,个人学习、团体学习、检视心智模式、建立愿望,都因为系统思考的存在,连在一起,共同达到组织的目标。

✍ 思考题

1. 什么是学习型组织?

2. 简述自我超越修炼的方法。

3. 什么是创造性张力?怎样保持创造性张力?

4. 什么是结构性冲突？人们通常怎样对待结构性冲突？

5. 怎样激发潜意识？

6. 什么是心智模式？心智模式有什么特点？

7. 心智模式修炼与系统思考的关系是什么？

8. 如何进行心智模式升级？

9. 你是属于固定型心智模式还是成长型的心智模式？并做具体分析。

10. 愿景包含的哪些要素？

11. 共同愿景有什么效用？

12. 怎样构建共同愿景？

13. 政府扶贫项目，试图解决贫困现象，却养成了依赖性，需要不断增加援助。画出该问题的系统图。怎样破解该问题？

14. 阐述五项修炼之间的关系。

案例　学习型组织五项修炼案例分析

案例分析

第 **8** 章

知识管理技术

本章学习目标

通过本章学习,学员应该能够:

1. 理解知识管理技术体系的内容和作用;

2. 理解商业智能、工作流、区块链、知识推送等技术的原理;

3. 理解知识搜索与知识推送的基本原理;

4. 了解知识管理系统的架构;

5. 了解知识图谱的构建过程和基于工作流的知识管理系统的架构。

引例:特斯拉 CEO 马斯克在 2021 年股东大会上透露,特斯拉将在全球推出基于客户实际驾驶行为的保险业务,即"UBI 车险"。马斯克非常看好汽车保险业务,曾表示,保险将成为特斯拉的主要产品,保险业务价值将占到整车业务价值的 30% 到 40%。

与传统保险公司相比,特斯拉了解个人客户和汽车的风险状况,未来可能推出更多的定制服务。马斯克提及的基于客户驾驶记录的车险,即 UBI 车险,主要根据车辆的使用时间、里程,驾驶者习惯等信息进行设计,针对不同车主给出个性化定价的新型车险产品。马斯克曾表示,客户驾驶汽车的方式将对他们获得的保险费率产生影响。特斯拉将会给那些使用自动驾驶仪的车主更加低廉的折扣,因为他们的事故发生率会大大降低。

基于用户驾驶行为的汽车保险定价比传统的车险定价方式更科学,将引领智能汽车保险的新潮流。随着智能技术和物联网技术的发展,基于用户行为和实时数据的商业模式将取代传统的僵化的商业模式。

拓展阅读

自古以来知识便是人类生存的重要资源和力量。然而,到了 20 世纪末,互联网技术的成熟和广泛应用,才把知识管理推上高潮。其主要原因是由知识的特性所致。知识是一种具有隐藏性的、不稳定的"流体",因此,知识的发现、存储和传播需要特定技术的支持。

知识管理技术并不是一项技术,而是一个技术体系,包括的技术内容繁多,覆盖知识生产、存储、分享、应用的各个环节。表 8-1 给出了知识管理流程的各活动相应的典型支持技术。

表 8-1　知识管理技术体系

知识管理过程	传 统 技 术	现 代 技 术
知识生产	实践、逻辑推理	数据挖掘、文本挖掘、知识发现、机器学习、AIGC(生成式人工智能)

续表

知识管理过程	传 统 技 术	现 代 技 术
知识加工	撰编、整理	知识编码、编辑工具、知识分类、知识表达
知识存储	图书馆、博物馆、档案馆	知识库、知识仓库、计算机存储技术
知识传递	人际传播	互联网技术、社会软件
知识使用	基于人脑的情境激发	知识搜索、智能推荐、协作技术
组织知识管理	文化与制度	知识管理系统

知识管理技术可分为传统技术和现代技术。知识管理传统技术更多地依赖于人和实体工具实现，属于广义的技术概念；知识管理现代技术主要包括以计算机和互联网为基础的信息管理技术和人工智能技术。信息管理技术主要支持知识的存储和传播；人工智能技术主要支持知识的生产和使用。本章主要介绍支持知识管理的信息技术。

8.1　知识管理信息技术

知识管理信息技术的关键组件如图 8-1 所示。图中的箭头表示系统必须支持的商业过程，圆圈表示促进这些活动的技术成分组成。这些技术支持知识的创建、加工与处理、存储、传递和应用。知识管理基础技术可分成协作平台、内容管理、非正式网络、知识传递和系统集成五类，如表 8-2 所示。

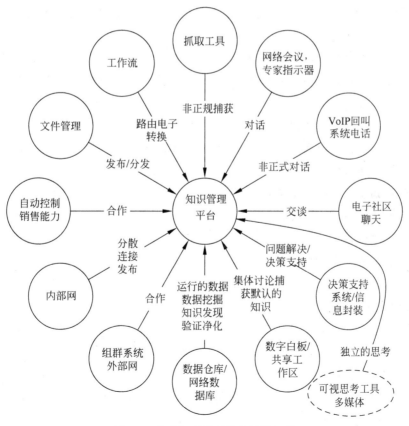

图 8-1　企业知识管理技术关键组件

表 8-2　知识管理信息技术的一种分类

知识管理技术分类	具 体 技 术
协作系统	群件系统、工作流管理系统、办公自动化、讨论区、共享工作空间、交流室、视频会议、电子白板、Intranet/Extranet 等
内容管理	文档管理、Web 内容管理、数据库与数据仓库、大数据、知识库等
非正式网络	VoIP 回叫系统电话、聊天室、博客
知识传递	知识搜索、知识推送
系统集成	知识门户、数据集成、信息集成、知识融合、网络集成、软件集成

8.1.1　协作技术

协作技术指支持知识工作者执行任务及协同工作的软件、硬件及网络通信技术。基于因特网的协作平台支持人们进行跨距离的合作,群件系统、工作流管理系统、讨论区、共享工作空间、交流室、视频会议等技术都属于协作系统。它们在知识管理中起着非常重要的作用。

1. 群件系统

群件是一类典型的协作系统。群件系统一般包括电子邮件、文档管理、视频会议、工作流应用等几大部分。群件从功能上必须满足 3C 要求,即满足通信(communication,个人或组织间的信息传递)、合作(collaboration,工作团队中的信息共享)及协作(coordination,业务过程自动化与协调)的要求。阿里巴巴公司提出的"钉钉"软件是目前国内用户较多的群件系统。

由于实现了非结构化信息的管理和共享,群件对组织来说意味着一种高效的协同工作解决方案,从而成为知识管理的基础技术之一。现在,群件系统的功能大多集成在 OA 产品中。

群件产品与 Internet 相结合使其威力更加强大。移动计算的功能使得它不但支持公司员工之间的协作、信息交流和工作进程协调,而且还能方便地支持成员间的问题研讨和知识共享,从而使工作组成员可以真正高效地协同工作,并极大地释放了通信、协作与协调的力量,成为公司知识管理的一个基础技术和有效工具。

现在,除群件、OA 以外,ERP、CRM、SCM、EC 等企业级应用都是计算机支持的协同工作系统,都属于协作系统的范畴。

2. 办公自动化系统(OA)

在组织中,知识来源于工作而又应用于工作。OA 作为办公平台,既是知识的产生"场所",也是知识应用的"场所"。

所谓 OA,就是一种面向组织协作的信息和知识管理系统。因此,OA 的基本功能包括流程管理,以及与之相关的信息和知识管理。对于企业等组织来说,基于互联网和移动互联网的 OA 系统,一方面,通过信息和知识在办公流程各节点间的自动流转,以提高协同工作效率;另一方面,在办公过程中,有效管理自己的知识,加强知识积累与沉淀,分享专家经验,促进员工和组织的成长。

OA 中的知识管理要解决以下问题：

- 为快速成长的各分支机构和部门提供可复制的知识；
- 促进同专业领域、跨专业领域、跨部门、跨地域员工的交流；
- 结构化管理知识文档，降低知识获取成本；
- 促进员工隐性知识的交流与分享；
- 建立稳定可积累的知识体系结构，帮助公司建立持久发展的基石。

OA 的基本管理思想是"协同"，其抽象模型可描述为"三网一动"。"三网"是指"信息网""流程网"和"人员网"，"一动"是指"随需而应"，即资源协作的灵动性。

"信息网"是指建立一个多维的信息获取、共享和使用的环境，为各种信息点提供关联和交流的通道，实现信息的网状化结构管理；"流程网"是指由各个工作环节连接而成，使它们之间可以实现互通和协同，并可为企业的统一目标而进行配合；"人员网"是为处于不同部门、不同层级、不同企业、不同地域的人之间建立互联和沟通的桥梁，打破组织的边界，形成灵活化和柔性化的虚拟组织；"随需而应"是将企业的"人""财""物""信息"和"流程"等各种资源根据需求进行动态和灵活的整合，为企业共同的目标进行紧密的协调和运作。

可见，OA 是由"三网"组成的一个复杂网络系统，实质上就是将信息、流程、人员等进行联结和整合，使它们能够畅通无阻地进行协作。OA 与知识管理一样，都倡导开放的、互动的、共享和协同的工作环境。

OA 的特性可以快速地建立起共享和协作的知识环境，为更好地获取、存储和利用知识打下良好的基础。

（1）OA 的信息网和知识管理

首先，信息网覆盖组织几乎所有的信息点，有助于迅速查找及收集企业内外部各个角落的信息和知识，并有助于建立知识之间的关联性；其次，信息网中的信息能够保持较好的同步性，可以迅速地进行更新，从而有利于保持知识的及时性和有效性；最后，信息网将数据和应用进行统一的管理和展现，使用户可以通过唯一的平台进行获取，而无须在不同的数据库和应用系统之间切换，有利于企业建设便利的信息和知识的共享环境。

（2）OA 流程网和知识管理

流程网是组织工作任务的连接和整合，如财务预算审批流程，就是由多个串、并行任务组成的一个网络。流程执行时，各个任务节点既需要知识支持，也产生新的知识。因此，OA 流程网可以看作知识流经的"管道"，流程的执行意味着知识在这个管道中"活"起来。

知识的生产、获取、整理、传递、共享、利用、创新等必须与企业实际的业务和工作流程进行很好的结合，或者说知识管理必须依附于企业的流程环节，才能达到知识管理的目标。而流程网中的各个业务流程是关联、互通和相互协调的，这样的流程体系就能够不断强化知识流的流量（知识的沉淀、获取）和流速（知识传递和更新的速度）。

（3）人员网和知识管理

知识管理的另一个关键点便是建立一个知识型的组织，知识型组织的特性是突破边界的知识联盟体。而人员网正是在于打破人员之间的屏障，把以地理或实体为边界的传统组织,拓展为由雇员、管理人员、客户、商业伙伴、外部组织和公众等构成的以知识为目标的柔性虚拟组织,并为他们提供紧密结合的、相互协作的工作环境,使他们可以即时地、互动地进行沟通,从而给知识的共享和转化创造了极为有利的条件;另外是打破了金字塔形的管理结构,而转为扁平化的形态,让管理可以越过原有的多重层级而迅速地到达目标点,便于建立"以人为本"的管理机制,形成以创新、共享和协同发展为内涵的组织文化。

总结而言,OA 的理念和特性与知识管理相融合,以"协同"的手段,把知识变为源源不断的、流通无阻的"活水",为知识管理创建了一个良好的实践环境。

3. 在线文档

在线文档工具有两种。一类是电子笔记类,主要用于轻微的文本编辑场景,如做笔记、摘录、写体验随笔等。这类软件可以将同一账号的内容同步到不同的设备中,方便个人多场景多地点使用,也可以与他人分享自己记录的内容;另一类是 Office 文档类(包括 Word、Excel、PPT),适合写论文、做报告、做表格等更复杂的文本编辑场景。

在线文档具有文档实时分享,数据在线同步,团队高度协作等突出优势,文档可以安全存储在云空间,并通过文档智能管控,实现高效率协作。

利用在线文档,可以非常方便地进行远程工作安排,项目进度在多端同步;随时随地方便移动办公团队多成员共同编辑文档,减少反复传递的低效;云端自动存储,避免因数据丢失导致的业务风险;对全文及逐字进行评论,意见和建议汇总在同一文档;即写即存、轻松查找、便捷共享,高效地建立企业内部知识库。

可见,在线文档不仅是协同办公工具,也是一种知识管理工具,在中小企业和虚拟团队中获得广泛应用,特别是在产品研发和项目管理中已成为了一种普遍使用的知识共享和知识协同创造工具。WPS 在线、石墨文档、钉钉文档、腾讯文档等都是非常好用的在线文档工具。

8.1.2   内容管理技术

各类文档和 Web 网页是显性知识的容器,其中蕴涵了大量的组织特有的知识资产。实时地、不受地域和组织形式的限制获得基于文档内容的知识,正是知识管理的一个主要目标。

1. 文档管理

文档管理的职责就是有效地组织和规划文档,使文档的获得、归类、查找和提取更容易。文档管理是成为知识内容管理体系的一部分,与其他因素构成完整的知识管理网络体系。

文档管理系统对不同来源、不同格式的文档进行有效的管理。其主要功能如下。

文档的组织:根据企业具体情况决定采取集中式文档管理或者分布式文档管理。

文档的检索:全文搜索及高级搜索引擎,快速从海量资料中精准查找所需文件。

文档版本管理:能够对文档的所有历史版本及其更改历程进行保存,以供查阅。

文档的元数据管理:提供对文档目录、摘要、作者、创作日期等文档元数据的管理。

存储管理：实现应用模块层与数据存储层之间的数据传递，将数据格式转换成为数据存储层的模式。提供保存用户对文档的意见、评价等功能，以及由发布、审核、权限设置，一直到文档过期检查，能结合工作流程工具，自动进行对文档的创作、修改、删除等功能。

归档管理：对组织的文档进行分类、归档。

签出/签入(checkin/checkout)功能：对共享文件夹或文档库中的文档，取出一个副本作为自己的工作复件(签出)，并在这个工作复件上进行自己的工作，完成更改后再将其签入这些文件夹或文档库。

安全控制：利用权限控制、存储加密、IP 限制等技术，保证文档的授权访问。

2. Web 内容管理

目前，以 Web 页面作为知识传递的载体应用日益广泛，对知识管理系统的性能有着重要的影响，因此增强 Web 内容管理功能非常重要。知识管理系统具有统一的信息门户、庞大的用户群，并且需要有针对性地个性化管理每个用户的需求内容，因此需要强大的 Web 内容管理系统(WCM)支持。

Web 内容管理(WCM)是用于创建、存储、管理和发布网页内容的应用程序。Web 内容的创作人员、编辑人员、发布人员使用内容管理系统的相应功能，来提交、修改、审批、发布网站内容。这里指的"内容"可能包括文件、表格、图片、数据库中的数据甚至视频等一切想要发布到 Internet、Intranet 以及 Extranet 网站的信息。Web 内容管理系统类似于文档管理系统，它主要负责 Web 文档的发布流程管理、文档之间的超链接管理，以及不同设备的访问显示控制等。

Web 内容管理还可选择地提供内容抓取工具，将第三方信息来源，比如文本文件、HTML 网页、Web 服务、关系数据库等的内容自动抓取，并经分析处理后放到自身的内容库中。

内容管理还辅助 Web 前端将内容以个性化的方式提供给内容的使用者，即提供个性化的门户框架，以基于 Web 技术将内容更好地推送到用户的浏览器端。

3. 数据库与数据仓库

数据库是以一定的结构形式存放于存储介质上的，与特定事务型应用相关的数据的集合。根据数据库中内容的结构，分为结构化数据库和非结构化数据库。结构化数据库中的数据按照统一的数据模型进行组织，如以二维表格组织数据的关系数据库，是最常用的结构化数据库。非结构化数据库中的数据是各种没有统一格式的文档，包括文本、图形、图片、音频、视频等文件。

例如，在人力资源管理中，关于人员、组织结构、工作任务及其处理过程(招聘、培训、考核等)等相关的表格和文件都存在人力资源数据库中。

这里强调数据库与特定的事务型应用相关联，是为了区分与决策型应用相关联的数据仓库。

数据仓库是对来源于多源异构的事务型数据的集中统一管理系统。"数据仓库之父"William H. Inmon 将数据仓库定义为"一个面向主题的、集成的、非易失性的、随时间变化的,用来支持管理人员决策的数据集合"。即由 ETL(抽取、转换、装载)工具从各个业务系统中抽取数据,经过清理、转换后,根据设计模型,按主题重新组织并保存数据。数据一旦保存,不可更改,只可按时间追加到数据仓库中。

面向主题是数据仓库第一个显著特点,就是指在数据仓库中,数据按照不同的主题进行组织,每一个主题中的数据都是从各业务数据库中抽取出来汇集而成,这些与该主题相关的所有历史数据就形成了相应的主题域。例如,数据仓库中按"客户"主题和"产品"主题组织数据,这些数据来源于 POS 销售系统的数据库、客户服务系统数据库等。

数据仓库的第二个显著特点是数据集成性。数据来源于不同的数据源,通过相应的规则进行一致性转换,最终集成为一体。例如,来源于 POS 销售系统和客户服务系统的"客户"数据与"产品"数据可能存在名称不统一、格式不一致等问题。在数据仓库中,需要进行名称、格式的统一。然后,来源于不同数据源的同一实体要正确地对应起来。

数据仓库的第三个特点是非易失性。一旦数据被加载到数据仓库中,数据的值不再允许修改。尽管在作为数据源的业务系统中对数据进行增、删、改等操作,但对这些数据的操作将会作为新的快照记录到数据仓库中,从而不会影响到已经进入到数据仓库的数据。

数据仓库最后一个特点是它随时间变化。数据仓库中每一个数据都是在特定时间的记录,每个记录都有着相应的时间戳。

企业数据仓库存储了从各个业务系统数据库中提取出来的数据,他是一个已经净化、转换和编码化了的集成的数据中心。数据仓库主要用于管理者和研究人员的在线分析、数据挖掘,以进行市场研究和决策支持。

8.1.3　社会网络工具

基于互联网的社会化软件已成为了支持协作者之间知识共享的重要工具,也成了现代知识生产的重要场所。表 8-3 列举了这些技术工具在知识管理中的作用。

表 8-3　知识管理的社会网络工具

技　术	知识管理应用
网络协作工具	网络查询可与语音呼叫最大限度地结合起来;网页可以实时地传给客户;无代理支持的呼叫可传递给公司代表以获得实时的处理
交互式聊天	直接与代理人进行交流。利用网络访问记录捕获客户交流记录中的信息
智能代理	智能软件代理可以监督客户的访问记录,并根据数据访问模式进行代理的初始化设置
电子社区	客户可以查询讨论记录以获得以前已经出现的问题的解决方案
社会软件	博客、Wiki 等社会软件,已成为隐性知识的共享的重要工具

1. 网络会议、电子社区

非正规的交流中包含了大量知识,这些知识可通过非正规的讨论和会谈得到广泛的共享和应用。网络会议可将身处各地的与会者集合到虚拟会场中,就像在同一间会议室那样处理事务、共享信息。

电子社区是指包括论坛、讨论组、聊天室、博客等形式在内的网上交流空间。同一主题的电子社区集中了具有共同兴趣的访问者,参与电子社区的成员可以共享观点和经验,从中受益的电子社区成员还可以留下反馈信息并发表评论,鼓励进行广泛的信息和知识交换(我们称这种概念为社会交换理论)。

例如,各个大型的电子商务平台都有一个电子商务社区,如拼多多的"拼小圈",客户可以在这里共享其观点和经验,并发表评论,从这里可以看到有多少客户认为能够从评论者的评论中获益、评论者的贡献等级以及他们属于哪个购买圈。

社会交换理论的含义是:只要社区成员认为他们的努力能够从其他成员那里得到回报,并且他们的贡献赢得了他人的尊敬,那么他们就会一直成为这个社区的忠实成员。

电子社区(e-communities)可以存在于本公司员工、伙伴公司员工的任何内部组织之中。电子社区区别于传统社区之处就在于它们可以促进实时、双向的交流,当然这种交流也可以异步进行。微软的 NetMeeting、Caucus、Web Crossing、讨论数据库、REMAP、Optimus、微软 Messenger 以及 AOL Messenger 都属于此类工具。

2. 短视频

在短视频时代,知识层次多元共生,既有权威的科学理论,也有生活小窍门、职场办公技巧,以满足不同受众的不同知识需求。知识的分享者不一定是高高在上的专家学者,还可能是熟悉自身领域的生活达人。

相较于传统的图文形式,短视频传播知识具备四大特性:知识传播的即时化,知识呈现的人格化,隐性知识的显性化,复杂知识的通俗化。

一条 15 秒至 1 分钟的短视频,浓缩了平日里的严肃知识,以更加显像化的形式传递给受众,一改知识艰深枯燥的外貌,拉近了大众与文化知识之间的距离。以短视频为纽带的知识分享和链接,在拓宽知识边界的同时,也让知识普惠更接近现实。

在知识创作者看来,短视频能够消弭知识传播的时空壁垒,让自己找到了一条与世界进行知识分享的超级链接,"粉丝"的反馈也成为自己知识创造的动力。因此,短视频已成为他们传播知识、交流知识的首要工具。

对于用户而言,短视频打破了知识摄入原有的时空限制,让人们能够利用业余时间,随时随地学习。同时,短视频将知识以简洁清晰的知识点形式呈现,点燃用户进一步深度学习的兴趣。

可见,一方面,短视频大大降低了知识接收的门槛和难度,调动了大众创作与传播知识的热情,实现共创;另一方面,短视频以社交为纽带,打破了知识传播的壁垒,让知识触达更多人群,实现共享。

3. 博客

博客(BLOG)体现了知识管理两大策略的融合。其一,BLOG 用文字、图表、声音等记录了个人的知识,是一个编码化的过程。博客阅读者可以从这些文字、图表等中吸收到知识。其二,博客实际上就是一个人的代理,阅读某人的博客,在自己博客上记录文档与博主交流,动态监测博主的工作学习过程,其实就是基于博客的交流学习的人格化过程。

博客有利于隐性知识管理。隐性知识所具有的特点决定了人们很难将隐性知识编码。

IBM 提出了"讲故事"的隐性知识共享方法："有亲身体验的故事往往能够更加有效地激发参与者的知识反馈。"这种方法是一个非常有益的知识管理实践。博客提供了一种机制可以让人们随时记录下自己的"故事"，而别人可以在方便的时间阅读这些故事。例如，公司谈判进程也可以在博客上记录，便于决策层及时了解谈判动态，辅助谈判人员决策。同时，博客还具有更多功能：人们可以订阅他人的博客，也可以订阅某个博客的某个栏目，这样实现了听故事的选择性。

博客促进知识共享。在博客的定义中，知识共享是博客的功能之一。知识共享是博客与知识管理的共同特征。

博客作为企业员工的个人知识管理工具主要有四大功能：记录功能、连接功能、订阅功能和回访功能，如表 8-4 所示。

表 8-4　博客的个人知识管理功能

功　能	应　用
记录功能	1)做工作计划，工作计划时间单元由员工自定义；2)记录工作过程，如销售员工记录当天的客户拜访过程、项目经理把当日会议记录放在自己的 BLOG 上；3)记录工作总结、心得等；4)关于工作的思考、建议；5)个人通讯录；6)个人工作资料库。
链接功能	1)建立自己常用网站链接，通过自己的博客链接到常用网站。2)建立自己的 BLOG 链接。如一个项目小组的成员可以互相建立 BLOG 链接，通过在自己的 BLOG 点击该链接可以达到小组其他人的 BLOG，了解他们对项目的最新看法等信息。
订阅功能	可以订阅网站或他人的 BLOG，随时得到最新信息，大大提高了人们获得信息的效率。
回访功能	1)回访功能建立博主之间的联系，在他人的 BLOG 上阅读文章，可以在自己的 BLOG 上发表评论；2)收发邮件；3)保存邮件信息。

目前的知识管理还存在着一系列的荆棘区，包括：搜索不充分，难以发现相关的知识；难以保持更新；不知道自己不知道的东西(缺乏专家引导)；拒绝共享；难以保证质量，积累垃圾信息；使用存在障碍；容易对系统中的信息产生不信任感；喜欢独自"重新发明轮子"等。博客技术能够克服传统知识管理工具的一些缺陷，满足复杂知识环境下的需要，该技术具有灵活性和真正的"平民性"。将博客应用于企业知识管理，对企业知识管理过程中解决以下几大难题具有重要意义。

(1) 员工不愿意奉献自己拥有的知识。原因在于员工认为：自己独享知识可以为自己赢得竞争优势，贡献自己的知识可能使自己处于不利之中。例如，企业一旦拥有了该员工的知识，企业就可能不再对员工形成依赖，企业可以用更低的薪酬聘请到新手。博客对解决该问题的意义在于，员工在贡献知识的同时仍然保有对知识的所有权和维护权，并可以由此获得人们的尊敬，使其因贡献知识而自豪。

(2) 知识陈旧。企业知识管理部门费尽心力采集到企业的核心知识，将其录入知识库，希望可以反复使用，提高员工生产率，但在瞬息万变的商业环境里，新知识层出不穷。博客对解决该问题的意义在于知识实时更新。员工采用博客作为自己的实时工作学习记录工具，在一定程度上解决了这一问题。

(3) 缺乏相关背景资料，知识实用性较差。知识的使用往往是在一定的背景条件下，缺乏对问题解决的前因后果的描述,人们往往很难理解采用该知识解决问题的原因。博客对此的意义在于,博客记录丰富的背景材料,人们借此可以很容易理解知识的运用原因和运用环境。如一个团队采用博客对某项目的计划、实施、控制等进行沟通,博客真实地记录了这一过程。这些丰富的背景材料本身就是知识,不仅可以纠正项目实施过程中遇到的若干问题,而且也可以用来事后查证项目的失败或成功的原因,还可以为将来类似项目提供翔实的第一手资料。

8.1.4　知识管理系统

知识管理系统(knowledge management system,KMS)是集成各种知识管理技术以实现知识管理过程的复杂技术系统,是技术角度的知识管理实现。要剖析知识管理系统,首先还是要从知识管理的核心过程——知识生产、分享、应用以及创新出发。简言之,知识管理系统就是要从技术上提供对知识生产、分享、应用以及创新过程的系统支持。主要表现为以下几点:

- 具有支持内部和外部信息、知识资源获取的通道;
- 具有存储知识的知识库;
- 具有支持获取、提炼、存储、分发以及呈现知识的工具;
- 具有支持知识工作者进行知识分享、应用以及创新的工具。

1. 知识管理系统的结构

从以上几点出发,根据现代软件架构技术,知识管理系统的架构分为 3 个层次:知识应用层、知识过程层以及知识资源层,如图 8-2 所示。

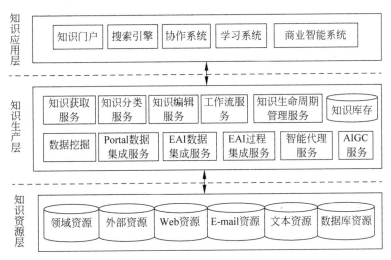

图 8-2　知识管理系统的框架模型

知识应用层主要是通过知识工作者间的交流、协作,实现知识分享、应用以及创新。在该层次,知识门户为知识工作者提供了统一入口和操作知识的界面,每个知识工作者都可以根据其工作对信息和知识的具体需求,对知识管理门户界面进行个性化定制。

知识生产层则主要从"对象"和"过程"两个角度描述了知识生产的过程,"对象"就表现为知识库存,它是"过程"的产品;而"过程"则具体包括知识的获取、加工、存储、分发、呈现等知识管理过程。

知识资源层表示了知识的来源,它包括内部知识资源和外部知识资源。在资源种类上又包括 Web 资源、E-mail 资源、文本资源、数据库资源、多媒体资源,以及交易数据和业务信息(称为领域资源)等。

2. 知识管理系统的功能

知识应用层提供的功能主要是为了协助知识工作者进行知识检索、知识分享、应用以及创新等活动,包括知识门户服务、搜索引擎服务、协作系统服务、学习系统服务以及商业智能服务等等。知识门户提供知识工作者个性化的界面以获得个性化的知识;搜索引擎服务能够提供多种类型的知识搜索方法,帮助知识工作者快速定位知识;协作系统服务则通过提供电子社区、群件、讨论组、电子会议、OA 等多种工具协助知识工作者分享知识;学习系统服务提供在线教育培训方式,使知识工作者可以随时随地获得定制的培训服务;商业智能服务一方面能够帮助知识工作者从数据中挖掘知识,另一方面可以协助知识工作者对已有的知识进行特定的分类、组织而创造出可增值的知识。

知识过程层可是知识管理系统的中间层,提供知识生产以及知识集成的中间服务。在知识生产方面主要有以下几类服务:知识获取服务、知识分类服务、知识编辑服务、工作流服务以及知识生命周期管理服务等。知识获取服务提供知识调查和提炼工具,能够从数据中抽取规则、从文本中提取概念等;知识分类服务通过提供科学的知识分类方法,为知识地图的构造提供标准;知识编辑服务用以实现各种数据、信息、文档和程序的获取并提供创建知识的协作工具,如文档和网页制作工具、数据转换工具等;工作流服务能够保证在合适的时间,向合适的人发送合适的信息和知识,使知识能及时发挥作用;知识生命周期管理服务能够对知识内容的版本进行控制,如多版本控制、版本跟踪等功能。在知识集成上则有下列关键服务:数据仓库服务、门户数据集成服务、EAI 数据集成服务、EAI 过程集成服务以及智能代理服务等。数据仓库服务能够采用集中和分布的结构,将遍及企业内部和外部的信息资源加以整合,实现处理流程的相互联结和决策信息的交换;Portal 数据集成服务能够将不同来源的信息和知识呈送给统一的门户入口,提供了便捷的知识访问手段;EAI 数据集成能够使知识管理系统有效整合来自核心业务应用系统如 ERP 系统中的业务信息;EAI 过程集成服务则在更高程度上实现了知识管理系统和业务应用系统的集成,使知识管理和业务过程紧密结合;智能代理服务是集成的更高阶段,使知识管理系统成为集成的实时智能系统,用以监控企业各个层次的业务过程。从业务数据中发现关键信息,并根据业务规则进行意外管理。

知识资源层表示了知识的来源,它包括内部知识资源和外部知识资源。在资源种类上又包括 Web 资源、E-mail 资源、文本资源、数据库资源、多媒体资源以及交易数据和业务信息(称为领域资源)等。

当然,这里给出的只是知识管理系统的一般概念模型,不同的知识管理系统会有其自身的特色。如 Lotus 知识管理系统以文档管理系统(Domino. Doc)、工作流管理系统(Domino. Workflow)、E-Learnlng 系统(Learning Space)、知识门户(K-station)、知识发现(discovery server)、搜索引擎(extend search)、交流平台(网络会议和即时消息 Sametime、电子邮件和共享数据库 Domino 及网络社区 Quickplace)共同构筑了相对完整的知识管理系统解决方案;而 Microsoft 公司的知识管理系统平台则分为知识桌面、知识服务以及知识系统 3 个层次,在具体的功能上也有所不同。

但是,不管各类知识管理系统在解决方案上有何异同,它们提供的功能大都还是从知识资源、知识生产以及知识应用这 3 个层面展开。只是在提供的功能服务上有所侧重。如 Lotus 知识管理系统有较完善的学习系统服务,而 Microsoft 知识管理平台则没有 E-Learning 功能,需要集成第三方的服务。

万变不离其宗,认识了知识管理系统的功能模型,某种程度上就等于掌握了知识管理系统的本质。这样,就可以更加从容地面对市场上众多的知识管理系统解决方案,而不至于"乱花渐欲迷人眼"。

知识管理是为了支持组织业务过程,服务业务处理,因此,企业要避免为知识管理而知识管理,而应该将知识管理的理念渗透到日常业务管理中去,化知识管理于无形。将知识管理功能和业务系统融为一体、将知识管理与组织文化融为一体是企业建设知识管理系统的正确方法。企业知识管理系统通常嵌入在办公自动化系统、客户关系管理系统、电子商务系统、产品管理系统、供应链管理系统等业务系统中。

8.1.5　知识管理技术架构参考模型

上面从应用的角度阐述了几种重要的知识管理技术,如内容管理、协作技术等。每一项技术的内部结构优势怎样的呢? 事实上,每项技术的内部架构都是相似的,它们都由界面层、存取层、协作智能和过滤层、应用层、传输层、中间件/集成层以及存储层构成,如图 8-3 所示。人们称之为知识管理技术架构模型,可作为知识管理系统和工具的参考结构。

界面层负责将内容以简单的方式呈现给用户,该层组件屏蔽了背后传递信息的复杂程序,也为文件、电子邮件、行事日历等提供了一致的外观。界面层的最新发展趋势是门户技术的应用。

存取层是存取组织内信息和知识的网关,如防火墙、安全以及认证都属于这一层次。

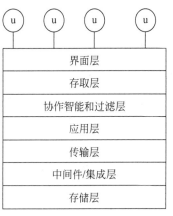

图 8-3　知识管理技术架构参考模型

协作智能和过滤层是主要的智能技术应用层次,它能够过滤信息、搜索知识,并实现知识个性化。人工智能工具、神经网络、专家系统、案例推理系统以及智能代理等在这一层次都能够找到很多的用武之地。协作智能和过滤层的智能技术和界面层的门户技术相结合,能够创造更人性化的智能门户。

应用层是技术架构的核心层次,也是知识管理各种功能应用的集中体现。这一层次可以包括内容管理、商业智能、协作工具、E-Learning 等各种技术,该层也是最需要根据企业具体需求进行灵活定制的层次。

传输层也可称为网络层,包括了企业内部的 Web 部署、电子邮件、文件传输技术等。

中间件/集成层是实现知识管理系统集成化应用的关键层次,它要能够有效整合数据库、传统应用系统、文件系统等各种来源的信息和知识。

存储层是存储信息和知识的所在,它并不局限于特地为知识管理系统设置的知识库,还包括业务应用系统以及遗留系统等。

该技术架构就如同建立在现有网络基础之上的技术联盟体,如果说企业网络构成了"基础设施"(infrastructure),那么可以说 7 个层次的技术架构就是建立在基础设施之上的"信息架构"(infostructure),为实现知识管理系统提供了坚实的技术基础。

8.2　知识发现技术

知识发现是从各种信息中,根据不同的需求获得知识的过程。知识发现的目的是向用户屏蔽原始数据的烦琐细节,从原始数据中提炼出有效的、新颖的、潜在有用的知识,直接呈现给用户。

知识发现技术可分为两类:算法和可视化技术。知识发现算法是在人工智能、信息检索、数据库、统计学、模糊集和粗糙集理论等领域中发展来的。

8.2.1　从数据中发现知识

随着企业信息化的普及和深入,企业业务系统积累了大量的数据,如采购数据、生产数据、销售数据、客户服务数据等内部业务数据和外部环境数据等。这些数据中蕴含着企业经营管理的各种关系、规则和规律等知识。从企业积累的大量数据中找出隐含的知识,对企业经营、管理、决策具有重要意义。

数据中的知识发现定义为:从数据集中识别出有效的、新颖的、潜在有用的,以及最终可以被理解的、模式的数据处理过程。

知识发现的过程是反复迭代的人机交互过程。从宏观上可分为 4 个阶段:确定主题、数据处理、数据挖掘和模式解释评估与应用。其中数据处理又分为数据筛选、数据清理、数据转换 3 个步骤。知识发现的过程如图 8-4 所示。

1. 确定主题

确定主题就是在理解数据和实际问题的基础上,提出数据挖掘要解决的问题,定义要挖掘的目标,确定挖掘要发现的知识类型。

2. 数据筛选与数据清洗

数据准备包括数据筛选(抽取)、清洗和转换工作。搜索与主题相关的内部与外部业务数据,从中选择出适合用于挖掘主题的目标数据集。来源于业务数据库的目标数据集中,

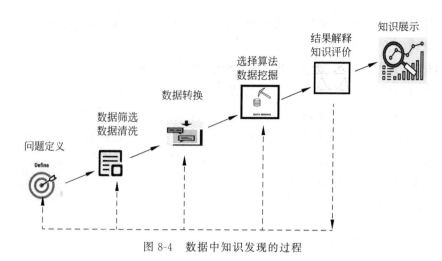

图 8-4　数据中知识发现的过程

可能存在噪声数据、空缺数据、过时数据、冗余数据等。为提高挖掘的质量,需要合理地处理噪声数据,删除过时数据和冗余数据,填补空缺数据等。如果直接对数据仓库中数据集进行数据挖掘,该工作应在建立数据仓库时已完成。

3. 数据转换

选择的目标数据可能来源于不同的业务数据库,可能存在数据格式、数据类型、数据编码不一致等问题。即使是来源于同一业务数据库的数据,也可能存在数据表示形式不适合具体的挖掘算法,因此,有必要对目标数据进行相应的数据转换。

4. 数据挖掘

实现同一目标的挖掘算法有很多种。因此,应根据数据的特点和用户的目标两个因素选择合适的算法。选择合适算法还包括选择合适的模型和参数。

运用选择的算法从清理过的目标数据集中提取出用户感兴趣的知识(模式),并以一定的方式表达出来,是数据挖掘的目的。

5. 模式解释

数据挖掘获得的模式(知识),经用户或机器评估后,可能会发现这些模式中存在冗余或无关的模式,此时,应将其剔除。如果发现的模式不能满足用户的要求,就要分析问题的原因,并返回到前面的某个处理步骤。例如,如果目标数据选择不充分,则重新选择数据;如果数据转换方法不当,则返回采用新的数据转换方法,重新进行数据转换;如果挖掘算法中的参数值选择不合适,则修正该参数值,甚至换成另外一种挖掘算法,从而提取出更有效的模式。

我们需要将发现的知识以用户便于理解的方式呈现。这其中也包括对知识一致性的检查,以确信本次发现的知识不会与以前发现的知识相抵触。

6. 知识展示

挖掘出来的知识最终是呈现给用户的,通常以用户易于理解的直观方式呈现。因此,知识发现的最后一个步骤就是将数据挖掘获得的模式进行可视化处理。知识可视化表达方法包括概念图、关系图、因果图、语义网络等。

数据挖掘过程结束后,可以将获得知识用于指导实际工作,这就是数据挖掘的商业价值。将数据转换成有用的信息(知识),信息变成行动,行动产生价值。

总结起来,数据挖掘的商业应用完整流程包括4个步骤:(1)鉴别商业问题;(2)使用数据挖掘技术将数据转换成可指导行动的信息;(3)根据信息采取行动;(4)衡量结果。

值得指出的是,数据挖掘永远不会替代有经验的商业分析师和管理人员所起的作用。每个成熟的、了解市场的公司,都拥有一些重要的、能产生高回报的模型。这些模型可能是管理人员花了很长的时间,做了很多的调查,甚至是经过了很多次失败之后得来的。数据挖掘知识提供一个强大的工具。数据挖掘工具能做的是发现隐藏在数据中的未知的、潜在的模型,对已有的模型进行补充、完善和改进。

8.2.2 商业智能技术

上一节介绍了从数据中发现知识的流程,本节进一步讨论基于数据仓库的知识发现技术应用于商业决策的系统——企业商业智能系统。商业智能(BI)指用数据仓库技术、在线分析处理技术、数据挖掘和数据展现技术进行数据分析以实现商业价值。商业智能的实质是从数据中有效地提取信息,从信息中及时地发现知识,从而为决策提供支持的一种技术。商业智能应用在特定企业的经营管理的信息系统称为企业商业智能系统(以下简称为 BI 系统)。

图 8-5 是企业商业智能系统的体系结构。一个 BI 系统为了满足企业管理者的决策要求,从浩如烟海的数据中找出其关心的数据关系,必须具备三个依次的功能。

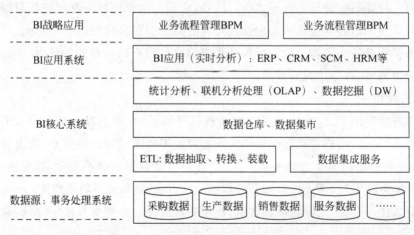

图 8-5　企业商业智能系统的体系结构

(1) 数据准备:整合不同来源、不同格式的数据,清除原有数据中的错误记录。

(2) 数据管理:对预处理过数据,按照元数据(meta data)标准、数据仓库(data warehouse)技术统一集中管理起来。

(3) 数据分析与挖掘:对于集中起来的庞大的数据集,还应进行专业统计,从中发掘出对企业决策有价值的新的机会——联机事务分析(OLAP)和数据挖掘。

在企业商业智能系统中,核心组件包括 ETL 工具、数据仓库和数据集市产品、联机分析处理工具、数据挖掘软件等。

1. 数据预处理(ETL——数据抽取、转换、装载)

从企业事务处理系统数据库中提取出有用的数据,经过清理、转换,以保证数据的正确性,然后合并到一个企业级的数据仓库里,从而得到企业数据的一个全局视图。ETL 过程就是数据经过抽取(extraction)、转换(transformation)和加载(load)的准备过程,如图 8-6所示。

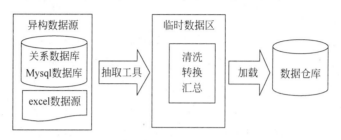

图 8-6　商业智能数据预处理示意图

(1) 数据抽取

抽取是 ETL 的第一步,数据抽取的方式与数据源的格式有关。数据源通常包括关系型数据库(如 Mysql 数据库等)、非关系性数据库(Nosql,如 Mongodb 等)、文本文件(如.txt、.csv、.xls 文件等)和日志文件(.log 文件)等。绝大部分 ETL 只涉及结构化数据,使用 SQL 就可以直接抽取。针对非结构化的数据,可以先使用 python 或其他工具将其转化成结构化数据,然后再进行抽取。

数据仓库中数据的追加通常采用按时间定期增量抽取的方法。所谓增量抽取,指在数据源中有插入、更新操作时,只抽取改变的数据,并打上时间标记。如果没有特殊要求可以一天一次,但是需要避开数据访问高峰期;对于有实时性要求的日志,可以一小时一次甚至更高采集频率,但需要考虑对系统的性能影响。

(2) 数据清洗与转换

事实上,ETL 的 T(转换)包括数据清洗(cleaning)和数据转换(transform)两个步骤。

顾名思义,数据清洗就是把不需要的和不符合规范的数据进行处理。一般各公司都会有自己的数据规范,以下列出几点可供参考。

数据清洗的任务就是将不符合要求的脏数据清洗为数据挖掘所需要的干净数据;脏数据主要分为缺失数据、错误的数据和重复的数据三大类。

缺失数据处理:主要指本不该缺失却出现缺失的数据,对于 ETL 来说保证数据的准确性是第一位,通常的做法是将缺失的数据反馈给业务方和后端的研发,在他们修复缺失数据后重新提取。

在数据分析、数据挖掘等其他场景中,缺失值的处理方式可能与 ETL 并不相同,可以采用默认值、平均值,甚至去掉缺失属性或相关记录等方式处理。这是由出发点不同决定的。

错误数据处理:错误的数据比较笼统,比如,手机号码字段里出现了人名,日期字段存的是一个整数(int),属性取值超出取值范围等。这种错误的发生大多是因为业务系统存在的 bug 所致。建议将该类数据反馈给研发部门,解决后再提取。

重复数据处理:最简单的情况是删除重复的记录,或者是将不同数据源中相互冲突的数据变得统一。大部分的 ETL 工具提供去重规则设置,利用唯一性约束来确保数据不重复。数据去重应该放在错误数据处理之后,因为错误数据处理之前,对重复数据的判断是不准确的。

数据清洗深究下去涉及数据质量体系和数据治理这两大领域,但是在普通的 ETL 中,通常采取简单处理方式。

数据转换的任务主要是进行不一致的数据转换,包括以下具体内容。

验证数据正确性:主要是把不符合业务含义的数据进行处理。比如,把一个表示数量的字段中的字符串替换为 0,把一个日期字段的非日期字符串过滤掉等等。

规范数据格式:比如,把所有的日期都格式化成 yyyy-mm-dd 的格式等。

数据转码:把一个源数据中用编码表示的字段,通过关联编码表,转换成代表其真实意义的值,等等。

数据标准统一:比如在源数据中表示"男""女"的方式有很多种,在抽取的时候,直接根据模型中定义的值做转化,统一"男""女"的表示。

行列转化:数据表的行、列转化等。

转化的具体应用场景远不止上述几种,具体应用方法需视具体需求而定。

(3) 数据加载

数据加载即为将数据输出至指定的库表中,相对来说比较简单,但是要注意对数据的结果进行审核——确定输出后的数据量级、质量是正确无误的。

2. 联机分析处理(OLAP)

OLAP 是数据的多维分析软件工具,使分析人员、管理人员能够从多角度对信息进行快速、一致、交互地存取,从而获得对数据的更深入了解。OLAP 展现在用户面前的是一幅多维视图。

维就是观察数据的特定角度,是考虑问题时的某个属性。同一属性的值的集合构成一个维,如时间维、地理维、产品维等。根据问题分析的需要,维可以分成不同层次,即不同程度的细节描述,如时间维可细分为日期、月份、季度、年等不同层次。维的成员是指维的一个取值,是数据项在某维中位置的描述,"某年某月某日"是在时间维上位置的描述。

多维数据空间一个点的取值称为度量,如(2022 年 1 月,上海,笔记本电脑,10000 台)。多个维度特定取值区间中某主题的所有数据构成一个数据立方,例如 2021 年 1 月 1 日到 5 月 30 日期间上海各区的笔记本电脑销售数据。

OLAP 对多维数据空间的基本多维分析操作有钻取、切片和切块,以及旋转等。

数据钻取:是改变维的层次,变换分析的粒度。它包括向上钻取和向下钻取。向上钻取是在某一维上将低层次的细节数据概括到高层次的汇总数据,或者减少维数;而向下钻取则相反,它从汇总数据深入细节数据进行观察或增加新维。

切片和切块是在维上做投影操作。切片就是在多维数据上选定一个二维子集的操作，即在某两个维上取一定区间的维成员或全部维成员，而在其余的维上选定一个特定取值。例如，在时间、地区、产品三维数据空间中，产品维上取某型号的笔记本电脑，可获得华东各省市 2021 年第 4 季度的销售数据切片。维是观察数据的角度，那么切片的作用或结果就是舍弃一些观察角度，使人们能在两个维上集中观察数据。因为人的空间想象能力毕竟有限，一般很难想象四维以上的空间结构，所以对于维数较多的多维数据空间，数据切片是十分有意义的。

旋转：是变换维的方向，即在表格中重新安排维的放置（例如行列互换）。

3. **数据挖掘**（data mining）

数据挖掘是指从经过预处理的数据集（如数据仓库或数据集市）中，通过算法寻找隐藏于其中的对决策有价值的关系、规则、趋势、异常等知识的过程。市面上有许多提供数据挖掘功能的软件系统，如 SPSS、SAS、Oracle Data Mining 等。

数据挖掘的算法主要包括神经网络法、决策树法、遗传算法、粗糙集法、模糊集法、关联规则法等。

数据挖掘的任务是发现数据集中隐藏的知识。不同的挖掘方法可发现不同类型的知识。数据挖掘方法分为有指导的数据挖掘和无指导的数据挖掘。有指导的数据挖掘是利用可用的数据建立一个模型，这个模型是对一个特定属性的描述。无指导的数据挖掘是在所有的属性中寻找某种关系。具体而言，分类、估值和预测属于有指导的数据挖掘；关联规则和聚类属于无指导的数据挖掘。

（1）分类知识挖掘

首先从数据中选出已经分好类的训练集（分类标准），在该训练集上运用数据挖掘技术，建立一个分类模型（分类规则、算法），再将该模型用于对没有分类的数据进行分类（基于规则、算法的自动分类）。

通过分类，获得分类知识，即反映同类事物共同性特征的知识和不同事物之间的差别性特征的知识。

数据仓库内容丰富，蕴含着大量的信息，对其进行分类知识的学习，可以提取出描述重要数据的模型或预测未来的数据趋势。但分类是预测分类标号，即离散值。分类知识的应用范围广泛，包括信誉证实、医疗诊断、性能测试和选择购物等。

例如，银行根据客户的存款额、信用额和消费金额把客户分成不同的类别，分别办理不同类型的银行卡。每类银行卡持有人在银行享受的待遇不同，有的可以不用排队，有的可以到贵宾室等待；银行为了留住优质客户，还会经常给他们派发一些小礼物等。

挖掘分类知识的算法有决策树分类、贝叶斯分类、人工神经网络法、粗糙集和遗传算法等。

估值与分类类似，但估值最终的输出结果是连续型的数值，估值的量并非预先确定。估值可以作为分类的准备工作。

（2）关联知识挖掘

在现实中,有些事情总是一起发生。关联性分析就是从数据仓库或数据中,寻找两个或多个变量的取值存在的某种规律性,即关联知识。关联可分为简单关联、时序关联、因果关联。关联分析的目的就是找出数据中隐藏的关联网络。通常并不知道企业数据中存在的关联函数,即使知道也是不确定的,因此,关联分析生成的规则具有可信度描述。

关联知识可分为简单关联规则、多层关联规则、多维关联规则、量化关联规则和基于约束的关联细则。

关联规则挖掘的一个典型的例子是购物篮分析。该过程通过发现顾客购买不同商品之间的关系,分析顾客的购买习惯,了解哪些商品频繁地被顾客同时购买。这种关联知识的发现可以帮助零售商制定营销策略。例如,某顾客在同一次去超市购物时,购买牛奶的同时也购买面包的可能性有多大?利用该信息可以帮助零售商有选择地经销产品与安排货架,以引导销售。如将牛奶和面包尽可能地放得近一些,可以进一步增大一次去商店同时购买这两种商品的概率。

发现关联知识的算法主要有 Apriori 算法和频繁模式树(FP-树)算法。其他算法大多数是在这两个算法的基础上发展起来的。

（3）预测知识挖掘

预测即获得预测知识的过程。分类知识可以预测离散值。而这里的预测知识指的是预测连续值,是根据时间序列型数据,用历史的和当前的数据去推测未来的数据,也可以认为是以时间为关键属性的关联知识。

预测是通过分类或估值来进行,通过分类或估值的训练得出一个模型。如果对于检验样本组而言该模型具有较高的准确率,可将该模型用于对新样本的未知变量进行预测。

数据挖掘自动在数据仓库中寻找预测信息,以往需要进行大量的手工分析的问题,如今可以迅速地直接由数据本身得出结论。一个典型的例子是市场预测问题,数据挖掘从过去有关促销的数据中寻找在未来投资中回报最大的用户。又如企业破产预测、特定事件的反应群体预测等。

预测知识的发现方法有经典的基于统计学习的回归分析法,还有基于现代智能计算的神经网络、遗产算法等各类时间序列分析法。

（4）聚类知识挖掘

物以类聚,人以群分,自然界中的事物都可以按照特征相似的原则分成不同的类别。聚类是自动寻找并建立分组规则的方法,它通过判断样本之间的相似性,把相似样本划分在一个簇中。聚类是根据类内事物的相似性最大,类间事物的相似性最小的原则把数据对象进行聚类或分组的。所形成的每个聚类可以看成一个对象类,由它可以导出规则。聚类也可以方便地进行分类编制,将数据对象组织成分层结构,把类似的事件组织在一起。

聚类与分类不同,它们的区别如下:第一,分类需要训练数据集,属于有指导的学习,而聚类不需要训练数据集,属于无指导的学习;第二,在分类之前,已知数据的分类情况,而进行聚类之前,对目标数据的分类情况一无所知。

常用的聚类方法包括统计分析方法及其学习方法和神经网络方法等。

（5）偏离知识挖掘

特例是自然界中存在的一种常见现象。企业数据中常有一些异常记录，也称为偏差，从数据集中检测出这些偏差很有意义。偏差在数据挖掘中也称为"孤立点"，可以用来发现"小模式"，即数据集中明显不同于其他数据的对象。

偏差中所包含的潜在的知识称为偏差知识，如分类中的反常实例、不满足规则的特例、观察的结果与模型预测值的偏差、量值随时间的变化等。偏差知识是对差异和特例的描述，用来揭示事物偏离常规的异常现象。

偏差知识挖掘的基本方法是寻找观测结果与参照值之间的有意义的差别。常用的孤立点挖掘方法有基于统计的方法、基于距离的方法和基于偏离的方法。孤立点分析通常也可以作为聚类分析的副产品。根据聚类分析结果，将含有对象个数少于设定阈值的聚类中的事物看作孤立点。

检测信用卡欺诈是偏离知识挖掘的一个典型应用。通过对信用卡使用模式的分析，可以得到一些正确的使用模式。如果在检测信用卡使用时，发现与正常使用的模式不符，则可以怀疑可能是在非法使用。

8.2.3　知识图谱技术

大数据时代给知识图谱技术的发展奠定了丰厚的土壤。海量的数据、强大的计算能力、群智计算以及层出不穷的模型解决了传统知识工程的一个瓶颈性问题——知识获取。利用算法实现数据驱动的大规模自动化知识获取成为可能。

知识图谱是 Google 在 2012 年提出的一种知识表达技术，其初衷是为了提高搜索引擎的能力，改善用户的搜索质量以及搜索体验。当前的人工智能技术可以简单地划分为感知智能（主要是图像、视频、语音、文字等识别）和认知智能（涉及知识推理、因果分析等），知识图谱技术就是认知智能领域中的主要技术，是人工智能技术的组成部分，其强大的语义处理和互联组织能力，为智能化信息应用提供了基础。

一个知识图谱旨在描述现实世界中存在的实体以及实体之间的关系。随着人工智能技术的发展和应用，知识图谱作为关键技术之一，已被广泛应用于智能搜索、智能问答、个性化推荐、内容分发等领域。

从使用范围来说，知识图谱分为通用知识图谱和领域知识图谱。通用知识图谱强调的是广度，数据多来自互联网；而领域知识图谱应用于垂直领域。

1. 知识图谱的定义

知识图谱是描述真实世界中存在的各种实体或概念及其关系的一张可扩展的语义网络图，图中的节点表示实体或概念，边表示属性或关系。图 8-7 为知识图谱模型示意图，图中包含实体、属性、属性值、关系四个显性元素和语义类共五种要素，构图时，以实体、属性、语义类为节点，关系和属性为边构成语义网络图。现在，知识图谱已被用来泛指各种大规模的知识库。

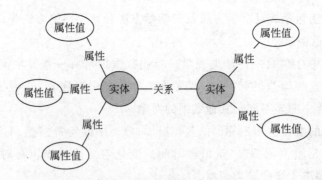

图 8-7　知识图谱模型示意图

实体：指的是具有可区别性且独立存在的事物。如某个国家：中国、英国等；某个城市：北京、伦敦等；某种疾病，如感冒、肺结核、肝炎等；某种职业，如门诊医生、手术医生、护士等。

语义类：具有某种特性的实体构成的集合，如国家、城市、民族、疾病、医生等。

属性值：实体指向的属性的值。例如中国(实体)面积(属性)960 万平方公里(属性值)；感冒(实体)症状(属性)之一是头痛(属性值)。

关系：在知识图谱上，关系是把图节点(实体、语义类、属性值)映射到布尔值的函数。具体讲，关系实体之间的联系，是不同实体之间的连接。通过关系节点把知识图谱中的节点连接起来，形成一张大图。

基于上述的语义图概念，我们可以构建一个国家的知识图谱作为例子，如图 8-8 所示。这个知识图谱显示中国、美国和其首都的关系，还有其属性值。图中圆形标识为实体(其中，"国家"为实体类)，椭圆形标识为属性，连线上的标识为关系。

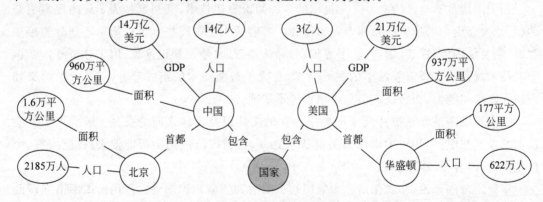

图 8-8　知识图谱示例

2. 知识图谱的架构

知识图谱架构包括自身逻辑结构以及构建知识图谱所采用的技术架构。知识图谱在逻辑上可分为模式层与数据层两个层次。

模式层构建在数据层之上，是知识图谱的核心，通常采用本体库来管理知识图谱的模式层。通过本体库形成的知识库不仅层次结构较强，并且冗余较小。模式层表示为"实体-关系-实体""实体-属性-属性值"形式。

拓展阅读

本体是指一种"形式化的,对共享概念体系的明确而又详细的说明",换言之,即对于特定领域之中某套概念及其相互之间关系的形式化表达。常见的本体构成要素包括:实体、语义类、属性、关系等。例如"疾病诊断"概念,其中包含"病人""诊断指标"实体,以及"病人与指标的关系"概念。

数据层主要是由一系列的事实组成,而知识将以事实为单位进行存储。通常用(实体1,关系,实体2)、(实体、属性、属性值)这样的三元组来表达事实,如(比尔盖茨,妻子,梅琳达·盖茨)、(比尔盖茨,总裁,微软)。可选择图数据库作为存储介质,例如开源的 Neo4j、Twitter 的 FlockDB、Sones 的 GraphDB 等。在知识图谱存储方面,图数据库比关系数据库灵活得多,随着知识图谱变得复杂,图数据库的优势会明显增加。当涉及 2～3 度的关联查询,基于图数据库的效率会比关系数据库的效率要高出很多。

知识图谱的构建过程如图 8-9 所示。数据准备是知识图谱构建的前期工作,需要采集的数据包括结构化数据、半结构化数据和非结构化数据。其中,结构化数据比较稀少,通常是已存在的第三方知识库或行业企业内部的结构化文档,价值极高。相对而言,半结构化数据和非结构化数据更容易获取,但也更难以处理。知识图谱构建过程包括信息抽取、知识表示、知识融合、知识推理四个主要步骤。首先从最原始的结构化、半结构化、非结构化数据出发,采用一系列自动化或半自动化的技术手段,从原始数据中提取出实体、关系、属性等知识要素;通过一定的手段对知识要素进行本体化的知识表示,便于进一步处理。然后通过消除实体、关系、属性等指称项与事实对象之间的歧义,进行知识融合,形成高质量知识库;并将其存入知识库的数据层和模式层。最后利用知识推理在已有知识库的基础上进一步挖掘隐含的知识,从而丰富知识库。这个技术架构是循环往复,迭代更新的过程。知识图谱不是一次性生成,是慢慢积累的过程。

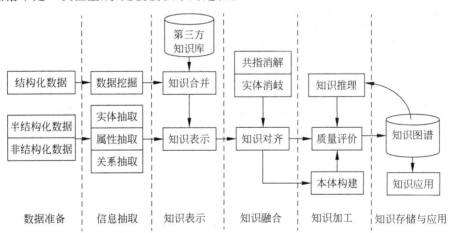

图 8-9　知识图谱的构建过程

信息抽取:从各种类型的数据源中提取出实体、属性以及实体间的相互关系。这个步骤主要针对来源最丰富的非结构化数据,是知识图谱构建的核心环节。

知识表示:将抽取得到的实体、属性和关系,用本体表达出来。

知识融合：在获得新知识之后，需要对其进行整合，并消除矛盾和歧义，比如某些实体可能有多种表达，某个特定称谓也许对应于多个不同的实体等。

知识加工：对于经过融合的新知识，需要经过质量评估之后(部分需要人工参与甄别)，才能将合格的部分加入知识库，以确保知识库的质量。

知识图谱的构建方式主要有两种，自顶向下与自底向上两种构建方式。

自顶向下指的是先定义好本体与数据模式，再将实体加入知识库。该构建方式需要利用一些现有的结构化知识库作为其基础知识库。FreeBase项目就是采用这种方式。

自底向上指的是从一些开放链接的数据中提取出实体，选择其中置信度较高的加入知识库，再构建顶层的本体模式。大多数知识图谱都采用自底向上的方式进行构建，其中最典型的就是Google的Knowledge Vault和微软的Satori知识库。这也符合互联网数据内容知识生产的特点。

表8-5是国内外几个典型的知识图谱项目。

表8-5　代表性知识图谱项目

知识图谱	组　织	特　点	应　用
FreeBase	MetaWeb	(1) 实体、语义类、属性、关系 (2) 自动+人工，部分数据从维基百科等数据源抽取，另一部分数据来自人工协同编辑 (3) https://developers.google.com/freebase/	(1) Google Search Engine (2) Google Now
Knowledge Vault	Google	(1) 实体、语义类、属性、关系 (2) 超大规模数据库，源自维基百科、FreeBase、《世界各国纪实年鉴》 (3) https://research.google.com/pubs/pub45634	(1) Google Search Engine (2) Google Now
维基数据	维基媒体基金会	(1) 实体、语义类、属性、关系，与维基百科紧密结合 (2) 人工(协同编辑)	WikiPedia
Facebook Social Graph	Facebook	Facebook 社交网络数据	Social Graph Search
百度知识图谱	百度	搜索结构化数据	百度搜索

3. 知识图谱构建的关键技术

知识图谱的构建包含数据准备、信息抽取、知识融合、知识加工、知识更新和知识存储等关键技术。

(1) 数据准备

知识图谱的原始数据类型有三类：结构化数据，如关系数据库；半结构化数据，如XML、JSON、百科；非结构化数据，如图片、音频、视频、文本。

半结构化数据和非结构化数据是构建领域知识图谱过程中主要的数据来源，这两种数据可以通过Scrapy爬虫框架从网络上采集。非结构化数据一般要通过词向量模型将文本转化为数学形式，以方便后续环节使用。

Scrapy是一套基于Twisted的异步处理框架，是纯Python实现的爬虫框架，用户只需

要定制开发几个模块就可以实现一个抓取工具,用来抓取网页内容或者各种图片。Scraps
爬虫框架图如图 8-10 所示。

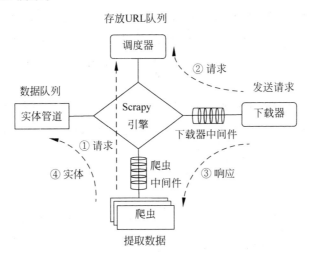

图 8-10 Scraps 爬虫框架图

Scrapy 框架主要由五大组件组成,它们分别是 Scrapy 引擎、调度器、下载器、爬虫和实
体管道。下面分别介绍各个组件的作用。

Scrapy 引擎:Scrapy 引擎是整个框架的核心,负责调度器、下载器、爬虫和实体管道四
个组件之间的通信。实际上,Scrapy 引擎相当于计算机的 CPU,控制着整个数据抓取流程。
当调度器发出请求、下载器给出响应、爬虫发出请求等各个事件发生时,协调控制消息流动。

调度器:负责接收来自引擎的请求并对它们进行整理排队,并在引擎需要的时候返回
响应。可以把它看成一个 URL(抓取网页的网址或者说是链接)的优先队列,由它来决定下
一个要抓取的网址是什么,同时去除重复的网址。用户可以按自己的需求定制调度器。

下载器:下载器是所有组件中负担最大的,他负责对发送过来的 URL 进行下载,并将下
载好的网页反馈给 Scrapy 引擎。下载器中间件负责在引擎向下载器发出请求和下载器返回
响应给引擎时提供连通性,比如对 IP 进行代理,或封装自己的头文件,应对一些反爬虫机制。

爬虫:它是一个由爬虫用户编写的类,负责接收下载器返回的响应,并对特定的网页进
行处理,从特定的网页中提取自己需要的信息,即所谓的实体(item)。用户也可以从中提取
出链接,让爬虫继续抓取下一个页面。

爬虫中间件负责在爬虫向引擎发出请求和引擎返回响应给爬虫时提供连通性。比如
添加代码来处理发送给爬虫的响应及爬虫产生的实体和请求。

实体管道:实体管道用于处理爬虫提取的实体。主要的功能是持久化实体、验证实体
的有效性、清除不需要的信息。

管道:它负责处理爬虫获得的内容,并进行持久化、清理、过滤、验证存储等处理。如定
义数据存储结构,将数据存储至数据库,或者以 csv 格式存储本地。

词向量最早由 Hinton 提出,它旨在通过大量的语料库训练,让每个单词都学习到其向
量表示方式,并能用向量距离来衡量词语之间的语义相似程度。传统的自然语言处理通常

使用独热编码(one-hot representation)来表达单词。在这种方法中,通常需要统计所有出现的词汇,并按一定的顺序排列编号,然后通过将每个词与其编号数值相同的那一个维度置为1,其余维度置为0,进而构建该词的向量表示。但这种表示方法特征维数过大,应用到深度学习算法时,会严重增加算法的复杂度,令人难以接受。词向量表示法就避免了这个问题。目前应用最广泛的词向量技术是Google的Tomas mikov提出的Word2Vec。

(2) 信息抽取

信息抽取是知识图谱构建的第1步,其中的关键问题是从半结构化和非结构数据中抽取实体、关系以及实体属性等结构化信息,涉及的关键技术包括实体抽取、关系抽取和属性抽取。知识抽取技术涉及的算法包括以下三类。

经典的基于规则的方法,这些方法简单直观,但通常难以建立全面准确的抽取规则,维护也非常困难,适用性差。

较为成熟的基于统计机器学习的方法,这些方法需要设计繁杂的特征,极其依赖于人工标注,但可扩展性和适用性较强。

迅猛发展的基于深度学习的方法,这些方法的效果尽管依赖于庞大的数据及其质量,但具有自动学习原始数据内部特征的能力,因而成为当下最流行的技术。

① 实体抽取(entity extraction)

实体抽取又称为命名实体识别,是指从文本数据集中自动识别出命名实体词语,包括人物、地点、机构、时间等,对于不同的任务可能还需要识别更多的内容。实体抽取的质量(准确率和召回率)对后续的知识获取效率和质量影响极大,因此,是信息抽取中最为基础和关键的部分。现在,自然语言处理领域的研究人员发表了许多优秀的实体识别算法。

一种思路是根据已知的实体实例进行特征建模,利用该模型处理海量数据集得到新的命名实体列表,然后针对新实体建模,迭代地生成实体标注语料库。

另一种思路是利用搜索引擎的服务器日志,事先并不给出实体分类等信息,而是基于实体的语义特征从搜索日志中识别出命名实体,然后采用聚类算法对识别出的实体对象进行聚类。

随着统计机器学习技术的迅猛发展,越来越多的研究者使用机器学习算法来处理实体识别任务。实体识别可以看作序列标注任务,其模型需要识别出文本输入序列的实体边界和对应的实体类别,并输出与输入长度相同的序列。序列标注的策略一般采用BIO或IOBES。学者们提出了多种统计机器学习算法,并将其应用于实体识别任务中,如CRFV隐马尔可夫模型等。为了减少统计机器学习方法中对人工标注数据和人工设计复杂特征的依赖,能自动学习原始数据内部特征的基于深度学习的方法逐渐成为主流。

② 关系抽取(relation extraction)

文本语料经过实体抽取,得到的是一系列离散的命名实体,为了得到语义信息,还需要从相关的语料中提取出实体之间的关联关系,通过关联关系将实体(概念)联系起来,才能够形成网状的知识结构。

关系抽取的一种简单方法是由人工构造规则来抽取非结构化文本里的实体关系。这种方法不仅依赖于相关领域专家的知识和经验,还需要深入观察、分析数据,才可能设计出普适性高的规则模板。

基于统计机器学习的关系抽取方法将关系抽取任务看作分类任务。统计机器学习算法在构造好训练集与标签体系后,从数据中提取特征信息,并根据提取的信息构造关系分类模型。这种方法一般需要预先定义任务场景的必要关系类别,且对标注数据的数量有要求。

深度学习具有很强的表征学习能力,它不仅可以通过神经网络直接学习数据的内部特征表示,还可以加入传统的人工特征进行补充。而目前深度学习中使用最广泛的关系提取技术就是循环神经网络(recurrent neural network,RNN)。RNN 更适合处理陈列有序、长度可变的文本信息,但在实际运用过程中发现,其序列结构很可能导致梯度消失与梯度爆炸。因此,研究人员提出了一些 RNN 的变体,如 LSTM、GRU 等。LSTM 适合处理输入序列里重要信息间隔很大,需要长久保留的问题,其核心是记忆单元和三个不同的门型结构。此外,很多方法在 LSTM 的基础之上还引入了注意力机制(attention)来进一步学习语句的语义表征和长期依赖性。

③ 属性抽取(attribute extraction)

属性抽取的目标是从不同信息源中采集特定实体的属性信息。例如针对某个公众人物,可以从网络公开信息中得到其昵称、生日、国籍、教育背景等信息。属性抽取技术能够从多种数据来源中汇集这些信息,实现对实体属性的完整勾画。

将实体的属性视作实体与属性值之间的一种名词性关系,将属性抽取任务转化为关系抽取任务。属性抽取主要有三种思路:一是基于规则和启发式算法,抽取结构化数据;二是基于百科类网站的半结构化数据,通过自动抽取生成训练语料,用于训练实体属性标注模型,然后将其应用于对非结构化数据的实体属性抽取;三是采用数据挖掘的方法直接从文本中挖掘实体属性和属性值之间的关系模式,据此实现对属性名和属性值在文本中的定位。

(3) 知识融合

通过信息抽取,就从原始的非结构化和半结构化数据中获取到了实体、关系以及实体的属性信息。

这里,不妨将知识融合过程比作拼图,信息抽取获得的实体、关系、属性信息就像拼图碎片,散乱无章,甚至还有从其他拼图里跑来的碎片、本身就是用来干扰我们拼图的错误碎片。

拼图碎片(信息)之间的关系是扁平化的,缺乏层次性和逻辑性;拼图(知识)中还存在大量冗杂和错误的拼图碎片(信息)。知识融合这一步就是要解决这些问题。

知识融合包括实体链接和知识合并两部分内容。

① 实体链接

实体链接是指将从文本中抽取得到的实体对象链接到知识库中对应的实体对象的操作。其基本思想是:首先根据给定的实体指称项,从知识库中选出一组候选实体对象,然后通过相似度计算将指称项链接到正确的实体对象。其操作流程如下:

第一步,从文本中通过实体抽取得到实体指称项;

第二步,进行实体消歧和共指消解,判断知识库中的同名实体与之是否代表不同的含

义以及知识库中是否存在其他命名实体与之表示相同的含义;

第三步,在确认知识库中对应的正确实体对象之后,将该实体指称项链接到知识库中对应实体。

实体消歧解决同一实体指称项的分类歧义问题。即确定一个实体指称项所指向的真实世界实体。通过实体消歧,就可以根据当前的语境,准确建立实体链接。实体消歧主要采用聚类法,把所有实体指称项按其指向的目标实体进行聚类,每一个实体指称项对应到一个单独的类别。

共指消解主要用于解决多个指称项对应同一实体对象的问题。在一次会话中,多个指称项可能指向的是同一实体对象。利用共指消解技术,可以将这些指称项关联(合并)到正确的实体对象。共指消解还有一些其他的名字,比如对象对齐、实体匹配和实体同义。

② 知识合并

在构建知识图谱时,可以从第三方知识库产品或已有结构化数据获取知识输入。因此,合并外部知识库和合并关系数据库是知识合并常见的两个需求。

外部知识库融合到本地知识库需要处理两个层面的问题:一是数据层的融合,包括实体的指称、属性、关系以及所属类别等,主要的问题是如何避免实体以及关系的冲突问题,造成不必要的冗余;二是模式层的融合,将新得到的本体融入已有的本体库中。

企业自己的关系数据库是知识图谱构建的一个重要的高质量知识来源。为了将这些结构化的历史数据融入知识图谱中,可以采用资源描述框架(RDF)作为数据模型。业界和学术界将这一数据转换过程形象地称为 RDB2RDF,其实质就是将关系数据库的数据换成 RDF 的三元组数据。

(4) 知识加工

在前面,我们已经通过信息抽取,从原始语料中提取出了实体、关系与属性等知识要素,并且经过知识融合,消除实体指称项与实体对象之间的歧义,得到一系列基本的事实表达。然而事实本身并不等于知识。要想最终获得结构化,网络化的知识体系,还需要经历知识加工的过程。知识加工主要包括本体构建、知识推理和质量评估三方面的工作。

① 本体构建

本体(ontology)是共享概念模型的形式化规范说明。本体通常用来描述领域知识。可以这样理解:本体是从客观世界中抽象出来的一个公认的概念模型,这个模型包含了某个学科领域内的基本术语和术语之间的关系(或者称为概念以及概念之间的关系)。这里所说的"术语"对应着知识图谱中的实体和属性。

本体可以借助本体编辑软件人工构建,也可以以数据驱动的自动化方式构建。因为人工方式工作量巨大,且很难找到符合要求的专家,因此当前主流的全局本体库产品,都是从一些面向特定领域的现有本体库出发,采用自动构建技术逐步扩展得到的。

自动化本体构建过程包含实体并列关系相似度计算、实体上下位关系抽取和本体的生成三个阶段。

比如对下面这个例子,当知识图谱刚得到"阿里巴巴""腾讯""手机"这三个实体的时候,可能会认为它们三个之间并没有什么差别,但当它去计算三个实体之间的相似度后,就会发现,阿里巴巴和腾讯之间可能更相似,和手机差别更大一些。

这就是第一步的作用,但这样下来,知识图谱实际上还是没有一个上下层的概念,它还是不知道,阿里巴巴和手机,根本就不隶属于一个类型,无法比较。因此我们在实体上下位关系抽取这一步,就需要去完成这样的工作,从而生成第三步的本体。

当三步结束后,这个知识图谱可能就会明白,"阿里巴巴和腾讯,其实都是公司这样一个实体下的细分实体。它们和手机并不是一类"。

② 知识推理

在完成了本体构建这一步之后,一个知识图谱的雏形便已经搭建好了。但可能在这个时候,知识图谱之间大多数关系都是残缺的,缺失值非常严重,那么这个时候,就可以使用知识推理技术,去完成进一步的知识发现。

可以发现:如果 A 是 B 的配偶,B 是 C 的主席,C 坐落于 D,那么我们就可以认为,A 生活在 D 这个城市。

根据这一条规则,我们可以去挖掘一下,在图里是不是还有其他的 path 满足这个条件,那么我们就可以将 AD 两个关联起来。除此之外,我们还可以去思考,串联里有一环为 B 是 C 的主席,那么 B 是 C 的 CEO、B 是 C 的 COO,是不是也可以作为这个推理策略的一环呢?

当然知识推理的对象也并不局限于实体间的关系,也可以是实体的属性值,本体的概念层次关系等。一个属性值推理的例子是已知某实体的生日属性,可以通过推理得到该实体的年龄属性。已知(老虎,科,猫科)和(猫科,目,食肉目)可以推出(老虎,目,食肉目),这是概念推理的例子。

这一块的算法主要可以分为三大类,基于逻辑的推理、基于图的推理和基于深度学习的推理。

③ 质量评估

质量评估也是知识库构建技术的重要组成部分,这一部分存在的意义在于:可以对知识的可信度进行量化,通过舍弃置信度较低的知识来保障知识库的质量。

(5) 知识更新

从逻辑上看,知识库的更新包括概念层的更新和数据层的更新。概念层的更新是指新增数据后获得了新的概念,需要自动将新的概念添加到知识库的概念层中。数据层的更新主要是新增或更新实体、关系、属性值。对数据层进行更新需要考虑数据源的可靠性、数据的一致性(是否存在矛盾或冗杂等问题)等可靠数据源,并选择在各数据源中将出现频率高的事实和属性加入知识库。

知识图谱的内容更新有两种方式。一是全面更新,指以更新后的全部数据为输入,从零开始构建知识图谱。这种方法比较简单,但资源消耗大,而且需要耗费大量人力资源进行系统维护。二是增量更新,以当前新增数据为输入,向现有知识图谱中添加新增知识。这种方式资源消耗小,但目前仍需要大量人工干预(定义规则等),因此实施起来十分困难。

(6) 知识存储

提取知识三元组后,需要将其存储在数据库中,而知识图谱的基本元素是大量通过各种关系连接起来的实体，这就需要创新的存储方法。知识图谱可以存储在关系数据库或图数据库中。

知识图谱里知识形式包括＜实体 1，关系，实体 2＞和＜实体，属性，属性值＞，因此，为了将这些结构知识存入关系数据库里，通常采取的做法是把知识三元组转化为 RDF 的形式。有四种具体的存储方式。

单表存储：只构建一张表，该表有三列，分别存储知识三元组的三个成分。这种存储方式简单暴力，但行数过多，不能对数据进行分类整理。

水平存储：在关系数据库表里的每一行都存入一个实体，表中的列则存储该实体的属性。由于各个实体拥有的属性可能不同，即有的实体并不拥有其他实体拥有的属性，导致表中每一行并不一定填满，造成了大量的空间浪费。

多表属性存储：构建多张表，每张表里的每一行存入一个实体，但这张表里的实体具有相似的属性，所以每一行都能尽量填满，改善了水平存储空间浪费的问题。

垂直存储：构建多张表，每张表表示一种关系，且每张表只有两列，分别存储该表关系联系的双方实体。

将知识三元组存储于图数据库逐渐成为现在最流行的方法。相较于关系数据库，图数据库拥有浅显易懂又功能强大的查询语言，在操作上更简单，同时提供了琳琅满目的图挖掘算法，检索效率也更高。图数据库创建节点存储实体和属性值，创建关系来匹配各个节点之间的联系，环环相扣，就组成了一个庞大的知识脉络。在这个知识网络中进行查询，可以迅速定位相关的局部知识脉络结构，所有信息一目了然。

在实际工作中，通常使用关系数据库来存储属性值等变化较少的信息，而用图数据库来存储关系、属性等灵活多变且体现知识连通性的信息。

4．知识图谱的应用

通过知识图谱，不仅可以将互联网的信息表达成更接近人类认知世界的形式，而且提供了一种更好的组织、管理和利用海量信息的方式。目前的知识图谱技术主要用于智能语义搜索、移动个人助理（如 Siri）以及深度问答系统（如 Watson），支撑这些应用的核心技术正是知识图谱技术。

在智能语义搜索中，当用户发起查询时，搜索引擎会借助知识图谱的帮助，对用户查询的关键词进行解析和推理，进而将其映射到知识图谱中的一个或一组概念之上，然后根据知识图谱的概念层次结构，向用户返回图形化的知识结构，这就是我们在谷歌和百度的搜索结果中看到的知识卡片。

在深度问答应用中，系统同样会首先在知识图谱的帮助下，对用户使用自然语言提出的问题进行语义分析和语法分析，进而将其转化成结构化形式的查询语句，然后在知识图谱中查询答案。比如，如果用户提问："如何判断是否感染了埃博拉病毒？"则该查询有可能被等价变换为"埃博拉病毒的症状有哪些？"然后再进行推理变换，最终形成等价的三元组查询语句，如（埃博拉，症状，？）和（埃博拉，征兆，？）等。如果由于知识库不完善而无法通过推理解答用户的问题，深度问答系统还可以利用搜索引擎向用户反馈搜索结果，同时根据搜索结果更新知识库,从而为回答后续的提问提前做出准备。

8.3　协作关键技术

协作是将人类智力发挥到极致的方式,也是推动人类社会进步的重要手段。随着各种新技术的发展与应用,人类的协作方式也在随着技术的进步而进步。

8.3.1　协作的内涵

1. 协作的概念

协作的理论基础是协同理论。协同理论是 MIT 协同科学中心的马龙(Malone)提出的一种管理一组协同工作的活动及其相关性的科学。协同过程是一个四元组:(共同的目标、完成目标需要执行的活动、活动的执行者,以及活动之间的相关性)。协同理论的研究内容是如何管理活动之间的相关性。"协同"它强调整体的协调和合作。

协同并不是指一个简单的人与人之间的一种信息交换过程,它包含六个重要的概念:人员协同,应用协同,设备协同,信息协同,知识协同,流程协同。

人员协同,就是人跟人之间、团队跟团队之间如何通过信息的交换,同步其各种行为,完成既定的任务。

应用协同,就是如何整合各种各样的应用,建立一个统一的、完整的应用平台,完成其共同目标;应用协同使分散的应用协同起来,一个应用中的状态改变可以触发另一个应用中的行为。例如,计算机操作系统就是一个协同应用,协调计算机 CPU、存储器、输入/输出设备等有序工作。

设备协同,就是如何充分利用现有的设备,整合现有的设备,设备间相互协同,发挥设备的最大性能。

信息协同,信息协同是指以信息为对象,多个信息源在规定的时间和空间内,按照统一的规则实现信息的同步和有序流转。

知识协同,多源或多方面、多层次的知识互相补充,共同解决某一复杂问题。

流程协同,就是如何在各个不同的环节流程之间,建立他们的联系,进而构造一个完整的应用体系,去实现企业的协同商务模式。

2. 企业协作的 3 个层次

企业协作是多人或多团体协同工作。按工作任务的关系分,协作可分为并行协作和串行协作。并行协作任务模块在时间上不具有时序关系,可独立完成,但各自的结果将同时作为下一任务的输入。串行协作是指前序任务完成后,才能启动后序任务。

协作技术是支持人们跨时空协同工作的 IT 技术的总称,网络与通信技术是基础,计算机软件技术和智能终端技术是核心。

在协作技术的支持下,企业及各类机构可以实现远程协作,提高工作效率,降低工作成本。企业远程协作的需求由表及里可分为 3 个基本层次:人与人的远程协同、人与业务的远程协同、企业与企业的远程协同。协作层级越深,潜在价值越大。目前我国大部分企业仍停留在第一层,即以即时消息、文档协作和在线会议为主;少数企业将协同办公软件与内部业务系统打通,实现了财务报销、行政审批,以及生产管理、采购管理、维修管理等领域的远程业务协同。

持续优化的人与人之间协同仅实现了局部最优。将协同办公与多个业务场景打通,获取更深层次的价值,才是全局最优。推进企业工作模式加速向无边界协同、全场景协作发展,是未来提高工作效能与员工满意度的必由之路。企业要根据多样化业务场景,打造更丰富的业务应用,建立统一、灵活、高效的协同工作平台。

埃森哲咨询公司根据企业需求的 3 个层次,将企业协作系统规划分为 3 个阶段:沟通协同,业务协同,生态协同。企业可根据自身情况,循序推进协作平台的建设。表 8-6 给出了不同层次的业务需求、工具类型和关键技术。

表 8-6　企业协作层次及技术

协同层次	业 务 需 求	工 具 类 型	关 键 技 术
沟通协同	最大限度提升人与人的沟通效率	电子邮件系统、即时通信工具、远程会议系统等	网络与通信技术
业务协同	远程/移动办公和业务处理、实时知识访问与获取	群件系统、协作平台等	工作流技术、协同软件技术、智能知识搜索与推荐技术
生态协同	跨组织协作	跨组织协作系统	身份认证技术、区块链技术

沟通协同是协同工作的初级阶段,以最大限度提升人与人之间沟通效率为导向,与企业业务没有实质关联。

业务协同以业务和运营需求为中心,打造与之紧密结合的应用场景,并进一步整合移动端,打破员工与企业信息系统之间的时空限制,推动移动协同工作的实现。这将大大提升企业运营效率。在这一阶段,协同工作软件开始出现明显差异化,软件平台将具有灵活的可定制化功能和业务系统集成功能。

生态协同指突破企业边界,与上下游伙伴在生态系统中实现信息共享与数据流通,打造企业与企业间的数字化网络,让协同价值最大化。目前,部分领先企业已向此阶段迈进。在跨组织的生态协同阶段,信息安全和信任是核心业务需求,因此,身份认证及技术、区块链技术将成为该阶段的关键技术。

3. 协作系统

协作系统指支持知识工作者执行任务及协同工作的技术系统,由网络、软件和硬件构成。协作系统通常可以借助互联网和移动互联网保证人的远程合作。协作系统在知识管理中充当十分重要的角色,像讨论区、共享工作空间、交流室、视频会议系统、群件系统、工作流管理系统、协作平台等都属于协作系统的范畴。

协作系统是支持群组完成共同目标而协同工作的网络软件系统。在通信网络服务和硬件的支持下,人们通过协作系统传递消息和进行会话。协作系统提供了将公司的知识资本和客户知识转化为数字资本的途径。协作系统促进了传统的信息资源和知识资源在业务内部及业务之间的分布式合作。开放式协作系统的用户非正规交流在支持协作方面发挥着重要作用。视频会议、语音、多媒体等先进的通信技术已成为高效 KM 系统的特征。

8.3.2　工作流技术

1. 工作流的概念

工作流是一种用来控制信息、任务在不同节点间传送的技术。工作流管理联盟（workflow management coalition，WFMC）定义的工作流为："工作流是一类能够完全或者部分自动执行的经营过程，它根据一系列过程规则，文档、信息或任务能够在不同的执行者之间进行传递与执行。"

工作流实际应用情况可以这样简单地描述：在网络、服务器和多台计算机客户端的硬件平台上，业务流程按照预先设定的规则并借助应用程序和人对相关数据的处理而完成。例如，在日常办公中，当撰写好某份报告之后，可能需要将其提交给领导进行审阅或批示；审批意见可能需要汇集并提交给另一个人，以便对报告进行进一步的修改。在文件的传送过程中，可能会出现同一篇文档在多个人之间的顺序或同时传递的情况，可以使用工作流技术来控制和管理文档在各个计算机之间自动传递，而非手工传递。

与工作流相关的概念及其关系如图 8-11 所示。

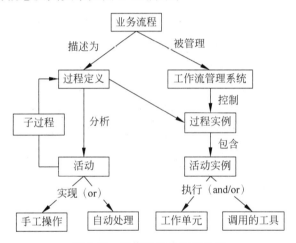

图 8-11　工作流相关的概念图

① 业务流程：是在确定的组织结构中，能够实现业务目标和策略的相互连接的过程和活动的集合集。例如：投保过程，项目开发过程，预算审批过程等。

② 过程定义：是业务流程可被计算机理解的形式化描述。包括支持系统建模和运行过程起始、终止的活动关系网络以及一些关于个体行为的信息，如组织成员与 IT 相关的应用和数据等。

③ 过程：是业务流程的规范视图，由一系列为共同目标连接在一起的协同的活动组成。为了规范术语使用，这里把"流程"定义为"过程"的执行过程。

④ 活动：指的是工作流中的一个逻辑步骤或环节，是过程执行中可被工作流引擎调度的最小工作单元。它既可以是计算机自动执行，也可以由人来完成。

⑤ 工作流管理系统（WFMS）：是一种能定义、创建和管理工作流执行的计算机软件系

统。它可通过单个或多个工作流引擎运行,并能存储和解释过程定义。它包含的信息有:开始和结束条件,参与此环节的用户,完成此活动所需的应用程序或数据,以及此活动如何完成的一些限制条件。

⑥ 过程、活动实例:指的是实际运行中的一个具体的过程与活动。每个活动实例代表一个活动的一次调用,只和一个过程实例相关,并使用过程实例的数据。一个过程实例可能由若干个活动实例组成,但一个活动实例不能同时属于几个过程实例。每个实例代表一个能独立控制执行、具有内部状态的线程,可被外界通过标识进行存取。过程实例由工作流管理系统创建、管理、终止,它与过程定义相对应。

工作流需要依靠工作流管理系统来实现。工作流管理系统(Workflow Management System,WfMS)的主要功能是通过计算机技术的支持去定义、执行和管理工作流,协调工作流执行过程之间以及群体成员之间的信息交互。

工作流管理系统一般包含流程引擎和流程设计器两个部分,这两部分是工作流核心部件。流程引擎提供对流程解析,并驱动业务流程的流转。流程设计器则提供图形化操作方式,通过画图方式定义工作流审批流程,最终生成工作审批流程定义文件。

2. 工作流参考模型

简单地说,工作流是一系列相互衔接、自动进行的业务活动或任务。如果将整个业务过程看作一条河,那么流过的河水就是待处理的表单。一个工作流包括一组任务(或活动)及它们的相互顺序关系,还包括流程及任务(或活动)的启动和终止条件,以及对每个任务(或活动)的描述。对工作流进行定义、执行和监控的信息系统称为工作流管理系统。

WFMC 对工作流管理系统体系结构给出了一个参考模型。在这个模型中规定,工作流系统主要由五个功能部件、工作流相关数据和五大接口构成,如图 8-12 所示。

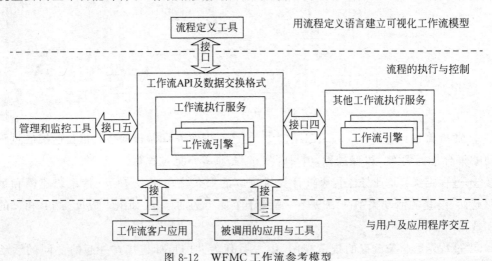

图 8-12　WFMC 工作流参考模型

(1) 工作流系统的功能模块

① 工作流引擎。工作流引擎是工作流管理系统的核心,它根据事先定义好的过程模型,执行业务协作过程。具体来说,它具有如下功能:解析定义好的过程;控制活动的创建、激

活、挂起及终止；在活动间导航；提供用户接口,确定工作项给用户并提醒用户工作状态。

工作流执行服务由一个或多个工作流引擎组成,提供了过程实例执行的运行环境。在分布式的工作流执行服务中,多个工作流引擎协调工作,推进工作流引擎实例的执行。

② 过程定义工具。它是用户对实际业务过程进行分析和建模的工具,是工作流管理系统中的一个重要组成部分,也是实施工作流管理的起点。该工具中,使用了一种工作流定义语言,用于定义实际业务过程的模型。工作流程模型建立起来后,通过工作流程仿真功能,在真实执行业务处理过程之前,按照已制定的各种规则验证其正确性、完整性及可操作性。

③ 管理/监控工具。该部件的功能是对工作流管理系统中过程实例的状态进行管理和监控。通过该工具,管理人员可以了解业务执行过程,也可以干预流程的执行,如督办、催办等。

④ 客户端应用程序。它是给用户(即流程参与者)提供一种处理过程实例运行过程中需要人工参与任务的手段。

⑤ 被调用的应用和工具。指工作流运行服务在实际运行过程中调用的,用来处理应用数据的应用程序或 IT 工具,如预算审批流程中要调用财务系统和计算器、日历等系统或工具。

（2）工作流系统中的数据

工作流管理系统中包括工作流控制数据、工作流相关数据和工作流应用数据三类数据。

工作流控制数据：工作流执行服务/工作流引擎通过内部的工作流控制数据来辨别单个过程或活动实例的状态。这些数据由工作流执行服务/工作流引擎控制。

工作流相关数据：工作流管理系统通过工作流相关数据来确定过程实例状态转换的条件,并选择下一个执行的活动。这些数据可以被工作流应用程序访问并修改。因此,工作流管理软件应该在活动实例之间传递工作流相关数据。

工作流应用数据：这种数据指那些由应用程序操作的数据。它们是针对应用程序的,工作流管理系统无法对它们进行访问。

（3）工作流系统的接口

为了促进工作流的推广应用,WFMC 在工作流参考模型中定义了五类接口规范。

接口一：工作流服务和工作流建模工具的接口；

接口二：工作流服务和客户应用之间的接口,这是最主要的接口规范,它约定所有客户方应用和工作流服务之间的功能访问方式；

接口三：工作流引擎和直接调用的应用程序之间的接口；

接口四：工作流管理系统之间的互操作接口；

接口五：工作流服务和工作流管理工具之间的接口。

3. 基于工作流的知识管理

基于工作流的知识管理系统即知识与情景集成的知识管理系统,支持业务流程中的实时、动态的业务协同和知识协同。

（1）业务流程与知识

业务流程是组织知识生产和应用的情景。ISO 9000 把业务流程定义为一连串互有关联、互相作用的活动,而这些互有关联的业务活动不仅是知识使用的场所,而且还是对已有知识加工、进行知识创新的场所。业务流程不仅是用户的沟通渠道,也是知识流通的渠道,知识对于一个组织有效运营的作用也只有在流程中才能体现。

知识是业务流程中的一种客体,既作为完成业务活动的一种资源,又作为业务活动完成的产品。一方面,业务活动的执行由于有了知识的指导,可以有效地促进业务活动的完成,提高工作效率。另一方面,业务活动实现了对已有知识的加工、完善和检验。随着流程的完成,产出了大量知识,促进了流程知识库的更新。因此,知识来自业务流程、又作用于业务流程,贯穿于业务流程的始终,清晰地反映了知识的来源和去向。

业务流程从本质上讲也是知识,特别是企业当中先进的业务流程,它是在前人实践基础上不断积累、不断改良得到的,是对前人“最佳实践”知识的重复利用。

(2) 知识管理与工作流管理的结合点

詹尼克斯(Jennex)等人将企业知识管理系统分为面向流程的知识管理系统和面向基础设施的知识管理系统两类。

面向业务流程的知识管理系统是工作流管理系统和知识管理系统的集成系统。工作流管理模块支持业务流程的执行,知识管理模块负责业务流程中每个活动所需要知识的推送和每个活动所产生知识的保存。其工作原理如图 8-13 所示。工作流管理系统执行预先定义好的业务流程时,将任务分配给合适的角色或人员;知识管理系统根据任务项的属性从知识库中查找匹配的知识,传送给执行业务活动的人员;执行该项活动的人员利用自身的经验技能和系统“推送”的知识完成业务活动;当某项业务活动完成后,知识管理系统将员工提交的各类文档按流程类别和任务项属性存储到知识库中;工作流引擎继续按照已定义好的工作流模型向前执行,直至流程结束。

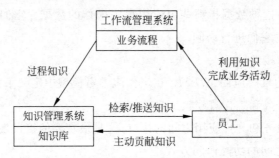

图 8-13   面向业务流程的知识管理系统工作原理

业务流程运转中可能遇到异常,即当员工执行业务活动时,因为缺乏完成该业务所需要的知识,并且知识库中也没有相应的解决方案,员工可以将业务活动挂起,并提交问题及相关描述信息到系统,由系统启动问题解决流程,它将负责组织相关领域专家解决该问题。

上述业务活动都是由系统驱动的知识共享,员工被动地输出知识。事实上,知识管理还要考虑到员工积极主动地贡献个人知识的需求。但是为了保证知识库存储的知识的可靠性、正确性和有效性,必须对进入知识库的各类文档进行审核,这就要求知识管理系统具备知识审核功能,规范员工个人知识上升为组织知识的流程。

知识管理最重要的两个目标是:①在组织内部实现知识最大化的共享和复用,提高业务执行效率和顾客满意度；②增强知识创新能力,提高组织市场应变能力。知识能在组织内部实现充分共享和复用,必须具备两个前提条件。其一,知识定义,即对组织需要收集的知识进行分类,建立合理高效的知识体系；其二,知识获取,即将分散的个体知识转化为组织知识。

对企业来说,知识管理的核心活动包括知识定义(分类)、知识获取、知识共享和知识创新等方面的内容。下面分别从 4 个方面分析知识管理在工作流管理系统中的结合点。

知识分类在工作流管理系统中的结合点：从工作流角度对组织知识进行分类能更好地将知识与应用背景结合起来,从而能提高知识的实用性。

知识获取在工作流管理系统中的结合点主要有四个方面。①工作流模型本身就是一种知识,所以工作流建模工具向模型库中提交工作流模型也是知识获取的一种方式。②由工作流引擎推动而员工必须要提交的知识。员工开展工作的过程同时也是生产知识的过程,为了保证知识库中必要内容的添加,让存在于员工头脑中的隐性知识及时通过显性知识的形式贡献出来,所以在工作流建模中必须明确哪个工作项需要提交哪些资料和知识,同时通过工作流引擎监督员工"知识生产任务"的完成。③由工作流引擎推动而自动生成的知识。工作流引擎在工作流实例中收集应用数据,并且通过调用统计咨询、数据挖掘等应用系统对原始数据分析,以形成新的知识。④用户通过知识管理系统的客户端向知识库中提交新知识。

知识共享是在恰当的时候,将恰当的知识传给恰当的人,其在工作流管理系统中的结合点：①工作流建模人员对已有模型的调用和参考；②用户从工作流客户端完成对所需知识的查询,根据员工所执行的工作项实例,工作流引擎从知识库中自动调用与该工作项匹配的"工作知识",方便用户查询所需的知识。

对于知识创新,首先我们必须明白知识创新不是对原有知识的"抛弃",而是在原有知识的基础上的一种"扬弃",知识创新遵循"滚雪球"规律。即原来组织积累的知识越丰富,其知识创新的能力相应也会越强。所以知识获取和知识共享能力是知识创新能力的前提和基础。在工作流系统的支持下,知识获取和知识共享方面具有优越性,因而一定程度上能提高组织的知识创新能力。知识创新在工作流管理系统中的结合点：工作流发生异常,员工没有能力完成工作项任务,同时在知识库中又不能找到相关知识支持,这个时候就出现"知识缺口"。出现知识缺口时,员工可以通过工作流客户端将该任务项挂起,并且通知知识创新项目组,由该项目组接手该工作项,项目组研究解决方案,并将新知识存入知识库中。

(3) 基于工作流的知识管理系统架构

根据 WFMC 的"工作流管理系统参考模型"和知识管理核心活动与工作流的结合点分析,对基于工作流的知识管理系统的体系结构进行设计,得到如图 8-14 所示的框架。整个系统由工作流管理系统(图 8-14 虚线以上部分)和基于工作流的知识管理系统(图 8-14 中虚线以下部分)两大模块集成。从实现业务目标的角度来看,工作流管理系统的主要功能是分配任务,将需要执行的工作流中的任务分配给恰当的角色,并调用相关业务系统为其提供支持；在工作流管理系统中,工作流引擎通过存取任务表来完成特定工作项到特定用户的分配过程,而任务管理器存取任务表是为了获取具体工作项,将它们提供给用户处理。

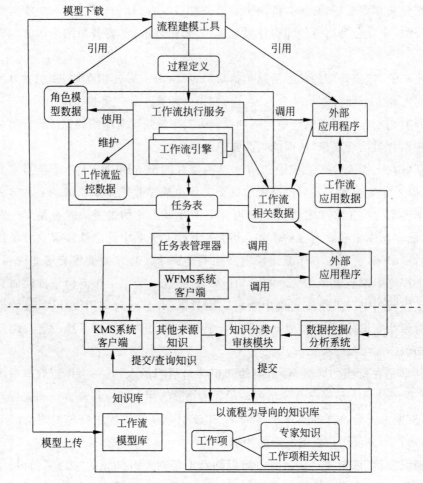

图 8-14　面向业务流程的知识管理系统架构

在工作流执行阶段,知识管理系统的功能是为任务执行者提供知识支持和为"知识生产"提供驱动。

为任务执行者提供知识支持就是将"工作知识"传给恰当的工作执行者,当用户通过任务管理器获取执行某项工作任务后,任务管理器自动激活知识管理系统,知识管理系统根据任务管理器传过来的关于工作项的参数,在知识库中查询与该工作项联系紧密的"工作知识",然后将查询结果以"目录"的形式反馈给工作流客户端,供用户调阅和参考。这样做的一个好处就是能有效控制知识共享范围,避免核心知识资产的流失。

为"知识生产"提供驱动是指用户在执行特定的工作任务时,必须要承担相应的知识"副产品"生产任务(即必须要向知识库中提供规定的知识文档、资料和案例数据等)。系统对知识生产的驱动有两种策略:一种是通过工作流引擎驱动,即在工作流过程定义阶段,将工作知识生产任务定义为该工作项的子任务,然后在工作流执行阶段,工作流引擎通过任务表和任务管理器将知识生产任务分配给相关用户;另一种是通过知识管理系统驱动,即通过分析工作知识体系,在知识管理系统中定义该工作的知识生产任务,当任务管理器激活知识管理系统时,知识管理系统通过工作流客户端向用户发送关于工作知识生产任务的短消息。至于知识管理系统与任务管理器的接口实现,在本质上与其他应用系统相同。此外基于工作流的知识管理系统还应该是一个相对独立的系统,除了通过任务管理激活系统外,用户还可以通过手动登录该系统,通过自己的岗位权限,调阅和下载岗位知识条目、提交知识条目和对知识条目的反馈意见、提出知识需求,以及与其他员工交流知识等。

知识库主要由工作流模型库和以工作流为导向的知识库构成,工作流模型库主要存储工作流模型。在工作流模型库中工作流模型用能被计算机处理的语言模型描述,而建模工具对工作流建模时,通过容易被人理解的图形化的流程逻辑模型描述。基于 XPDL2.0 设计开发的 Web 下 B/S 模式的工作流建模工具可以很好地实现语言模型和流程逻辑模型,并可以相互转化。这些工作流建模工具使得建模人员可以很方便地调用已知的模型,同时工作流模型的改变也可以及时地反映到工作流模型库中。

8.3.3 区块链技术

互联网技术解决了信息的快速传递问题,突破了人们进行协作的空间阻隔,促进了物的交易(电子商务)。区块链增强了信息的安全性和可信性,突破了人们协作的心理隔阂(信任障碍),将促进价值的交换。

1. 区块链的定义

区块链是利用块链式数据结构来验证与存储数据,利用分布式节点共识算法来生成和更新数据,利用密码学的方式保证数据传输和访问的安全,利用由自动化脚本代码组成的智能合约来编程和操作数据的一种全新的、分布式基础架构与计算范式。

在区块链系统中,每过一段时间,各参与主体产生的交易数据被打包成一个数据区块,数据区块按照时间顺序依次排列,形成数据区块的链条,各参与主体拥有同样的数据链条,且无法单方面篡改,任何信息的修改只有经过约定比例的主体同意方可进行,并且只能添加新的信息,无法删除或修改旧的信息,从而实现多主体间的信息共享和一致决策,确保各主体身份和主体间交易信息的不可篡改、公开透明。

2. 区块链四大核心技术

根据区块链的定义可知,区块链技术是分布式存储的块链式数据结构(账本)、非对称加密、共识算法、智能合约四项核心技术的集成。

(1)分布式账本

区块链技术利用密码学算法,让系统的任意多个节点把一段时间内系统的全部信息和数据记录到一个数据块中,并生成该数据块的哈希校验值,存到下一个数据块的块头,相当于数据块的指针。这里所说的数据块就是区块。区块由区块头和区块体两部分组成,区块头的内容为上一个区块的哈希值,区块体的内容为一段时间内系统中所有节点之间的交易记录。

分布式存储的多个区块依序组成的链式数据结构称为区块链,也称为区块链系统的账本,如图 8-15 所示。账本就是通过链式数据结构记录分布式节点交易状态的变更历史。一个区块链系统的第一个区块称为创世区块。在系统中具有存储能力的每一个节点都保存了该链式数据的同步副本,因此,区块链系统中的账本称为分布式账本。

图 8-15　区块链——链式数据结(账本)构示意图

比特币(Bitcoin)系统是最早、使用最广泛的基于区块链技术的信息系统,一个不需要信用中介的数字货币系统。在比特币系统中,通过数字签名使得在线支付能够直接由一方发起并支付给另外一方,中间不需要任何的金融机构。比特币系统的区块上记录的是比特币交易记录,谁先打包生成一个区块,就会得到比特币的奖励。北京时间 2009 年 1 月 4 日,比特币白皮书的作者中本聪在位于芬兰赫尔辛基的一个小型服务器上,亲手创建了第一个区块——比特币的创世区块(Genesis Block),并获得了第一笔 50 枚比特币的奖励,第一个比特币就此问世!

分布式账本是一个去中心化的,在网络成员之间共享、复制和同步的数据库系统。即在区块链交易记账操作过程中,交易记账由分布在不同地方的众多网络节点共同完成,每一个节点记录的都是完整的账目。因此,每一个节点都可以参与并监督交易的合法性,同时共同为其他用户作证。

作为一种永久存储、信息不可篡改的分布式账本,区块链由成千上万的计算机节点共同维护。复杂的校验机制使得保存在区块链上的数据具有连续性和一致性,就算某些计算机造假篡改了数据,也无法改变整个区块链的完整性和可回溯性。

(2)非对称加密和授权技术

作为区块链的核心技术之一,非对称加密技术可以用于用户的身份验证。非对称加密算法指的就是存在一对数学相关的密钥,使用其中的一个密钥加密数据信息,只有使用另一个密钥才能对该信息进行解密。这对密钥中,对外公开的密钥叫作公钥,不公开的密钥叫私钥。打个比方,公钥就像银行的账户,私钥就像该账户的密码或者账户所有者的签名。区块链上的有效交易有一个用于交易发起方私钥签名有效的数字签名,而该交易的签名可以通过使用交易发起方的公钥进行验证。公钥可以通过算法从私钥中计算出来,但私钥却不能从公钥中推出。比特币系统中使用了一种非常典型的非对称加密算法——椭圆曲线加密算法(ECC)。

比特币系统从操作系统底层的一个密码学安全的随机源中取出一个 256 位的随机数作为私钥,私钥总数有 2^{256} 个,所以很难通过遍历所有可能的私钥得出与公钥对应的私钥。用户使用的私钥还会通过 SHA256 和 Base58 转换成易书写和识别的 50 位长度的私钥,公钥则首先由私钥和 Secp256k1 椭圆曲线算法生成 65 字节长度的随机数。一般情况下,比特币钱包地址也由公钥生成,其生成过程如图 8-16 所示。

图 8-16　比特币非对称加密机制

区块链上每个数据块中包含了一段时间内的网络交易信息,非对称加密技术的作用是验证信息的有效性和生成下一个区块。

区块链上的网络交易信息是公开透明的,但是用户身份信息是被高度加密的。只有经过用户授权,区块链系统才能得到该身份信息,从而保证数据的安全和个人信息的隐私保护。

区块链系统验证身份的唯一风险就是私钥被盗。所以,只要你妥善保管好自己的私钥,别人就无法伪造你的身份。

（3）共识机制

区块链的共识机制让网络中所有记账节点之间达成共识,从而认定一个记录的有效性。这既是认定记录的方式,也是防止任何节点篡改数据的手段。在区块链系统共识机制发挥作用的过程中,所有当前参与的节点共同维护着交易及数据库。它使交易基于密码学原理而不是基于信任,使任何达成一致的双方能够直接进行支付交易,无须第三方参与。

区块链中的共识机制目前主要有四类:工作量证明（PoW）,权益证明（PoS）,股份授权证明（DPoS）和分布式一致性算法。不同的应用场景根据效率和安全性的考量选择不同的共识机制。

（4）智能合约

智能合约是指基于区块链中不可篡改的数据,可以自动化执行一些预先设定好的规则和条款。比如,基于用户真实的信息,在知识创造和知识共享中,可以进行自动化的有偿激励与付费。

从技术的角度看,智能合约可以被看作一种计算机程序,这种程序可以自动地执行全部或部分和合约相关的操作,并产生相应的可以被验证的证据,来说明合约操作的有效性。

区块链系统中的智能合约可以代替中心化的监管职能,只要是合乎规则和逻辑的操作都可以由智能合约自动执行,从而大大提高效率和减少人为的恶意干预。

3. 区块链系统的参考架构

2017 年 5 月工信部发布的国内首个区块链标准——《区块链参考架构》,将区块链定义为一种通过透明和可信规则构建的不可伪造、不可篡改和可追溯的块链式数据结构,在对等网络环境中实现和管理事务处理。根据实际场景的不同,区块链技术已经演化出三种不同中心化程度的应用模式,即公有链、联盟链和私有链。

一般而言,区块链系统由数据层、网络层、共识层、激励层、合约层和应用层组成。其中数据层、网络层、共识层是每个区块链系统的必要部分,另外 3 层根据具体的场景需要增加。具体的 6 层技术模型如图 8-17 所示。

数据层处于最底层,利用时间戳、数字签名、哈希函数、非对称加密等多种相对成熟的技术共同实现了底层的链式数据结构,从而确保数据存储和交易的安全性、匿名性和稳定性。

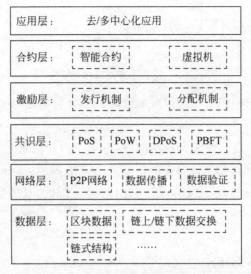

图 8-17 区块链系统参考框架

网络层的功能是实现区块链网络中节点与节点之间的信息交换,主要通过 P2P 组网、数据传播和数据验证机制实现。

共识层主要包含共识算法以及共识机制,能让高度分散的节点在去中心化的区块链网络中高效地针对区块数据的有效性达成共识,是区块链的核心技术之一,也是区块链社群的治理机制。目前至少有数十种共识机制算法,包含工作量证明、权益证明、权益授权证明、燃烧证明、重要性证明等。

激励层将经济因素整合到区块链技术体系中,主要包括"通证"(Token)的发布和分配机制。该层主要出现在公有链应用中,用以奖励对区块链网络运转做出贡献的诚实节点,惩罚做出恶意破坏区块链网络的节点,以保证系统良性发展。

合约层是区块链实现可编程特性的基础,主要通过封装各类脚本、算法和智能合约来处理区块数据,从基本的增删改查到复杂的科学计算。Ethereum、Hyperledger Fabric 等平台的智能合约是图灵完备的。

应用层直接面向用户,利用区块链特性解决用户在各种应用场景中遇到的问题,如在各个公链上运行的去中心化应用(DAPP)。

4.区块链技术在知识管理中的作用

区块链技术解决了知识管理中的信任、价值交换和知识产权保护等难题。

(1)去信任的知识管理

在传统知识管理模式下,组织内部知识共享的主要驱动力是组织文化和激励机制。信任是知识共享的前提。然而,即便在组织内部,上下级之间、部门之间、同事之间都存在不同程度的信任问题。跨组织之间更是如此。信任问题是组织内部和组织之间知识共享的一大障碍。同样,信任也是影响业务协作的重要因素。

业务协作和知识共享需要参与方之间建立低成本信任。大多数业务开展都需要建立一定的信任基础,尤其是跨企业的场景下。对信任建立困难、信任维护成本高的应用场景,区块链可以提供非常有效的帮助。

我们从三个方面来考察区块链如何建立低成本信任。

① 数据可信

传统的解决方案中,数据通常是以中心化的方式存储,本应共有的业务数据却被强势的参与方持有。这种模式下,数据的可信度是由数据持有者的商业/社会信用来保证的,只能建立主观的可信。对于一些重要的领域,仍需要付出额外的成本来规避数据被恶意篡改的风险。

区块链的解决方案是结合了密码学哈希和数字签名,以区块链条的形式将数据的变更历史按时间先后链接在一起,并通过共识协议使得参与的各方都共同拥有这些数据。

由于多方分别持有相同的数据副本,并且数据被签名确认,并记录数据的"指纹"(哈希值),以密码技术保证了数据无法被篡改,数据因此变得可信。

区块链使数据持有去中心化,以技术手段实现数据客观"可信"。因此,基于区块链的知识共享,可以将知识共享过程看成"交易",区块链可以客观、永久地记录知识的"权与利",消除知识共享者的信任顾虑。

② 合约履行

通常的合约(或者契约、协定、合同)的履行从根本上是由法律来保障的。合约被自觉履行一般都是因为有利益、道德或法律后果,受许多主观因素影响。商业活动中为了防止违约或对违约进行追索,需要付出高昂的成本(担保、保险、律师费、漫长司法程序等等)。

区块链智能合约的本质是一套数字化形式的契约,由计算机自动严格执行。执行方式上,通常的合约是事后以人的主观意愿来执行;而智能合约是在触发条件被满足后,由计算机程序来保证合约及时地执行,具有客观性。

把知识资产数字化到区块链或与区块链锚定,采用智能合约来描述对资产关系的承诺,同时智能合约的执行过程和结果被区块链严格记录,这样便可以降低履约成本和确保高效履约。

区块链智能合约带来的是"契约"的一种新的更精确的表示形式,以及一种更客观、更严格的执行方式。由于契约是我们社会活动的基础,因此这种变化将会带来更广泛的社会影响。

在组织内部,知识管理的激励机制可以以智能合约的形式部署在基于区块链的知识管理系统中,可以让员工实时感受到知识创造和知识共享带来的价值,大大调动员工知识创造和知识共享的积极性。

③ 历史可证明

区块链固化了交易历史,并提供对交易历史的追溯查询,保证交易的不可篡改和不可抵赖。

如果某个事件发生时,这个事件连同时间戳一起被记录到区块链中,将来就可以通过区块链证明这件事确实在这个时间发生过。因此区块链为参与交易的各方保留了可信的历史记录。

知识型员工在组织内部有两大职责,一是完成业务工作任务;二是贡献知识。基于区块链的知识管理系统,可以"可信"地记录知识型员工在"知识管理元宇宙"中的全部贡献。

（2）知识交易

经济的本质是交易，即价值交换。

互联网是信息互联与交换平台，为价值交换提供了便利，但不是直接实现价值交换的工具。其原因是互联网依然是一种中心化的运作模式，需借助于第三方中介才能实现更安全的交易。在中心化的组织模式下，大量的价值资产保存在中介机构手中，实现价值传递的成本很高。比如某病人在 A 医院检查的结果拿到 B 医院，B 医院却不承认，还需要重新检查，造成价值资源的浪费。这样的场景比比皆是。

价值互联网则实现点对点的价值交换、价值转移。一个价值互联网要有自己的支付系统，必须有自己的虚拟货币，并且和现实世界价值评估保持一个固定的价值，使得价值互联网的所有交易都能够兑现，所有的价值转移都可以得到认可。

区块链的出现是信息互联网演进到价值互联网的重要技术驱动力。区块链被认为是下一代全球信用认证和价值互联网的基础协议之一。通过使用区块链技术，价值能够得到更加严格的保护，能够实现更加高效、更低成本的流动，从而实现价值交换和转移，进而使价值互联网的出现和实施成为可能。

区块链激励机制可以在感知价值和动机意向方面起到明显的促进作用。通过部署通证（token），即"可流通的加密数字权益证明"，将员工相关的权益（如股权、期权、工资、奖金等）数字化后，利用智能合约来制定员工共享知识以及接受知识的权益分配规则，系统根据知识转移情况，自动对参与方进行奖励或惩罚。通证在系统内部的自动流转，可增强员工参与知识转移的意愿。虽然有研究认为，在企业内部，知识转移意愿促进效果方面，经济激励弱于员工的价值认同，但引入经济因素，无疑是目前增强企业内部员工感知价值和动机意向最快的方式。对于企业之间的知识转移来说，区块链在交易激励、价值交换、安全存储方面是一个很好的解决方案。但通证本质充当了具备等价交换属性的非货币资产，具备一定的金融属性，相关的法律法规风险是企业需要提前考虑到的。

知识是一种典型的价值资产，知识共享是一个典型的价值转移过程。知识资产的转移和交换在去中心的环境下能够大大降低时间和经济成本，提高社会的运营效率，充分发挥知识的价值。在区块链应用环境下，个人或组织的知识由自己管理。在整个扁平化的价值互联网中，价值的转移和交易是通过点对点的方式进行的；区块链的虚拟货币提供了安全、方便的支付工具；智能合约技术实现了体验良好的结算手段。

（3）知识产权保护

知识产权是文化艺术及知识成果权益的资产化，其体现了智力成果的核心价值，包含专利、影视、图像、短视频、音乐、摄影、电子图书、网络小说和创意等各种知识劳动成果。中国互联网数字文化产业规模至少达万亿元人民币，但是产权保护意识不强，盗版横行，创作人只能得到极其微薄的回报，且存在确权难、举证维权难、产权交易难等痛点。

区块链令知识产权可永久保存、不可篡改、永久可追溯。分布在世界各地的参与节点共同维护和管理知识产权数据库，即使因网络攻击、自然灾害或其他人为因素导致极少数节点损毁，也不会造成整个区块的数据丢失、损坏。

区块链赋能知识产权保护主要应用于以下三个领域。

首先,知识产权原创性证明。将专利以及文化产品的原创作者信息、作品内容信息、创作时间信息以及最初传播信息加密上传至区块链,明确著作权、商标和专利权的归属。如保全网通过网络插件对目标网页进行截图和源码获取,并产生操作日志,记录调用时间,将内容进行打包计算哈希值(类似于一段数据的"身份证")后,上传至公链进行电子数据保存。

其次,知识产权交换凭证。将知识产权原创者信息、产权获得者信息,以及转移时间和方式上传至区块链,可有效缩减知识产权交易程序,降低交易成本。

最后,知识产权维权举证。链上数据可作为知识产权追溯的证据。

区块链在知识转移中具有广泛的应用前景,能起到增加转移渠道、激励员工参与等作用,这是当前企业知识管理活动中考虑的重点。随着边缘计算、零知识证明等安全隐私技术的发展和企业知识管理活动的变化,知识创造、知识存储/索引、知识转移和知识应用会更多发生在企业之间,比如像大数据交易平台提供的业务一样,企业与企业之间能共享或者交易知识内容,届时这种多中心化或者弱中心化的知识管理生态势必应用区块链技术。

8.4   知识传递技术

知识传递是指知识从源到达目标的知识获取过程。知识传递的驱动因素多种多样,如组织目标、文化、激励等。知识传递的方式有拉式和推式。拉式知识传递的核心技术是知识搜索,推式知识传递的核心技术是知识推送。

8.4.1   知识搜索技术

没有有力的搜索工具,将无法找到有价值的知识,也无法追踪分布在整个行业内的确定知识。常见的基于关键字的搜索机制具有一定的局限性。(1)不能从过多的信息中缩小范围;(2)需要以搜索范围为代价进行关联排列;(3)不能敏感地察觉用户的意图以及与搜索有关的信息。

知识管理需要个性化的内容过滤工具。个性化内容过滤是根据内容(如图像、视频、声音、文本等)对条目进行分类的过程。利用统计学算法可确定相关的内容类型,自动提炼和获取内容,并自动更新客户特征库。这些工具可以主动从简单的注册、添加书签、浏览器的模式中收集客户的喜好。Marimba、Netscape、BackWeb、Pointcast 都能够提供个性化的内容过滤工具。

1. 搜索策略

知识管理系统中,通常使用 5 种搜索策略:元搜索、分层目录式搜索、标志特征搜索、内容搜索、联合搜索。表 8-7 描述了这些搜索策略。

表 8-7   搜索和提取给定内容时采取的 5 种策略

搜 索 策 略	描 述
元搜索	基于元目录、关键字和特征标签的搜索方式,能缩短正确定位的时间。通过提炼和拒绝弄清用户的意图。

续表

搜 索 策 略	描　　述
分层目录式搜索	以固定的分层目录组织知识条目,用户可以利用链接寻找正确的知识单位,经常使用超级链接的方式。
标志特征搜索	判断文件的标志是否与用户输入的标志相匹配,根据相关程度对搜索结果进行排列。
内容搜索	根据匹配效率选择与查询术语、关键字、字符串最匹配的内容,是一种低效、缓慢的搜索策略。
联合搜索	结合上述的两种或两种以上策略,进行并行处理,提高多种类型信息的回收质量。

对于任何一种策略组合,通常都能找到商业软件的插件。

2. 加速搜索

尽管前面介绍的搜索和提取策略是直接使用于显性知识的,它们也可用来提取隐性知识。尽管它们本质上不能通过隐性的专业技能进行搜索,但是可以通过知识地图或与之相关的信息源进行搜索。

标志特征搜索的工作方式是搜寻定义的特征,而不是从知识内容中查找关键字。比如,一份报告可以附上几个可供搜索的特征:

- 创建和最后一次修改的时间;
- 可能阅读、批准、修改文档的用户;
- 文档的大小等。

对于企业的知识管理系统,可以用知识的属性(如相关活动、工作域、格式、产品和服务、时间和位置等)来给知识打上标记,以加速知识的搜索。

除了具有较高的搜索和提取效率,良好的用户界面可以使用户非常轻松地使用该系统。表 8-8 列出了一些设计指导。

表 8-8　用户界面设计的考虑因素

考 虑 因 素	在接口设计中的应用
功能	可帮助用户快速、高效地完成他们的任务,并能轻松创建其他类型的界面。
连贯性	在覆盖整个企业的系统中使用含义相同的菜单和按钮。在表述、访问、提取和使用信息的过程中保持一致。
相关性	尽量用一个屏幕表达所有与用户的任务相关的信息,并将其他无关的选项隐藏起来。大量使用空白空间、行业术语,并使用超级链接挖掘深层次的知识细节。
导航能力	使用站点地图观看在给定时间用户正在使用哪种业务,并使用一个连贯的导航系统进行消息综合、文件存储、提取和讨论。
用户化	可以让用户将客户端的系统按照他们的兴趣进行客户化设计。
持久性	交互式智能代理可以从用户的变化中学习,并记住这些变化。使用这种代理可以使系统记住客户的任何爱好。

3. 智能搜索技术

在算法层面,智能搜索引擎涉及自然语言处理、机器学习、计算机视觉、人机交互、数据挖掘和信息检索等人工智能技术。其中涉及的关键技术有自然语言理解、多模交互、多轮交互、机器学习等多个方面。自然语言处理是指理解用户的搜索组合,甚至是准确理解用户的口语化表述,这是人工智能领域最核心的技术;多模交互是指用户可以通过文本、图片、语音等方式进行人机交互；多轮交互则是指模仿人与人的多轮沟通方式，精准理解用户的需求；机器学习指的是通过与用户的沟通，越来越了解用户，为用户提供更强体验的服务。当前主流搜索引擎大都在算法层面融合了上述技术，如谷歌的 RankBrain、Facebook 的 Deep Text、雅虎的 CaffeOnSpark 和微软的 RankNet 等。

近年来，搜索引擎技术并未出现变革性突破，搜索引擎与人工智能技术的深度结合，使搜索引擎技术步入承前启后、智能化升级的快速发展阶段。

(1) 基于机器学习的高精度搜索

机器学习算法驱动智能搜索引擎从低精度走向高精度。机器学习算法尤其是深度学习算法，能够高效模拟人脑的注意机制和记忆原理。基于深度学习算法的搜索引擎技术，其特征提取过程由原始数据层向抽象语义层逐层递进，并实现了全局特征和上下文信息的同步优化，使得对搜索内容的分析和知识表达更加结构化，从而大幅提升了搜索的精度。新一代搜索系统大规模应用了人工智能技术，其检索规则从人工设计规则过渡到机器自主学习规则，技术应用从排序层扩展到召回层，且在线检索架构具备大数据分析能力，从而使搜索系统的精细相关性计算能力提升数个数量级。Google 搜索服务中深度集成 RankBrain 机器学习算法，可理解用户输入的各种冗长复杂或者模棱两可的口头查询语句，Google Assistant 语音助手可实现跟用户对话，联系上下文语境，甚至帮用户做出决策，它强调自然语义和对话式搜索，还可以连接智能设备。

(2) 基于自然语言理解的语义搜索

自然语言处理技术帮助智能搜索引擎从文本化走向语义化。自然语言处理技术利用人工智能技术自动挖掘隐藏在用户搜索行为背后的关联和规律，处理用户复杂的搜索请求（文字、图像、音频、视频、问答等），并准确理解用户真正需求，能够为用户提供更智能、更人性化的服务。该技术通过模式分析、语义理解、语义变换及翻译、内容生成和关联性分析等环节，有效解决计算机与人类语言之间的交互问题。其中，多模交互技术为用户提供文字、语音、图片、基于位置服务等多种输入形式，多轮交互技术实现系统多轮问答训练和学习解析。谷歌当前的自然语言处理能力也已初步具备直接回答复杂问题的能力。百度通过多模交互和多轮交互的方式来逐步澄清和满足用户需求，完成深度决策型的搜索任务。Facebook 发布的 Deep Text，理解用户发布消息和声明背后的意义，可推荐人们可能会感兴趣的内容，并剔除垃圾消息，为用户提供个性化搜索结果。

(3) 基于知识图谱的知识化搜索

知识图谱推动搜索特征从无序化走向知识化。知识图谱作为智能搜索引擎的重要组件，能够保证搜索引擎结果联想出相关结构化信息。知识图谱对语义理解技术要求高，对社会化开源内容有很强的支撑需求，凭借建立丰富的索引维度将信息和服务的特征从无序化转为知识化。知识图谱的建立，是通过统计每条数据中按照时间线出现的关键词内容，运用大数据分析技术建立海量数据之间的关联索引，并保持动态推理及时更新。百度知识图谱"知心"已拥有上亿实体量，涵盖数十个领域和类别。谷歌的"Knowledge Graph"已包含超过 5 亿个事物和 35 亿条的关系。

搜索引擎呈现出智能化、个性化、场景化和交互便捷化的发展趋势。一是搜索请求的理解方式,从传统的文字识别向图像识别、音频识别、视频识别等多模态自然语言处理转变;二是主流搜索终端设备,从 PC 端向移动终端(手机、平板、可穿戴设备等)泛化;三是搜索方式,由传统的网页输入向基于位置的场景化自动感知拓展,使得搜索服务无处不在,搜索引擎成为不可或缺的用户助手;四是搜索结果的呈现技术,从传统的网页排名技术向智能化感知用户需求的用户导向技术过渡,能够个性化、智能化、高效化展示信息流。

8.4.2　知识推送技术

知识推送是在用户无须过多参与情况下,根据用户历史浏览记录等信息主动地从知识库中选取合适的知识并以合适的方式传送给用户的过程。知识拉取可以理解为用户通过 KMS 的终端界面输入检索条件获取所需知识的过程。由此可见,知识推送提供主动的知识服务,知识拉取是建立在用户请求之上,提供被动的知识服务。

1. 知识推送模式

拉式知识获取通常耗时、低效、准确性不高。知识推送是一种针对知识接收者的个性化的、精准度高的、自动的知识传递方式。真正实现"将最恰当的知识在最恰当的时间传递给最恰当的人,使他们能够做出最恰当的决策"。知识推送需具备准确性、及时性、主动性、智能性和个性化等特征。

目前知识推送技术大致可以分为三类:基于知识订阅的推送技术,基于用户行为统计分析的知识推荐技术和基于情境的知识推送技术。

基于知识订阅的推送原理是:知识订阅者关注感兴趣的主题,定期将与该主题有关的知识传给订阅者。知识订阅核心技术之一就是"RSS 聚合"技术,即有选择性地将用户感兴趣的内容聚合在一起。目前知识订阅多用于网络资源的获取以及图书馆的服务方面。

基于用户行为统计分析的知识推荐技术又可以分为三种。一是基于规则的推荐技术,即根据用户的静态特征,制定若干规则。系统按照这些规则为特定的用户提供特定的资源。规则可以由用户定制,也可以利用基于关联规则的挖掘技术来发现。二是基于内容的推荐技术,即根据用户浏览的历史资源建立用户兴趣模型,然后对推荐资源的内容进行分析,并在将资源内容和用户兴趣信息进行比较的基础上做出推荐。在该方法中,通常使用资源的关键词等特征对资源进行表征,并根据用户对这些关键词的兴趣或喜好来预测用户对新资源的喜好程度,进而做出相关推荐。三是协同推荐技术,随着 Web2.0 的发展,Web 站点更加提倡用户参与和用户贡献,因此基于协同过滤的推荐机制应运而生。其原理是利用用户访问行为的相似性来相互推荐用户可能感兴趣的资源。

协同过滤推荐算法已成为知识推送系统领域应用最广泛的算法。协同过滤算法的基本思想是"物以类聚,人以群分"。协同过滤算法通过分析用户行为,发现用户之间或待推荐知识之间的相关性,再根据发现的相关性为用户进行推荐。

基于情境的知识推送技术需结合具体工作的"人""事""物",动态建立知识需求模型,实现快速、精准的知识推送。例如,基于工作流管理系统的知识推送,每一个任务流程和步骤都会涉及相关知识,如果能够将相关知识与工作流相结合,就能够为部门员工在实施知识活动的过程中提供很好的指导和帮助。

表 8-9 是几种知识推送模式的简要说明与举例。

表 8-9　知识推送模式的简要说明与举例

知识推送模式	说明与举例
基于规则的知识推送	针对不同用户类型制定规则,不同层次、不同角色推荐相关知识。 根据知识之间的相关性进行推荐,例如,根据疾病推荐医生、药物、生活方式。
基于内容的知识推送	根据兴趣模型,推送与兴趣匹配的知识。 最近访问过的知识还有可能被访问,推送曾经访问过知识的更新版本。 根据所访问内容的相似度推荐。
基于协同过滤的知识推送	根据行为特征进行推荐,如访问此知识的其他用户还访问了什么知识。
基于情境的知识推送	根据情境模型进行推荐,如设备报警时,实时推送处理方法。

相对于知识检索而言,知识推送模式还处于应用发展阶段。个性化需求越来越强,信息量剧增以及知识结构多样性存在,都对知识推送的准确性和主动性提出了更高的要求和挑战。人工智能引入知识推送将有效提高知识推送的主动性、准确性、智能性的途径。

2. 知识推送的原理

知识推送是向组织、企业以及个人提供满足其知识需求的一种主动的知识服务,推送相关知识需要用到相似度计算,相似度算法是推送系统的最核心技术。相似度算法的计算策略、复杂度等直接影响了推送系统的性能和效果,是推送能否满足个性化知识需求的关键所在。

传统的信息检索系统是以字符串匹配为基础进行的。但是随着互联网科技蓬勃发展,不同领域的知识结构存在很大差异,致使人们在对知识进行检索、存储、整合以及应用的过程中出现了很多困难。特别是针对语义结构上的差异,传统的信息检索已经完全不能满足用户对知识个性化和多样性需求了。为此需要我们进一步研究语义相似度,在相似度算法中充分考虑到语境和语义等信息。

智能检索和智能推送都是以语义相似度计算为基础。本体是共享概念模型的明确形式化规范说明,因其能准确描述概念含义和概念之间的内在关联,已成为语义相似度研究的基础。

根据算法计算策略,基于本体的语义相似度算法划分为以下三类。

(1)基于距离的语义相似度算法

算法原理是将需要比较的概念词语放置于本体分类层次体系树中,通过计算它们之间的路径长度来衡量其相似度。两个概念越相近,概念间的连接就越多,联系就越紧密。

最短路径法认为概念词间的相似度与其在本体分类体系树中的距离有关。计算公式为

$$\mathrm{Sim}(w_1,w_2)=2\mathrm{MAXL}-P(w_1,w_2) \tag{8.1}$$

其中,$\mathrm{Sim}(w_1,w_2)$ 表示概念词 w_1 和 w_2 之间的相似度,$P(w_1,w_2)$ 表示概念词 w_1 和 w_2 之间最小路径长度,MAXL 表示两个词在本体分类树中的最长路径。该算法复杂度很小,

但没有考虑在本体分类体系树中边表征的关联强度影响。

连接加权法在最短路径算法基础上,在本体层次体系树中为概念词的位置信息和边关联强度的描述引入权重因子。

(2) 基于信息内容的语义相似度算法

算法的理论依据是:两个概念词相似度的大小由它们所共享的信息量多少决定。共享的信息越多,相似度就越大,反之相似度就越小。其中信息内容可通过其在数据集中出现的频率来衡量,频率越高,信息就越丰富,共享的信息就越多,否则信息就越贫乏,共享的信息就越少。其计算模型可以定义为

$$\mathrm{IC}(c) = -\ln \sum_{n \in \mathrm{word}(c)} \frac{n}{N} \tag{8.2}$$

其中,$\mathrm{IC}(c)$ 表示实例概念词所包含的信息内容,N 为某本体分类体系树中所有概念词总数。

(3) 基于属性的语义相似度算法

其原理是基于事物之间的关联程度与其所拥有的公共属性个数有关,我们知道属性特征可以反映事物本身,是用来辨别区分事物之间的联系和区别,如果两个概念词公共属性项越多,那么相似度越大,否则就越小。其中比较经典的 Tversky 算法模型如下:

$$\mathrm{Sim}(c_1, c_2) = \theta f(c_1 \cap c_2) - \alpha f(c_1 - c_2) - \beta f(c_2 - c_1) \tag{8.3}$$

其中,θ, α, β 为影响系数,其值根据任务情况确定,$f(c_1 \cap c_2)$ 表示 c_1 和 c_2 共同拥有的属性个数,$f(c_1 - c_2)$ 表示 c_1 中有 c_2 中没有的属性个数,$f(c_2 - c_1)$ 表示 c_2 中有 c_1 中没有的属性个数。

目前国内关于相似度算法的研究主要有基于通用本体 Word Net 的词语语义相似度研究以及基于"知网"的语义相似度研究。并在此基础上从不同角度和不同层面进行了优化和改进。

3. 基于情境的知识推送系统框架

知识推送系统是以用户需求为驱动所设计的自动化知识服务系统。知识需求与用户知识背景和业务场景有关。这里,我们把与业务相关的用户知识背景称为用户情境,知识的业务场景称为知识情境。基于情境的知识推送系统首先收集用户情境信息和知识情境信息,生成知识需求,然后根据一定的机制来形成满足需求的知识服务列表推送给用户。知识推送系统的基本框架如图 8-18 所示。

图 8-18 可以看出要实现基于知识情境的知识推送,涉及的关键技术有基于情境的知识建模技术、情境的识别获取技术以及情境的相似性评估技术。其中基于情境的知识建模是情境识别获取的核心和基础,而情境的相似性计算又需要用到情境的识别获取。本体建模工具则是对知识和知识情境模型进行存储和构建。

在知识模型中融入集成知识情境,形成集成情境知识库,然后在集成情境知识库中查找检索与当前用户相似情境所关联的知识项,以用户喜好的推送方式通过知识推送引擎推送给用户,用以更好地指导和解决当前的任务,提高决策的有效性。

(1) 情景识别与获取

这里将情境划分成两部分,分别是用户情境和知识情境。可以采用自动化收集信息和

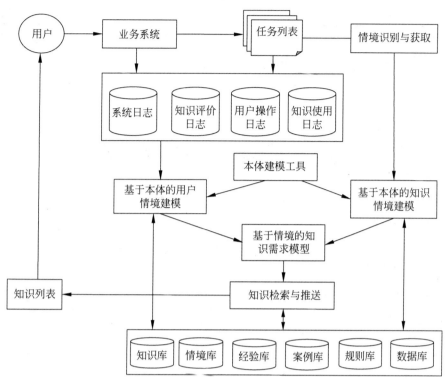

图 8-18　知识推送系统架构

用户交互界面收集方式并存的方法来实现情境识别。智能化的收集方法在一定程度上会减少人工收集的工作量,但技术与实现难度和成本相对要高。企业已有管理系统中同样存在着丰富的知识与情境。因此,对情境信息的收集还需要对现有系统中的信息进行分析处理,获取相关情境信息。同时,用户的网络行为亦是获得用户情境信息的来源。

（2）用户情境建模

用户情境信息是用于描述用户周边环境的信息,包括用户兴趣、需求或职业习惯等相关的信息。用户情境信息建模是指获取和维护用户情境信息的过程,其结果是产生一个表示用户特有情境知识的用户模型。在知识推送系统中,根据用户情境的收集方式不同,我们对用户信息的收集来源分为三个部分:用户基本属性、用户的网络行为记录分析和用户提供的附加信息。用户情境信息的建模我们可以表示为 $UC=<UC\_id>:\{Type,Role,Tasks,Dependency,Knowledge,Capability,Response\}$。用户情境模型的构成要素及说明如表 8-10 所示。

表 8-10　用户情境建模的构成要素及说明

要素标记	要素名称	要 素 说 明
UC_id	标识	用户情境的唯一标识
Type	类型	不同知识主体的类型,如人、群体、组织等因为知识推送可能也是针对人群或组织进行的
Role	角色	知识用户在组织中充当的角色

续表

要素标记	要素名称	要素说明
Tasks	任务	知识用户的任务列表,涵盖了用户日常的工作内容等信息
Dependency	依赖	知识用户之间的相互依赖关系
Knowledge	知识	知识用户所拥有的知识(项),如用户的历史搜索信息,大多为用户网络行为的分析结果
Capability	能力	知识用户所具备的能力
Response	责任	知识用户在任务执行中的责任或约束,如职业规范约束

(3) 知识情境建模

在知识管理领域中,知识情境是对知识、知识活动过程的一切相关因素的统称,是描述知识特征的一个重要组成部分。知识情境建模是指将"情境"作为描述知识的重要因素考虑进去,获取和维护知识情境的过程,其结果是形成情境化的知识模型。换言之,知识情境的建模就是对知识的产生、传递、应用等过程相关的背景、环境、场景等信息的标准化表示过程。知识情境的模型可以形式化表示为,$KC = <KC\_ID>:\{Problem, Task, Process, Resources, Production, Doman, Person, Time, Location\}$。知识情境建模的构成要素及说明如表 8-11 所示。

表 8-11　知识情境建模的构成要素及说明

要素标记	要素名称	要素说明
KD_ID	标识	知识情境的唯一标识
Problem	问题	知识过程所面对或要解决的问题
Task	任务	知识过程所要完成的目标与任务
Process	过程	知识过程所处的业务过程或活动
Resource	资源	执行知识过程所需的各种资源
Production	输出	知识过程执行输出的产品或提供的服务
Doman	领域	知识过程执行所处的业务领域
Person	参与者	知识过程的参与者,包括发生知识过程的组织,过程的执行者进行描述
Time	时间	知识过程发生的时间,可以对时间的重复特性做进一步描述
Location	地点	知识过程发生的位置,通过位置特性、位置之间的相对关系进行描述

(4) 知识建模与知识库

在基于情境的知识推送研究中,知识与情境是相依相存的,脱离了情境而单纯对知识进行建模的研究不能体现知识的情境化,而对知识情境的研究也不能脱离知识本身的建模研究,知识内容和知识情境是一体的。因此我们对知识的建模与知识情境的建模放在一起进行研究。

借鉴国内外学者对知识建模的研究成果,知识的模型可以形式化表示为,$K = <K\_ID>:\{Content, Type, Level, Key\_words, Action\text{-}set, Constraint\text{-}set, Pointer, Container, URL, Abstract\}$。知识建模的构成要素及说明如表 8-12 所示。

表 8-12　知识建模的构成要素及说明

要素标记	要素名称	要素说明
K_ID	标识	KMS 中知识的唯一标识
Content	知识内容	对知识的详细描述

续表

要素标记	要素名称	要素说明
Type	知识类型	知识有序化管理形成的不同知识类别
Level	层次	同一类别下知识所处的不同层次
Key_words	关键词	知识的关键属性词
Action_set	知识活动集	知识过程中所有的知识活动的集合
Agnet_set	知识主体集	知识过程中所有参与的知识主体的集合
Constraint set	约束条件集	知识过程中所有的约束条件,包括时间、空间和资源等的约束
Pointer	转移方向	知识过程的转向
URL	存储链接	能够让浏览器连接到的地址
Abstract	简要内容	对知识的简要描述

知识依托于情境而存在,情境依托知识才能发挥它的价值,知识与情境的关系如图 8-19 所示。

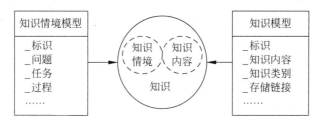

图 8-19 知识情景化建模

知识库是由案例库、情境库、知识推送规则库、数据库等部分组成。

案例库存储了领域相关的以往成功经验,为本地搜索提供支持。随着知识推送系统应用的积累,案例库将会日趋完善,知识推送效果会变得更好。

情境库存储了领域中与用户、知识、领域相关的情境信息本体模型,知识检索引擎的相似情境的匹配推理过程便是对用户情境本体与知识情境本体语义计算的过程,通过情境的语义相似度的计算得出与知识用户最相关的知识服务列表。

知识推送规则库存储了用户所定制的案例优化规则,包括过滤性规则、优选规则、情境叠加等规则。

(5)知识检索与推送

知识推送过程的核心算法包括两个步骤,第一步是计算用户情境的相关知识情境,得出候选知识情境集。第二步是在得出的候选知识情境集中与特定用户情境进行相似度计算。将相似度极高的知识实例以知识服务列表的形式显示给知识用户。用户还可以定制出一定匹配规则、推送规则等,实现用户决策所需知识的更准确地推送。

当前,知识推送技术还处在研究发展阶段,人工智能技术在知识推送中的应用是知识推送技术研究的一个重要发展方向。智能时代正在到来,知识搜索和知识推送是智能时代的关键技术之一,将成为任何智能体之间知识传递的普遍技术。

管理永远离不开人,知识管理也是如此。知识管理技术在知识处理过程中的自动化和智能化能够提高管理的效益和效率,但没有所谓的最好和最先进的知识管理技术,知识管理技术本身并不能促进知识的共享，而且技术的进步是永无止境的。因此在选择的时候，不同的组织要根据自己的情况，选择不同技术支撑的知识管理系统来实现组织的知识管理。以著名知识管理专家达文波特的那段经常被引用的话作为本章结尾："在知识管理技术上的投资不要超过知识管理实施投资的 1/3，否则你就走到了错误的路上！"

本章小结

1. 知识管理信息技术支持知识的创建、加工与处理、存储、传递和应用，可以分成协作技术、内容管理、非正式网络、知识传递和系统集成 5 类。

- 常用的协作工具有群件系统、工作流管理系统、讨论区、共享工作空间、交流室、视频会议、在线文档等。
- 主要的内容管理技术包括文档管理、web 内容管理、数据库和数据仓库等。
- 常用的社会网络工具包括网络会议系统和各种社会软件，如微信、聊天室、电子社区、博客、Wiki 等。
- 知识管理系统需要实现从数据层（数据与信息）到应用层（各种沟通渠道和应用场景）再到入口层（知识门户）的全方位集成。
- 知识管理系统（KMS）是集成各种知识管理技术以实现知识管理功能的复杂的技术系统，在架构上，通常分为知识资源层、知识生产层和知识应用层三个层次。由于层与层之间相对独立，因此，知识管理系统具有很好的可扩展性。

2. 知识发现是从各种信息中，根据不同的需求获得知识的过程。知识发现的目的是向使用者屏蔽原始数据的烦琐细节，将隐藏其中的知识直接呈现给使用者。

- 从数据中发现知识包括 4 个阶段：确定主题、数据处理、数据挖掘和模式解释评估与应用。其中数据处理又分为数据筛选、数据清理、数据转换 3 个步骤。
- 企业商业智能的核心组件包括 ETL 工具、数据仓库和数据集市产品、联机分析处理工具、数据挖掘软件等。
- 数据挖掘发现的知识类型包括：关联知识、分类知识、聚类知识、预测知识、偏离知识等。
- 知识图谱是描述真实世界中存在的各种实体或概念及其关系的一张可扩展的语义网络图，图中的节点表示实体或概念，边表示属性或关系。
- 知识图谱的构建包含数据准备、信息抽取、知识融合、知识加工和知识存储等关键技术。

3. 协作是指若干主体为了完成共同目标，协调各活动之间的关联性，实现整体的高效合作。

- 协作技术是支持人们跨时空协同工作的 IT 技术。企业远程协作的需求由表及里可分为 3 个基本层次：人与人的远程协同、人与业务的远程协同、企业与企业的远程协同。
- 工作流是一种用来控制信息、任务在不同节点间传送的技术。基于工作流的知识管理系统即知识与情景集成的知识管理系统，支持业务流程中的实时、动态的业务协作和知识协作。
- 区块链是利用块链式数据结构来验证与存储数据，利用分布式节点共识算法来生成和更新数据，利用密码学的方式保证数据传输和访问的安全，利用由自动化脚本代码组成的智能合约来编程和操作数据的一种全新的、分布式基础架构与计算范式。

- 区块链技术解决了知识管理中的信任、价值交换和知识产权保护等
难题。

即练即测

4．知识传递的方式有拉式和推式。拉式知识传递的核心技术是知识搜索，推式知识传递的核心技术是知识推送。

思考题

1．简述知识管理和信息技术的关系。
2．主要支持隐性知识管理的信息技术工具有哪些？
3．支持知识存储的信息技术工具有哪些？
4．支持知识获取的信息技术工具有哪些？
5．支持知识共享和传递的信息技术工具有哪些？
6．知识管理软件为什么采用分层结构？
7．什么是知识发现(KDD)？简述知识发现的流程。
8．什么是 ETL？ETL 的任务是什么？
9．什么是数据仓库？数据仓库和数据库的区别是什么？
10．联机分析处理(OLAP)和数据挖掘的区别是什么？
11．什么是知识图谱？构建知识图谱的关键技术是什么？
12．什么是工作流参考模型？什么是工作流系统？
13．工作流技术怎样应用于知识管理？
14．什么是区块链？区块链的核心技术是什么？
15．你认为区块链技术在知识管理中有什么应用？
16．知识检索和知识推送的核心技术是什么？

案例 一个咨询企业的知识管理系统解决方案

案例分析

案例 一个大型企业客服中心知识管理系统

案例分析

第 9 章

知识资本管理

本章学习目标

通过本章学习,学员应该能够:

1. 理解知识价值的概念;

2. 理解知识资产和知识资本的概念以及两者之间的转化;

3. 理解知识资本和智力资本的区别;

4. 了解知识资本和智力资本的管理与运营方法。

拓展阅读

  引例:"知识就是资本。"广东鑫光智能系统有限公司是一家全套智能工厂改造方案高新技术企业。公司唐总告诉记者,公司目前已申请 30 余项发明专利、100 余项实用新型专利,获得 11 项软件著作权。

"我们公司在光大银行中山分行申请知识产权质押融资贷款,3 个工作日即审批通过,获得了 300 万元银行贷款。"唐总说,"这笔贷款没有任何抵押措施,综合借款成本低至 4.695%,如此低成本、弱担保的贷款以前想都不敢想,解决了企业加大科研投入、更新先进设备、引进高端人才的资金缺口……"

管理学家彼得·德鲁克指出:"在现代经济中,知识正成为真正的资本与首要的财富。"在激烈的市场竞争中,知识资源是组织最重要的战略资源,知识资本成为组织价值创造的驱动力,因而知识资本管理也成了组织价值管理的重要领域。

9.1 知识的价值观

马克思在《资本论》中阐述了商品的使用价值、交换价值和价值的概念。在人类经济活动中,"知识"具有商品属性,因此,知识具有实物商品同样的价值属性。不管是知识产权价值,还是品牌价值,这种由"知识"带来的价值最终都是以货币来衡量的。知识管理的目的在于通过在组织中应用"知识",给组织带来大的价值。但由于知识商品的虚拟性,知识的价值、使用价值、交换价值、实体商品的这些概念既有联系又有区别。

9.1.1 知识的价值、使用价值和交换价值

1. 知识的价值

按照马克思的价值理论,知识的价值也是"无差别的人类劳动的凝结"。人们在获取知

识、产生知识、转化知识、传递知识和应用知识的过程中,都需要付出劳动。这种劳动不同于生产实体商品所付出的体力劳动,更多的是脑力劳动。

知识的价值量同样取决于生产知识的平均社会必要劳动时间。它包括知识获取的时间(包括接受教育的时间)、知识活动或知识创新的时间(思考、推理、想象,显性知识与隐性知识相互转化的时间)、形成知识资产的时间(包括个人知识资产和组织知识资产形成的时间)等。例如,核物理方面的知识价值十分高,这包括了要成为一个核物理学专家所受的教育费用、获得新的知识所需要实验设备的费用,以及形成新知识的时间等。

无论是个人还是组织,知识的获取都是有成本的。知识是一种商品,人们要获得它,必须要付出代价,这些代价就是知识获得的成本,它包括金钱、时间、精力、创造性思考等资源。

2. 知识的使用价值

马克思在《资本论》指出,"使用价值只是在使用或消费中得到实现"。因此,只有当我们使用知识时,知识的使用价值才得以体现出来。例如,语言知识、数学知识、商业知识等,它们的使用价值分别体现在帮助我们顺利地阅读和理解,进行精确和快速的计算和解决经营管理的问题。企业员工的知识,只有当被用于工作解决实际问题或帮助他人解决问题时,其"使用价值"才显现出来。反之,则成为毫无意义的组织资源。知识的价值是以其使用价值为前提的,如果知识不能在使用过程中表现出使用价值,则其价值就没有任何意义。

知识的使用价值还可以表现为精神领域的驱动作用,通过知识的重构过程,形成新的知识。例如,我们在阅读文字或倾听他人观点时,吸收知识并形成自己的新知识、新理论、新见解。如果没有对这些"显性知识"和"隐性知识"的理解和吸收,就不能形成创新的东西。这就是一种驱动力。因此,知识活动、知识创新也是知识使用价值的表现方式。

知识的使用价值和实物商品使用价值有两点重要的区别。

第一,实物的使用价值是客观存在的,对于所有人来说都是一样的,例如,衣服是用来穿的,钢铁是建筑用的,石油是工业的能源等;而知识的使用价值因个体的知识水平、认知结构等的不同而有所不同,例如,同一个班上课的同学,会由于理解能力、学习态度等差异而成绩截然不同。甚至同一个人对同一知识,在不同时间里进行不同的阅读和理解,也会产生不同的使用价值。

第二,事物在表现使用价值的同时也被"消费"了,并因属性的改变而消失。如石油被用于生产化工原料、润滑油、添加剂等而被消耗掉;而知识却不同,它被使用时表现出了自己的使用价值,不但不会被"消费"掉,而且知识在使用过程中不断增值。一方面,知识在使用过程中会产生更多的知识;另一方面,知识的使用价值可以通过知识共享和重用进行"复制"。例如,我们可以反复读一本书,书中的知识并不会因此而改变或消失,在读书的过程中,我们通过思考还可以产生更多新的知识。

3. 知识的交换价值

与实物产品一样,知识也具有交换价值。实物的交换价值表现为其使用价值与另一种物的使用价值交换的量的关系或比例,这个比例随时间和地点的不同而不断改变。但知识是不能用数量来衡量的,只能按照其成果来评定,其交换价值很少会表现为"量"的关系或比例。也就是说,知识的交换价值不依赖于知识的"量",而取决于"质"。知识的"质"包含了获得某种知识的难度、获得某种知识的时间,以及人们对这种知识的需求和认识程度。

知识的交换价值不仅体现在组织的无形资产,如品牌、商标、专利等的交易过程中,也体现在知识商品的交易过程中。而且,交换价值与无形资产或知识商品中的知识含量(指知识质量)密切相关。例如,国际先进水平的专利技术,其交换价值要比国内领先的专利技术高;软件产品属于知识商品,复杂的管理信息系统(MIS)软件显然要比一个单项的 MIS 软件包有更加复杂的知识,能解决更多的问题,交换价值自然也高得多。

另外,知识的交换价值也体现在实体的交换中,个体对同一实体形成的不同认识会导致交换价值的不同。例如,某人家中有一件古董花瓶,他以 50 元的价格卖给了别人。买花瓶的人对古董有一定的认识,又将这花瓶以 500 元的价格卖给了一个古董商。而古董商则以 5 万元的价格卖给了一个古董收藏家。同样一件花瓶,三次转卖的价格大相径庭,这是商品交换的价值规律所无法解释的。归根结底,是各人对花瓶价值的认识不同导致的,形成了不同的"知识"。谁掌握了这种知识,在实体的交换过程中就可以产生超值的"价值",这种"价值"是由"知识"的差异所产生的。

市场对知识的需求程度也是影响知识交换价值的重要原因。类似于商品在交换环境中市场需求与交换价值的关系,在一个对某种知识需求的环境中,显然其交换价值与需求程度成正比。在商品经济中,知识也是一种具有交换价值的商品。

综上所述,知识具有与物一样的使用价值、交换价值和价值。它们是知识资本形成的基础,也是组织知识资本运营的主要元素。

9.1.2 知识价值的体现方式

知识作为一种生产要素,其价值自然随商品的生产过程转移到商品之中,因此,知识是任何商品的有机组成要素。任何商品都包含和承载了它的设计知识、加工知识和使用知识等。因此,商品价值可以表示为:

商品价值=商品实体(硬件)价值+商品承载的知识(软件)价值

即商品的价值等于其硬件价值软件价值之和。不同的商品,技术含量、知识含量不同,其硬件价值和软件价值的分配比例自然不同。可见,知识价值最终将体现在商品的价值之中。

知识的价值需要通过使用才能体现出来。根据商品的使用方式和价值的组成模型,知识主要用以下四种方式体现其价值。

1. 提高商品的生产效率

在商品生产中,知识的运用可以有效降低商品生产过程所需的平均社会必要劳动时间,在一定时间内能比原先生产更多的商品。也就是说,知识通过提高商品的生产效率,降低单位商品的价值而提高整个系统的价值输出,从而获得更多的、可量化的货币价值。知识转化为生产力,提高了商品的生产效率,从而为企业创造价值,这就是知识价值的体现。

2. 增加商品的知识含量

商品的价值由人类抽象劳动(包括体力劳动和脑力劳动)所创造。古典经济学强调的是人的体力劳动付出,而现代经济学则强调人的脑力劳动付出。脑力劳动付出体现在商品的知识含量,商品中的知识含量(质量)越高,商品的价值就越高。因此,高科技产品的价值更多地包含了知识的价值。例如,硅是地球上最多的一种物质,从沙子中提炼出硅,并制成电脑芯片,这个过程需要大量的科学知识,这些科学知识就包含着人类艰苦的脑力劳动,而生产芯片的体力劳动时间几乎可以忽略不计。因此,电脑的价值大多数包含了科学知识的价值。这类商品知识含量更高,其价值组成中更多的是其所承载的知识的价值,硬件价值相对较少。

3. 形成知识商品

前面所说的知识价值的两种体现方式,都是以实体商品为载体的。如果某种知识不是用来提高生产效率,或者增加实体商品的知识含量,而是直接进入交换领域,那么这种知识就转化成特定的"知识商品"。例如,我们常见的各种商业软件(ERP 软件、操作系统软件等)就是一种知识商品。还有,作为商品进行交换以获得货币价值的各种创意、思想都属于知识商品,例如各种广告创意。这种商品是一种纯软件商品,其价值几乎全部是其所承载的知识的价值。

4. 进行知识资本的投资

上述三种体现知识价值或知识力量的方式,都必须通过商品的交换来实现,离开商品交换,则知识的价值毫无意义。除此之外,知识价值的体现还有第四种方式——将知识作为资本进行投资,从而体现知识的价值。如企业进行信息技术(IT)投资、员工培训与开发(T&D)投资、客户关系管理(CRM)投资、知识管理(KM)投资等。在知识经济时代,人们对价值的衡量还是以货币为基础,因此,知识的价值是永恒的,只是价值的产生由体力劳动转移到脑力劳动,由实体系统转移到概念系统,由工业经济转移到知识经济。

综上所述,知识价值体现为:提高实体商品的生产效率,增加实体商品的知识含量,形成各种知识商品和进行知识资本的投资。总之,组织通过商品交换和进行资本运作可以实现知识的价值。

9.2　知识资本与智力资本

有两组概念会让知识资本的初学者感到困惑。第一组是资源、资产、资本、资金,第二组是知识资产(资本)、智力资产(资本)、人力资源(资本)、无形资产。本节首先对这些概念做一辨析,再讨论知识资本的内涵和管理。

9.2.1　相关概念辨析

1. 资源、资产、资本、资金辨析

为了简单起见,我们用表 9-1 对比资源、资产、资本、资金等概念的核心含义,以理解它们之间的区别。

表 9-1 资源、资产、资本、资金的对比

概念	核 心 内 涵	备 注
资源	资源是指自然界和人类社会中可以用以创造物质财富和精神财富的具有一定量积累的客观存在形态,包括自然资源和社会资源。 从经济角度讲,资源是"生产过程中所使用的投入",即一种生产要素,可划分为自然资源、人力资源和加工资源。	知识是一种社会资源。
资产	资产是一种有价值并能产生经济效益的资源;资产的价值用货币来衡量,拥有了某种资产,就相当于拥有与该资产等价的货币。按存在形式分为有形资产和无形资产;按流动性分为固定资产和流动资产。	知识是一种无形的资产。
资本	资本是用于投资得到利润的作为本金的各种资源的总称。 假设没有其他积累,在会计学中:资本=资产-负债	知识可以作为资本投入获得利润。
资金	资金是只用于购买商品而不用于投资(获得更多货币)的货币。	知识不是资金。

由表 9-1 可见,资源是生产要素,资产是一种价值的载体,资本是投入的价值。知识作为人类社会生产的一种要素时,被称为知识资源;当衡量其价值时,被称为知识资产;当被作为一种投入价值,实现价值增值时,被称为知识资本(简称为"知本")。

组织进行知识管理,本质上就是把知识当作"资产"来管理,同时把知识当作"资本"来经营。通过知识资产的管理和知识资本的运营,为组织带来整体效益,创造价值,并实现组织价值最大化。

当然,知识并不天然就是知识资本,只有经过一系列的资本化过程,才能转变为知识资本。知识资本化就是知识以商品的形式进入市场,为企业增加收入或减少成本,从而为企业带来利润。知识资本实际上是知识本身的市场化,强调知识的价值增值与财富创造功能。

2. **知识资本与智力资本辨析**

为了弄清楚无形资产、知识资产、知识资本与智力资本等概念的联系与区别,我们先来讨论一下图 9-1 所示的企业价值创造过程模型。

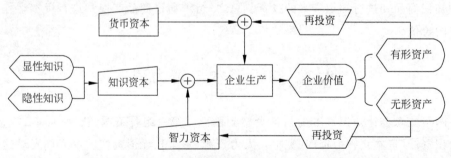

图 9-1 企业价值创造过程模型

企业初始投入货币资本与知识资本于生产之中,创造企业价值,包括有形资产和无形资产两部分。在企业价值创造过程中,知识资本是价值创造系统的输入,是知识管理的对象;智力资本是价值创造系统的价值输出,又是该系统的反馈,因此,既是知识管理的效应又是知识管理的对象。

企业价值创造系统是一个正反馈系统,通过再投资实现价值的循环创造过程。加尔布雷斯(Galbraithy,1969)把企业投入到价值创造循环中的无形资产称为智力资本,代表企业

物质资本以外的全部资本。在企业中,通常无形资产全部投入价值创造循环中,所以,加尔布雷斯认为可以用智力资本去衡量企业无形资产。托马斯·斯图尔特(Thomas. A. Stewart,1997)进一步将智力资本定义为"公司中所有成员所知晓的能为企业在市场上获得竞争优势的事物之和"。他提出了智力资本的"H-S-C"结构,即企业的智力资本价值体现在企业的人力资本、结构资本和客户资本三者之中。

从图 9-1 可见,知识资本是企业所拥有或控制的用于价值创造的显性知识和隐性知识的总和。同时,知识资本和智力资本在企业价值创造过程中最终融合在一起,形成企业新的价值结构。知识资本实际上是"知识"+"资本",即资本化的知识。并不是所有的知识都是企业的知识资本,只有投入使用,并能为企业带来价值增值的知识才能转化为资本。

表 9-2 给出了智力资本与知识资本的简单对比信息。

表 9-2 智力资本与知识资本的区别

概　念	定　义	内　容	说　明
智力资本	公司中所有成员所知晓的能为企业在市场上获得竞争优势的事物之和(斯图尔特,1997)	人力资本 客户资本 结构资本	(1) 源于价值理论 (2) 企业无形资产价值的累积 (3) 人力资本是智力资本的核心
知识资本	由企业所拥有的或控制的,能够为企业带来价值增值的各种显性与隐性知识的总和(白福萍,2015)	个人层面知识资本 团队层面知识资本 企业层面知识资本	(1) 源于要素理论 (2) 资本化的知识 (3) 与智力资本、人力资本有交叉,不等同

由表 9-2 可见,知识资本和智力资本的概念内涵和外延都存在着差异。关系资本、社会资本属于智力资本,但并不属于知识资本;结构资本是智力资本和知识资本相重叠的部分;人力资本是与知识资本之间存在交叉的部分,知识资本包括个人知识资本,个人知识实际上是人力资本的一个主要部分,但是,人力资本除了个人所掌握的知识、技能外,还有身体素质、体力等因素。

在这两个概念的使用上,人们通常形成了这样的习惯:在研究企业价值时,使用智力资本来衡量企业的无形资产,这一思路已经形成了比较成熟的理论与方法;在研究知识管理与企业经营,分析经济增长的动因时,采用知识资本的概念。知识资本是企业用于生产实现经济增长、价值增值的一种资源要素,因此,也可以理解知识资本是企业系统的输入,智力资本是企业系统的输出。

9.2.2　知识资本结构

按照知识所依附的载体不同,可以把知识资本分为个人知识资本、团队知识资本和企业层次的知识资本,如图 9-2 所示。

1. 个人知识资本

个人知识资本是指与企业员工所掌握的专业知识、科学知识以及与工作相关的、高度个性化的隐性知识。这些知识是从工作和学习中积累的,深植于员工的行动、价值观念以及心智模式之中。由于企业内部分工,每个员工知识资本的结构和作用是不同的。例如企业家或高管团队具有更多的理念性等管理知识,技术知识较少,而其他员工的知识资本也因为自身的学历或工作职位、岗位的不同,存在明显差异。

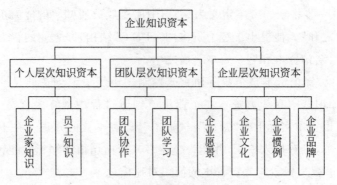

图 9-2　企业知识资本结构

有学者认为,个人知识资本可以划分为"企业家个人知识资本"和"员工个人知识资本"两大类,因为企业家知识资本是更为稀缺的。企业的生产和服务需要各种知识,每个人掌握的知识又存在异质性,所以企业需要把掌握各种知识的专家和员工集合起来,让他们共同协作,实现知识的互补效应,创造更多的价值。

企业家是一种独立的生产要素,他们对企业的发展起到决定性作用。企业家的首要特征是要具备正确的理念与信念,而理念与信念就是企业家的隐性知识。企业家在企业中具有主导地位,在长期实践中积累的知识、经验、惯例等形成了企业家独特的知识结构和信念体系。美国著名管理学者托马斯·彼得曾说:"一个伟大的组织能够长期生存下来,最主要的条件并非结构、形式和管理技能,而是我们称之为信念的那种精神力量以及信念对组织全体成员所具有的感召力。"

在企业中,对企业具有重大影响的是企业家的个人知识。企业家可以通过多种方式来塑造企业的能力,从而为企业创造更多的价值。企业家价值观与企业绩效的关系如图9-3所示。

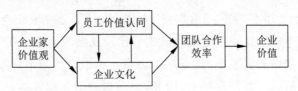

图 9-3　企业家价值观与企业绩效的关系

2. 团队知识资本

团队知识资本是团队中的个体在日常工作和学习中形成的共享知识,既包括隐性知识,也包括一些编码性的显性知识。显性知识是团队中存在的规则、制度、产品生产知识和流程指示等。而隐性知识是团队的价值观、信仰、合作默契、认知、文化等。团队的知识资本是通过交互式的团队学习的方式形成的。团队成员之间的信任能够使知识更容易转移,实现知识共享,增加知识的流动性。团队之间的合作程度越强,就越容易吸收新的知识,增加团队的知识资本。

3. 企业层次的知识资本

企业层次的知识资本是在个人和团队知识的基础上形成的,但是又不是个人或团队知识的简单累加。企业层次的不同人员知识的互补性不仅表现时间和空间上的互补,还表现在领域和分工上的互补,正是企业系统中知识的互补性使得企业知识的总体效应远大于个人知识的简单累加效果。企业层次的知识与创建企业的个人密切相关,同时,在企业建立及发展的过程中,作为实体的企业就像自然人一样,也能储存和创造新的知识。

企业层次的知识资本是员工个人不能带走的,主要载体是只有企业层次才具有的企业文化、价值观念、信念、企业惯例、共同愿景等。这些知识资本很多难以清晰说明,甚至难以识别,但是在价值创造过程中却发挥着重要作用。正如个体员工在工作中不断学习知识和积累经验,把它们保存在自己记忆中一样,企业也会在发展壮大过程中,积累知识和经验,把它们保存在所谓的"组织记忆"中。企业层次知识资本是内含于企业实体系统中的知识,主要包括企业愿景(企业战略)、企业文化、企业惯例与制度(包括管理知识与能力)和企业品牌。

企业层次的知识资本内容存在一定的层次性,信念、理念和价值观等属于最高层次,是最为隐性的知识资本。借助演化经济学的观点,理念和信念是企业的碱基,是企业的最基础的元素;惯例是企业的基因,决定着企业的发展;文化、战略和制度是信念和理念的载体。企业层次的知识资本是有价值的、难以模仿和难以替代的,是企业的核心能力,能够给企业带来长期的价值增值。

(1)企业愿景与战略

企业愿景和企业战略代表或者反映企业追求的共有价值观的理想,具有知识的属性,是企业信念与价值观的体现,是企业知识资本的一个构成部分,愿景和战略的制定体现了企业家及全体员工的远见和洞察力。

由于企业共同愿景起源于个人愿景,特别是企业家的知识和洞察力,要想实现愿景,使梦想变成现实,必须把愿景转变为群体的共同知识,在企业内部共享。愿景是否清晰地表述,会影响到这种共同知识的形成,继而影响企业的行为和财务绩效。因为知识与行动相连,有什么信念,就会选择什么态度;有什么态度,就会有什么行为;有什么行为,就会有什么结果。所以,一个人或一个企业的信念决定了行为,企业要想实现预期的结果,就应该改变企业和员工的信念。

(2)企业文化

企业文化是企业知识资本的一个子集,是企业共享的价值观和信念的组合。企业文化是企业员工的"共同知识源泉",能够协调、激励员工行为,在很大程度上决定了员工行为和处理问题的方式。企业文化不仅是企业知识资本的内容,而且为企业创造和吸收其他知识提供了良好的环境和条件。

(3)企业惯例与制度

惯例是企业经验性知识的载体,是企业知识资本的一个构成部分,既包括企业显性化的规则和标准的操作程序,也包括隐性化的知识,如价值观、认知规范和心智模式。企业惯例之所以会使企业具有异质性,原因在于企业积累的知识资本具有专用性和专有性。惯例属于企业员工或某一群体的共同知识,说明人们对某些事情的处理具有共同的信念和预期,每个人都会按照这种知识行动,并且预期别人也会这么做。因为,在这种共同知识下形成的行为能够使每个人的收益最大化。

慣例主要是隐性的知识,是大家"心照不宣"的知识和认知,甚至有很多惯例的来源无从考察,而且也缺少正式的权威。但是正是这么一种知识,能够协调人们的行为,因为它承载着历史和集体的某种记忆,对行为者的日常行为会产生重大影响、形塑和建构作用,是交易和行为的基础,在经济生活中发挥着重要的结构性功能。惯例中储存的知识主要是通过行动复制进行转移的,属于潜移默化的知识,不身临其境,很难掌握到这种知识,因此,惯例具有较强的难以模仿与难以转移性,是企业价值创造的关键要素之一。

(4)企业品牌

菲利普·科特勒(Philip Kotler)给品牌的定义是:"品牌是一种名称、术语、标记、符号或设计,或是它们的组合,目的是使消费者识别某个企业的产品或服务,并与竞争对手的产品或服务区别开来。"从知识的角度来看,品牌是企业知识的一个载体,通过品牌,企业向外界传达自己的价值观和信念等知识。因此,企业的品牌是企业知识资本的一部分,是显性知识和隐性知识的集合体。品牌的显性知识是品牌的名称和标记符号、设计等,品牌的隐性知识是蕴含在品牌中的企业文化、价值观和品牌个性。实际上,品牌本身就是企业文化的一部分,凝结在品牌中的理念和信念,是企业理念和信念的反映。美的集团的企业文化是"创造美的世界",反映了企业的价值观和信念,企业从品牌标志设计,到产品生产和日常经营,到员工管理和售后服务均贯彻这一理念。所以,品牌中蕴藏的知识才是一个品牌真正的竞争力,能唤起消费者的归属感,提高品牌忠诚度。

4. 把个人知识资本转化为企业知识资本

个人拥有的显性和隐性知识是企业知识形成的基础。要想使企业家或员工知识资本为企业带来持续竞争优势,就应该想方设法把企业家或员工的知识资本转化为企业的知识资本。对于显性知识资本和隐性知识资本应该采取不同的转化方法。显性知识资本是可以编码的知识,转移和共享相对比较容易。但是,隐性知识资本具有默会性,难以言说,企业要通过组织学习、干中学等方式实现这些知识的转化。

个人知识向企业知识转化中,存在"行为障碍"和"知识障碍"。"行为障碍"实际上就是知识拥有者不愿意分享知识的主观障碍,这种现象不仅仅体现在管理者身上,其他的一般人员也会有这种主观倾向。所以,无论是企业高管,还是普通员工,在贡献自己的独特知识时,都会考虑自身的收益与成本,权衡后才决定是否把自己独特的知识共享。"知识障碍"是由于知识自身的特点而导致的,这些知识难以表达出来,知识的隐性特征使知识难以编码。由于知识的隐性,如洞察力和直觉等,个人是在不知情的情况下表现出来的,很难对其进行描述。当然这部分知识根植于个人,即使能表述出来,其他人也不能模仿。但是,为了增加企业的知识资本,提高竞争优势,企业应想方设法,克服"障碍",把个人知识转变为企业的知识资本。

9.2.3 智力资本结构

智力资本的概念最早是由加尔布雷斯(Galbraithy)在 1969 年提出,这一概念的提出是为了解释组织的市场价值与账面价值间的差额。加尔布雷斯把物质资本以外的资本统称智力资本,他认为智力资本是由知识性的活动形成的,作为动态资本而不是固定资本的形式而存在,并且认为智力资本不应与人力资本等同,要从人力资本中剥离,实现从个人层面向组织层面的发展。

加尔布雷斯没有给出智力资本的严格定义,他的研究逻辑是:

① 企业市值＝财务性资产＋有形资产＋无形资产。

② 无形资产是投入智力资本的产出,即无形资产＝f(智力资本),f 表示函数关系。最简单的情况,无形资产即为智力资本。

后来的学者对智力资本的研究基本沿着这一线索。最早给智力资本下定义的是美国学者托马斯·斯图尔特(Thomas A. Stewart),他将智力资本定义为,"公司中所有成员所知晓的能为企业在市场上获得竞争优势的事物之和"。他提出了智力资本的"H-S-C"结构,即企业的智力资本价值体现在企业的人力资本、结构资本和客户资本三者之中。

瑞典的艾德文逊在商业管理的实践应用中,直接把智力资本的"H-S-C"模型描述为

$$智力资本＝人力资本＋结构资本＋客户资本$$

(1) 人力资本(human capital)

人力资本是指企业员工群体解决客户问题的能力,存在于人的身上,表现为知识、技能、体力(健康状况)等价值的总和。一个组织的人力资本可以通过劳动者的数量、质量以及劳动时间来度量。人力资本可被细分为以客户管理为中心的人力资本、以工作程序管理为中心的人力资本和以研究与开发为中心的人力资本。企业内部员工是否不断试图提高自己的知识技能,组织内部知识是否有良好的流通与共享渠道,都会影响企业人力资本价值。个人所具有的技能、诀窍、经验、创新能力,以及个人头脑中的企业价值观、文化和经营哲学等,是不依附于企业、个人能够带走的资源。

艾德文逊认为人力资本是可以测量的。他在实践中建立了一个基于客户、流程、创新、人力资源和财务等方面信息的智力资本报告模型。例如,某部门专门负责监控工作流程方面智力资本的价值,即行政办事效率,就以电话接通率和行政经费作为控制指标,监控和了解企业的智力资本是在增长还是在减少。虽然监控结果不一定准确,但艾德文逊认为"大致的正确总比准确的错误好"。

(2) 客户资本(customer capital)

客户资本是指企业与业务往来者之间的组织关系的价值,是客户与企业保持业务往来关系的可能性。构成客户资本的基础是客户关系、营销渠道、市场定位、客户忠诚等。不论企业在其他方面多么优秀,最终的利润都是通过向客户提供产品和服务而实现的。如果企业的产品和服务不能被客户所接受,则企业将不能实现其价值。因此,强大而忠实的客户群体,对企业发展具有至关重要的作用。也有学者认为,企业与合作者、社会组织的关系也决定了企业实现价值的程度,因此,把客户资本扩展成为关系资本。

(3) 结构资本(structural capital)

结构资本是指企业的组织类无形资产,包括企业管理当局的领导力、战略和文化、组织

规则和程序、管理制度与措施、数据库,以及信息技术的应用程度、品牌形象等等。结构资本沉淀在组织内部,为企业员工工作和彼此交流提供一个大环境,是企业个人能够更好地工作所依赖的企业组织结构上的条件,是组织所具有满足市场需要的能力,使企业安全、有序、高质量地运转。斯图尔特指出,"结构资本是下班后带不回家的知识"。组织结构资本必须不断地调整,以适应市场和工作的需要。不能定期审查组织结构资本价值和效能的企业,将会失去在市场上获得成功的优势。

以上三者之间是一个有机整体,人力资本是智力资本的基础,是智力资本增值的主要因素,在智力资本运营中起主导作用;结构资本是智力资本的基础设施,它为人力资本的最佳利用创造条件,并且与人力资本共同合作,共同创造企业价值;客户资本是智力资本创造价值的条件,在智力资本的运营中起到桥梁和催化作用,是智力资本转化为市场价值的决定因素,是企业在知识经济条件下获得竞争优势的关键,通过与人力资本、结构资本的综合作用,它将直接转变为账面资本。

9.3　知识资本的管理

知识资本管理对于企业价值创造是很重要的。拥有类似知识资源的企业,在面对相同环境的时候,不同的知识资本管理过程会产生截然不同的结果。也就是说,在类似环境下,企业产出结果的异质性主要是因为企业知识资本的管理、配置及结构存在差异。

知识资本管理是一个综合的过程,包括知识资本的获取、知识资本的积累、知识资本的整合和使用等。此外,企业知识资本的管理还会受到企业运营环境的影响。米勒和夏姆斯(Miller & Shamsie,1996)发现,显性知识资本在稳定的环境下更有价值,而隐性知识资本在不确定的环境下更有价值。在不确定性的环境下,企业家或高管的认知、价值观等隐性知识能够识别出环境变化对企业造成的影响,并能够迅速调整企业战略,寻求新的惯例,适应环境的变化。由于环境存在不确定性,企业不得不想方设法寻求一系列的短期竞争优势。通过一系列短期的竞争优势,企业创造了新的价值,可以维持以前的竞争优势。

图 9-4 为知识资本管理的过程。企业要创造价值,就必须先要获得资源,然后对资源进行配置、组合,形成自己的动态能力。知识资本的管理在时间上也存在一个前后顺承的特点。此外,该过程包括一个反馈循环,能够适应外部变化的环境。

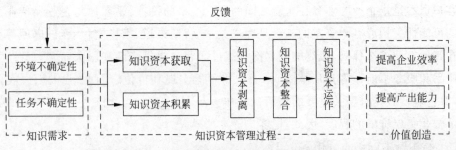

图 9-4　基于过程的知识资本管理模型

9.3.1　知识资本的获取与积累

1. 知识资本的获取

获取是指从企业外部取得知识。从外部取得知识资本主要有两种方式：外部购买和建立战略联盟。外部购买是通过支付一定的费用获得的理念或企业文化，还有就是通过并购获得。企业为获取知识资本愿意支付的成本大小，在很大程度上与这些知识资本为企业创造的价值有关。

外部购买获得的主要是显性知识，难以给企业带来持续的竞争优势和独特性。要想从企业外部获得隐性知识资本，可以采取与其他企业建立战略联盟的方式。通过这种方式，企业可以学到经营运作中所必需的隐性知识。利用战略联盟获得新的隐性知识资本和管理知识是新兴市场的一种常见方式。在建立联盟之后，合作各方可能会投资更多的关系性资本，来获得隐性知识资本。

2. 知识资本的内部积累

内部积累指的是企业内部知识资本的创造与开发。企业内部进行知识资本的积累是必不可少的，因为市场上不可能提供一个企业需要的所有知识资源，尤其是企业的专用性知识资源。

内部积累的知识资本更具有异质性。由于知识资本具有路径依赖性和情境依赖性，企业内部开发形成的知识资本增加了它们的隔离机制。由于这种隔离机制的存在，就减少了知识资本被竞争者模仿的威胁，从而能够保持企业的竞争优势。企业内部的知识资本是企业经过长期积累形成的，存在默会性，很难编码，难以被模仿与替代，能够给企业带来长期价值和持久优势。

内部积累的知识资本更具有灵活性。企业通过内部开发与创造所形成的知识资本具有内隐性，在外部环境发生剧烈变化的时候，企业能够迅速做出反应，更加灵活地适应环境。如果企业没有自己独特的知识资本，在面对不确定的环境时，可能就会无所适从，不能应对不可预见的机会或者主要竞争对手的行为。例如，如果企业的高管没有正确地认知先进的理念和信念，那么当新的市场需求出现时，就不能快速地做出反应，提供新的技术或产品。这种反应延迟或不能做出正确的反应，都会给竞争对手提供机会，企业价值会受损。所以，企业内部知识资本的积累和开发对于企业的价值创造会产生决定性的作用。

组织学习是内部积累知识资本的一种方式。组织学习是确保企业开发和创造知识资本的一种有效机制，有助于企业在动态的环境下进行有效的知识资本管理，为企业的战略调整和灵活地适应环境提供潜力。组织学习是以个体的知识获取为起点，进而在团队和组织层次上对知识进行交换和整合，从而产生共享的集体性知识。集体性知识是组织的知识资本，代表组织的记忆。组织学习的方式主要有培训和"干中学"。

培训主要是培养企业员工的理念、信念和提高业务能力。要注重管理人员特别是高管的培训，给他们灌输先进的理念和信念，帮助他们树立正确的价值观。我国中小企业数量巨多，但是企业寿命短暂。这种现象反映了我国的企业家缺乏管理知识和远见，知识结构有待优化。对员工的培训不能只注重技术性培训，还要注重企业理念、企业文化等知识资本的培训。企业价值观、企业文化的灌输，可以采取讲故事和事迹的方式，通过讲故事的方式可以使隐性知识成功地转移和共享。

"干中学"是人们获取隐性知识资本的主要方式。可以把没有经验的人员安排到一个项目中，与有经验的人员一起合作、共事，可以提高这些人的隐性知识。这种方式是通过观察专家"解决问题"的情景，获得直观的体验。人们获取与形成知识需要发挥人的理性，通过辩证思维对复杂的经验事件进行抽象概括，在此基础上进行推理，然后反思，构建新的知识。

9.3.2　知识资本剥离

剥离是将企业控制的不需要的资源分离出去的行为。剥离就是放弃企业一些价值较低或不利用的资源，把这些资源变成货币资本，为外部获取和内部开发等更具价值的活动提供支持。对企业知识按其价值进行分类管理，可以降低管理成本。企业的知识管理资源都是有限的，有限的资源应该用在有价值的知识资本上。剥离价值较低的知识资本，可以提高企业整体知识资本的效率。

拓展阅读

时过境迁，对那些已不适应当前战略的知识资本，如不进行剥离，就会影响知识资本的配置和结构，也会影响企业价值创造的效率。企业应该对知识资本进行定期评价，剥离出去价值不高的知识，提高企业的价值创造能力和效率。但是，有研究表明，由于沉没成本的偏差和组织惯例等存在的惰性，企业往往会延迟剥离企业低效率的资产（或资源）。在组织惯性的作用下，剥离初期往往会遭遇巨大的阻力。

此外，对剥离资本的选择也具有挑战性。知识资本是无形的，为企业创造价值的大小具有不确定性，与企业的具体情境存在密切的关系，所以，管理者有时也不能预见这些知识资本的未来价值。例如，在经济不景气或萧条时期，企业会做出裁员的决策，以减少成本，而这些员工身上所拥有的知识资本可能对企业的发展有利。当经济复苏时，裁员导致的知识资本减少会降低企业的竞争能力，减少企业在竞争中获取胜利的机会，损害到企业的价值。对知识资本的剥离要慎重，只有剥离掉不影响企业当前或未来的竞争优势和价值创造能力的知识资本，才能优化知识资本的配置，提高知识资本使用效率，不至于使知识资本浪费。

Michael Zack(1999)认为，创新知识、领先知识和核心知识是企业要重点管理好的三种知识资本。

(1) 创新知识

所谓创新知识(innovative knowledge)，是指个人通过各种知识活动而产生出来的新知识。随着时间的推移，这种知识将朝着两个方向变化。其一，从个人知识向外扩散成为社会知识或常识；其二，成为组织的领先知识，并进一步转化成核心知识。创新知识有三个基本的特点：知识具有明显的创新性；可通过组织向整个行业扩散；可改变组织内的某些规则。

(2) 领先知识

由个人的创新知识转化成组织拥有的、规范的、成熟的、可应用的知识，称为领先知识(advanced knowledge)。这些知识能为组织的生存与发展提供某种应用，在市场竞争和顾客方面都表现出一定的竞争力,而且让组织形成了与竞争对手的差异性。

（3）核心知识

那些具有本组织独特性,而竞争对手不具有或难以模仿的知识,构成了核心知识（core knowledge）。这些知识可以帮助组织树立行业壁垒,限制潜在的进入者,因此,核心知识是组织的立足之本,是组织核心竞争力的来源。

组织在知识管理过程中要正确区分这三种知识资本,并采用相应的方法加以管理。构建良好的知识环境和组织文化,鼓励员工进行知识创新；在创新知识向外扩散之前,提取这些个人知识并转变成组织知识,实行知识共享；对于可能成为组织核心知识的资产要做好保护工作,防止资产的流失。

9.3.3　知识资本整合和运作

1. 知识资本的整合

企业分散、无序的知识,难以发挥价值创造功能。只有把这些知识整合起来,使其互补,形成有序的知识体系,才能发挥它们的作用。知识资本整合,就是从系统的视角,对不同的知识资本要素进行重新组合、配置,使之具有整体最优的价值创造能力。

希尔蒙（Sirmon）认为,稳定调整、丰富细化和开拓创造是企业可以采用的三种不同的资源整合方式。这三种方式的整合幅度和使用情况存在差异。稳定调整,是做较小幅度的整合,适用于企业内外部环境变化较小的情况。丰富细化主要是对现有的知识资本进行结构优化,提高价值创造能力。开拓创造是最大幅度的整合。

（1）稳定调整。稳定调整的过程就是对现有的能力和资本进行较小幅度的调整,在能力上有一个渐进的增加。如很多企业每年都要求员工参加一定学时的培训课程,目的就是保证这些员工的知识能够及时进行更新。企业利用稳定调整的方式进行知识资本整合的目的就是维持目前的竞争优势。

（2）丰富细化。丰富细化就是对企业的知识资本进行识别,重新细分,形成不同的知识资本组合。虽然每个企业扩张的程度不同,但是经过该过程的调整,企业的能力和价值创造水平都会比前期有较大幅度的变化。企业可以通过招聘具有新知识资本的员工,或者是鼓励员工或管理者参加长时间的教育和学习等方式实现企业知识资本的细化,如鼓励和激励企业员工在学历和技能等级上实现提升等。丰富细化的过程可以把新的知识资本与企业已有的知识资本进行结合,从而为企业创造更大的价值。企业可以通过丰富细化的方式使企业的知识资本得到更好的配置,从而超过竞争对手,但是这种方式形成的知识资本很容易被模仿。

（3）开拓创造。开拓创造的过程不是对现有知识的修修补补,而是一种独特的过程,需要进行探索性的学习。在这种方式下,需要获取新知识,还要对企业所有的知识资本进行全新的组合和配置。这种方式就是要实现破坏性创新,形成全新的能力,创造新的竞争优势。具有创造性的和深厚的知识基础会促进企业形成新的、独特的能力。管理者也会根据员工个人的知识资本进行优化配置,对个人之间的互补知识和能力进行整合,增加企业价值。管理者会把以前看似无关的知识组合起来,并重新确定企业的战略和战术,必要时会对企业的管理进行更新。

企业知识创造是基于共享心智模式的知识资本要素重新连接的过程。所以,开拓创造的过程是对企业的知识资本进行全面的重新整合,在整合的过程中也会创造出新的知识。因此,要想完成这个过程,就需要有一个具有异质性的经验丰富的管理团队,这个管理团队的知识资本会对企业其他知识资本的整合产生决定性影响。

在不确定性较高的环境中,企业更需要新的能力和知识资本来创造价值,因此更需要这种开拓创造的方式保持竞争优势。这种过程形成的能力是难以模仿的,具有创新性。此外,这种新的能力还要与机会相配合,因为在动态的环境中,与环境相匹配的能力是稍纵即逝的,如果不能利用机会,那么这种能力就会毫无价值。

表 9-3 对比分析了几种知识整合方式的含义和特点。

表 9-3　知识资本整合方式的对比

整合方式	含　义	特　点
稳定调整	对现有的能力和资本进行较小幅度的调整,在能力上有渐进的提升。	(1) 适合不确定性较低的环境 (2) 知识资本配置易于被模仿 (3) 维持短期竞争优势
丰富细化	对企业的知识资本进行识别,重新细分,形成不同的知识资本组合。	(1) 适合不确定性中等的环境 (2) 知识资产配置动态优化 (3) 知识资本配置易于被模仿
开拓创造	实现破坏性创新,形成全新的能力,创造新的竞争优势。	(1) 适合不确定性高的环境 (2) 破坏性创新 (3) 形成难以模仿的独特优势

总之,如果企业采取比较常见的方式如稳定调整进行知识资本整合,其有效性可能只会持续较短的时间。稳定调整的整合方式只有在环境不确定性程度较低、环境冲击较小的情况下才适用。在这种情况下,竞争对手的行为容易预测。稳定调整的方式形成的知识资本配置,容易被竞争对手模仿,不能形成隔离机制和独特的能力,所以,在环境不确定性较高的情况下,这种方式的有效性会丧失。在环境不确定程度较高的情况下,企业更需要采取开拓创新的知识资本整合方式,需要投资新知识资本,形成难以模仿的独特优势。

知识资本整合是一个动态的过程,是对旧知识资本体系的重构。在整合过程中,要对不同的知识进行分类、重整和评估,分析不同知识之间的关系强弱,确定知识资本不同要素之间的互补性等问题。所以,整合过程是复杂的,存在很大的不确定性,再加上很多隐性的知识资本难以获得与评估,很多企业考虑到知识资本整合存在的困难,会忽视这个环节。但是,要想提高知识资本的价值创造能力,可以利用一些先进的方法如知识地图和知识网络等,提高知识资本整合效率。

2.知识资本的运作

知识的价值在于运用而非拥有。企业获取了知识,并对其进行了整合,这只是形成了创造价值的潜力,只有把知识资本运用到生产过程,创造出产品并卖出后,知识资本才能为企业带来价值。

当然,知识的商品化不仅仅是把知识运用于生产过程,也可以采取直接把知识作为产品出售或利用知识资本进行并购。

知识资本化的结果,不仅仅体现在企业创造出新知识的多少,更多地反映其在市场中是否成功。知识资本只有以商品的形式进入市场,为企业增加收入或减少成本,才能为企业带来利润。利用知识资本创造价值的过程,称为知识资本运作。知识资本的运作有个人运作和组织运作两种方式。

(1)个人运作

知识最初产生于个人的头脑中,因此,根据知识价值体现的方式,知识最终获取价值的途径或运动方式如下。

- 个人知识→个人知识资产→实体商品→货币价值
- 个人知识→个人知识资产→知识商品→货币价值
- 个人知识→个人知识资产→个人知识资本→货币价值

第一种方式是将个人知识融入实体商品,通过商品的销售获得货币收益。例如,通过对产品开发和创新,增加实体商品的知识含量。

第二种方式是将个人知识形成知识商品出售而获得收益。例如,自己开发软件产品,出售给其他个人或组织。

第三种方式则是将个人知识以个人投资的形式获得收益。例如,自己创办公司。

(2)组织运作

组织通过知识管理将知识员工头脑中的个人知识资产先转变成组织的知识资产,然后组织知识资产再通过以下三种途径为组织创造价值。

- 个人知识→个人知识资产→组织知识资产→实体商品→货币价值
- 个人知识→个人知识资产→组织知识资产→知识商品→货币价值
- 个人知识→个人知识资产→组织知识资产→组织知识资本→货币价值

第一种方式是组织的知识员工进行科技创新活动,例如新产品或新技术的研发,这些创新知识融入实体商品生产过程或实体商品中,创新的产品为组织带来经济收益。

第二种方式是组织将知识员工的个人知识资产转化成组织知识资产,然后进行知识商品的生产和销售。例如,部分软件公司提供高薪厚职,吸引知识员工将其专业知识贡献给公司的知识库;国外的一些管理咨询公司,高薪招聘人才,借助他们丰富的管理经验为企业提供管理培训、解决方案等。

第三种方式是进行组织知识资本的投资。这种投资有两种类型:其一,个人以知识入股的形式参与组织经营管理;其二,组织获取知识员工的个人知识资产后,转化成组织的知识资产,然后进行资本运营。

上述知识资产的个人运作方式与组织运作方式,与货币资本的运作方式有本质的不同。除此之外,其运作方式还包括合作与兼并、通过许可获得知识使用权等。

企业知识资本是个相当复杂的系统,对其进行有效配置和利用的难度很大。大部分的知识资本嵌入在个人身上,还有一些嵌入在企业的组织结构和企业文化之中;此外,企业管理者的能力、知识管理环境即激励机制对知识资本的利用都至关重要。

把一些知识编码形成制度性文件或惯例,可以降低知识资本配置的难度。但是由于很多知识具有隐性特征,企业中的大部分知识资本仍然是以隐性的方式存在的。要把这些知识运用起来,管理者的认知和能力起到关键作用。管理者应该注重知识资本的质量,应该采用双聚焦的方法,既要注重知识资本的流动与整合,也要注重新的知识资本的选择与积累。数量不太重要,更重要的是质量,这就意味着企业应该合理配置知识资本与企业的其他资源,使企业创造更多的价值,实现价值最大化。

9.4 组织智力资本的运营

智力资本运营是从对智力资本投资开始,实现智力资本增值,形成智力型的产品或服务,最后市场化的过程。

9.4.1 智力资本运营模型

智力资本运营以积累知识和资金为目的,整个活动归纳为资本的“投资—资产化—市场化”三个部分,构成一个无限循环系统。每一次的循环都伴随着信息、资金和智力资本的循环。其资金的循环是增值的,信息的循环是不断更新的,智力资本的循环是无限制膨胀的。

由于资金的增值,每经过一次循环,企业就获得了一定的经济利益。随着知识的更新与智力资本的增加,企业的产品运营与管理水平都在不断提高。在智力资本的运营过程中,结构资本作为智力资本管理载体,为激励人力资本创造知识,发挥知识的作用提供了内部支持。客户资本则是为智力资本市场化提供一种外部支持,是智力资本循环不可或缺的组成部分。在众多学者研究的基础上,结合我国企业实际,给出如图 9-5 所示的智力资本运营循环模型。其运作过程说明如下。

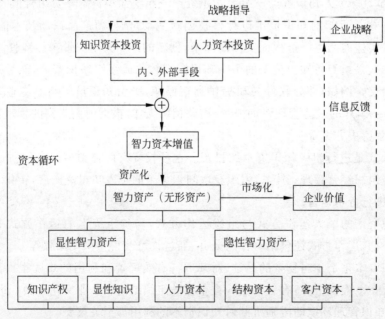

图 9-5 智力资本运营循环模型

（1）智力资本的投资与增值

智力资本的投资是指通过对企业人力资本和知识资本存量现状进行分析，根据组织战略需要，从各种渠道获得欠缺的知识和具有不同技能的人才的过程。

企业对人力资本进行分析，从中判断组织的知识获取能力，根据需要，或内部培训、培养，或外部招聘，获得企业所需的人才，从而构造符合企业战略发展需要的人力结构，促进人力资本增值。

企业智力资本的增值是一个知识增长的过程，可以从组织内部和外部两方面推进。企业内部通过知识的沉淀、共享、学习、应用、创新的知识循环实现知识增长；对外部知识的获取而言，虚拟组织和战略联盟是企业增加智力资本的有效途径。

（2）智力资本资产化

智力资本和智力资产是彼此联系但又是不同的两个概念。智力资本是具有潜在价值的知识，如一个好的想法。当这种资本与某种所有权结合在一起，就成了智力资产，它的价值体现在其具体应用上。这种智力资产可以是专利、技术和版权等被组织所占有。

（3）智力资产分类管理

智力资产可分为显性智力资产和隐性智力资产。显性智力资产包括商标、专利等受法律保护的资产及其他可以共享的显性知识；隐性智力资产包括增值了的人力资本、结构资本和客户资本。

（4）智力资本正反馈

智力资本的运营是一个无限循环过程，智力资本中的每种成分都可以成为下一刻资本投入。从系统论的观点看，智力资本运营过程就是一个企业资产的增值系统，智力资本每时每刻都是这个系统的正反馈，从而使得企业价值不断增值。

（5）智力资产市场化

企业将智力资产物化成产品或服务投放到市场，最终将智力资产转变为账面价值。在市场化的过程中，市场信息反馈到人力资本投资和知识资本投资决策流程，从而不断调整相应的投资策略。

（6）智力资本投资决策

企业的客户资本决定着企业的知识创新与获取方向。企业通过市场调查，充分收集数据，将市场信息及时准确地传递到组织内部，并对组织的战略目标进行修正，确定是否有必要进行知识创新以及创新方向调整，来适应市场的变化。此时，标志着一个循环的终止。

从以上分析可以看出，智力资本运营就是智力资本的增值、资产化和市场化三个阶段的不断循环。在这个循环中，结构资本中的组织制度、组织结构和组织文化是作为智力资本管理的载体所存在的，或者说为智力资本的增值和资产化提供组织支持；客户资本是智力资本市场化的决定性因素。同客户建立长期稳定的关系，在客户中树立良好的企业形象，提高客户的忠诚度，是企业取得成功的关键。在各阶段运营过程中，结构资本与客户资本也不断地进行更新与增值。

9.4.2　智力资本的开发

1. 智力资本开发的含义

智力资本开发是指基于企业战略,有效利用已有智力资本、创造新的智力资本的一系列战略管理活动。企业智力资本开发包括智力资本存量开发和智力资本增量开发。

企业在指特定时间拥有的智力资本总量,称为企业的智力资本存量。它反映企业智力资本在未来的价值创造潜力,体现企业的竞争能力。企业存量是一个相对静态的概念,具有积累性、波动性等特点。

企业智力资本增量是指相对于前一时间点的企业智力资本存量的增加量。企业智力资本增量是企业在未来竞争中获得持续竞争优势的重要源泉,尤其是在当今动态竞争环境中,不断实现企业智力资本增值是企业获得稳定经济价值的重要手段。

一般而言,企业可以通过企业内部和外部两种渠道获取智力资本。企业智力资本增量开发包括内部创新和外部获取两种方式。从企业内部开发智力资本往往要花费很长的时间,在市场环境快速变化时极为不利。许多企业不再满足于内部渐进式开发方式,而把目标转为外部,期望借助例如合作经营、技术/知识联盟、兼并收购等多种外部开发方式,实现智力资本增量开发的跨越式增长。

2. 智力资本存量开发

企业智力资本存量开发是指对企业目前拥有的智力资本存量进行识别、测量的活动。企业智力资本存量开发可以更好发挥现有智力资本的价值、树立企业形象,从而形成竞争优势。

(1) 企业智力资本存量的识别

企业智力资本识别能够加强企业自身所拥有的各种无形资产在价值创造过程中发挥作用。企业应尽力去识别那些与企业战略目标具有重要关联的关键性智力资本。它们是企业价值创造的主要驱动力。

① 关键人力资本的识别

企业拥有的丰富人力资源中,对增加企业价值有贡献的那一部分,才是人力资本开发的主要对象。识别关键人力资本,要从已经拥有和未来需要两个方面综合考虑,遵循专用性人力资本和具有战略价值二维原则。即企业在吸收、培育和使用人力资本时,必须判别能够为企业价值增加做出贡献的那部分人力资本。可以用如图9-6所示的关键人力资本判别矩阵来识别组织的人力资本。

图 9-6　关键人力资本判别矩阵

企业人力资本可以分为企业家资本、经理人资本、员工资本、团队资本。企业家资本处于最高层,反映最高决策者战略决策过程中的知识和能力;经理人处于中间层,反映企业中层管理人员在战略执行过程中的知识与能力;员工资本处于基层,反映企业员工的综合素质;团队资本则处于三个层次之间的每一层中,协调和整合各因素之间关系,反映新经济时代企业管理者和员工在团队合作、协作等方面的水平和能力。

② 关键结构资本的识别

企业结构资本一般是由企业的组织结构、企业制度与文化、知识产权及信息技术构成。企业制度与文化主要包括组织惯例、工作流程、制度规章等；知识产权是保护公司一定智力资本的法律机制，包括专利、版权、商标、商业机密、各种设计专有权等；信息技术主要包括管理信息系统、知识数据库、信息网络技术的使用等。

③ 关键客户资本的识别

即公司与客户、供应商、合作伙伴等的有益关系。在其他分类法中，也常被表述为关系资本、市场资产、外部资本。关系资本主要包括品牌、客户、供应商、合作伙伴及关系网络。对客户资本的识别可以从企业战略目标市场出发，从利益相关者的分析角度，以及在企业价值增值过程中的贡献大小来辨别关键客户资本。

（2）智力资本的测量方法

智力资本的测量方法很多，大体思路包括总体测量和分类测量两大类。按照测量原理常分成直接测量法、市场价值法、资产收益法、记分卡法四类。表 9-4 给出了各类方法的原理和常用的具体方法。这些方法的具体应用将在第 12 章介绍。

表 9-4　智力资本测量方法的主要类型

方法类别	测量原理	方法举例
直接测量法	通过识别智力资本不同的组成部分直接估计其货币价值。	—
市场价值法	计算公司市场资本和其股东权益之间的差额作为智力资本或无形资产的价值。	市场价值与账面价值比较法、Tobin q 值法
资产收益法	公司一段时间内的税前平均收益除以公司平均有形资产，所得结果即公司的资产收益，将其与产业平均值进行比较。	智力增值系数（VAIC）法、经济增加值（EVA）法
记分卡法	识别智力资本或无形资产的不同组成部分，在记分卡或图表上设计和报告指标指数。	平衡计分卡模型、斯堪的亚导航器模型、无形资产监测器模型

3. 企业智力资本增量开发

在智力资本存量开发的基础上，增加企业智力资本投资，运用现成的信息系统和知识管理手段，开发设计有效的技术工具和管理策略，实现企业价值网络范围的知识积累、知识共享和知识创造，促使企业智力资本增值的过程。一般包括智力资本创新和智力资本投资两部分。其中智力资本创新包括知识积累、知识共享和知识创造。

通过智力资本投资，实施创造性的教育和培训，培养创新型人才，增强企业的创新能力，提升企业的人力资本总量；另外，加强结构资本投资，提升企业知识产权等智力资产的拥有量，实施管理创新和知识管理，建立良好的智力资本共享机制，为人力资本创造性作用的发挥提供有效的支持平台。同时，加强客户资本投资，建立与企业外部网络的良好合作关系，获得对智力资本价值的放大效应。

9.4.3　企业智力资本产权激励

在知识经济时代，智力资本是企业价值增值和可持续发展的关键性、稀缺性资源。获得智力资本并更好地发挥其作用是企业获得持续核心竞争力的首要条件,也是知识经济条件下企业进行价值管理和竞争战略的主要目标。智力资本价值管理不仅仅是对智力资本进行识别、开发和增值,最根本的是对智力资本要素进行有效的激励,以提高智力资本的配置效率。

智力资本产权激励以人力资本产权激励为主。人力资本是企业智力资本的核心,其他智力资本的形成一定程度上都需要以人力资本为基础。

产权激励是通过产权持有人对企业剩余的索取和控制来实现的。这种激励是对人力资本的首要激励,是最具激励效应的途径与方法。产权激励就是通过产权合约的形式将企业所有权卖给员工,是长期激励的一种有效形式。

人力资本产权激励有以下几种形式。

1. 股权激励

按照基本权利义务关系的不同,我国股权激励模式可分为三种类型。一是现股激励,即通过公司奖励或参照股权当前市场价值向经理人出售的方式,使经理人即时地直接获得股权,同时规定经理人在一定时期内必须持有股票不得出售。二是期股激励,公司和经理人约定在将来某一时期内以一定价格购买一定数量的股权,购股价格一般参照股权的当前价格确定,同时对经理人在购股后再出售股票的期限做出规定。三是期权激励,公司给予经理人在将来某一时期内以事先约定的价格购买一定数量股权的权利,经理人到期可以行使或放弃这个权利,购股价格一般参照股权的当前价格确定,同时对经理人在购股后再出售股票的期限做出规定。

如果说公司治理问题的核心是解决所有者和经营者之间"委托-代理"问题的话,那么以股权激励为重要组成部分的薪酬激励与约束体系就是解决该问题的关键所在。因为薪酬激励制度的核心是将管理层的个人收益和广大股东的利益统一起来,而股权激励正是将二者结合起来的最好的工具。如果激励对象不能努力改善公司管理,提升经营业绩,进而为提升股价,激励对象的收益就无法兑现(市价低于行权价时,行权没有任何意义)。因此,在多重因素作用下,上市公司股权激励的价值效应日益突出。现代企业理论和国外实践证明,股权激励对于改善公司治理结构,降低代理成本,提升管理效率,增强公司凝聚力和市场竞争力起到非常积极的作用。

股权激励是一把"双刃剑",在实施股权激励的同时,我们也必须防范道德风险,杜绝经营者寻租行为和会计造假行为;注重公平,避免激励过度;正确认识、严格把握实施股权激励的条件。

2. 股票期权激励

股票期权指买方在交付了期权费后即取得在合约规定的到期日或到期日以后,按协议价买入或卖出一定数量相关股票的权利。它是对员工进行激励的众多方法之一,属于长期激励的范畴。在两权分离的现代公司制企业里,激励设计应尽可能地将人力资本投入者所创造的收益与其所得保持比较高的正相关关系。股票期权制度在一定程度上是对人力资本产权参与分配的一种肯定,是对投入者索取剩余权利的承认。

股票期权激励和股权激励有如下几点区别。

(1) 标的物不同。在股票期权激励中,激励对象取得的是一种权利;在股权激励中,激励对象直接获得的是股份或股票。

（2）获得权利或股票的方式不同。在股票期权激励中,激励对象是无偿获得或基本上不用现金,就能获得这种权利;在股权激励中,激励对象必须拿出一部分现金才能获得股份或股票。

（3）获得收益的方式不同。在股票期权激励中,激励对象在行权日之前不会获利,在行权日行权之后才能获得应得的全部收益;在股权激励中,激励对象在获得股份或股票之后,就相应获得分红权,但整个股票的兑现要在全部股价款支付完毕且任期届满后才能实现。

（4）两者所承担的风险不同。期权激励中,当股份贬值时激励对象可以放弃行权,损失的只是小部分为购买股份而付的定金,从而避免了承担股份贬值所带来的风险。股权激励预先就购买了股份,当股份贬值时激励对象需要承担相应的损失。因此,激励对象持有期股时实际上是承担了风险的。

表 9-5 列出了股权激励与期权激励的对比情况。

表 9-5　股权激励与期权激励的比较

激 励 方 式	描　　述	适 用 对 象	特　点
股权激励	激励对象即刻直接或间接成为激励股权的受益人,股权设有多种权利限制	合伙人、高管或早期骨干员工、范围较小	激励方式更直接给力,但即刻导致公司股权的分散
股票期权激励	激励对象到期行使期权,取得公司相应股权或股权的收益权利	公司员工,范围较大	逐步推进,可以保持公司股权的稳定

股票期权作为一种国际公认的有效的激励制度,在我国上市公司中逐步推行这一制度是一个必然趋势。然而,任何一项制度都不是单独存在的,而是嵌套在一组制度结构体系中协同发挥作用的,其效率还依赖于与之相匹配的相关制度,如股票期权的会计处理及外部审计等监管制度,否则,难以起到应有的激励作用。

3. 员工持股计划

员工持股计划（employee stock ownership plan,ESOP）是一种使员工投资于雇主企业从而获得长远收益的员工受益计划,或者说,它是一种使员工成为本企业的股票拥有者的员工受益机制。其基本内容是:在企业内部或外部设立专门机构（员工持股会或员工持股信托基金）,这种机构通过借贷方式形成购股资金,然后帮助员工购买并取得本企业的股票,进而使本企业员工从中分得一定比例、一定数额的股票红利,同时也通过员工持股制度调动员工参与企业经营的积极性,形成对企业经营者的有效约束。

职工持股计划是股份期权激励分配方式在知识型企业中的一种延伸。对于一般企业而言,员工持股计划具有的激励效用远远不及知识型企业,因为知识型企业已经在许多方面具有与一般企业不同的特征。如在组织结构方面,知识型企业是一种非等级制的团队,经营者与员工的界限已经模糊,知识员工已经替代经营者成为企业价值创造的核心。因此,一般企业与知识型企业在激励制度安排上的最大区别是,一般企业主要关注的是对企业经营者的激励,而知识企业最为关注的是对知识员工的激励。

从产权激励的角度看,员工持股激励制度是一种极为有效的激励方式,可以作为高技术企业和知识型企业智力资本激励的一种制度安排。美国硅谷的成功实践已经说明这一点。硅谷的高科技知识型公司普遍实行员工持股计划,不仅包括经营者,还覆盖了所有的知识员工。通过资本市场的功能与作用,使硅谷的高新技术产业得到了快速发展,同时产生了一批"科技新贵"。

9.4.4　知识产权价值提取

智力资本的价值管理包括创造和提取两个过程。智力资本在企业战略中的定位如

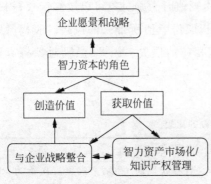

图 9-7　智力资本在企业战略中的地位

图 9-7 所示。可见,知识产权管理是组织智力资本价值提取的重要手段。知识产权资本是指组织拥有"显性知识"后而形成的一种权力资本,是组织获取知识员工创新知识成果,并依法享有权利而形成的资本,它是知识价值实现和增值的结果。例如,专利技术、商标、产品设计与产品说明、数据库(包括企业的各种数据库)、程序(IT 企业的软件程序和一般企业的生产、管理的程序)、商业方案(公司内部各种产品方案、服务方案、营销方案)等都属于知识产权。

知识产权价值首先是对其未来盈利能力的期望,即知识产权所带来的未来现金流量的现值,由使用该知识产权给企业所带来的垄断利润、超额利润等超额收益决定。企业获得的竞争优势本质上是企业价值增长的潜在机会,知识的承继性、关联性与产权的独占性使得知识产权在企业市场竞争中具有一定程度的市场垄断地位。与此相应,知识产权价值战略成为企业的一种市场竞争战略,竞争的关键和核心是知识产权价值的获得、运营和管理。

1. 知识产权战略

在市场经济条件下,知识产权价值战略是一种新型的发展战略。企业的发展目标是盈利,知识产权价值是企业价值的重要来源。但知识产权对经济的增长不会自然产生,企业必须要通过制定和实施知识产权价值战略,优化资源配置,激发创造热情来实现。

知识产权战略包括三个方面:知识产权获取,知识产权保护,持续知识创新。

(1)知识产权获取

组织可以通过市场交易获得某项知识产权,也可以通过内部的研发和创新获得该项知识产权,其目的是获得由此产生的市场价值。知识产权是一项重要的知识资产,它也是组织的收益来源。商标、品牌等知识产权是需要一定时间培育起来的,因此,在组织的战略中要考虑知识产权战略,两者是密切相关的。

(2)知识产权保护

知识产权是一项无形资产,必须加以保护。但是,仿制或假冒、侵害或剽窃或退化会令组织失去知识产权。要保持竞争优势,组织在知识产权战略中就应该保护自己的智力资产,防止其流失。

组织可以通过市场措施、法律保护和持续创新来保护自己的知识产权。首先,要防止竞争者的仿制和假冒行为,需要对智力资产的构成、来源、商业化成本结构进行保密,这也是竞争者采取仿制和假冒行为所需要了解的内容。组织可以采取建立产品标准、准入壁垒(如技术或品牌壁垒)、定价约束(体现自身的成本优势)以及关系网络(保持与供应链成员的良好关系)来防止竞争对手对知识产权的侵害。其次,当组织的知识资产被侵害时,可以运用法律手段对自己的知识产权予以保护。最后,持续的创新能有效防止知识产权的退化。

（3）持续知识创新

持续知识创新是指对智力资产不断升级更新,使其在行业内保持领先的地位。组织持续知识创新的基本措施包括以下四种。

渐进创新:不断增加产品的知识含量,从而使竞争者难以赶上。

产品改进:不断地进行产品更新换代,使竞争者来不及仿制和没有能力进入该领域。

成本优势:通过系列化产品或加工平台,使组织获得成本领先的优势。

重大创新:通过生产研发,将新技术应用于产品中,使产品的各种性能获得重大突破。

知识产权战略是企业战略的一个组成部分,它包括知识产权获取和保护的机制,而知识产权的获取主要是靠组织内部的知识管理系统中的创新活动。

2．知识产权管理

知识产权管理是知识产权保护的重要方面,它对于保护知识产权人的合法权益,促进知识产权的推广应用和传播,使之迅速转化为生产力和其他社会效益,推动社会经济、文化发展具有重要意义。

加强企业知识产权管理,必须建立和完善企业知识产权管理的组织体系,明确企业知识产权管理部门的职能,将知识产权管理工作独立为一个专门的部门,这是做好企业知识产权管理工作的一个重要前提。例如,IBM 拥有庞大的知识产权管理机构,在总公司设有知识产权管理总部,负责处理所有与 IBM 公司业务有关的知识产权事务。其知识产权管理总部内设法务部和专利部,法务部门负责相关法律的事务;专利部门负责专利事务。专利部下设 5 个技术领域,每一个领域由一名专利律师担任专利经理。

知识产权管理系统是企业加强企业知识产权管理的有效工具。帕特里克·H·沙利文在《用智力资本盈利:从创新中获取价值》一书中,提出了完整的一般性的知识产权管理系统。他强调知识产权管理系统应包括五个方面的职责:形成可供选择的知识产权(包括监视创新过程、形成新的专利、对专利分类的决策过程)、专利组合管理(包括预算和维持费决定、专利实施的决策)、知识产权评估、竞争性评估、战略决策过程(包括商业化决策、确定对更多的技术的需求)。

知识产权管理涉及两个方面的问题:一个是知识产权的发展;另一个是知识产权的保护。知识产权的形成和发展是其扩张和增值的基础,要在促进科技成果及时而广泛的运用、加速科研开发队伍的形成和发展、鼓励发明创造的同时,对知识产权的投入也应注重投入产出效益。对知识产权的管理还表现在对知识产权的法律保护上,只有为知识产权创造良好的发展和保护环境,知识产权管理才能达到预期目的。

3．知识产权经营

善于利用知识产权信息的组织将获得更大的价值。知识产权是 KMS 中各种知识的转化,特别是隐性知识转化成显性知识的结果。它是组织的一种知识资产,只有通过将其如货币资本一样投入商业活动过程,为组织带来价值,才能转变为组织的知识资本。例如,代替货币资本作为入股的股份,从而按股份的比例获得货币收入。

知识产权的经营方式主要有两种。

(1) 通过商品交易而获得价值

这种方式既可以将知识产权融入实体商品或服务中,在实体商品或服务出售时,体现知识产权的价值,也可以把知识产权直接作为一种商品进行交换而获得价值,即知识产权的交易。例如,专利交易就是常见的一种知识产权交易。

(2) 将知识产权作为资本进行经营

世界上大多数国家的《公司法》已经把无形资产作为一种新的资本形式加以肯定。组织要对作为资本形式的知识产权进行经营,首先要对组织中的知识产权进行研究,对它进行合理的配置,形成一种资本经营的结构,然后通过以下三种主要方式进行投资。

① 将知识产权作为资本向另一个组织进行投资。例如,以股本的形式投资到一个企业中去,根据股本比例确定知识产权所有者享有的股东权利和义务。

② 将知识产权以资本和负债的形式进行投资。这是指知识产权所有者不但以知识产权作为出资的资本,还要向被投资的企业收取使用费。

③ 将知识产权向其他企业发放"特许经营权",使用其知识产权的企业要向知识产权所有者支付使用费。例如,麦当劳出售其快餐连锁店的特许经营权。

除以上三种方式外,组织还可以根据自己的实际需要,通过创新产生出更多的知识产权资本经营的方式。

📋 本章小结

1. 知识具有价值、使用价值和交换价值。

- 知识的价值量取决于生产知识的平均社会必要劳动时间,包括知识获取时间、知识活动或知识创新时间、形成知识资产的时间等。知识价值体现为:提高实体商品的生产效率,增加实体商品的知识含量,形成各种知识商品和进行知识资本的投资。
- 知识的使用价值主要帮助人们解决问题、采取行动和获得新知识。不同于实物商品的使用价值,知识的使用价值因人而异;知识在使用过程中不是被"消耗"掉,而是增值。知识的使用价值可以不断"复制"(知识共享和重用)。
- 知识的交换价值不仅体现在组织的无形资产,如品牌、商标、专利等的交易过程中,也体现在知识商品的交易过程中。而且,交换价值与无形资产或知识商品中的知识含量(指知识质量)密切相关。

2. 知识资本和智力资本的概念内涵和外延都存在着差异。

- 由企业所拥有的或控制的,能够为企业带来价值增值的各种显性与隐性知识的总和。

- 公司中所有成员所知晓的能为企业在市场上获得竞争优势的事物之和。包括人力资本、结构资本和关系资本。
- 知识资本只包括智力资本中的结构资本和人力资本的员工知识部分。

3. 知识资本管理是一个综合的过程,包括知识资本的获取、知识资本的积累、知识资本的剥离、知识资本的整合和使用等。

- 外部取得知识资本主要有两种方式：外部购买和建立战略联盟。
- 组织学习是内部积累知识资本的一种方式,主要包括培训和"干中学"。
- 企业定期将价值不高的知识剥离出去,可提高企业的价值创造能力和效率。
- 稳定调整、丰富细化和开拓创造是企业可以采用的知识资源整合的三种方式。
- 利用知识资本创造价值的过程,称为知识资本运作。知识资本的运作有个人运作和组织运作两种方式。

4. 智力资本运营是通过智力资本投资,实现增值并实现其价值的过程。

- 智力资本运营以积累知识和资金为目的,整个活动归纳为资本的"投资—资产化—市场化"三个阶段,构成一个无限循环系统。
- 智力资本开发是指,基于企业战略,有效利用已有智力资本、创造新的智力资本的一系列战略管理活动。企业智力资本开发包括智力资本存量开发和增量开发。

即练即测

- 智力资本产权激励以人力资本产权激励为主。人力资本产权激励有以 3 种形式：股权激励、股票期权激励和员工持股计划。

思考与讨论

1. 与实体商品相比,知识的使用价值和交换价值有什么区别?
2. 知识的价值由什么来决定? 它是如何体现出来的?
3. 什么是知识资产? 什么是知识资本? 影响知识资产转化为知识资本的因素有哪些?
4. 作为资产的知识可以分为哪三种类型? 每种类型的知识有什么特点?
5. 知识资产有哪些运作方式? 这些运作方式有什么相同和不同之处?
6. 组织知识资本包括哪些? 请举例说明。
7. 在知识管理中,应该如何管理好组织的人力资本?
8. 请举例说明个人的知识是如何转变为组织知识资本的。
9. 组织中的智力资本一般以哪些形式存在? 这些资本形式之间的关系如何?
10. 组织应该如何加强知识管理,防止人力资本的流失?
11. 从 KMS 输出的知识有哪些,它们是如何为组织创造价值的?
12. 什么是组织的知识产权资本? 组织应该如何运营这种智力资本?
13. 我国有哪些制度是用来保护组织的知识产权的?
14. 组织的市场网络资本包括哪些? 请举例说明它是如何为组织带来价值的。

 **案例 华为的"知本主义"股权动态分配制度**

案例分析

案例 IBM 的知识产权管理机制

案例分析

第 10 章

知识管理战略

本章学习目标

通过本章学习,学员应该能够:

1. 理解知识管理战略的内涵与分类;

2. 掌握知识管理战略、策略和模式的分析和选择方法;

3. 掌握知识管理战略评价方法和工具。

引例:青岛啤酒通过规划咨询,明确了应当从战略层面、知识层面和经营层面对青岛啤酒的知识管理能力加以提升。战略是导向,知识是基础,经营是支柱。

在战略层面上要将知识管理能力提升纳入青啤的战略体系中,并制定科学合理的战略规划使知识管理战略落地;在知识层面上重点要加强内部显性知识的有序化、隐性知识的外显化以及外部知识的内部化;在经营层面上要从技术、管理和文化三个维度上齐头并进,借助 IT 系统打造青啤的无边界知识网络和共享平台,构建完善的知识管理组织架构、管理机制和评价激励机制以保障青岛啤酒知识管理体系的有效运行,建设优秀的知识共享和学习文化以促成员工的知识管理自觉化。

组织的一切经营活动均服从于组织战略。在知识经济环境下,知识已成为组织竞争优势的主要来源,即知识本身就是组织的战略资源,因此,知识管理战略也是组织战略的重要组成部分。组织知识管理活动要服从于知识管理战略。知识管理战略的制定是组织知识管理的第一步。知识管理与战略管理存在着天然的内在联系,可以说组织战略分析与制定过程就是组织知识管理过程,而组织战略管理理论也可以视作某种形式的知识管理理论。这种联系决定了知识管理在组织战略中的地位。

10.1 知识管理战略的理论基础

知识管理战略是指在知识经济条件下,将企业内外部的知识作为最重要的资源进行管理的一系列战略、策略和管理方法的集成,其目的是提高组织的知识创新能力,形成并保持企业的核心竞争力,最终实现企业的价值。

10.1.1　知识管理战略的内涵与理论来源

1. 知识管理战略的内涵

知识管理战略隶属于组织战略，国内外学者从不同角度给出了知识管理战略的内涵分析，概括起来可以从资源观、规划观和过程观三个层面对知识管理战略内涵进行理解。

（1）资源观。资源观认为知识是组织的基础性资源，强调管理知识资源的战略、方法以及手段。西利和迪特里克（Seeley & Dietrick，2000）从知识管理的方法及手段方面提出知识管理战略是通过组织成员的知识存储、知识获取和知识创新获取竞争优势。扎克（Zack，2002）认为，知识管理战略是在知识经济背景下，以企业内外部的知识作为最重要的资源进行管理的一系列战略、策略和管理方法的集成，其目的是提高组织的知识创新能力，形成和保持企业的核心竞争力并最终实现企业价值。

（2）规划观。规划观侧重于对知识资源管理的规划和计划。即组织通过知识创新、组织创新，以达到塑造组织核心竞争力和获取竞争优势的目的，并对知识及知识管理活动进行决策性规划，以促进组织战略目标的实现，具体内容包括对战略观念、类型、模式和实施策略等的知识管理战略要素进行的选择和设计。

（3）过程观。过程观是通过全面的变化过程和组织变革的知识管理活动以达到组织创新的目的。科恩（Cohen，2000）等人基于过程观认为知识管理战略是通过新的知识创造、传播和应用的一种全面的变化过程和组织变革形式，它的目的是实现组织创新并获取或维持组织竞争优势。

由上述可见，知识管理战略是知识管理目标与知识管理手段的结合体，从组织战略的角度来说，知识管理战略的最终目标是帮助组织获得持续的竞争优势。由此引申，我们可以认为一般意义上的知识管理战略，是指组织将内外部有价值的知识视为最重要的资源，通过一系列策略和手段来实现有效管理，从而提高组织知识创新能力，形成并保持组织的核心竞争力。

2. 知识管理战略的理论来源

战略管理的基本命题是如何通过资源的适当调配来创造竞争优势。如果把战略决策作为战略管理过程的产出，那么它有特定的投入。由于对战略管理过程中不同投入要素的重要性认识不同，形成了两大战略管理的理论观点：资源基础理论和核心能力理论。由于知识管理战略与战略管理研究存在着天然的内在联系，资源基础理论和核心能力理论也是知识管理战略研究的理论来源。

（1）资源基础理论

资源基础理论的核心思想是：组织的资源差异会导致竞争优势的差异，组织的竞争优势取决于其拥有的有价值资源。组织拥有资源只有与业务和战略相匹配，该资源才具有价值。

资源是组织在向社会提供产品或服务的过程中能够实现组织战略目标的各种要素的组合。它是组织所控制的所有资产、能力、组织过程、组织特质、信息、知识等等，是由组织为了提升自身的效率和效益而用来创造并实施战略的基础。这些资源可以分为三类，分别是物质资本资源、人力资本资源和组织资本资源。当然并非所有的资源都对组织的竞争有所贡献,只有那些有助于组织创造并实施战略以提高效率和效益的资源,以及不能完全被模仿和不可取代的资源,才有助于组织获得持续的竞争优势。因此,一个组织要获得最优绩效,就必须对资源进行鉴别、培育、保护与配置,开发出一系列独特的具有竞争力的资源并将其配置到拟定的战略中去。

（2）核心能力理论

所谓组织的核心竞争能力,是指组织能力中最核心的部分,即能为组织在市场竞争中创造竞争优势,并进而使组织获得超额利润的能力。在组织创造和维持竞争优势过程中,组织核心竞争能力的培育和综合运用是最关键性的因素,关系着组织的成长和发展。核心能力既决定了组织的规模和边界,也决定了组织多元化战略和跨国战略的广度和深度。作为组织长期竞争优势基础的核心能力必须有如下特征:一是价值性;二是异质性;三是难以复制性;四是不可交易性;五是难以替代性。这种无形的核心能力能够使组织在日益激烈的市场竞争中不断地开发新市场和新产品,为组织获取竞争优势发挥着关键性的作用。组织要想获得和保持竞争优势,就必须在核心能力、核心产品和最终产品三个层面一起参与竞争。

核心能力理论认为,竞争优势是组织在市场竞争中成功的源泉,而竞争优势来源于组织的核心能力。市场竞争表面上是产品竞争,其本质上却是组织核心能力的竞争。组织要充分重视对核心竞争能力的培育,以获取组织的可持续竞争优势,从而实现组织的持续成长。

在知识管理的时代,上述两种理论观点都可以引申应用在组织知识管理战略方面。因为组织是一个知识的集合体,组织的知识存量决定了组织配置资源等创新活动的能力,从而最终在组织产出及市场力量中体现出竞争优势。同时,知识具有难以模仿性,必须通过具有路径依赖性的积累过程才能获得并发挥作用,因而使得竞争优势得以持续下去。而由知识决定的组织认知学习能力,是组织开发新竞争优势的源泉。

10.1.2　知识管理战略的基本流派

知识管理战略流派的划分与知识管理流派的划分紧密相关。事实上,正是由于不同知识管理流派持有不同的知识管理观,才产生了不同的知识管理战略流派。从当前研究来看,主要存在两种知识管理战略流派的划分方式。

1. 战略管理研究的习惯划分方式

依据战略管理研究的基本观点,结合罗纳德·迈尔(Ronald Maier)和沃尔里·雷慕斯(Ulrich Remus)的研究成果将知识管理战略划分为"基于资源观的知识管理战略流派""基于市场观的知识管理战略流派"和"基于流程导向的知识管理战略流派"。

基于资源观的知识管理战略流派更多地强调知识资源的积累和组织能力的提高,学习型组织理论、知识创新理论、知识转移和知识共享理论等属于这个流派主要的研究内容。学习型组织理论探讨如何把个人愿景、组织愿景、思维模式转换、组织学习等有机组合起来建设基于知识的学习型组织。知识创新理论研究如何促进隐性知识与显性知识的互动进而加速组织的知识创新和体制创新。知识转移和知识共享理论则探讨如何发现和挖掘组织内外部的知识,特别是最佳实践知识并使之在组织内部实现共享或转换为组织的资产。

基于市场观的知识管理战略流派强调知识资产的管理和知识价值的实现,智力资本理论是这一流派主要的研究内容。

基于流程导向的知识管理战略流派是资源观和市场观集成的战略,它不仅强调通过知识管理提高组织的核心能力,而且还强调这些核心能力的应用对知识价值实现的作用。

2．基于实证的知识管理战略流派分类

厄尔(Michael Earl,2001)通过案例研究并结合公司知识管理项目研讨和专业学术期刊论文综述,把组织知识管理战略流派划分为技术、经济和行为三大导向的七大研究学派。技术导向学派强调技术在知识管理战略实施中的重要作用。经济导向学派强调保护和开发组织的知识资产,重视知识价值的实现。行为导向学派则更多地强调知识管理应该创造一种知识交流和共享的环境与氛围,这可以通过硬件投入(网络建设)和软环境建设(如培育知识共享的文化)得以实现。我们认为组织学习学派也是知识管理研究的一个重要学派。表 10-1 总结了各学派的重要特点。

表 10-1　知识管理战略的八大学派

学派 特色	技术导向			经济导向	行为导向			
	系统 学派	制图 学派	流程 学派	商用 学派	组织 学派	空间 学派	战略 学派	组织学 习学派
重点	信息技术	知识地图	流程的知 识管理	知识的价 值收入	知识的学 习网络	讨论知识 的空间	组织核心 能力	发现错误与 行为改进
目标	知识库的 建立	知识目录 的建立	知识流的 流畅	无形智力 资产管理	知识搜集 和分享	交换知识 的空间	知识能力	建立学习 型组织
单位	特殊领域 的知识	企业集体 的知识	知识管理 流程活动	知识产权	知识学习 群组	提供资源 与地点	企业竞争 优势	学习过程
关键成 功因素	知识内容与 分享机制	分享动机 和人际关 系完整	知识学习 和知识的 传递	正式的智 力财产管 理制度	互动文化和 知识中介	鼓励参与 有目的的 知识讨论	知识化核 心能力	单环学习、 双环学习
信息技 术的贡献	知识库 专家系统	企业内部 网络上的 知识地图	分享知识 库和资料库	智力财产 管理系统	群组软件 和企业内 部网络	知识呈现和 获取系统	促进知识 的综合绩 效产生	知识存储 和交流
哲学观	知识编码	知识连接	知识能力	知识的 商业价值	知识的 协同合作	知识的 接触	知识的 意义	组织记忆

每个学派由于组织背景、需求观点的不同而有不同的战略重点。有的重视知识管理流程;有的重视知识管理的信息技术或知识的群组;有的重视知识在员工中的分布和知识的互动等。因此,会有不同的关键成功因素和重点使用的信息技术。对各学派的研究重点简述如下。

(1)系统学派

系统学派强调利用信息技术系统,如知识库、专家系统、云存储、大数据、群件等有利公司经营的技术系统,重视较为显性的知识(如解决方案、手册及蓝图等)的存储与共享。知

识的存储要经过专家的验证,力求精确,并鼓励员工分享与客户参与。存储应设计良好的分类及搜索机制,即类似编码化的知识管理战略。例如,华为公司将其各种产品的检测、维修知识和故障处理实用方法放在因特网的数据库上让所有的市场服务人员随时获取,并且可供客户在线协同。

（2）制图学派

制图学派强调知识的关联与链接,利用形象的知识表达工具把知识单元关联起来,形成结构清晰的知识体系,并用简单有效的链接方式呈现给使用者,方便知识学习和使用。知识题图和知识图谱是领域知识和领域专家结构化表示非常有效的工具。例如,员工需要的知识在哪里可以找到? 哪些人是专家? 企业知识管理者需要利用信息技术建立专家名录（知识地图）,尤其对于一些较隐性的知识,常常需要通过人与人的互动才能分享,因此,企业内必须建立知识目录,并通过企业内部网（Intranet）进行知识交流。例如,Bain 咨询公司提供一个“寻找专家”的在线系统,让所有发现新问题的咨询顾问可以快速找到有相同经验的其他同事,以便进行讨论和请教。

（3）流程学派

流程学派强调运用企业内外最好的知识和最佳实践方法来强化提升企业内部的工作流程,尤其是核心流程。系统学派强调知识内容、解决方案和文件等,为内容导向。工程学派则强调流程导向,强调搜寻、获取及共享最佳流程设计的知识。流程分为管理流程（management process）和业务操作流程（operating process）,前者牵涉的隐性知识多而复杂。例如,德州仪器公司的员工利用由 13 座半导体厂提供的最佳实践流程,将其应用到其他半导体厂,省下了巨额的生产成本。

（4）商用学派

商用学派强调企业知识资产的利用和价值的最大化,而不是知识的开发或共享。由于企业内部存在许多专利、知识产权和商标等资产,但许多公司并没有很好利用这些知识的商业价值来创造利润。因此,此派学者主张要设计良好的无形资产管理制度与管理系统,以寻求其价值的最大化。IBM 公司从 21 世纪初开始,设置了知识产权管理总部,负责处理与公司业务有关的知识产权事务,仅专利转让使公司每年增加 10 亿美元的收入。华为从 2021 年开始对 5G 专利收取使用费,估计每年可增加 30 亿美元以上的收入。

（5）组织学派

组织学派强调建立企业内部虚拟的知识群组。企业可以依据企业目标推动各种相关的学习型虚拟团队,利用企业内部网络、电子视频会议和群组软件来连接这些知识工作者,形成一个知识网,让知识的买方和卖方在上面互动共享,这种方式可以共享、存储在知识库中。例如,英国石油公司（BP Amaco）分散在全世界的 64 个钻井团队利用电子视频会议等群组软件共享各个团队在钻探油井方面新发现的知识。

（6）空间学派

空间学派强调要给员工提供互动的空间,通过自由闲谈而提高共享知识的机会。传统的重视个人隐私的封闭式个人办公室工作模式会妨碍知识共享,组织应设计有利于互动的办公环境,即所谓的"知识建筑"设计。例如,采用开放式隔间设计,设置茶水间、咖啡室、聊天室,建立虚拟社区等,让员工常常"不期而遇"地碰到工作上本来不会碰到的人,让员工可以"打成一片",从而促进知识分享。例如,斯堪的亚(Skandia AFS)公司在海边设"未来中心",专门设计一个可供员工专心安静思考、方便小组讨论,并可以接触陌生人的一种自由讨论的空间,以促进各种知识管理活动。

(7) 战略学派

战略学派强调智能型资产是企业的战略资产,是企业的核心竞争力,在企业战略规划中要融入知识管理战略,指导企业所有流程、组织结构、文化、企业、制度的设计与资源的配置。无形资产对于企业价值的贡献大于有形资产,企业的目的是要以知识整合各种资源,使其产生综合的核心能力。例如,知识密集型的华为和巴克曼公司就认为,使其产生知识是不可或缺的核心能力,因此,实施知识管理是公司的重要战略,应全面实行。

(8) 组织学习学派

组织学习就是要发现组织中存在的问题和障碍,并分析其形成的原因,进而以改进措施来消除障碍、解决问题。组织学习学派的代表人物阿吉里斯(Argyris)认为,组织学习是所有组织都应该培养的一种技能。在《组织学习》中,他强调:"优秀的组织总是在学习如何能更好地检测并纠正组织中存在的错误。组织学习越有效,组织就越能够不断创新并发现创新的障碍所在。这里所指的错误就是指计划与实际执行之间的差距,错误可能出现在技术、管理、人员等各个方面。"

组织学习的目的是建立学习型组织。这种组织应该具有更多的创造性,应该对新工艺、新产品有更多的前瞻,应该使员工更多地协作,应该能够适应复杂性和多变性的挑战。而能否形成这样的组织,又取决于员工与组织之间持续的互动,取决于彼此的互信和自由的交流,取决于以互信为基础的组织凝聚力,取决于互助式的风险和责任承担方式。组织学习的最终效果,是要实现员工的个性发展、组织的协调一致、效益的内外平衡(组织内部效率和外部效应的平衡)。

上述各学派是根据不同的实践背景提出的知识管理策略,他们各自代表了知识管理的一个侧面。技术导向的学派重点关注信息技术在知识加工、存储和传递中的作用,以建设和推行相应的信息系统为主要任务;行为导向的学派则更重视"人"在知识管理中的作用,重点是建立适应的物理环境和组织环境,以激发人在知识活动中的主观能动性。技术导向学派和行为导向学派认为知识是企业资源,以知识资源的开发和利用为主,属于知识管理的前端。商用学派则把知识当成企业资产,以充分发挥知识资产价值为主,属于知识管理的后端。

10.1.3 知识管理战略类型

由于知识管理前期研究者的研究背景、视角等因素的不同,形成上述众彩纷呈的研究成果。这也让初学者有无所适从的感觉。为了让初学者便于学习理解知识管理战略的主要类型,这里按照知识管理战略内涵的三个层面的划分,对上述关于知识管理战略各流派的研究成果进行综合总结,得出表 10-2 所示的知识管理战略的简单分类情况。这里将知识管理战略分为战略层、战术层和运营层三个层次,对应着知识管理内涵的资源、规划和过程三个层面,分别列出了各层次典型的战略、策略和模式。

表 10-2　知识管理战略的分类

战略分层	战略类型	说　明
战略层	知识创造战略	组织把知识作为其战略资源,把将其建设成知识创造型组织作为其战略愿景。
	知识利用战略	组织将知识视为战略武器,把快速、高效利用内、外部知识创造价值视为其使命。包括知识转移、知识保护等细分战略。
	学习型组织战略	是知识创造战略和知识利用战略的结合,以建立开放式学习型组织为目标,解决问题是其基本价值观。
战术层	编码化策略	在知识管理实务中,重视显性知识和知识的显性化管理。
	人性化策略	在知识管理实务中,更多地注重隐性知识的作用、知识管理中的行为因素的管理。
运营层	内容导向模式	以识别组织的核心知识资本、构建企业知识仓库为核心工作。
	知识社群模式	知识创造与获取以社群模式为主。
	流程导向模式	把业务流程相关的知识作为管理的目标,将知识管理与业务流程集成。
	学习导向模式	通过开展各种培训、学习活动,逐步将组织打造成为学习型组织。
	整合应用模式	整合各信息系统的知识、构建统一知识门户、跨系统的搜索等。
	创新导向模式	创新中心及开放的、网络化的协同创新模式。

可见,知识管理战略三个层次分别回答"为何管理知识?""管理什么知识?""怎样管理知识?"三个问题。

1. 战略层

(1) 知识创造战略

知识创新战略是一种大幅度的、激进的创新行为,其意图是寻求新的可能性(March,1991),包括创新设计新产品、开辟新的细分市场、发展新的分销渠道、为新的消费者群体提供服务(Jansen 等,2006)。知识创新战略强调获取和创造全新的知识,力求脱离和超越企业现有的知识基础。

当企业处于一个知识密集程度很高的行业中,并且竞争对手拥有更多的知识时,企业必须加强知识管理的水平才能赶上竞争对手。为了适应行业中知识的迅速变化,企业必须创造更多的知识。在这种情况下,企业为了保住自己在竞争中的位置,就需要采用知识创造战略。

(2) 知识利用战略

知识利用战略是一种小幅度的、渐进的创新行为,其意图是对现状进行改进(March,1991),包括改进现有的产品设计、拓展现有的知识和技能、扩张和丰富现有的产品线、提高现有分销渠道的效率、为现有的顾客群体提供更优质的服务(Jansen 等,2006)。知识利用战略以企业现有的知识基础为依托,强调对现有知识进行提炼、整合、强化和改进。

当企业所具有的知识资源和能力明显地超过了竞争对手时,企业就有机会利用其所处行业或者跨行业的知识。这种情况下,企业就可以采用知识利用战略。

华为首席执行官徐直军曾在第一届华为知识管理大会上提出:"华为公司最大的浪费就是经验的浪费",可见华为高层对知识利用的关注。华为始终坚持"知识管理的核心价值在于利用",在推动知识管理的路上,将不断积累的文档资源与实际业务进行了紧密结合,成功推动了知识管理价值的实现。除了理念指导之外,为了推动知识的利用,华为从绩效考评、业务系统等方面着手推进知识的利用。

(3)学习型组织战略

学习型组织是一种将知识创造和知识利用结合起来的综合型战略。该战略的基本价值观是解决问题。在这种战略下,组织中每一个人都要善于利用知识参与识别问题,同时要善于利用知识和创造新知识来快速解决问题,使组织能够进行不断地尝试、改善和提高能力。雇员参加问题的识别,意味着要懂得顾客的需求;雇员要解决问题,意味着要以一种独特的方式将一切综合起来考虑以满足顾客的需求。组织因此通过确定新的需求并满足这些需求来提高其价值。它往往是通过知识创新而不是物质产品来实现价值提高。

2. 战术层

关于知识管理战术层的研究,国内外学者有许多的研究成果,最具代表性的成果是哈佛大学教授汉森和诺瑞亚(Nohria,1999)提出的编码化策略(codification strategy)和个性化策略(personalization strategy)。其他策略大多是在此基础上的演变。

(1)编码化策略

编码化策略是指企业将知识进行编码,存储于文档或结构化的数据库中,便于组织成员获取和使用,从而节约工作时间,减少信息交流成本,取得规模经济效应的一种知识管理策略。该策略强调将知识文档化,知识管理系统化,使知识与人分离,能被多人重复使用,主要通过人与技术系统之间的交互来传递知识,适合对显性知识的管理。

使用这种策略,人们不需与最初知识的获取者接触就可以获得所需的知识,同时,还能记录知识被重复使用的程度以及对业务增长的贡献程度。现代信息技术的发展为知识编码策略提供了条件,组织可以通过投资建设信息中心,使知识的编码过程能有效地运行并帮助正确使用这些知识。

(2)人性化策略

有些企业认为知识和人是不可分割的,知识以隐性的形式存储于员工头脑和人际网络中,因此,通过鼓励人际交流、营造人际网络来管理知识。这种强调投资人力资源,利用员工头脑中的隐性知识创造价值,依靠在员工之间或员工与顾客之间搭建知识交流平台,促进知识的传播、交流与共享的战略被称为个性化战略。该策略强调人与人的面对面交流,适合对隐性知识的管理。

在这种策略中,组织使用计算机的主要目的是帮助人们进行知识交流,而非存储知识。知识是通过"头脑风暴"或人与人的谈话等方式实现转移。为了使人性化战略有效地实施,组织可以大量投资于人力资源开发和人才网络建设。

表 10-3 列出了编码化策略和人性化策略的基本区别。

表 10-3　知识管理的编码化战略与人性化战略

业 务 过 程	编码化策略	人性化策略
知识管理总体思路	开发一种电子化的知识内容管理系统以实现知识的编码、存储、分发和使用	开发一种人员网络使个人隐性知识能够得到交流

续表

业 务 过 程	编码化策略	人性化策略
目标	将人和编码化的知识连接起来	促进个人隐性知识的共享和交流
特征	• 对 IT 需求比较强 • 很大部分投资用于开发综合的电子内容存储系统	• 对 IT 需求适中 • 有适度的投资用于电子文档系统 • 强调电子交流工具和场所的建设

3．运营层

运营层是指知识管理策略与具体业务场景相结合的模式，即技术、管理和文化方案。可见，知识管理模式与知识管理的具体需求及知识活动情境等因素有关。

运营层的研究大多针对一些较为具体的知识活动进行，相比较战略层面的总体导向和战术层面的方法导向而言，运营层面深入知识在活动内部，具体地指导某项知识活动在业务活动中如何运作和展开。根据不同的战略层、战术层选择和组合，学者们提出了运营层的多种战略模式。例如，Claudio Garave Ui 等（2004）从适应外部环境的角度提出了知识创造和知识利用的知识市场模式、知识共享团体模式。

夏敬华博士基于大量案例分析，按照企业知识资本（简称为"知本"）类型和知识循环两个维度，总结出企业知识管理落地的 6 大典型模式，如图 10-1 所示。

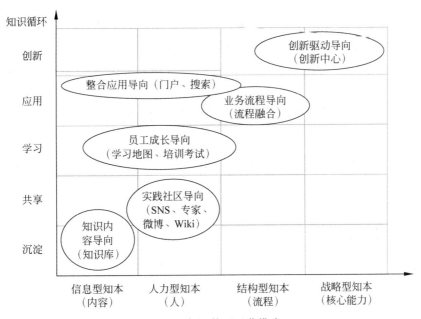

图 10-1　知识管理运营模式

（1）知识内容导向的知识管理

知识内容导向的知识管理表现为从战略和发展的视角去识别组织的核心知识资本，通过科学的分类体系搭建企业的知识仓库，实现对信息资本的有效沉淀和管理，从而达到避免知识资本流失、不断积累核心能力的目的。

（2）实践社区导向的知识管理

实践社区导向的知识管理，则强调人与人之间的知识共享。它是基于虚拟组织和社会网络的思想,构建企业内部人与人之间知识交流和互动的平台,挖掘并沉淀核心员工的隐性知识,并塑造开放、创新的知识共享文化。

(3) 员工成长导向的知识管理

员工成长导向的知识管理关注如何将知识管理机制和人力资本经营体系有效融合,从而帮助个体员工持续提升工作能力和激情。结合关键岗位的能力素质模型,建立一套完整、科学的培训系统加快员工能力素质的提升,是知识管理在人力资源开发领域的重要应用。

(4) 业务(流程)导向的知识管理

流程导向的知识管理关注的是知识在业务流程中的应用。它通过识别企业的核心流程,并对核心流程中相关的输入、输出以及知识支撑进行有效梳理和固化,从而实现流程和知识的完美嵌套,以提高流程的执行效率和成果质量。

(5) 整合应用导向的知识管理

整合应用导向的知识管理则通过整合多个信息系统的知识、构建统一的知识门户、跨系统的统一搜索等方式,建立知识和角色的关联通道,让合适的角色在合适的场景、合适的时间获取合适的知识。

(6) 创新驱动导向的知识管理

创新驱动导向的知识管理就是要帮助企业明确自身在行业竞争中所需具有的差异化甚至超越于竞争对手的核心能力,在此基础上进行核心智力资产的识别、构建、保持乃至创新,并形成持续运营的管理机制和体系。

10.2 知识管理战略规划

知识管理战略规划可分为目标与愿景制定、现状评估、差距分析、战略制定 4 个子阶段,如图 10-2 所示。

图 10-2 知识管理战略规划流程

组织知识管理愿景是对未来组织知识资源及其价值的一种憧憬和期望,是组织知识管理想要达到的长期目标。知识管理目标是组织知识管理在一定时间内要努力实现的目的的一种可测量的描述。或者说,是组织知识管理预期取得的主要成果的期望值,也是组织实现知识管理愿景陈述过程中所希望达到的阶段性成果。知识管理战略目标无论是定性的还是定量的,都必须具备一定的可测量性。

知识管理现状评估和知识管理差距分析用以诊断现状和分析需求,而知识管理目标与愿景制定以及知识管理战略制定则要确定知识管理的导入的总体策略。所以,现状评估和战略制定就成为知识管理战略规划模型的两个核心任务。

10.2.1　确定知识管理目标与愿景

组织应从服务企业整体战略和有利于创造业务价值出发,将知识愿景和业务愿景紧密结合起来。

企业战略是一种对未来的总体蓝图的规划,而为达到这种愿景,还需要一系列具体的业务目标来支撑。着眼于企业核心的业务目标,通过知识管理可以有效地支持企业关键绩效指标的实现,从而确保企业战略部署的达成,最终帮助企业实现总体的战略目标,如图 10-3 所示。

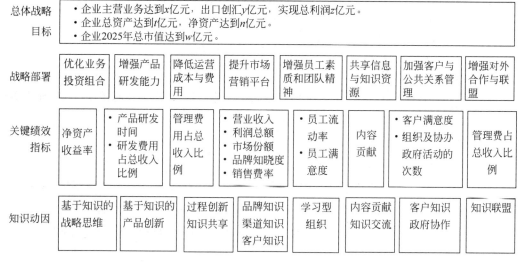

图 10-3　确定知识管理愿景

（来源：AMT）

对于知识管理而言,几个主要的业务性驱动力还在于创建优异的运营过程、实现产品创新和市场成长、提高客户满意和忠诚度以及提高员工技能等方面。所以在确定知识管理愿景时,要从业务驱动力入手,形成鲜明的、融入具体业务过程的一致性意见,为知识管理在组织的推行奠定认知基础。

10.2.2　知识管理现状评估

知识管理现状评估包括两个方面:组织知识资源现状和知识管理能力现状。确定了知识管理的愿景与目标后,就明确了知识管理现状评估和差距评估的范围。

1. 组织知识资源的定位

SWOT(strengths,weakness,opportunities,threats)分析法是用于分析组织内外部环境对组织的影响,寻找内外部环境的协调和最佳配合,以制定组织适宜经营战略的常用工具。组织知识管理战略的制定同样也可以应用 SWOT 分析法。因为组织要实施有效知识管理,其前提必须首先是辨识自己所拥有的知识结构与分布,然后分析市场对知识的需求,了解竞争对手的知识状况,从而发现组织存在的知识优势或者知识劣势,进而有针对性地制定出有效的知识管理战略。

知识资源现状分析过程主要包括:辨识组织知识基础,组织知识资源的定位,明确组织知识缺口现状,制定和选择合适的知识资源战略如图 10-4 所示。

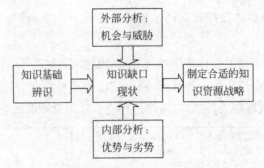

图 10-4　知识资源现状分析过程

(1) 知识基础的辨识

以下三个标准有助于辨识组织的知识基础,即辨识形成组织核心能力的知识及知识活动。

① 价值性

组织一般通过降低产品和服务的成本或通过差异产品和服务来创造价值。因此,能降低企业生产经营成本,提高工作效率的知识,才是有价值的知识。知识交流和知识共享降低了知识获取的成本,从而降低了产品或服务的成本,因而也为组织创造更多的收入。通过知识的创新,组织也可以创造出差异化的产品和服务,从而形成自己的竞争优势。

② 独特性

在其他条件相同情况下,相互竞争的组织拥有同质的、有价值的知识,至多能保证组织在竞争中不至于处于劣势,而不能为其提供竞争优势。能为组织创造竞争优势的知识必须是组织特有的、独特的、有价值的知识。因此,组织必须能够识别出对自己最重要的和最有价值的特有的知识。

③ 不可模仿性

有价值的特有知识可在短期为组织带来利润,但如果其他组织可以模仿这些知识,那么组织很容易就丧失其特有知识,从而失去了竞争优势。因此组织必须发展和培育出难以模仿的知识资源,如独特的组织文化和组织观念。每一个组织都有一个独特的组织文化和历史,而组织文化正是其他竞争者难以模仿的,因此,组织文化可以为组织提供持续竞争优势。

(2) 知识竞争位置的分析

根据上述辨识知识基础的 3 个特性,可以将组织知识划分为核心知识、领先知识和创新知识。

核心知识:组织生存所需的最小范围和最低限度的知识。核心知识具有基本的价值创造作用,但是不具备独特性和不可模仿性,基本上为产业内多数生产厂家所享有,因而不能形成组织的长期竞争能力,但其构成了相对于产业外潜在进入者的竞争优势。例如在中药饮片行业,中药的炮制、切片技术都属于核心知识的范畴,各大型中药饮片企业都应该具备这类知识。

领先知识：可构成组织在行业内的竞争优势，此类知识具有较高的价值创造性和特有性，但不具备很强的不可模仿性。从实践中看，即使组织的知识在水平、范围、质量上与其竞争对手不相上下甚至更优，由于具体的知识结构不同，组织之间也会产生知识差异，这种知识差异必然通过产品或服务市场体现出来，拥有某种知识结构的组织必然会凭借这种知识差异而获取竞争优势。有一家中药饮片公司，针对传统中药按方抓药时操作麻烦、效率低的问题，发明了中药饮片小包装，并制定了相应的包装规范与行业标准，大大提高了抓药效率。该公司凭借该项发明与技术，产品销售遥遥领先于行业其他企业，成了当时的行业的标杆。但是领先知识在一定程度上是可以进行学习和模仿的，因此不算一种创新的知识。

创新知识：组织远远领先于其所在行业的其他竞争对手，使组织与其竞争对手严格区分开来的知识，具有很强的价值创造、特有性和难以模仿性。创新知识令组织改变行业的游戏规则，使产品的生产、服务的提供发生质的飞跃。例如，某企业建立强大的研发团队，把传统中药技术与现代生物科技相结合，研发出系列中成药和保健食品等产品，拥有了领先于同行业内其他企业的创新知识，形成了在短期内难以逾越的竞争优势。

企业可以通过与竞争者对比，分析自己具有上述三种类型知识中的哪一种，来判断自己在知识资源的竞争中处于怎样的位置，根据互相之间的知识对比情况，组织可以定位于五种不同的竞争位置：创新者、领先者、竞争者、滞后者和淘汰者，如图 10-5 所示。

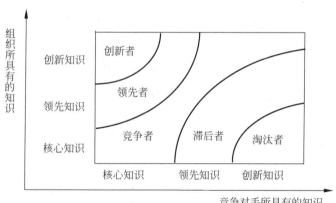

图 10-5　组织知识"竞争位置"的识别

2. 知识管理能力现状评估

在知识管理的战略规划中，首要的问题是要认识组织知识管理现状，从制度、文化、流程以及技术各个方面得出组织知识管理的能力水平。

知识管理项目导入的几个阶段是循序渐进，相辅相成的。知识管理战略规划的重要任务就是明确企业知识管理的现状和需求，在此基础上，才能制定出有针对性的知识管理导入策略，包括确立合适的知识愿景、选择恰当的先导试点以及相应的知识管理模式，等等。知识管理成熟度模型正是用来诊断企业知识管理能力现状的不可缺少的评估工具。

知识管理成熟度模型能帮助我们回答以下几个问题：我们目前做得怎么样？我们哪些方面可以做得更好？我们应该向何处去？第一个问题可以让企业认清自我，第二个问题则提出需求,而第三个问题指明了未来方向。

知识管理能力现状评估的整体过程如图 10-6 所示。首先进行内部访谈、问卷调查以及外部基准比较,在此基础上,根据知识管理成熟度模型,对知识管理的各层面(包括"人""流程"及"技术"这三个大的维度)进行分析,找出现状和需求之间的差距,最终得出有关知识管理的整体评估结论。

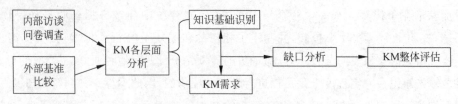

图 10-6　知识管理能力现状评估过程

内部访谈和问卷调查的目的主要包括:认清组织的业务战略和知识管理战略间的关系;了解组织现有的知识管理的做法以及需求;辨识组织中有关知识管理的推动及障碍因素;初步认识组织知识管理的可能的导入范围。其主要方法是进行知识管理现状问卷调查和人员访谈,并收集组织内部有关知识管理现状的资料。

而外部基准比较则是对比行业基准,找出组织知识管理的优势和弱点,为未来发展提供参考依据。比较的层面主要包括"人""流程"以及"技术"这三个大的层面,每个层面又有各自的关键领域,如"人"包括领导力、策略、文化等;"流程"包括知识流程状况、知识内容状态、知识评估标准等;而"技术"主要涉及技术的平台、知识管理的软件等。

知识管理各层面分析主要基于人员访谈、问卷调查分析以及基准比较的资料,对主要的"人""流程"以及"技术"三个层面进行现状诊断和需求分析。分析的结果一方面表现为组织现状对知识管理成熟度模型的具体定位,另一方面是基于知识管理成熟度模型的层次性发展概念,并结合企业具体的需求和基准比较分析,确定组织的知识管理发展目标,为知识管理导入提供参考。

10.2.3　组织知识缺口分析与战略选择

组织知识管理差距分析包括知识管理能力差距分析和知识资源缺口分析。能力差距分析通常采用基于知识管理成熟度的方法,从知识管理的人、技术、组织、流程和知识资源等方面识别知识管理的不足。下面主要讨论组织知识资源的差距分析。

1. 组织知识缺口分析

识别了组织知识的"竞争位置"后,然后分析组织的"战略差距",即外部环境决定的为保持竞争优势组织必须做什么和组织内部能力决定的组织能够做什么之间的差距。战略就是在这些"必须做什么"和"能够做什么"之间的制衡。一般可以用知识的 SWOT 矩阵来识别组织的知识缺口和战略缺口,如图 10-7 所示。

组织适应外部环境产生的知识需求,与其自身条件形成的知识供给,并不总是吻合的。组织适应外部环境所需要的知识与组织已具有知识之间的差距,称为知识缺口。组织的知

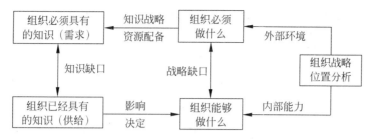

图 10-7　组织的战略与知识缺口分析

识缺口通常存在以下三种情况：

　　① 知识欠缺，这意味着组织不具备适应外部环境所需要的知识；

　　② 知识冗余，这意味着组织所具备的知识不是组织适应外部环境所需要的；

　　③ 知识吻合，这意味着组织所需的知识正是其所具备的。

2. 组织知识资源战略的选择

通过对组织知识资源的需求与供给分析，组织可以发现需要补充一些知识或者消除一些知识冗余来保持知识竞争优势。通常情况下，组织的知识资源战略是以缩小知识缺口为导向的，因此知识资源战略的选择应该根据不同的知识缺口情况而定。

（1）基于知识欠缺的知识资源战略：知识创新

知识欠缺是由于组织自身并不具备其适应外部环境所需要的知识而形成的。为了抓住外部环境中的机会，使组织竞争优势能够持续保持下去，就需要组织补充这方面欠缺的知识。所以，在这种情况下组织应该选择的知识管理战略是知识创新。

选择知识创新战略的组织，致力于在组织内创造一种通过知识创新改善产品和服务的共识，并着力于创新实践。比如说，组织对自身的产品和服务进行改进时，就需要通过吸收新的知识改变其原有的知识构成，或通过对原有知识的使用来产生新的知识。需要注意的是，在进行知识创新时转移和保护知识也应给予一定的重视。否则，知识会不经控制地漂移——经常是移向竞争者那里。这样来自知识创新的竞争优势就大打折扣。

（2）基于知识冗余的知识资源战略：知识转移

知识冗余是指组织具有的某些知识对于组织适应外部环境而言无关紧要，而且，这些知识也不是组织优势或弱点的关键；或者某些知识曾经或现在是组织竞争优势的来源，但对组织形成可持续的竞争优势没有影响。

一般情况下，组织总是倾向于从现有的竞争优势中获益，而不愿轻易做出改变。然而，外部环境总是在不断发展变化，组织现有的优势可能很快就不再是优势。某些知识也不再是组织可持续竞争优势的关键资源而形成知识冗余。所以，消除知识冗余能够克服组织不愿轻易做出改变的惯性，促使组织寻求新的优势，从而保持组织发展的可持续性。在这种情况下，组织应该选择的知识管理战略是知识转移。

运用知识转移战略的组织侧重于在组织内快速扩散知识，以尽可能快地充分利用这些知识或将组织的知识冗余传递到组织外。消除知识冗余时需要注意的是，有一些非冗余知识与组织的冗余知识相关，而在处理知识冗余时没有对这些知识给予一定的重视，使其随着知识冗余也被传递到组织外。所以,为消除知识冗余而选择知识转移战略时,适当重视知识保护也是必不可少的。

(3) 基于知识吻合的知识资源战略:知识保护

所谓的知识吻合是指组织进一步适应外部环境所需要的知识正是其自身所具备的。这些知识既是组织当前竞争优势的基础,又对组织形成新的竞争优势至关重要。所以,如果组织由于不慎使这部分知识被竞争对手所掌握的话,则对组织的伤害将是致命的。组织不仅很难在下一轮竞争中获得竞争优势,即使当前的竞争优势也很难维持,因为竞争对手会纷纷仿效和复制组织的行为。所以,在这种情况下,组织应该选择的知识管理战略是知识保护。

运用知识保护战略的组织侧重于保护知识原来的状态,并防止其未经授权地转移向其他组织。知识保护战略着重于获取和内部化等知识处理活动。知识获取可以从组织内外环境中辨别知识,并转移这些知识为组织所用,通过内部化进一步使这些知识逐渐成为组织的制度、惯例和文化等。但是,在采取知识保护战略时可能会使知识处于封闭状态,这样就会无意中妨碍它向组织获益的区域转移。所以,组织在选择知识保护战略时,也不应该忘记知识转移,特别是对于一些难以表达的隐性知识,组织应该建立畅通的内部沟通网络。

表10-4是对上述三种条件下的战略选择和注意事项的总结。

表 10-4　基于知识资源的知识管理战略选择

战略选择的条件	战略选择	注 意 事 项
知识欠缺	知识创新	知识创新的同时,重视知识转移和保护,防止知识漂移向竞争者。
知识冗余	知识转移	为消除知识冗余而选择知识转移战略时,注意相关的非冗余知识的保护。
知识吻合	知识保护	防止知识过度保护而阻碍组织内部的知识转移。

3. 组合战略的选择

Zack认为,对一个组织而言,单纯用创造知识和利用知识描述战略是不够的,还应该考虑组织主要的知识源。知识源可以来自组织内部和外部,内部知识存在于员工的思想、行为中,业务活动的过程中,记录在各类文档中,存储在数据库和在线知识库中;外部知识源一般包括出版物、大学、政府机构、专业协会、个人关系、顾问、供应商、知识中介和组织内部联盟。从组织内部产生的知识,由于其唯一性、专业性和隐含性,竞争对手难以模仿而具有较高的价值,因此具有战略意义。从公司外部获得的知识,往往更抽象,更昂贵,更容易被竞争者获取,这样的知识可以提供新的思路和比较的基准。许多外部导向的公司创造机会与其客户持续对话以交换知识,对话的机制在形式上有所不同,包括用户群、综合风险、Beta-检验、网站、电子邮件、免费电话号码、客户服务中心、客户咨询部、会议和社交群体等。通常,可获得的外部知识和内部知识组合起来就会产生全新的视角。

图 10-8　组织知识战略

将利用知识、创造知识战略和知识来源结合起来考虑,可以得到一幅知识战略的完全图,如图10-8所示。以利用内部知识为导向的公司采取的是最为保守的战略,他们将知识看作一种重要的资产来保护,试图阻止知识向外部传播或扩散,希望利用其强大的内部核心知识产生排他效果以构建产业的进入障碍,企业知识管理的重点在于深化、强化自己的内部知识；不受约束改革者(不受组织边界限制积极探索和利用知识的公司)表现出最积极的战略，他们把知识看作一个持续创造和毁灭的过程，在战略上不会等待竞争者来追赶自己，而是采取自我摒弃的手段，舍弃旧的知识，追求新的知识(知识的生命周期较短)，力求始终走在竞争者的前面。采取积极战略的组织不会致力于防止知识向竞争者传播与扩散，他们更多地通过更新和发展智力、忠诚、员工承诺，营造一种学习、承诺、合作的文化氛围来保护自己的知识资源。同时他们擅长整合内外知识，吸收外部知识并将其整合到内部知识体系中，发展为最适合该企业的知识，产生比竞争者更好的洞察力，保持公司的竞争优势。通常，知识密集型产业中，实施积极战略的公司最终比实施保守战略的公司更胜一筹。

据 Zack 的观察，采取积极战略的公司长期表现较优于保守战略的公司，他建议在市场中处于落后地位的公司应该采取积极战略，在很多个案研究中显示积极战略可以创造新的组织优势。

10.3　知识管理策略与模式选择

本节讨论知识管理战术层策略和运营层模式选择的一些基本原则和思考方法。

10.3.1　选择知识管理策略

知识管理战略层确定后，接下来的工作是解决组织"管理什么知识?"的问题，重点是显性知识还是隐性知识? 不同的管理重点，策略的选择有所不同。找准切入点，有序导入知识管理战术层策略对战略目标的达成至关重要。

1. 编码化策略与人性化策略的选择

(1) 编码化策略

编码化策略适合于向客户提供明确可靠的标准化产品或成熟产品及服务的企业，如应用软件开发公司、管理咨询公司、设计事务所、传统的制造业公司等等。这些企业的生产和经营活动主要依靠显性知识，而隐性知识所占的比重较少。选择这种知识管理策略的企业应把着重点放在对现有知识的大规模再利用上，由于显性知识较隐性知识更容易交流和共享，利用率较高，因而可以形成生产和经营上的"规模效应"，即通过为客户提供高质量、可靠的产品和服务获得竞争的优势。编码化策略的运用中具有较强的技术性，知识的整理、存储、传播和再利用都离不开技术，因而除了重视人的因素以外，比较关注技术在知识管理中的作用，特别是需要一个适合自身特点的知识管理平台，具有功能强大的知识仓库，使员工可以跨越时空，随时获取所需要的知识，提高知识的利用率。

实行编码化策略的企业对员工素质的要求是必须具有较强的获取知识和善于利用现有知识解决问题的能力，对于这些员工只要经过适当的培训，就能很快地适应生产岗位的要求，满足企业发展的需要。如美国的爱克思医疗公司(Access Health)，倾注于收集和传播医疗知识,开发了一个专家系统,将500多种疾病的症状和专家建议的治疗方案输入系统。该机构只雇佣那些资历较浅的医生或者护士就可以为病人提供最好的服务,向打进电话的求医问药者提供诸如在家治疗、医生登门和安排急诊室等多种服务和建议,受到用户的普遍欢迎。"利用原有的知识而不是创造新知识为病人服务",病人甚至通过电话就能得到专家系统的治疗。据统计,这个系统中的每一种疾病平均每年的使用次数是8000次,因而大大降低了医院的服务成本。

安达信(Andersen)、安永(Emst & Young)两家咨询公司主要为客户提供成熟的、标准化的计算机网络系统或知识管理系统方案,它们分别投入巨资用于建立知识管理的电子文件系统,使之可以迅速将公司成员的知识以及他们从外部收集到的知识进行编码、贮存,成为文件数据库(document databases)。这些知识可被公司所有人员通过计算机直接调用,不必管这些知识的来源,从而使全体员工能够最大限度进行知识共享。它们多雇佣善于收集知识、使用知识、执行决策的人员,特别是刚毕业的大学生。相应地,员工的报酬也取决于他们为文件数据库增加知识和从中使用的知识的数量。通过对这些知识的重新利用,该公司为顾客提供标准化、高质量、快捷的咨询服务,由此获得了巨大的成功。

(2) 人性化策略

人性化策略适合于提供定制化而不是标准化的产品或服务的企业,如战略咨询公司、维修公司和餐饮公司等,这些企业在生产和经营活动中主要依靠员工的隐性知识,其经营战略也主要是依靠创新产品或服务(而不是成熟产品或服务)占领市场。运用人性化策略的企业更注重人在知识管理中的作用,为了实现隐性知识的共享和交流,比较重视企业内部交流团队的建设。一方面建立企业内的正式组织,如项目团队、特别任务组等。由于它具有良好的沟通性能,被西方学者认为是组织中最佳的学习单元。这种正式的工作团体从组织制度上为员工面对面地交流和共享知识提供了条件,能有效地促进知识创新与传播过程中社会化和内在化两个阶段的进程。另一方面培育企业中的非正式组织,如"实践社团"、虚拟性知识沙龙等进行知识的共享和交流。这些非正式组织的成员的专业领域可以相同,也可以不同。在由相同专业人员组成的非正式组织中,由于员工使用相同的专业术语,因而更容易交流;而在不同专业人员组成的非正式组织中,由于员工知识的互补性,容易产生知识创新的火花,从而有效地促进知识创新和传播的进程。有的学者调查后发现,员工在工作场所获取的知识中,有70%来自与非正式团体成员的交流和沟通。因此,在运用人性化策略的企业中,正式组织和非正式组织是两个互为补充的知识创新与传播系统。通过个人知识和实践经验的交流,提出创造性的建议,促进知识的创新。

实施人性化策略的企业可以选择富有创造性、挑战性的工作人员,以利于知识的社会化和内在化,推动知识创新的步伐。在人性化策略的实施过程中,也需要信息技术的支持,方便隐性知识的交流与传播。

企业可以根据竞争形态、经济模式、经营策略、系统模式和人力资源五个维度的分析,选择编码化策略或是人性化策略。表10-5给出了一些相应的选择依据。

表 10-5　编码化策略与人性化策略的选择依据

分析维度	编码化策略的选择依据	人性化策略的选择依据
竞争形态	通过对现有知识的大规模再利用,提供高质量、可靠的产品或服务	通过个人知识和经验的交流,提供创造性的、符合客户特殊要求的产品或服务
经济模式	规模经济,在知识资本上一次投资,多次利用	专家经济 针对独特问题的高度用户化的解决方案
经营策略	主要依靠显性知识;提供成熟、标准化的产品或服务	主要依靠隐性知识;提供创新、个性化的产品或服务
系统模式	开发电子文档系统	开发个人联系的网络系统
人力资源策略	使用善于利用现有知识解决问题的人员;奖励使用文档数据和为文档数据库做贡献的人	使用喜欢挑战、善于创造的人员;奖励与他人直接共享知识的人

（3）综合策略

Sourav Mukherji（2005）的实证研究表明,编码化策略和人性化策略在知识管理战略实施中通常是并存的,并非相互排斥的。为了使知识的传递和共享更加有效率,编码化战略是必须的;但同时,人性化战略在解决复杂问题和寻求创造性的过程中也是必不可少的。例如,某公司的知识管理系统中有三个重要的组成部分：数据银行（databank）、专家黄页和创造实践社团的虚拟空间（论坛）。数据银行是知识编码数据库,它包含白板（white papers）、方法说明、案例学习和由组织员工所提交的实践文档;专家黄页是领域专家的定位和链接系统,帮助人们方便地与专家交流那些不能被编码到数据库中的知识;论坛则为那些有着共同兴趣和爱好的人创造了一个虚拟平台,并使那些不在同一地域的人创建一个实践社团和学习团队成为可能。

编码化策略和人性化策略在知识管理战略实施中并存的观点获得了国内学者的普遍认同。姜文年（2004）给出了编码化和人性化的一种组合实施策略,如表 10-6 所示。

表 10-6　编码化策略与人性化策略的一种组合实施

知识活动	编码化策略	人性化策略
识别	外部搜索引擎、监控、标杆学习	外部专家网络、客户网络
获取	知识门户、订阅、专区、数据挖掘、搜索	图书、资料购买、外部咨询、人才引进、培训、关系网络
开发	最贱实践形成、语言分析、超文本	事后回顾、总结
存储	知识库、专家库、审核机制	个人与团队学习
传递	门户、推送、电子学习、在线培训、知识提交	传帮带、内部培训、交流与讲授、学习、认识考核、激励
共享	工作流、文档管理、实践社区、协作平台	会议、联合团队、宣传
使用	知识地图、专家定位、智能检索	协同工作
创造	在线协作、电子会议	头脑风暴、事后回顾、评估人、人事考核、奖励、允许失败
评估	在线评分、推荐、自动评估	资质认证、专家培养、评估机制
淘汰	文档销毁	人员退出机制

2. 选择实施的切入点

在确定了知识管理策略的基础上,选择知识管理的优先试点项目来导入策略是比较稳妥的做法。一般来说,试点项目的选择应遵循以下几条原则:(1)针对业务重要的部门或过程;(2)试点能够有可见的成效;(3)试点能够有足够的资源保证;(4)试点得到的经验能够移植;(5)试点能够对知识管理原理进行有效验证;(6)试点能够充分利用已有的知识。

在满足以上几条原则的基础上,可根据知识管理的价值矩阵和优先级矩阵来对知识管理项目的价值及其实施难度进行判断,并以此为依据来选择具体的知识管理项目切入点。

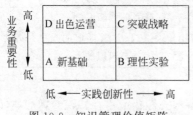

图 10-9　知识管理价值矩阵

根据不同知识管理项目的价值,将知识管理实施形式分为如图 10-9 所示的 4 种。

新基础(A):该形式主要集中于现有战略环节的"知识应用"。大部分企业从这里起步,播下知识管理的种子,当进一步成熟时,有望进入"出色运营"形式。

理性实验(B):该形式聚焦于对不太重要的业务过程领域的"知识创新"。这种实践一般应在"新基础"或有"出色运营"的条件基础上进行。

突破战略(C):该形式集中于对业务非常重要的过程的"知识创新",相对来讲是一种冒险性策略,一旦成功,会给企业带来巨大的竞争优势。

出色运营(D):该形式是"新基础"阶段的延伸,强调核心过程的"知识应用",着眼于企业的知识转型。

对于价值矩阵的 4 个象限来讲,矩阵左半部着眼于"通过知识应用提高效率";而右半部着眼于"通过知识创新创造新价值"。对于不同企业而言,对知识管理实施形式的选择是不同的,要视其在知识管理努力中的位置而定。但是,应该明确,知识管理实施形式不是也不应该是静态的。企业需要考虑当前什么形式最合适,而什么时候应该转为其他形式。

建立知识管理价值矩阵仅仅是走向成功的其中一环,企业需要建立一种更为精细的过程,知识管理的实施应该被分割成关键项目。为确定这些项目功能块的优先级,我们可以应用知识管理的优先级矩阵来说明,如图 10-10 所示。

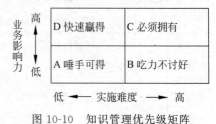

图 10-10　知识管理优先级矩阵

唾手可得(A):在该象限内,项目具有一定的吸引力,称其为"唾手可得",它们的业务影响力小,但执行起来容易。

吃力不讨好(B):业务影响力不大,而实施难度却很高,属于"吃力不讨好"的类型。

必须拥有(C):大多数成熟企业需要着手"必须拥有"的知识管理项目,它们业务影响力很大,但是执行非常困难。如果企业已经实现了一些"快速赢得"并且积累了经验,那么可望更容易地执行那些"必须拥有"的项目。

快速赢得(D):在该象限,既有高的业务影响力,又容易执行,属于最优先考虑的项目。

在具体的知识管理导入中,需要首先确定知识管理实施形式,将其在知识管理价值矩阵中定位;然后将该实施项目细分为多个功能块,并标定在知识管理优先级矩阵中;在此

基础上,可以确定各模块间的关联,建立项目导入路线图并着手实施;在支持产品研发和创
新的知识管理项目中,业务重要性高,而且实践创新性也较强,可以视为一种"突破战略"
(如图 10-11 所示)。而在该知识管理项目中,又可划分出多个子功能模块,如技术文档管
理、研发人员知识社区建设、智能辅助设计系统建置以及产品设计知识的挖掘系统等等,视它
们在业务影响力和实施难度两个方面的表现,将其标定在优先级矩阵的不同位置。如"技术文
档管理"实施难度较低,而在产品研发中又不可缺少,所以将之定位为"快速赢取";而"智能辅
助设计系统"实施难度较高,但在现代产品研发中越来越重要,所以将之定位为"必须拥有"。

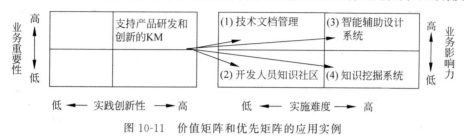

图 10-11   价值矩阵和优先矩阵的应用实例

10.3.2   确定知识管理模式

在回答了"为何管理知识"和"管理什么知识"两个问题之后,剩下的问题焦点就是"怎
样管理知识"。这个问题的关键在于实现业务过程和知识管理模式的匹配。我们知道,知
识管理只有将知识和各个业务处理过程紧密结合起来,使知识管理成为在业务过程中传输
知识的工具,才能真正发挥效用,所以如何在业务过程中应用知识,如何使知识管理模式与
具体的业务过程保持匹配是知识管理的重要任务之一。

在一个组织中有不同类型的业务过程,它们对知识的要求各不相同,有的是事务型工
作,而有的则是知识密集型。如办公管理基本上是一种事务型的工作,注重流程的自动化,
在知识应用方面主要强调文档、公文等显性知识的管理;客户服务相对于办公管理,对知识
应用要求提高了,需要对顾客数据进行分析、挖掘,对顾客关系的全生命周期进行管理;而
对员工培训、产品创新以及战略规划而言,它们的知识密集性也各有不同(见表 10-7)。

表 10-7   业务过程中的知识应用示例

业务过程	成 功 量 度	知 识 应 用
员工培训	教育水平、培训参与、技能水准	员工技能跟踪与培训,提高员工的知识和士气
客户服务	客户满意度、客户保持率、服务覆盖面等	顾客数据分析、服务模式改进、顾客关系改善
产品开发	产品成功率、周期长短、重复工作率	客户信息捕捉、并行协作设计、智能辅助设计等
战略决策	行业趋势分析、危机响应时间、竞争意识	宏微观环境分析、SWOT 分析、决策支持

由于不同业务过程的特点不同,造成了知识应用方式的差异,而这可以通过对知识管
理模式进行分析得到。对于知识管理模式,我们从其管理形式和知识类型两个维度进行分
析,管理形式实质是着重于对过程的管理还是对内容的管理;知识类型对应知识管理战略
是着重于已有知识的应用还是聚焦于新知识的创新。这样,我们就可以从这两个维度得到
不同的组合形式,如图 10-12 所示。如对于那些倾向于既有知识内容管理的业务过程,比较

强调知识的获取和定位,而对于既强调知识共享过程又强调知识创新的业务过程(如新产品开发),则需要营造一个良好的知识交流、共享和创新的环境。

同样,对于员工培训、客户服务、战略规划以及产品创新这几个业务过程,我们可以将它放入知识管理模式矩阵不同的象限,如图 10-13 所示。员工培训主要强调已有知识的传授,它主要注重于知识内容的获取,所以它放入第一象限是合适的;客户服务主要是基于相关客户知识,将特定的服务知识向客户传递的过程,它在知识类型上也多属于老知识,而在知识管理形式上比较强调和客户交互的过程,所以应处于第二象限;而产品创新则是一项复杂的知识创新性活动,它强调新知识的创新过程,所以应处于第三象限;而战略规划决策相对于产品创新,同样是一种知识创新性活动,但它在知识创新形式上并不注重过程,而主要看重内容,所以应处于第四象限。这样,我们就可以根据业务过程的具体特征,将之与不同知识管理模式相匹配,为不同的业务过程寻找合适的知识管理解决方案提供了一种思路。

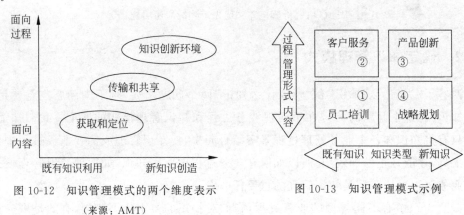

图 10-12 知识管理模式的两个维度表示

(来源:AMT)

图 10-13 知识管理模式示例

在图 10-13 中,象限①对应的知识管理运营模式为内容导向模式、综合应用模式和单环学习模式;象限②对应流程导向模式和共享社群模式;象限③对应创新导向模式;象限④主要对应双环学习模式。因此,可以有这样的模式选择方案:客户服务业务采用流程导向知识管理模式;员工培训采用内容导向模式;产品创新采用创新导向模式;战略规划采用双环学习模式。

需要强调一点:对于"为何管理知识""管理什么知识"以及"怎样管理知识"这三个问题,不存在永恒不变、普遍适用的标准答案。各种策略、方法可以帮助组织厘清认识问题、解决问题的思路,但仅仅依靠它并不能得出答案,还必须从企业的实际出发才能得到问题的正确解答。

10.4 知识管理战略的评价

知识管理战略实施需要组织结构、文化、业务流程、信息技术等多方面共同合作。知识管理战略评价可以及时发现问题,帮助组织管理层有效分配资源,做到物有所值、人尽其才；可以及时发现知识管理战略、策略、运营层面的问题，完善知识管理；有利于组织完善激励机制，将评估与激励相结合，有助于激发员工和团队的积极性和主动性，不仅可带来个人知识水平的提高，同时也可促进组织知识价值的提升。

10.4.1　知识管理战略评价的原则

知识管理战略评价目前仍处于探索阶段。由于知识管理是一个复杂的系统工程，作为核心的知识又具有多样性，这就给知识管理战略评价带来了很大的困难，特别是涉及隐性知识的绩效评价。虽然目前对知识管理尚未建立标准战略评价体系，但是我们在进行知识管理战略评价时应遵循如下原则。

（1）定性方法和定量方法相结合的原则

组织知识管理战略评价不仅要使用客观性的定量评价方法，还要定性评价方法相结合。因为知识管理战略中非常重要的核心能力一般是难以量化的隐性知识部分，如：组织的创新能力、员工的团队合作精神等。所以必须要将定性方法和定量方法相结合才能得到正确的评价结论。

（2）目标评价与过程评价相结合的原则

通常人们重视对目标的评价而忽视对过程的评价。在组织知识管理战略评价中，既需要对知识管理战略总体绩效进行评估，也要对其过程进行绩效评估。因为在知识的识别、获取、存储、传播、转移、整合、应用、测试、更新和创新的过程中，涉及很多可变因素，如人员的调整、技术更新等，都会给知识管理战略的实施带来影响，通过过程评价，便于及时获得有关进展情况，发现战略实施中出现的问题，采取积极有效的措施加以修正，确保战略目标的实现。

（3）财务指标与非财务指标相结合的原则

知识管理战略实施效果习惯上考虑的是财务绩效，这是组织知识管理战略绩效的最直接反映，其变化情况体现了知识管理战略给组织带来的价值变动。但是，除了财务绩效以外，知识管理战略绩效是通过间接的非财务指标影响最终的财务性指标。例如：客户满意度、知识型员工的忠诚度等，这些因素都直接影响组织知识结构，影响组织竞争优势的形成。所以，在进行知识管理战略评价时不能仅仅考虑财务指标还要结合非财务指标，才能反映真实情况。

（4）内部绩效和外部绩效相结合的原则

知识管理战略评价不仅在组织内部比较预期目标和实际实施效果之间的差距，还需要和组织外部的竞争对手进行绩效比较。因为组织不仅要和自己的过去相比较，更主要的是与竞争对手实施知识管理战略的效果进行比较，才能评估出本组织知识管理战略实施的真实绩效，有利于清楚了解竞争对手，查找差距，制定合理、有针对性的策略，同时也可以向竞争对手学习，获取新知识以及促进本组织的知识管理战略。

10.4.2　知识管理战略评估的工具——平衡计分卡

鉴于传统绩效评价标准的缺陷，20 世纪 90 年代美国哈佛大学商学院教授卡普兰与复兴全球战略集团总裁诺顿在与 12 家组织进行了为期一年的绩效管理项目研究后,设计出了平衡计分卡。

1. 平衡计分卡的含义

平衡计分卡(BSC),是一种通过财务、客户、内部运营、学习与成长 4 个维度指标以及它们之间相互驱动的因果关系,展现组织的战略轨迹,并对 4 个维度的指标进行平衡计分,从而实现组织综合性绩效评价的管理工具。

两位设计者希望组织能有长远的战略眼光,除了关注财务表现之外,必须同样重视非财务方面的组织运营能力;除了关注内部因素外还应关注影响组织战略的外部资源与环境;除了关注短期目标,也能兼顾长期发展的必要;除了关注最终结果外还应关注最终结果的执行动因。即他们认为那些影响组织战略成功与否的关键要素,应该在组织绩效评价体系中得以体现,以改善传统绩效评价标准的不足,并引导组织绩效向战略目标的方向发展。

2. 平衡计分卡的内容

BSC 从 4 个维度评价组织绩效,帮助组织对所有具有战略重要性的领域进行全方位的思考。

(1) 财务维度

组织财务维度的指标通常包括资本利用率、现金流和项目盈利性等,这些指标可以显示出组织的战略及其执行是否正在为最终经营成果的改善做出贡献。因为组织在经营过程中,只有从股东及出资人的立场出发,才能满足投资人和股东的期望,才能取得组织立足与发展所需的资本。所以,财务维度是平衡计分卡的焦点,也是其他 3 个维度的出发点,是所有其他方面目标和衡量指标的最终鉴定,更是战略的归宿。

(2) 客户维度

组织客户维度的指标有客户获得率、客户保持率和客户满意度等,这方面的衡量可以使管理者们通过客户的眼睛来看组织,从时间、质量、性能、服务和成本等方面关注市场份额以及客户的需求和满意程度,并根据客户需求的变化做出快速反应。因为在市场供过于求和客户的个性化需求日渐明显的今天,客户才是组织利润的源泉,组织只有更多地关怀客户并为其传递和创造更多的价值,才能为组织的战略执行提供市场保障。

(3) 内部运营维度

组织内部运营维度的指标通常有生产周期、合格品率、新产品开发速度等,这些指标可以报告组织内部运营的效率,关注组织获得更好绩效的过程、决策和行动领域的持续优化,特别是对客户满意度有重要影响的组织流程的优化。因为所有客户的满意和财务目标的实现,都要归功于组织内部运营活动的高效和有序。组织能否在内部运营方面超越竞争对手,将会在很大程度上决定组织在激烈的市场竞争中所处的地位。所以,运营维度相关指标的实现是组织战略有效执行的内部保障。

(4) 学习与成长维度

组织学习与成长维度的衡量一般涉及员工的能力与激励、培训和技能、信息系统的能力等,注重该方面的衡量可以创造一种支持组织革新、成长的氛围和机制。激烈的全球竞争迫使组织必须不断提高其向客户和股东提供价值的能力,学习与成长就如同大树的树根一样,是所有养分、支撑和成长的本原,正是他们造就了美丽的枝叶和繁花。所以说,学习与成长维度的创新方案和行动,是组织战略执行的知识保障。

3. 平衡计分卡的优势

BSC 的 4 个维度之间的内在逻辑关系,实际上是一连串的假设问题:如果组织有出色的员工,那么服务和质量就会提高;如果服务和质量提高了,那么客户的忠诚度就会提高;如果客户的忠诚度提高了,那么资产回报率就会提高。BSC 中每个维度的指标,都是向组织传达战略意义的这个因果关系链中的重要一环。它强调每种策略背后的因果关系,通过客户维度、内部运营维度、学习与成长维度评价指标的完成,从而实现最终的财务目标,即:学习与成长解决组织长期生命力的问题,为组织执行战略提供知识保障;组织内部运营能力的提高可以为客户创造和传递更多的价值,是实现组织战略强有力的内部杠杆;客户是组织利润的源泉,高度的客户满意及忠诚度是组织实现战略的市场保障,只有客户满意才能产生组织良好的财务效益,即战略的归宿。

由此可以看出,平衡计分卡是一个可以在短期利益与长期利益之间、外部角度(股东与客户)与内部角度(内部运营和学习与成长)之间、所求的结果与这些结果的执行动因之间、定量衡量(财务)与定性衡量(客户、内部流程、学习与成长)之间进行战略平衡和绩效综合评价的管理工具。它避免了传统绩效评价方法的缺陷,并且将绩效评价这个原本单纯的对员工进行评价的工具提升成了帮助组织执行战略的工具,把组织的绩效评价和战略执行有机地联系起来,让两者顺利地实现了对接。因此,平衡计分卡的出现,使组织拥有了一个可以全面统筹组织战略、客户关系,以及市场能力、内部运营流程、员工学习与成长、财务目标等关键要素的有效管理工具。

4. 作为知识管理战略评价工具的平衡计分卡

BSC 成功地将战略融入知识管理绩效的评价体系,从财务、客户、内部运营和学习与成长 4 个维度考虑影响组织知识管理绩效的因素。组织首先制定自己的知识管理战略目标,利用公司 BSC,结合组织外部环境和内部因素的分析,依次建立部门 BSC、小组 BSC 和个人 BSC,将知识管理战略目标细化为一系列可衡量的和具有因果关系的评价指标,并与浮动薪酬挂钩。

这样,利用 BSC 进行绩效评价,就将组织的知识管理战略、客户获取与维系、内部运营流程、员工学习与成长联系在一起,能够鼓励所有员工积极、成功地执行组织的知识管理战略,使组织知识管理战略转化为从上到下的一致行动。BSC 发挥了传统绩效评价方法所不能起到的作用,实现了短期衡量与长期衡量、内部衡量与外部衡量、所求结果的衡量和结果的执行动因的衡量、定量衡量和定性衡量之间相互平衡的绩效测量与评价;能使组织对自身的关键能力和不足有更清晰的认识,帮助组织及时发现问题,分析实际绩效达不到预期目标的原因;能用量化的指标追踪跨部门、跨时期的知识管理绩效变化,帮助组织及时考核与评价知识管理战略执行的情况,并根据需要及时调整战略目标和相应的评价指标,达到动态评价与静态评价的相互统一；它把远景目标转化为一套系统全面的业绩评价指标，能够提供与所有员工奖励体系相结合的可度量的基准，反映绩效与报酬的对等承诺，在不同利益相关者之间形成战略平衡，激励员工为知识管理战略的执行做出更大贡献。因此，平衡计分卡实现了让绩效评价体系更好地为组织知识管理战略实现服务的目标，是一种与组织知识管理战略相融合的绩效评价工具。

本章小结

1. 识管理战略是指在知识经济条件下，将企业内外部的知识作为最重要的资源进行管理的一系列战略、策略和管理方法的集成，其目的是提高组织的知识创新能力，形成并保持企业的核心竞争力，最终实现企业的价值。

- 知识管理战略的两大理论来源：资源基础理论和核心能力理论。
- 识管理战略的战略层是基于资源观知识管理方向与愿景，如以知识创造为核心，以知识利用为主导，构建学习型组织等。
- 识管理战略的策略层是基于规划观的知识管理策略，分为编码化策略和人性化策略。
- 知识管理战略的运营层是基于过程观的知识管理落地方式。

2. 知识管理战略规划可分为知识管理目标与愿景制定、知识管理现状评估、知识管理差距分析、知识管理战略制定4个阶段。

- 确定知识管理愿景时，要从业务驱动力入手，形成鲜明的、融入具体业务过程的一致性意见。
- 知识管理现状评估包括两个方面：组织知识资源现状和知识管理的能力现状。
- 组织的知识资源战略是以缩小知识缺口为导向的，因此知识资源战略的选择应该根据不同的知识缺口情况而定。

3. 策略选择的实质就是确定"重点管理什么知识？"显性知识还是隐性知识。

- 编码化策略适合于向客户提供明确可靠的标准化产品或成熟产品及服务的企业。
- 人性化策略适合于提供定制化而不是标准化的产品或服务的企业。
- 编码化策略和个性化策略在知识管理战略实施中通常是并存的，并非相互排斥的，不同企业根据情况各有偏重。
- 知识管理模式的选择的实质就是确定"怎样管理知识？"要结合战略、策略和业务三者利用知识管理模式矩阵进行选择。

4. 知识管理战略的评价

- 知识管理战略评价时应遵循的原则：定性方法和定量方法相结合、目标评价与过程评价相结合、财务指标与非财务指标相结合、内部绩效和外部绩效相结合。

即练即测

- 平衡计分卡从财务、客户、内部运营和学习与成长 4 个维度指标进行平衡计分,对组织综合性绩效评价,展现组织的战略轨迹。

思考题

1. 什么是知识管理战略?它与企业战略有什么区别和联系?

2. 知识管理战略有哪些基本流派?各流派研究的重点是什么?

3. 知识管理战略的三个层次类型有哪些?

4. 什么是编码化策略?什么是人性化策略?这两种知识管理策略有什么区别?

5. 怎样确定组织的知识管理目标与愿景?

6. 怎样评价一个组织的知识管理现状?

7. 怎样分析一个组织的知识缺口?

8. 怎样进行知识管理战略选择?

9. 组织如何根据自己所具有的知识来确定其在知识资源竞争中的位置?

10. 一般来说,组织的知识缺口会存在哪三种情况?组织应该如何根据这些情况来选择合适的知识管理战略?

11. 组织描绘知识历程的目的是什么?怎样才能描绘完整的知识历程?

12. 什么是平衡计分卡?它对组织的综合性绩效评价包括哪些维度?

13. 作为知识管理战略的评估工具,平衡计分卡与其评估工具相比,具有哪些优势?

案例　青岛啤酒的知识管理战略

案例分析

案例　AT&T的知识管理战略

案例分析

第 11 章

知识管理实施

本章学习目标

通过本章学习,学员应该能够:

1. 掌握知识管理的实施方法;
2. 掌握知识管理实施规划方法;
3. 掌握知识管理系统实施过程;
4. 理解知识管理实施的关键成功因素。

引例:在某通信制造企业,"实现产品的领先"和"拥有忠实的客户"对于企业非常重要,那么在知识管理上就必须将"产品研发知识的管理"和"客户知识的管理"作为其知识管理的重中之重。在明确了知识管理的战略目标之后,我们还必须进行知识管理的业务规划。如果说,知识管理战略规划的目的是保障在知识管理方面"做正确的事",那么,业务规划的目的就是要"把事情做正确"。在知识管理业务规划阶段要进行知识管理流程分析、知识管理流程优化、知识管理组织架构定义、知识管理制度定义、知识管理系统架构定义、知识管理系统功能定义以及知识管理系统实施策略制定。

组织在了解知识管理的基本概念、重要性和必须引进的原因后,更重要的是要能成功地实施知识管理。知识管理的实施,是指组织为了达到提升绩效的目的,考虑内外部环境与资源,选择支持知识管理的基础设施(包括领导、文化、管理、结构和信息技术)和最适合的战略,并有计划循序渐进地引进各种知识管理的流程活动。

11.1　知识管理实施方法论

本节介绍 Arthur Andersen 咨询公司的知识管理导入方法论。

11.1.1　知识管理网络结构与组织知识管理实施的导入

1. 知识管理网络结构

Arthur Andersen 咨询公司认为组织引进知识管理必须关注知识管理战略、组织学习、知识库、IT、社群和绩效考核六大战略侧面,并把这六大侧面及它们之间的关联称为知识管理网络结构,如图 11-1 所示。

（1）知识管理战略是指以知识为核心的企业价值观、愿景、战略及目标,目的在于拟定知识管理实施的大方向。

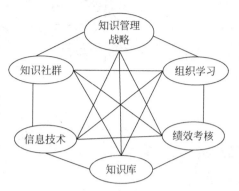

图 11-1　知识管理网络结构图

（来源：Arthur Andersen,1995）

（2）组织学习是指组织为了推行知识管理所倡导及营造的企业新知识管理文化。例如,鼓励组织与个人随着环境的改变持续教育、训练、学习、自我超越,以及可以不断地创新与共享知识。

（3）知识社群是指为了创造及共享新知识,组织鼓励并组成的知识学习实践社团。

（4）信息技术是指组织为了加速知识的流动而构建的支持企业知识管理的计算机及通信技术。

（5）知识库是指组织为了积累和保留重要的经验与记忆,用信息技术进行整理和存储重要的知识,以便共享和后续的再利用。

（6）绩效考核是指组织为了控制、激励与改善知识管理所设计的用来考核知识及知识管理绩效的一些评估工具。

2．组织知识管理实施的导入

以上这些战略侧面都有助于知识管理的实施,许多学者也建议应同时具备,但从实证数据发现,各个组织仍会因为不同的环境、本身资源与知识管理的目标,而有不同的切入重点与步骤。例如,有的引进步骤是信息技术→社群→组织学习→知识战略;有的是知识战略→组织学习→社群→信息技术→知识库;还有的是组织学习→社群→知识战略→信息技术→知识库。

知识管理网络框架运用模式的知识管理思考,主要是组织可以选择对自己最有利的切入点推进知识管理,其余侧面则需随后跟上。

11.1.2　组织知识管理项目的导入方法

知识管理引进是一个非常复杂的过程,牵涉许多战略规划、流程、信息技术、人和组织层面,且必须经历许多不同的阶段,如战略、设计、原型开发与测试、引进及评估与维护等,所以,必须有一个非常完善的知识管理引进模式来指导项目的进行,否则将无从依循。

知识管理引进方法论框架如图 11-2 所示。该框架包括四大构面、六大步骤和两大管理。

1．四大构面

Arthur Andersen 咨询公司认为一个知识管理项目的实施应同时规划、设计并引入下列 4 个构面。

（1）战略规划面

组织要清楚了解知识管理项目的方向,包括组织的战略目标、战略缺口、知识缺口、核心能力和专注的价值命题等,依此来制定知识管理的目标与焦点。

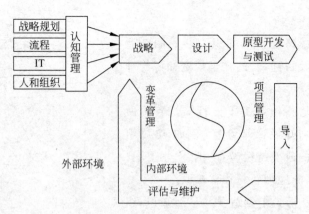

图 11-2　Arthur Andersen 知识管理项目导入模式

（2）流程面

知识管理的引进要规划设计核心知识的定义、创造、获取、共享转移、存储、利用及评估等作业流程，以使员工了解如何执行知识管理。

（3）IT 面

支持知识管理的流程需要构建各种不同的信息技术系统，包括知识库、Intranet 企业知识门户和群件等。

（4）人和组织面

人的方面，即组织行为面的思考，包括如何激励员工、影响员工行为及文化与风气的营造。

组织结构方面，包括设计灵活性、扁平化和模块化的组织结构，专职单位与非正式的实践社团的沟通协调等，同时还包括与外部客户或合作伙伴的价值网络结构。

2．六大步骤

Arthur Andersen 咨询公司认为知识管理项目的实施包括下列六大步骤。

（1）认知管理阶段

认知是企业实施知识管理的第一步，其目标是统一企业对知识管理的认知，梳理知识管理对企业管理的意义，评估企业的知识管理现状。帮助企业认识是否需要知识管理，并确定知识管理实施的正确方向。

主要工作包括：全面完整地认识知识管理，对企业中高层进行知识管理认知培训，特别是让企业高层认识知识管理；利用知识管理成熟度模型等评价工具，多方位评估企业知识管理现状及通过调研分析企业管理的主要问题；评估知识管理为企业带来的长、短期效果，从而为是否推进知识管理实践提供决策支持；制定知识管理战略和推进方向等。

该阶段需要注意三点。一是企业文化和管理模式对知识管理采用何种实施方法有着决定性的作用，因此，应注意不要忽略企业文化和管理现状；二是知识管理的推广需要企业流程、组织、绩效等管理机制的配合，同时也需要深入企业业务层，必须得到高层重视，并将知识管理提升到战略高度，才能保证知识管理在企业中顺利推进；三是由于知识管理需要长期的推进，需要对知识管理的效益进行准确量化评估，才能转化为长期发展的动力。

认知阶段多数企业会邀请外部的一些专家学者进行各层次的观念灌输和方法培训。

（2）战略阶段

这个阶段的目标是拟定知识管理战略，即知识管理的目标与范围焦点，同时拟定信息技术、组织结构及知识管理作业流程等侧面的策略。例如，在信息技术方面要规划支持知识管理的网络结构、知识库（KB）结构、在线学习（E-Learning）结构、文件管理系统结构，以及这些结构如何整合等规划工作，或规划支持知识管理的专门负责单位及超文本式组织框架等。

该阶段的主要工作包括：从战略、业务流程及岗位来进行知识管理规划；企业管理现状与知识管理发展的真实性分析；制定知识管理相关战略目标和实施策略，并对流程进行合理化改造；知识管理技术的需求分析及规划；在企业全面建立知识管理的理论基础。

该阶段的难点包括：知识管理与企业战略目标和流程的结合；知识管理与其他管理制度如人力资源管理的结合及管理思想的转变；以知识管理思想为基础的业务流程的改造；知识管理的文化氛围的建立；知识管理规划与企业实际情况结合，建立适合企业自身特点的实践形式。本阶段建议由咨询公司和企业中高层统一认识共同来参与规划，确定知识管理实施的解决方案。

（3）设计阶段

此阶段包括以下两项重要工作。

先导计划的选定：知识管理项目常会先选择一个对于组织抗拒较小、接受程度较高、能突显效果、明确且易产生回响、较易成功，以及高层管理者感兴趣的地方开始，以便鼓舞士气并提高整体的信心。

四大侧面的设计：是指针对战略阶段所规划出的目标与方向进行，此阶段属于操作导向的设计。例如，在信息技术方面，将针对知识库中的内容、框架、组件、模块、索引和接口的设计；组织结构中各种知识管理流程的作业活动设计、组织结构中相关角色的设计、工作环境与接口的设计等。

（4）原型开发与测试阶段

Arthur Andersen 咨询公司主张知识管理项目的引进要以原型（prototype）的方式进行，即先从小部分引进，边做边学、边做边改，通过使用者和各知识管理相关单位不断地沟通，按照"原型开发→原型测试→原型修改→再测试"不断循环的方式工作，以便学习及扩大延伸知识管理的范围，不要在大家都还不太了解需求时，就全面定死内容与规格，等系统完成后才发现根本不符合使用者的需求，此时要再回头修改，所需的修改成本就会大大增加。

（5）导入阶段

知识管理项目经过原型的循环扩大到使用者认可接受后，就可以进行引进上线的阶段，此时要特别注意教育训练、支持、服务、维修和改错等工作。此阶段的另一项工作是使员工了解在变革过程中，自己应承担的任务和权限，员工多少会对变革产生抗拒，明确其任务和权限，能提高员工配合意愿。而且组织要进行变革，就需要社群领导者、管理层与外部顾问共同合作。

（6）评估与维护阶段

完成知识管理与系统导入工作后，必须考核导入的成果并回馈，使知识管理系统持续发挥效用,在这个阶段必须正确对系统作出评估,并将所获的结果进行回馈,运用到知识管理策略中。此外,由于环境的改变,知识管理的内容与做法也要随时更新,否则,仍利用早已淘汰的知识就只会产生负面的效果。

3. 两大管理

在知识管理项目中,从头到尾都要持续进行两大管理。

(1) 项目管理

这是以项目为对象,利用管理科学的工具与方法,针对进度、工作的设计、流程、时间、人力和预算的配置进行有系统和最佳的规划,以便有效顺利地推动项目。

(2) 变革管理

这是以人为对象,通过各种沟通、协调、教育、参与及互信等手段改变员工对新事物抗拒的观念。例如,利用 Lewin(1958)变革三阶段,即解冻(unfreeze)、改变(change)、再结冻(refreeze)的模式循序渐进地将员工的旧观念改变成新观念,并将抗拒降到最小。

11.2   知识管理实施规划

知识管理项目的实施是一段组织变革之路。企业知识管理项目的导入始于知识管理现状认知、战略确定,下一步就是进行知识管理实施的规划。

企业资源管理研究中心给出了一个如图 11-3 所示的知识管理实施规划模型。该模型从“流程”“组织”以及“技术”这三方面将知识管理业务规划过程分为 KM 流程分析、KM 流程优化、KM 组织结构定义、KM 制度定义、KM 系统功能定义以及 KM 系统实施策略定义六个阶段。其中,KM 流程分析及流程优化是关于“流程的”;KM 组织结构定义和制度定义是关于“组织”的;KM 系统功能定义以及系统实施策略定义则是关于“技术的”。

图 11-3   知识管理实施规划模型

(来源:AMT)

11.2.1   知识管理实施之“流程”规划

“流程”是实施知识管理项目中的一个关键要素,只有从业务过程出发,分析融于其中的知识内容,并创建环境对知识活动提供支持,才能真正达到知识管理创造业务价值的目的。为确认与业务过程及经营目标相关的重要信息和内容,有必要对知识进行分析、整理,这就需要描绘知识历程,即识别在组织的业务流程中,何处使用信息和知识。

描述知识历程,就是进行知识稽核,找出能为组织创造最大价值的信息和知识,描绘出人员、作业以及知识之间的关系。要画出一幅完整的知识历程图,需要 4 个阶段。

第一阶段：确认战略性业务流程。选择业务流程中的一项作业，了解它是如何运作的。

第二阶段：找出信息杠杆点。将此作业分解为需要采取行动的多个具体事件。

第三阶段：加入人员。找出在每一个事件点上需要使用信息和知识的人员。

第四阶段：确认信息和知识内容。确定在每一个信息杠杆点采取行动所需要的信息和知识。

绘制而成的知识历程图将显示"谁""何时"需要"什么"信息和知识，是一份建设知识管理架构的蓝图。表 11-1 详细给出了绘制知识历程图的各个阶段的具体行动步骤和注意事项。

表 11-1　描述知识历程图的方法

阶　　段	原　　因	行　动　步　骤	注　意　事　项
第一阶段：确认策略性业务流程	只有了解组织的目标，才能明确知识管理的大方向。因此，需要根据组织特定目标，找出组织主要业务流程和作业作为知识管理行动重点	• 审计组织的长期经营计划和特定经营目标 • 确认支持这些目标的业务流程 • 选出一项开始着手的业务任务	• 需要走出你的专长领域，与自己所属部门、工作团队，甚至公司之外的人进行协作 • 跟着钱走，运用知识管理来提高最具活力的产品和服务的获利能力 • 了解组织或部门以外哪些人员在实现经营目标中扮演重要角色 • 了解实现目标需要面对的竞争者，如何运用信息和知识击败他们
第二阶段：找出信息杠杆点	• 为了掌握信息和知识是如何使用到业务流程的每一环节，以及它们的优先级 • 为了掌握工作者在何时何地需要哪些信息和知识	• 深入了解业务流程是如何运作的 • 访问相关人员，查明重点 • 了解此作业中欠缺效率的地方	• 不要过于追求完美，许多作业方式并不是很精确 • 寻求共识或共同的了解 • 反问自己或其他人：这些信息和知识会在选定的业务流程中的哪些杠杆点发挥作用
第三阶段：加入人员	• 很多关键业务都是由人来完成的	• 访谈主管该业务流程的人员 • 访谈该业务中公认的绩优人员，让他们来说出哪些人与此项业务相关 • 将相关职务加入图中	• 人力资源部现有的职务说明书可以提供找出关键人物的线索 • 训练部门也可能有相关的职业发展和认证计划可供参考 • 这项业务流程的负责人清楚哪些人与业务有关，有哪些问题有待解决 • 不要只局限于公司内部人员，有些重要的技能是由外部人员完成的
第四阶段：确认信息和知识内容	• 信息和知识只有被人利用才能发挥作用	• 以所确定的人员为基础，建立焦点小组 • 确认哪些信息和知识是他们行动所必需的 • 填写信息杠杆点所需的信息和知识，并完成知识历程图的绘制	• 人员剖析能帮助厘清业务流程在各个信息事件点的全貌 • 从这份图可以看出在正确的时间将适当的信息和知识传递给适当的人的真正意义 • 将中心放在可以帮助人们采取行动的信息和知识内容上

（来源：Applehans Globe Laugero）

图 11-4 是 AMT 在某知识管理咨询项目中生成的知识历程图。从 AMT 与某公司初步接触直到双方进行商务谈判的全过程中，都渗透着知识历程图的思想，在 AMT 员工工作中心可以看到与此项目相关的所有信息，这些信息构成了一张网状的知识图，而且所有的

信息和资料都可以从多个维度进行查询、检索。由于将业务、人员和知识三者紧密地结合起来,从而使得咨询业务能够顺利、高效地展开。

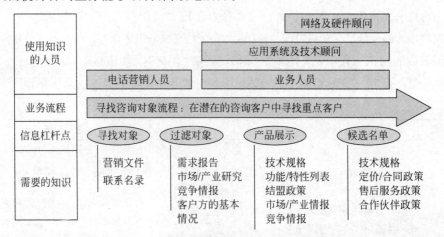

图 11-4　知识历程图示例

11.2.2　知识管理实施之"组织"规划

知识管理实施需要组织全体总动员。企业内部如果对知识管理价值、导入流程等看法不一,将无法形成共识,从而阻碍知识管理的实施。因此,在企业确认要实施知识管理的决心后,必须针对企业员工、整体组织进行一连串有系统的规划。其中有三点是在知识管理业务规划阶段需要着重解决的:一是绘制知识网络——显示组织内何处存有信息和知识以及谁拥有信息和知识,为创建知识型社区提供直接依据;二是确立知识管理组织架构——为推动和开展知识管理活动提供组织和制度保障;三是设计与知识管理策略相适应的文化要素——为知识管理的整体推进提供人文环境。

1. 绘制知识网络

绘制知识网络的目的在于定义组织现有的知识,并将责任赋予负责维护各类知识内容的人员。它能够帮助企业分析和解决以下问题:企业究竟需要哪些人手? 知识管理团队应该得到什么样的资源配置? 资源如何配置才能使知识生产和使用更加有效? 等等。一般来说,绘制知识网络图包括三个基本步骤。

第一步:确认信息内容中心。这是高层次的知识中心,例如产品、营销以及人力资源等,目的是要建构有利于收集与传递信息和知识的组织架构。

第二步:加入信息内容卫星。所谓内容卫星,就是隶属于各个高层次信息中心的第二级中心,如产品文件说明、客户支持等,目标是具体分解各信息内容中心。

第三步:配置人员和指定职责。各中心必须要有熟悉该领域的专家,负责该中心相关信息和知识的正确性和一致性,目标是将权责分派到每一个信息内容卫星。

实施知识管理对于企业的挑战之一就是要既保留现有层级式组织的优点,又要将之融入新的网络式结构。知识网络图正好有助于将传统的层级式组织转变为灵活的知识共享的组织。表 11-2 详细描述了绘制知识网络图的各个阶段的具体行动步骤和注意事项。

表 11-2　描述知识网络图的方法

阶　　段	原　　因	行 动 步 骤	注 意 事 项
第一阶段：确认信息内容中心	• 通过知识历程图可以确定哪些内容对员工的工作有帮助，现在必须把它们找出来 • 通过确认信息内容职能中心可以将信息和内容结构化	• 选择 5～8 个类别，作为整理知识的基础 • 绘制知识网络	• 将信息和知识分为 5～8 个类别，以便掌握整理知识的最高层次分类 • 有了明确的分类，才能看出各类信息和知识间的复杂关系 • 选择类别时，考虑公司本身、业务伙伴及顾客的实际运作。公司是以产品为中心还是以顾客为中心？按任务还是按作业程序编制？澄清这些问题有助于整理出条理分明的高层次架构
第二阶段：加入信息内容卫星	• 加入信息内容卫星可以将知识的分类更加细化	• 将知识历程图中的每一个信息和知识内容与一个内容中心关联 • 将每一个信息内容中心的项目按逻辑分类 • 调整细分类，直到调理清晰为止	• 从知识内容着手，不局限于部门 • 利用知识历程图来测试所制定的高层次类别的信息内容中心 • 将较低层次的信息和知识内容整理为第二层分类 • 每一个卫星领域不宜过大，使负责该信息和知识内容的人能够掌握
第三阶段：配置人员和指定职责	• 通过该步骤，才能使传统的阶层式结构与知识网络结构真正实现结合	• 确认每个信息内容卫星的负责人 • 将负责人与作者的姓名注记在与其相关的信息和知识内容上 • 将这些姓名与联系方式如其电子邮件相链接	• 信息内容卫星的主人应该是主管级人员 • 信息内容卫星的主人是澄清和验证信息内容的接触点 • 如果信息内容卫星没有主人，将无法落实执行方针和确保信息和知识的品质

比如一家典型的制造业公司从事产品的生产、营销和销售，它可能有以下的信息内容中心：产品中心、客户中心、业务和营销中心、交易伙伴中心、员工中心、研发中心以及财务行政中心等。每一份重要的信息和知识内容都至少需要属于上述某一个类别，它们可以进一步归入信息内容卫星，如对于典型的产品中心，其信息内容卫星可能包括 ISO 9000 标准、科学研究报告、零件清单等。图 11-5 给出了一个知识网络图示例。

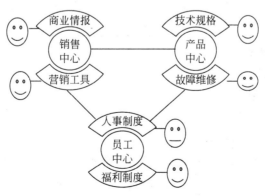

图 11-5　知识网络图示例

2. 确立知识管理组织架构

要支持真正的企业知识组织架构,光有知识网络图还不够,还必须要创造新的职位和作业方式,来改变传统企业文化,进而使原有的递阶式组织调整为适应知识管理要求的结构。当然,不同规模的组织,建立知识组织架构的方式也并不完全一样,大型企业必须要有专人从事知识管理的工作,而较小的公司则可以将知识管理的相关工作纳入现有的职务功能之中。但从长远来看,创造知识管理的专门职位将是一种不可避免的趋势。

一般来说,为构造知识管理组织结构,需要创建一些组织和职位,如表 11-3 所示。

表 11-3　知识管理组织结构的相关职位

职　位	人　员	职　责
知识管理委员会	• 由 CKO 和 3～6 位知识经理组成	• 决定知识管理总体策略和方向 • 知识管理相关制度的最终核定
知识总监(CKO)	• 一位	• 规划知识管理整体策略和方向,并提交委员会审核 • 建立知识管理团队 • 确立重要的知识领域 • 创立知识管理基础设施 • 维持和发展组织知识生产、共享、应用和创新 • 整体知识管理绩效评估
知识经理	• 多人,不一定按部门分,而是按照一定的知识结构来分,每一个知识经理负责一个相应的知识领域	• 确定其负责的知识领域的用户需求 • 规划该知识领域的管理策略和工作计划 • 确定该知识领域的知识架构和标准 • 执行该知识领域的内容管理、分享、沟通和推广计划 • 知识领域成员的知识分享/贡献的考核 • 与高层管理人员沟通计划 • 管理和协调其所在团队的工作
知识生产者	• 多人,每个知识领域有多个知识生产者,一个知识经理可管理多个知识生产者	• 拓展知识来源 • 知识的分类、加工和存储 • 持续改善知识内容 • 分析用户需求,改善系统服务质量
知识管理系统维护者	• 可分为知识管理系统的技术顾问、界面设计师和多媒体制作师	• 系统 IT 部分的建立、维护和改善 • 提供知识管理软件的技术支持 • 知识管理系统界面的开发和技术支持 • 开发知识管理系统的多媒体应用
使用者	• 所有人	• 知识的载入、评价、更新和使用 • 提供知识管理系统改进建议

3. 设计知识管理激励机制

设计知识管理激励机制的目的是克服知识管理中存在的人为障碍,鼓励知识共享和知识创新,进而形成学习型组织文化。

知识管理激励机制的设计应遵循以下原则。

① 物质与精神相结合的原则

经济行为是整个人类最基本、最普遍、最具主导性的行为,这种行为往往在特定的制度环境约束下,把追求自身利益最大化当作行为的目标。这种经济行为的属性特征是企业制定激励机制时必须关注和尊重的,这也是设计物质激励制度所必须考虑和遵从的。物质激励制度通常包括薪酬激励和福利激励两个方面。精神激励是激励的高层境界,这种方式很重要但实施起来比较困难。企业要设计一套良好全面的激励机制,除物质激励外,还应真正考虑员工精神层面的激励,满足其精神方面的需求。如员工的职业生涯发展需要,和谐幸福的人际关系与文化氛围,员工对企业、团队或组织的归属感、忠诚度,对组织战略的理解和价值观的认同等。

②　以人为本的原则

以人为本就是尊重员工的权利和个性。激励机制的设计需要考虑满足人们的多层次、多元化的需要,因人而异地设计不同的绩效标准与奖励措施,这样的设计是为了把知识员工的积极主动性最大限度地激发出来。所以,知识员工的类型不同,激励策略也应做相应调整,如一线员工以金钱激励为主,培训、荣誉、知识激励为辅;研发人员以培训、知识署名、核心技术激励为主,以金钱激励为辅;管理人员以权力激励为主,以晋升、培训激励为辅。换个视角来看,职业生涯阶段不同,激励的策略重点也不同,初始阶段以金钱激励为主,创业阶段以核心技术、知识、培训为主,成功收获阶段,则人们对权力、荣誉激励的重视度则更为提升。

③　推动知识共享与创新的原则

面向于知识管理型组织,其特征决定了知识的共享与创新在激励方式设计时的重要性,谁在知识的贡献、创新、交流、使用方面做得越多、越好,谁就应该得到激励。

④　体系化原则

激励机制设计需要具备体系化思维,具有一定的系统性。激励机制的设计需要促成组织内各层级、各部门的利益目标趋于一致,一旦确定,相应制度便即刻发挥效力,这样才能更好地促使和激励组织成员与组织的目标达成一致,并为共同的目标而不断地创新知识,创造财富。

知识管理激励机制的设计是组织为了实现既定的知识管理目标,分析组织成员个人的需要,实现企业利益与个人利益保持一致,使人力资源配置达到最佳状态,并且制定与其相对应的知识管理行为规范和奖励分配制度。朱晓峰等学者将知识管理激励机制归纳为六个方面的内容,如表 11-4 所示。

表 11-4　知识管理激励机制及制度设计的内容

激励机制的类型	相关制度	说明
组织目标机制	知识管理目标发布制度	在企业内部明确和公开发布知识管理目标
	知识管理培养提升制度	为提升员工的知识管理行为和知识管理技能而设计
	知识管理绩效优化制度	知识管理过程中知识型员工工作绩效考核的参考标准
诱导机制	成果确认制度	包括知识成果的申请和知识成果的稽核两个方面内容
	知识公认制度	包括知识成果的署名、发布和归档三个方面的内容
	知识陈旧淘汰制度	包括对不能实现组织知识管理目标的员工的淘汰
个人机制	容忍失败制度	包括规定允许失败的范围和失败教训总结等内容
	柔性组织制度	包括员工加入不同工作小组,以及不同工作小组的员工进行交流的制度
	雇佣评审制度	关于员工招聘时对知识管理意愿与技能的评估规范
分配机制	物质性奖励制度	包括直接付现和间接奖励的标准和规范
	非物质性奖励制度	常包括晋升制度、奖励休假制度和自由工作制度等

续表

激励机制的类型	相 关 制 度	说　　明
行为规范机制	知识收集制度	包括全员信息收集制度和外部知识内部化制度
	知识的沉淀与共享制度	包括会议记录、技术文档、项目文档、最佳实践和经验教训等
	知识更新制度	对知识定期进行重新审视，保证知识的时效性、一致性等
信息交流机制	正式渠道交流制度	包括对会议、群体讨论等方式的规范化
	非正式渠道交流制度	包括对聚会、虚拟社区等方式的管理

11.2.3　知识管理实施之"技术"规划

知识管理技术规划包括两个方面的内容，一是知识内容标准化，即在知识历程图和知识网络图的基础上，创造通用词汇、界定知识内容类型，为收集、分类、存储和分享建立共同的标准；二是在知识内容标准化的基础上，建立技术解决方案，包括系统功能架构、技术方案以及实施策略等。

1. 知识内容标准化

知识内容标准化就是要创造通用的词汇，为整个组织提供一致适用的分类机制，使散放各处的内容——无论是结构化还是非结构化的或是非文字表达的——都能遵循这套标准，在此基础上，再进行内容结构开发、知识管理自动化流程设计等工作。其中，设计知识地图对于大多数知识管理项目而言，是知识内容标准化阶段的核心工作。

2. 确定技术架构

在 8.1.5 节中，给出了知识管理技术架构的 7 层参考模型。在规划知识管理技术方案时，应从技术架构的 7 个层次出发，根据组织具体需求，设计出有针对性的解决方案。表 11-5 给出了知识管理技术解决方案的要点。

表 11-5　知识管理技术解决方案的要点

技术架构层次	目　　的	考 虑 事 项
界面层	• 建立全组织统一的外观	• 为各种来源的信息和知识提供一致性的访问界面 • 建立个性化、统一的浏览方式 • 及早决定所采用的界面模式 • 考虑采用成熟的门户技术方案 • 应有称职的界面设计人员
存取层	• 保护信息及安全控制	• 在安全和便利之间寻求平衡 • 确定信息和知识存取的权限 • 评估各种存取方法及其成本 • 慎重选择存取技术 • 确定安全群组、密码的管理人员
协作智能和过滤层	• 实现知识的个性化、智能化存取	• 优先考虑注册、订阅、搜索等传统的信息访问和过滤技术 • 随技术发展逐步引进智能化的技术，如人工智能工具、智能代理
应用层	• 促进知识交流，创造竞争优势	• 根据企业需求确定功能应用 • 优先考虑导入协作工具以建立知识社区 • 逐步导入内容管理、商业智能、E-Learning 等技术

续表

技术架构层次	目　的	考　虑　事　项
传输层	• 提供网络连接、传输能力	• 网络通信量的估计 • 是否要支持视频会议功能 • 网络模式下的电子化培训要考虑的带宽问题
中间件/集成层	• 使系统成为集成的运作平台	• 评估集成对象 • 设立集成目标 • 确定集成技术
存储层	• 存储信息和知识	• 清查资料来源 • 建立与存取模式集成的资料架构 • 信息和知识来源单一化 • 考虑聘请数据结构专家的服务

所谓技术解决方案就是符合组织需求的技术体系和实现方式。各组织自身需求各异，所以，不存在完全一致的技术解决方案。知识管理的 7 层技术架构为企业提供了一种可以定制出具有自身特色的技术方案规划的参考模型。在判断知识管理技术方案是否恰当时，可以问自己几个简单的问题：技术方案能够保证适当的信息和知识交给需要的人吗？能够让所有的人都能存取信息和知识吗？能够提供各种应用、文件以及资料来源一致的访问方式吗？

3. 知识管理系统选型

知识管理技术的实施，最终要落实到具体的知识管理系统。不同的组织机构在实施知识管理系统的模式上有很大的差异，从完全自己开发到完全外包各种方式都有；在实施效果上，不同模式也有显著的差异之处。实践经验表明，聘请专业的知识管理咨询顾问是一种有效的模式。

（1）系统获取模式

企业该如何正确对待知识管理技术、合理选择知识管理软件供应商呢？目前有许多号称具有知识管理能力的软件供应商，他们能实现其承诺吗？这个问题的答案并不总是很明显。下面对知识管理系统自行开发、选择国内软件以及选择国外软件三种模式的效益和风险进行对比分析。

① 自行开发

自行开发的好处有：系统具有针对性，更加切合组织自身特点；快速地自我支持与维护；锻炼了自身的技术开发队伍。

存在的主要风险是：实施时间较长，难以得到领导的一贯全力支持；项目组人员变更影响项目的进度；开发团队的经验与能力是影响系统开发进度与质量的重要因素。

企业具有强大 IT 团队的大型公司，对于比较独特的功能，可以考虑自行研发的模式。通常情况下，购买专业的软件进行集成成本更低。

② 选购国外软件

国外软件的优点主要有：

• 蕴含了许多先进的思想和方法；

• 集成性、技术稳定性、功能灵活性、系统开放性较强，为企业的不断发展与变革留下了较大空间；

- 重视售后服务,在问题响应方面比较规范;
- 在升级维护方面的支持比较及时,有利于企业信息系统的更新,有较多的咨询合作伙伴,有助于获得合适的管理咨询;
- 发展较稳健,有利于长期合作。

选择国外软件存在的主要风险包括:软件购置费用和年维护费用高;企业文化、管理理念、管理水平可能与软件的设计理念和功能不符合;二次开发的难度较大;软件文档和资料可能没有汉化,企业人员学习难度大,成本高。

③ 国内软件

国产软件在购置成本和维护成本上有较好的优势,在使用方便性和管理文化上也考虑了一些国人的习惯。但是,在国内,发展稳健,提供性能稳定、功能较齐全的完整的企业级知识管理解决方案的软件厂商不多。

知识管理实施首先是要解决观念问题以突破传统的思维定式,同时还要解决机构的文化问题,建立知识共享、组织学习的机制。其次才是选择适当的知识管理软件产品,开发知识管理系统平台,因此,知识管理解决方案具有实施服务需求与技术产品需求并存的特点。正是由于这种特点,重要的知识管理供应商都同时提供实施服务和技术产品。因此,知识管理软件选型实际上就是选择知识管理软件供应商。

(2) 供应商选择

对一个具体的知识管理项目,供应商的评估和选择应主要从三个方面来展开:一是产品,二是服务,三是管理。

在产品方面,不能一味求新。首先还是从企业具体的需求出发,看产品的功能是否是自己所需要的;其次要看产品的技术是否有一个较高的起点,其开放性、集成性如何,是否会影响以后的发展。在服务方面,要考察供应商的实施方法如何、实施团队的素质和经验怎么样、是否有成功案例等方面的内容。在管理方面,就是要看公司本身的管理状况、经营策略以及发展趋势怎么样。比如,有些公司的产品性能很好,但由于经营管理不善或内部发生某些问题,就会直接影响到知识管理项目的实施。这种情况在国内企业信息化系统的实施中并不少见。其他如实施的价格以及项目进度计划等也是需要考虑的方面。

表 11-6 给出了一种软件供应商定量评估的简单方法,从产品功能匹配性、产品技术先进性、实施方法、团队经验/技能、公司经营状况、价格、进度计划等方面进行全面的评估,每一项评价标准都设一定的权重值。其中,某些评价标准如产品功能匹配性以及实施方法的评估,还需要进一步细化为多个子评价指标。经过各项打分和计算总分,最终总得分最高的供应商在竞争中将处于领先的位置。

表 11-6　知识管理系统供应商评估表

评 价 项 目	权重(X)	供应商 A		供应商 B		供应商 C	
		计分(Y)	得分($X \times Y$)	计分(Y)	得分($X \times Y$)	计分(Y)	得分($X \times Y$)
产品功能匹配性							
产品技术先进性							

续表

评 价 项 目	权重(X)	供应商 A 计分(Y)得分(X×Y)		供应商 B 计分(Y)得分(X×Y)		供应商 C 计分(Y)得分(X×Y)	
实施方法							
团队经验/技能							
公司经营状况							
价格							
进度计划							
……							
总得分							
说明	权重(X)：很高(1.2),高(1.1),适中(1),低(0.8),很低(0.7) 计分(Y)：优秀(5),好(4),不错(3),较差(2),很差(1)						

11.2.4　知识管理实施规划阶段的成果总结

通过将知识管理流程分析、知识管理流程优化、知识管理组织架构定义、知识管理制度定义、知识管理系统功能定义以及知识管理系统实施策略 6 个阶段归结为"流程""组织"以及"技术"3 种层面的分析活动，就顺利完成了知识管理业务规划阶段的工作。

那么，在知识管理业务规划阶段主要取得哪些成果呢？总结一下，在"流程"上绘制出了知识历程图——明晰组织业务过程中的知识应用状况；在"组织"上画出了知识网络图——透明化知识在企业中的位置，并为知识维护和管理提供了组织保障；在"技术"上确立了总体的技术方案——一方面通过知识动员创立了统一知识词汇标准和知识管理流程，另一方面制定了整体的技术解决方案。

正如图 11-6 所示，知识管理业务规划的下一步是知识管理系统实施，可以说，这时，知识管理项目才真正从概念形成进入了系统落实阶段，这是一个复杂过程，丝毫也忽视不得。

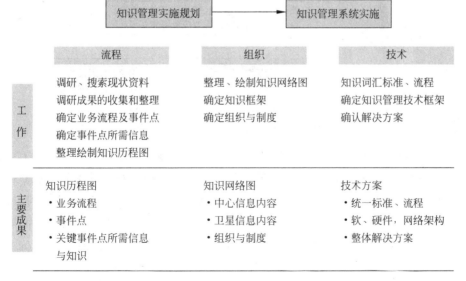

图 11-6　知识管理实施规划阶段的主要成果

11.3　知识管理实施过程

组织知识管理实施是一场组织变革,因此,要以知识管理的战略规划为基础,变革管理的理论指导下推进。知识管理实施的过程包括实施组织确定、试点实施、推广、持续改进 4 个主要阶段,如图 11-7 所示。

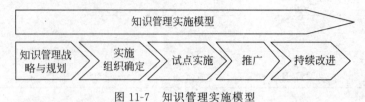

图 11-7　知识管理实施模型

11.3.1　知识管理实施的组织

知识管理实施从试点项目开始,因此,可以按项目管理的组织模式,成立的一种临时性组织,负责项目推进。在后续的实施过程中,项目组成员可以适当调整。一般来说,知识管理项目实施组织由企业和合作方成员共同组成,如图 11-8 所示,可分为项目领导小组、项目推进小组、项目质量控制专家小组、项目职能小组以及合作方人员小组。其中,甲方是指项目合同中的甲方,即项目实施方;乙方是指软件产品和咨询服务提供商。

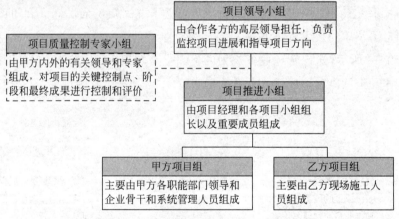

图 11-8　知识管理系统实施组织架构

对于购买成熟软件产品型(非定制开发)知识管理系统项目实施来说,从项目实施组织的具体成员和角色上看,实施方(甲方)和合作方(乙方)也存在对应的关系(见图 11-9),企业方知识管理实施组织包括 CKO、推进成员、评估成员、项目经理、过程成员、技术成员以及变革成员等;合作方也需要成立相应的专家小组以提供项目的指导性意见,而具体的项目咨询及实施任务由项目经理领导过程顾问、技术顾问、变革顾问以及评估顾问来完成。表 11-7 给出了知识管理系统实施组织中各个成员知识的具体描述。

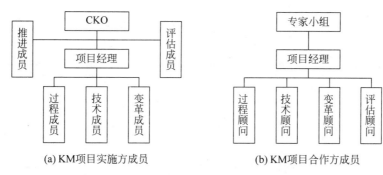

(a) KM项目实施方成员　　　　　　　(b) KM项目合作方成员

图 11-9　知识管理系统实施组织的成员和角色

表 11-7　知识管理系统实施项目组成员构成表

成　员	职　责
实施方：	
CKO	知识管理总体规划、激励、资源调配与协调
推进成员	适合由组织高级主管担任负责人，推进知识管理的实施
评估成员	适合由组织高级主管担任负责人，实施中和实施后期进行效果评估
项目经理	项目的具体执行负责人，协调实施人员的工作，并对队领导小组负责，与合作方联系与协调
过程成员	设一负责人，称过程经理，职责是业务过程分析、知识过程分析、知识内容盘点
技术成员	可设一负责人，称技术经理，职责是知识管理平台分析和建设
变革成员	设一负责人，称技术经理，职责是安排变革活动培训、激励员工贡献知识、实施共享的考核
实施合作方：	
专家小组	合作方的领导小组，提供后端的智力支持
项目经理	合作方直接负责人
过程顾问	为实施方过程成员提供顾问服务
技术顾问	为实施方技术成员提供顾问服务
变革顾问	为实施方变革成员提供顾问服务
评估顾问	为实施方评估成员提供顾问服务

11.3.2　知识管理实施项目管理

在成功选择知识管理系统供应商和实施伙伴并成立了知识管理系统实施组织之后，接下来的工作就是知识管理项目的具体计划和实施。其中，在实施计划方面要确定系统实施的日程、内容、资源及其依赖关系，并设计相应的项目管理方法。知识管理实施又分为试点实施、推广和持续改进三个大的阶段。

图 11-10 以试点实施过程为例，说明知识管理实施的各个阶段及主要成果。

"基础环境安装及确认"阶段主要是依据知识管理实施规划阶段的整体技术方案搭建知识管理系统的整体架构，包括网络系统、数据库系统以及知识管理系统基本环境，但此时还缺少相应的内容和应用。这一阶段的工作成果主要体现为系统安装报告。

在构建了基础环境之后，就需要在知识管理业务规划阶段的工作基础上，进行"详细方案设计及确认"，以解决知识管理系统的功能应用和知识内容结构的详细设计问题，最终提交详细方案设计报告。

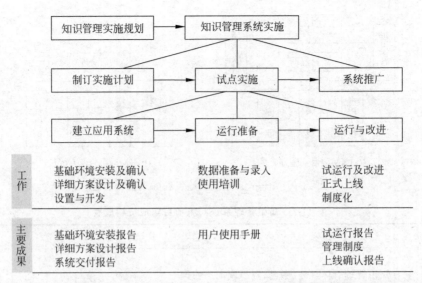

图 11-10　知识管理系统试点实施阶段的主要工作成果

　　依据详细方案设计报告，就可以对知识管理系统进行定制化的"设置和开发"，并生成系统交付报告。

　　接下来就进入了运行准备阶段。在正式运行知识管理系统之前，需进行"数据准备与录入"，此时要按照业务规划阶段知识调研情况和知识标准来有计划、有组织地导入相关的文档等资料。此外，为保证用户能够会用以及用好系统，还必须进行"使用培训"，最终生成用户使用手册以提供知识管理系统的使用指南。

　　经过上述各阶段，知识管理系统已经基本成型，就到了检验系统产品的阶段，这就是运行与改进——包括"试运行和改进""正式上线"以及"制度化"三个子阶段。试运行时需要按照需求分析、详细设计来对系统进行测试，检验系统是否符合要求，并进一步与企业进行磨合以发现系统中存在的问题，以改进和完善系统；然后进入"正式运行"，并实现知识管理系统运行的"制度化"。在上述阶段，需提交试运行报告、上线确认报告以及管理制度。

　　可以说，在知识管理系统的实施过程中，始终是企业、产品提供商、第三方合作伙伴互相参与、协同配合的过程。通过知识管理系统的试点实施，组织不仅能够得到成功的经验，而且在与合作方的交互过程中也进行着知识转移，这些都有利于企业将知识管理系统继续成功推广。

11.3.3　知识管理的持续改进

　　知识管理的落地实施，不等同于"一场运动""一个项目"，要随时根据实际业务发展的需要，调整知识管理的战略、目标、方法等，构建持续发展的知识管理系统，如图 11-11 所示。

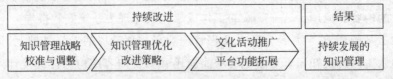

图 11-11　知识管理持续改进过程

1.　定期校准并调整知识管理战略

在企业内部实行一段时间的知识管理工作后,需要根据企业总体战略,定期对设定的战略、目标进行校准和优化,原先设定的目标或者较低,需要调高;或者较高,需要调低;抑或不合理需要放弃;以及之前没有考虑的目标需要增补。其核心是根据企业发展的要求,对目标进行动态的优化调整。

从业务场景协同应用角度检验知识管理规划、运营成果,使知识管理战略与企业的整体战略目标一致。定期评估知识管理能力,以检验知识管理实施情况是否与战略目标一致,或检验执行能力,或检验目标合理性。表 11-8 列出了动态评估的一些指标,不同企业可以根据自身特点设定评价指标体系。

表 11-8　企业知识管理战略动态校准指标

一 级 指 标	二 级 指 标
知识	(1)知识资产对业务的支撑情况;(2)知识应用是否促进人才培养;(3)知识资产对市场竞争的支撑;(4)知识体系是否符合实际业务要求与习惯……
组织(运营)	(1)运营团队配合情况是否理想有效;(2)运营效果是否满足用户需求;(3)运营制度与流程是否与现有业务融合一致;(4)运营表单是否利于工作开展……
文化	(1)知识分享开放程度提高情况;(2)知识管理意识是否得以广泛传播;(3)员工参与情况……
系统	(1)系统运行流畅、稳定情况;(2)系统界面是否友好;(3)系统功能是否需要扩展以满足发展需求……

2.　提出优化改进策略

在战略目标校准要求基础上,同步改进相关策略与计划,包括具体实施路线图、所适用的工具方法,以及对已经实现的知识管理平台功能进行调整。

比如针对员工沟通方式的差异:全球地区,性别,年龄和学习风格的差异,提供不同的功能,弥补沟通方式差异造成的知识鸿沟。再如针对领导者的沟通与培训计划。高管们很忙,他们常常对新举措持怀疑态度,尤其是当他们无法立即看到投资将如何转化为利润时。要让高级领导者加入知识管理,需要专注于对他们重要的事情。领导者培训可以强调知识管理系统或方法的战略作用,以及建立参与团队或某项工作的建议。

3.　持续推广文化沟通并扩展 IT 功能

文化沟通是成功实施知识管理的重要组成部分,但经常被低估。企业可以根据需要在知识管理工具方法上进行大量投资,但是,如果未能向目标受众推行这些解决方案,知识管理则不太可能广泛传播并产生巨大的业务价值。

知识管理文化推广要和知识管理实施的进度同步推进,可以分为宣传阶段、推广阶段和深耕阶段。各阶段的主要工作和目标如图 11-12 所示。

在知识管理试点阶段或知识管理工具和方法的有限部署时,要确保投入的 IT 基础结构具有可伸缩性,这种前瞻性能促进知识管理的成功,并使知识管理的功能支持更多用户。

知识管理的 IT 系统也要随着知识管理的推进而不断拓展,如图 11-13 所示。在平台初期,功能不宜过于复杂,以支持企业核心知识资源为主。这样既可以节省一次性投入,也可以降低用户学习难度。随着实施推进,知识管理进入大规模运营阶段,即知识管理普及到全公司,这时,知识管理 IT 系统功能要支持企业内部全部业务。同时,为了提高知识访问的效率,需要不断提高、完善系统的智能性。接下来,企业知识管理要延伸到企业外部,包括客户、供应商、政府机构、外部专家等。这时,知识管理 IT 系统功能进一步朝着知识创造、智能应用方向发展。

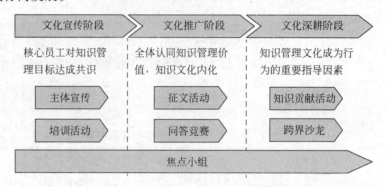

图 11-12　知识管理文化推广模型

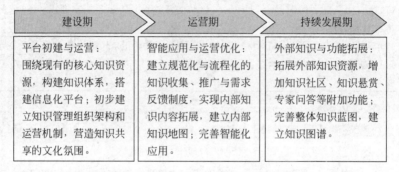

图 11-13　知识管理 IT 系统发展模型

　　不断发展并保持已有的成果才能称之为有效的知识管理计划,该计划在长期内具有适应性和可持续性。知识管理将嵌入企业的工作流程和运营中,员工将认识到知识共享和协作在个人和组织绩效中所扮演的角色。知识管理活动将完全融入工作流程,并支持不断创新、推动竞争优势。

11.4　组织知识管理实施的关键成功因素

11.4.1　知识管理实施的十大关键成功因素

　　知识管理专家达文波特和普鲁萨克提出了推行知识管理项目的 10 项关键成功因素。
　　(1) 知识导向型的文化
　　组织文化是知识管理中最重要、最根本、影响层面最广,却最难培养的因素,此方面的主要议题包括如下两项。
　　第一,员工对知识必须持积极正面的态度:员工对知识要保持一种好奇心,愿意探索、持续学习并追求新知识,公司应对员工这方面的行为予以鼓励。

第二，员工在执行各种知识管理流程时，不能有文化上的障碍：包括个人主义、囤积文化、多一事不如少一事、看不起既有知识、僵固保守等阻碍知识管理流程进行的心态。

（2）全面普及的技术结构与组织结构

如果企业具备比较全面的技术与组织结构，那么知识管理项目的进行就较容易成功，其中包括信息技术基础设施，如 Intranet、协作工具、知识库系统等。当企业信息技术越来越普及时，就越容易进行知识管理项目。此外，组织结构如团队、扁平化组织、网络型组织、授权员工及企业建立权责分明的知识管理角色等都能使知识管理更快地步入轨道。

（3）知识管理与业务工作相结合

组织在知识管理上不是特别成功，往往是因为没有密切地关注知识工人是怎样做他们的工作的。能让知识工人在工作中运用知识的唯一方法，就是理解他们是怎样开展自己的工作，并且找到某种方式把知识注入他们每天的工作过程中去。

（4）与经济绩效及产业价值结合

知识管理可能耗费公司大量资产，例如，在各个公司知识管理所占收入的比例，如其占 Buckman Lab 营业收入的 2.5%、McKinsey 的 10%、致远顾问公司（Ernst and Young）的 6%，那么就必须将知识管理与企业的经济绩效相结合，才能说服企业支持知识管理的进行。例如，Dow 化学公司由于改善智力资本（专利权）的管理，使其在第一年即省下 400 万美元；Hoffman-La Roche 制药厂以知识管理系统加速新药上市的时间，只要缩短一天就可以节省 100 万美元成本；HP 公司也指出其开发的常见问题解答集（FAQ）系统节省了 50% 客户的电话处理成本。

（5）要具备适度的过程导向

知识管理的实施相当复杂，必须具有适当的步骤和流程管理，但知识管理项目不需要过于详述每个步骤。例如，某家公司的知识管理项目包括 4 项附属项目、15 个分支项目，以及 50 项分支附属项目，但最后却面临失败，只实施了 5%。检讨其失败的原因，是因为其同时实施 50 多个项目，太过于复杂。所以，应由先导计划切入，当学习有经验后再逐渐扩大。

（6）要有清楚明确的目的与用语

当企业进行知识管理时，必须在项目开始时，将知识管理的目标界定清楚，不要把所有的数据、信息与知识相互混淆，否则，会把知识管理项目变成只是建立一个数据库或 MIS 项目。例如，Daimiler-Chrysler 设计的知识簿，用来存储 2000 条汽车设计领域的知识，并且要求不能只存储资料与信息，必须是具有附加值的知识才可以存储。例如，将汽车撞击测试的数据加上比较、分析、运用和评论等数据，这个附加值就可以成为知识。有的公司为了配合传统习惯，要求提交提案时拿出客观的数据，以防口说无凭等。有些工程师习惯明确的法则与数字，不喜欢抽象、概念化和不确定性的"知识"用语，害怕使用知识管理这个名称。这种情况的最后结果将会因为知识管理的方向模糊不清、看不出重点而失败。因此，应该在知识管理项目开始进行的时候，清楚地向员工宣告知识管理的方向和目的。

（7）有分量的奖励措施

对于知识管理所需要的奖励方式必须具体、实质、明确，否则难以奏效。例如，某一组织提供免费的飞行里程数,公司将小型纪念品作为奖励员工实施知识管理有优异表现的奖品,结果效果不佳,无法持续改变员工在知识管理方面的行为。因此,企业必须以长期有效的绩效考核、薪酬、升迁或其他足以激励员工内在参与感、名声及口碑的内在激励方式奖励知识管理的行为,如此才有正面加强的作用。

(8) 标准化但具有灵活性的知识结构

企业存储的知识如果过于结构化,将因其太过于僵化而很难表示出隐性、无法结构化且复杂的知识,但也不能因此而完全没有结构。例如,某家服务公司的知识库完全没有结构,只有关键词查询,结果员工使用效益不大,不是找到的知识太多就是找不到。因此,必须将知识按员工熟悉的方式予以分门别类,列出关键项目进行查询。如 TelTech 公司将技术名词设置成同义辞典系统,让使用者可以自由浏览,以自己熟悉的关键词查询和连接相关知识,并随时更新补充用语。

(9) 多重的知识转移通道

企业对知识管理通道要能同时把握不同层面的定义,不仅要支持外部知识,还要支持内部的结构化与非结构化的知识。因此,知识管理需要有良好的知识库和 IT 设施。此外,公司最重要的是要有面对面沟通的渠道,才能建立共识、信任及友谊,才是最有效的知识转移通道。

(10) 高层管理者的持续支持

企业的高层管理者对知识管理要明确、清楚地宣告其进行的决心,形成上行下效的风气,并为知识管理的延续提供长期支持的资源,且在战略上要决定知识管理的大方向。例如,哪些知识对公司而言是最重要的,在知识管理实施期间更要排除所有的障碍与阻力,以提升各单位协同合作的效果。

11.4.2　知识管理项目失败的十大原因

许多组织已经尝到导入 KM 带来的甜美果实,但是有更多企业在导入 KM 后却是令人沮丧的结果,在看到别人实作 KM 成功之余,不要忘了它们并不是一路上都一帆风顺的,每家公司在导入 KM 时,必定多多少少遭遇到一些问题与困难。在导入 KM 时,高德纳咨询公司(Gartner Group)整理出以下具有一般共同性的失败因素。

(1) 没有获得高层领导的支持

KM 实施需要企业文化及流程的配合,因此势必造成企业流程上的改变,所以这时高层领导的参与是很重要的。

(2) 由上而下进行的项目,没有低层的参与

KM 项目如果是单单由管理阶层来驱动是很容易失败的,企业文化的改变是全体员工的合作努力才能达成的,所以 KM 需要整合进低层营运单位的流程,才能彻底地改变公司的文化与流程。

(3) 忽略在人力和技术后续的支出

一般企业在导入 KM 时,只注重在信息科技上的花费,而忘记了人事上的需求和忽略信息科技除了当初选购和建置的费用外,还有后续维护的可观费用,因此若是在导入 KM

时,忽略人事和科技方面的后续支出,是很容易导致 KM 实施的失败的。

（4）选择错误的信息技术解决方案

有些新信息技术解决方案并未成熟或并不符合企业本身的目标,如果企业一味地决定引用,那将注定 KM 失败的命运,所以企业在选择信息技术解决方案时必须小心谨慎。

（5）没有先设立营运的目标,而只是进行一个科技基础的项目信息技术。

（6）选择错误的顾问公司

进行 KM 实作时所选择的顾问必须清楚 KM 实作的每个环节,还有产业相关的业务知识,否则容易给企业错误的建议,导致整个 KM 项目的失败。

（7）错误的评估过程

对于抽象的知识很少有直接的测量方法,只能从一些间接的方法得知 KM 的效果,例如导入 KM 后,对于员工在时间上的节省等,所以在衡量 KM 成功与否的过程,这些衡量的要素必须小心谨慎地选择和测量。

（8）眼高手低

在一开始导入 KM 时制定了一系列宏伟的策略,但是在后续的实施中却只是落实了一小部分。

（9）忽略人的因素

KM 技术的导入,所引起的流程的改变,势必造成员工的抗拒,因此在整个导入过程的每个阶段,都要注意员工的反应,并采取相对应的措施,如培训、激励机制等,以免日后因为人的因素造成 KM 的失败。

（10）不作任何事

不要以为引进 KM 信息技术解决方案就没事了,只要坐着等就会成功。为了赢得 KM 实施的成功,企业应该随着环境的改变和需要适时地评估和升级 KM 系统。

企业必须避免这些可能发生的共同性失败因素,而这些失败情况的发生常因为模糊的策略、对实施细节的粗心大意或是技术系统的使用不当。总而言之,KM 实作的成功与否,需要策略的引导、过程的控制和技术的支持。

📋 本章小结

1. 组织引进知识管理必须关注知识策略、组织学习、知识库、IT、社群和绩效考核六大战略层面。

2. 埃森哲咨询公司提出了知识管理引入方法包括四大构面、六大步骤和两大管理。

- 四大构面：战略规划面、流程面、IT 面、人和组织面。
- 六大步骤：认知管理阶段、战略阶段、设计阶段、原型开发与测试阶段、导入阶段、评估与维护阶段。
- 两大管理：项目管理和变革管理。

3. 知识管理实施规划应从"流程""组织"以及"技术"这三方面展开。知识管理实施规划过程可分为知识管理流程分析、知识管理流程优化、知识管理组织架构定义、知识管理制度定义、知识管理系统功能定义以及知识管理系统实施策略定义六个方面。

- 流程规划——通过描绘知识历程来显示在组织的业务流程中什么地方使用了哪些知识。
- 组织规划——通过确认知识内容中心、细化知识内容和配备人员与职责三个阶段来绘制知识网络图;创造新的职位和作业方式,改变组织文化,塑造适应知识管理的组织架构。
- 技术规划——知识管理技术规划包括两个方面的内容,一是知识内容标准化,即在知识历程图和知识网络图的基础上,创造通用词汇、界定知识内容类型,为收集、分类、存储和分享建立共同的标准;二是在知识内容标准化的基础上,建立技术解决方案,包括系统功能架构、技术方案以及实施策略等。

即练即测

　　4. 知识管理系统实施包括知识实施规划、知识管理实施组织的确定、知识管理试点项目实施、知识管理的运营与推广和知识管理的持续改进 5 个主要的阶段。

思考与讨论

1. 知识管理导入是否有固定的步骤?为什么?
2. 简述 Arthur Andersen 咨询公司的知识管理项目导入方法。
3. 怎样对组织知识管理的现状进行诊断?
4. 知识管理实施规划要考虑哪些主要因素?
5. 简述知识管理实施之"流程"规划的步骤。
6. 简述知识管理实施之"组织"规划的方法。
7. 知识管理实施之"技术"规划包括什么内容?
8. 知识管理系统选型要考虑哪些因素?
9. 怎样选择知识管理系统提供商?
10. 知识管理实施的关键成功因素有哪些?

案例　某电信研究院的知识管理实施

案例分析

第 12 章

知识管理评估方法

本章学习目标

通过本章学习,学员应该能够:

1. 理解知识管理评估的含义和分类结构;

2. 理解并应用知识管理整体性评估的主要模型与方法;

3. 理解并应用知识管理单项评估的主要方法;

4. 理解组织知识资本评估的主要模型与方法。

引例:S 公司设计了《S 知识管理成熟度调研问卷》,以 KM 三个结构变量("分享""学习""创新")和三环境变量("技术""组织""文化")为依据,来分析企业的知识管理水平。问卷共有 9 个标准问题,每个问题满分为 5 分,总分满分为 45 分,加总问卷每道题的平均得分,可以得到企业目前所处的 KM 成熟度级别,同时也能针对每道题、每个环节、每个要素的平均分、统计离差进行分析。

通过对 2018 年 S 公司 122 份回收问卷分数的统计,计算出 S 公司 KM 成熟度总分为 33.15 分,比 2014 年多 1.81 分,说明 S 公司的知识管理总体水平得到了一定程度的提高,知识管理实施获得了一定效果。

进一步对两次诊断中 9 道题得分以及离差率趋势进行对比分析,得出以下结论:

2018 年知识管理诊断的最高分为 Q1,最低分为 Q9,说明 S 公司仍然保持着较好的分享的意愿和氛围,但是支持创新的 IT 系统建设却不甚令人满意。

2018 年和 2014 年的 9 道题得分均值对比:除了 Q3 和 Q9 得分低于 2014 年外,剩下的 7 道题得分均有所提高,上升比较显著的是 Q5 和 Q8,分别上升了 12.6% 和 19.45%,Q2 的得分也提高了 5.56%。这说明过去 4 年推行的员工能力发展计划(新员工导师制、内部讲师制、岗位轮换等,以及网上大学、E-Learning 等 IT 系统的建设)取得了明显的效果。

Q3 和 Q9 得分低于 2014 年,说明员工认为在创新文化的营造和有关的 IT 系统及工具方面不尽如人意。

知识管理评估是知识管理实施的一个重要环节,通常发生在知识管理项目周期的起始和末尾阶段。起始阶段的评估目的是了解组织知识资产、知识管理能力的现状,以便确定知识管理实施的重点领域;末尾阶段的评估主要是为了确定知识管理实施的效果,总结经验,以便调整下一个周期的实施策略。

组织知识管理评估是一种多侧面、多层次的观念,要从不同的角度进行考察。本章介绍组织知识管理评估的一些重要模型与方法。

12.1   知识管理评估概述

12.1.1   组织知识管理评估的含义

虽然知识管理本质上是一种管理思想,但实施知识管理也是组织的一项投资,任何投资都要对其投入效果进行评估和测量。所以在实施知识管理后,组织还需要建立知识管理实施效果跟踪和评估措施。尽管知识管理的效果难以准确量化,组织仍有必要把握知识管理在组织经营及管理中所发挥实际作用的情况,并评判其效果。

进行知识管理的评估,目的是要明晰知识管理实施前后,组织各项指标的变化情况,虽然知识管理项目的最终目标更多的是在质上而不是在量上有所提高。评估知识管理的长期收益十分困难,但是,通过一些侧面的数据以及员工的感受来评价项目价值,例如使用者的亲身感受、参与者的热情,也能够很好地说明项目带来的收益。通过反馈,可以帮助指导和调整实施过程,总结在知识管理项目中学习到的经验,还可以开发出一个标准,作为其他组织学习和推广知识管理的成功案例。

综上所述,组织知识管理实施的评估是指组织对投资在知识管理过程、目标实现及投资回报率上所作的一种效果评估,以便了解战略效果与实施效率的实现程度,并作为后续行动的改进准则。

12.1.2   知识管理评估的分类

根据知识管理实施评估的定义,知识管理评估应是一种多侧面、多层次的观念,要从不同的角度进行考察,才能够使评估具有更好的针对性。根据组织所注重的焦点不同,出现了许多不同的方式与评估工具。表 12-1 给出了组织知识管理评估的主要分类结构。

表 12-1   知识管理评估的主要分类结构

分 类 标 准	评 估 类 型		主 要 方 法
定性和定量	定性评估		有形效益和无形效益分析
	定量评估	财务性指标评估	投资回报分析、回收期分析、净现值分析、Tobin's q 值
		非财务性指标评估	知识库访问率、客户满意度、实务社团数量、员工的忠诚度等
内部和外部绩效	内部绩效		平衡计分卡、面向绩效的评估、面向过程的评估
	外部绩效		标杆学习评估法、知识战略缺口模式
侧面评估和整体评估	知识管理的某个侧面的评估		面向绩效的评估、面向过程的评估、知识成长阶段结构等
	整体组织的知识管理评估		知识管理评估工具、MAKE/MIKE、成熟度、平衡计分卡、领航者模式等

续表

分 类 标 准	评 估 类 型	主 要 方 法
过去、目前与未来绩效的评估	过去绩效的评估	投资回报分析、回收期分析、净现值分析
	目前绩效的评估	知识存量、成熟度
	未来的绩效评估	平衡计分卡、能力评估
投资者和管理者角度	知识资本评估	资本价值评估、Tobin's q 值
	管理现状评估	平衡计分卡、成熟度

12.1.3　组织知识管理评估的主要困难

由于知识本身是一种无形的资产,其所产生的又几乎是无形的效益,所以,在效果评估上不像一般有形资产的效益评估(例如,组织增加一条生产线的直接成本、人工成本、间接分摊成本是多少? 能够增产多少产品? 提高多少利润?)那样容易和明确。因此,相对于一般可以量化的有形资产的投资,组织对于知识管理评估时的困难点可以归纳如下。

(1) 知识管理的效果经常是无法量化评估的

例如,知识管理提升了员工的决策和吸收新知识的能力与创新的精神,并提升了团队沟通、协调与合作的能力,促进了与顾客及战略伙伴之间的知识共享与交流。很明显,这些对组织非常重要,却难以客观地量化。

(2) 知识管理对量化的财务指标的影响常是间接的

其因果关系比较难以明确地定义,组织知识管理的投资常常是在根本基础上作改进,常需要通过下列 3 层的中间因素才能影响企业的财务绩效: 内部业务的效益、产品服务的改善及外部顾客与市场的效益等。

任何因果关系的评估影响效果越直接,因果关系的路径越短,那么其效益就越容易评估。例如,向银行贷款的利息降低 30%,那么企业成本费用和净利润之间马上随之呈现一定比例的起伏,其因果关系非常直接而明确。但知识管理的投资常常由于经过的路径过于复杂,因此,很难像"利息下降——成本下降——利润上升"这样的一般通则清楚地定义出因果关系。此外,更重要的一点是影响企业财务绩效的其他重要因素很多,知识管理只是其中一项,其他如外部的景气、政治经济环境与产业竞争状况剧烈变化、供需的改变及内部的竞争战略或 CEO 的决策判断的转变等都会影响企业的利润,在这么多的"干扰因素"下,很难将知识管理对企业利润的因果关系"隔离出来"。例如,知识管理虽然推动得非常成功,但由于受到全球产业不景气的影响,导致企业利润仍然呈现负增长的现象。在这种状况下绝不能因此就断言由于组织投资在知识管理的推动而导致企业利润比前几年更差。

(3) 知识管理的成本不容易估算清楚

对于知识管理的投资并不像购买一个设备、土地等有形资产或信息系统一样容易计算,它包含了很多成本,例如,员工彼此间的相互作用、师父教授徒弟、员工接受培训的时间成本;制定知识管理薪酬制度、绩效考核政策、推动及支持实践团队的成本;知识的记录、存储、转移的人力、物力的成本,以及信息系统的利用成本等。这些成本有的是人力资源部门的费用,有的是信息部门本身的设备费用,组织应如何清楚地分摊给知识管理的活动在目前的会计制度下仍难以清楚地估算,因此可能会严重地高估或低估,这也将影响其投资报酬率的计算。

12.2　组织知识管理的整体性评估方法

下面介绍组织知识管理的几种常用的整体性评估方法。

12.2.1　全球知识管理标杆企业评选

1. 最受钦佩知识型企业(MAKE)

自 1998 年起,由 Teleos 公司发起了每年一度的全球最卓越知识型企业(most admired knowledge enterprise,MAKE)评选活动。全球 MAKE 研究是建立在德尔菲(Delphi)方法论基础上的,由全球财富 500 强的高级主管人员和知识管理专家组成专门讨论小组鉴别关键问题,通过三个轮次的筛选达成最后的一致意见。第一轮,由专门讨论小组的成员提名可能的全球 MAKE 公司;第二轮,专门讨论小组的每个成员从被提名的组织中选出最受钦佩的三家公司,至少由专门讨论小组成员的 10% 选中的组织才能成为全球 MAKE 最后参加决赛的公司;在第三轮也就是最后一轮中,使用以下 8 个指标作为评选标准对公司打分,每个指标最高为 10 分(excellent),最低是 1 分(poor)。最后 Teleos 根据专家讨论结果并结合其他指标综合分析给出最终结果,前 20 名的组织就是全球 MAKE 的优胜者。

(1) 公司在创建适应需要的知识型文化环境方面的努力;

(2) 公司高层管理人员对知识管理的支持与认可程度;

(3) 公司开发和提供知识型产品或服务的能力;

(4) 最大限度发挥公司智力资本价值的成就;

(5) 公司在创建能促进知识共享的环境方面的措施;

(6) 公司是否已形成了一种能不断进行持续学习的文化环境;

(7) 有效管理顾客知识以增加顾客的忠诚度与利润贡献度;

(8) 通过知识管理为股东最大程度创造财务利润。

过去的 20 多年间,MAKE 评选活动见证了知识管理的日趋成熟以及为全球许多成功的公司和组织赋能。获奖名单中,我们经常会见到 Accenture、Google、Amazon、Apple、Deloitte、IBM、Infosys、Microsoft、PwC、Samsung、Siemens、Tata、Tesla 等知名公司的身影。

2017 年 12 月,全球最后一届 MAKE 获奖名单宣布后,同时正式通告推出:基于 MAKE 原来的基础,新的 MIKE 奖——"最具创新性的知识型组织(Most Innovative Knowledge Enterprise)"创立。国际 MIKE 研究小组(Global MIKE Study Group,简称 GMSG)成立,MAKE 全面升级为 MIKE!

全球性的 MAKE 评选活动虽然结束,MAKE 的思想和评价指标依然可以作为企业知识管理评价的参考模型。

2．最具创新性的知识型组织（MIKE）

（1）MIKE 的评价标准

MIKE 评价为企业创新能力管理提供诊断工具，也将成为全球知识管理标杆研究的一个平台。研究人员可以基于不同国家/地区 MIKE 创新实践的发现，进行跨国比较，并发表共同关心的一些主题报告和研究成果。

MIKE 评价评选活动的目的是促进创新和知识共享：认可公司/组织在创新上的成就，督促他们在知识和智力资本管理方面不断践行；为公司/组织提供相互学习和借鉴的机会，增进彼此实践；让申请单位得到中立专家客观的反馈建议，并能不断持续改进。

全球科学技术日新月异，创新已然成为时代主旋律。知识管理的新动力来自创新型组织如何在不断变化的世界中运行。MIKE 评价继承了原来 MAKE 评价的框架，但更加强调创新。基于创新、知识管理和智力资本管理的最新研究成果，对影响组织创新绩效的主要因素进行了分析，并将其扩展为知识型组织持续创新的 8 个新标准（见表 12-2）。

表 12-2　股权激励与期权激励的比较

评价标准	智力资本要素	示例
赋能知识型员工以创新	人力资本	招聘、培训、激励、人才管理等
创建客户和用户的期望/需求/经验	关系资本	服务设计思考、用户实验室等
开发内外部的网络及连接	关系资本	开放式创新、众包、战略联盟与伙伴关系等
发展具有战略性、愿景性和变革性的领导力	结构资本	未来化、商业模式、冒险、企业家精神等
培育组织创新的文化	结构资本	组织学习、团队动力等
投资和交付基于知识的产品/服务/解决方案	结构资本	研究开发、创意孵化器等
加强用于知识创造的实践和系统	结构资本	知识创造过程、知识转化 SECI 模型等
实施创新及虚拟空间，为利益相关者创造价值	结构资本	未来中心、协同工作场所、智能办公室、心智实验室等

表 12-2 给出的 8 个标准为 MIKE 评估中组织创新的可持续性因素，此外还需要申明组织的创新绩效指标，可以在如下一些测度指标中选择最适合组织的一个以上的测度指标，提供数据和证据，进行自我评估。

① 开发的新产品/新服务/新商业模式；

② 市场份额/新产品销售；

③ 专利/许可证/忠诚度；

④ 营收/收入/营业额；

⑤ 客户/用户满意度；

⑥ 奖项/奖励/荣誉等。

（2）评价流程

MIKE 评级选分为两级，一级为国家或地区层面的 MIKE 评选，一级为全球层面的 MIKE 评选。每一个国家/地区都将委托一家主办机构（联合协办机构）共同发起国家/地区 MIKE 评选。所有的国家/地区 MIKE 评选都需遵循上述的八个标准，以便未来可以在全球基础上进行比较，进行有意义的基准研究等。

首先,由申报者按照要求提交 MIKE 申报材料。申报材料应按照上面的评估标准进行准备,包括 A 部分和 B 部分。A 部分需要按照八个标准填写组织创新可持续性因素;B 部分则重点选择组织的创新绩效指标进行描述。

然后,国家/地区 MIKE 评审过程不迟于每年的十月,每个国家/地区都应在此时间节点之前完成自己国家/地区的 MIKE 评选,并将最好的三个获奖者名单连同他们的申请表格材料等,一起提交全球 MIKE 研究小组,供全球 MIKE 评选。

最后,GMSG 将委派国际化专家组对所提交的名单和申请材料进行评估。最终优选名单将于每年 2 月进行公布,并将在该时间段选择合适的知识管理会议尽可能组织颁奖仪式,同时评选结果将公布在全球 MIKE 网站上。

12.2.2　知识管理成熟度模型

Ehms & Langen(2002)开发了一个称为知识管理成熟度模型(KMMM)的组织知识管理评价方法,利用此模型可以为组织目前的知识管理实施状态进行定位,并提供未来发展知识管理的方向。KMMM 的主要目的是:为知识管理活动提供一个全面性的评估标准;在知识管理项目实施前,以企业目前的知识管理成熟度为出发点,找出知识管理实施的重点和步骤;支持企业持续地开展知识管理项目。

KMMM 包含进化模型、分析模型和评估流程三个部分。

1. 进化模型

进化模型描述了组织知识管理的发展路径,由五个从低级到高级的成熟度级别组成。组织知识管理能力必须按照这条路径循序渐进地发展,不可跳跃式地发展。这五个级别如下。

(1) 初始级(initial)

在初始级,组织完全没有知识管理的意识,根本没有认识到知识对组织的重要性,组织的成功依赖于个人英雄。知识密集的任务并没有被视为与组织生存和成功有关联,没有适当的语言来描述知识管理方面的现象和问题。

(2) 可重复级(repeatable)

在可重复级,组织开始认知到知识管理活动的重要性,组织流程部分地被描述为知识管理的任务,并且通过个别的知识管理倡导者的理念,开始有试验性地进行知识管理项目,这些试验性项目的成功或失败,是组织讨论的主题,如果结果是好的,则这些个别的试验性项目成为日后整合性的知识管理活动的参考准则。

(3) 已定义级(defined)

在已定义级,组织明确定义了相关的技术系统和知识管理角色来支持组织的知识管理活动,并且这些活动被整合到日常的工作流程中,个人在工作中自觉执行相关的知识管理标准。

(4) 已管理级 (managed)

在已管理级,组织对知识管理的主题有共同的策略和标准化的方法,组织制定了评价知识管理活动效率的指标体系,并有计划地进行评估。组织的知识管理角色及相关的文化、技术系统长期地有效支持组织知识管理活动。

（5）最优级（optimizing）

最优级是组织知识管理的最高层次，达到该层次的组织具有很好的适应能力，即使在大的内部或外部环境变动时，组织都要能够接受这样的挑战。在第四阶段已经提出的知识管理评价标准在第五阶段被用来与策略控制的工具一起结合使用，用现有的知识管理工具没有不能解决的挑战。

2. 分析模型

分析模型让管理者分析影响知识管理的关键因素，发现未来应该发展哪些关键领域（key areas）及主题（topic）。KMMM 的分析模型包含 8 个关键领域，如表 12-3 所示，每个关键领域又包括特定的主题，总共有 64 个主题。

表 12-3　分析模型的 8 个关键领域及其说明

关 键 领 域	说 明
策略、知识目标	组织的愿景和目标设定要考虑到知识管理，分析高层管理的行为及预算政策。此关键领域和第二个关键领域的关系是：组织环境和合作伙伴信息之改变，往往是促进策略和知识目标改变的因素。
环境、合作伙伴	重要的外部参与者，包含顾客及利益相关人（stakeholder）等外部知识源。
人、能力	个人软性因素（soft factors），包含人事议题，例如：人事选择、发展和支援，以及责任管理和自我管理。此关键领域和第四个关键领域的关系是：清楚区分个人和集体。
合作、文化	对组织知识管理有重大影响的共同软件性因素，包含组织文化、沟通及小组结构或网络，以及关系结构。此关键领域与第五个关键领域的关系是："领导和支持"是影响"合作和文化"的重要因素，因为行为的基本原则是被管理者和其他主事者所定义的。
领导、支持	描绘领导议题，例如：管理模式以及对目标达成共识，包含在知识管理活动中担任支援的管理者的角色，以及其他参与者的角色。
知识结构、知识形式	描绘建构组织的知识管理基础，包含对知识或文件以形式为基础和以内容为基础进行分类。此关键领域与"技术、架构"的关系是：知识结构是以一般、特定领域和企业流程为基础的结构，并且利用"技术和架构"来实现。
技术、架构	描绘利用信息技术系统来支援信息管理，包含知识管理空间架构上的功能。此关键领域与"流程、角色、组织"的关系是：信息科技系统的设计和流程应该源自企业流程和组织知识管理的结构，因此关键领域处于"知识结构、知识形式"和"流程、角色、组织"的中间。
流程、角色、组织	描绘组织结构和知识管理角色安排的议题，强调以流程为基础的组织，目的是发现知识管理活动如何被加到特定的企业流程中。

3. 评估流程

KMMM 项目的整个程序分为 5 个阶段，如图 12-1 所示。

图 12-1　KMMM 评估过程

在制订计划阶段：主要任务是阐明组织对 KMMM 的期待，包括目的、参与人员、资源和进度。对于每一次评估，要对该过程进行定义和精确计划。

在动员和数据采集阶段：动员所涉及的每一个人积极地参与 KMMM 项目及后续工作，并对项目做出应有的贡献。为此，必须向组织相关人员提供充分的项目信息，项目的重要性必须在组织内的各层次负责人之间交流。根据 KMMM 结构,通过专题研讨会和交谈获取必要的信息。为了获得具有代表性的组织现状视图,选择交谈的对象要具有代表性。

数据采集、数据处理和反馈三个阶段不是脱节的,而是有机结合的。顾问要及时对采集到的数据进行评估,然后,调整工作方式以便更好地控制后续的信息收集。

一旦数据收集过程完成,将所有的数据统一起来进行处理。根据采集的数据评价各个主题和关键域的成熟度,最后得出组织的总体成熟度。评价的结论写成评价报告,并准备评价结果的反馈表达。

举行信息反馈讨论会,对评估的初步结果进行讨论。如果有可能,顾问和组织成员之间对评估结果的解释应达到一致。

在对评价结果充分讨论以后,拟定最终评价报告。这份评价报告是本次 KMMM 项目的成果和以后知识管理项目的基础。

KMMM 项目最后可以得出每个主题的成熟度等级,进而可以得出每个关键域成熟度水平,进而得出组织的知识管理成熟度轮廓。从这个轮廓可以看出哪些主题或关键域是需要优先发展的。除了这些显性的结果外,KMMM 项目还对组织的发展产生了一些隐含的效果,包括:

➢ 改善了员工对知识管理问题和解决方法的不同观点的理解;

➢ 加深了对组织知识管理发展过程(渐进性和整体性)的理解;

➢ 提高了参与者改善知识管理的积极性;

➢ 这些效果会对组织发展产生深刻的影响。

12.2.3　平衡计分卡

1. 平衡计分卡架构

平衡计分卡模型是由哈佛大学卡普兰(Kaplan)和诺顿(Norton)教授提出的,它标志着美国知识资本评估理论研究的开始。卡普兰和诺顿教授(1999)在对绩效测评处于领先地位的 12 家公司进行为期一年的研究之后,推出了一套综合平衡财务指标和非财务指标的评价体系——BSC(balanced score-card,平衡计分卡)。平衡计分卡模型通过财务、顾客、内部运营和学习与成长四个主要的维度对企业进行业绩测量,见图 12-2。

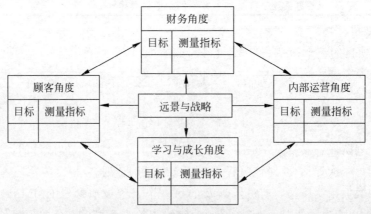

图 12-2　平衡计分卡的基本框架

（1）财务，可参考的评估指标为：营业额、毛利率、每月盈余等。

（2）顾客，可参考的评估指标为：客户满意度、新客户开发数、项目准时交接数等。

（3）组织内部流程，可参考的评估指标为：作业流程改善时间、项目质量提高度等。

（4）学习与成长，可参考的评估指标为：培训课程数、员工流动率、员工提案数等。

BSC 的核心思想就体现在"平衡"两字上，它体现了组织短期与长期目标之间的平衡；财务与非财务量度之间的平衡；落后指标与领先指标之间的平衡以及组织外部与组织内部之间的平衡。

2. 基于平衡计分卡的知识管理绩效评价模型

平衡计分卡使企业的管理者将有限的精力集中在几个对企业最为关键、最为重要的指标上，可迅速全面地了解企业整体的情况。实践证明，平衡计分卡模型在一定条件下可以满足企业知识资本及企业知识管理绩效评估的要求。平衡计分卡应用于知识管理绩效评估时，财务、顾客、内部运营和学习与成长四个维度可以转化为图 12-3 所示的多层递进的关系，最终实现企业的愿景和目标。

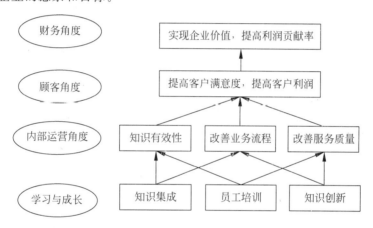

图 12-3　基于平衡计分卡的企业知识管理绩效评价模型

3. 基于平衡计分卡的企业知识管理绩效评价指标体系

评价指标体系是由多个相互联系、相互作用的评价指标，按照一定的层次结构组成的有机整体。制定一套合理的评价指标体系是绩效评价的基础，在上述评价模型的基础上，遵循指标体系的科学性、系统性、实用性、客观性、目标导向性等几大原则，构建基于平衡计分卡的企业知识管理绩效评价指标体系，一共四个一级指标，每个一级指标下选取关键的二级指标，指标及其计算公式如表 12-4 所示。

表 12-4　基于平衡计分卡的企业知识管理绩效评价指标体系（示例）

一级指标	二级指标	指标计算
财务角度	知识员工创利率	知识员工创利额/企业利润总额×100%
	创新产品收益占总收益比重	创新产品收益/企业总收益×100%
	总资产报酬率	利润总额/平均资产总额×100%
	资金周转率	企业销售收入/企业经营现金流×100%
	资产负债率	企业负债总额/企业资产总额×100%

续表

一级指标	二级指标	指标计算
客户角度	客户满意度	被调查客户满意人数/被调查客户总人数×100%
	客户保持率	重复购买的客户数量/平均客户数量×100%
	新客户获得率	新开发的客户数量/平均客户数量×100%
	市场占有率	企业产品销售额/同类产品销售额×100%
	销售增长率	(本期销售额－上期销售额)/上期销售额×100%
内部运营角度	知识资源存量增加率	(本期知识资源存量－上期知识资源存量)/上期知识资源存量×100%
	知识管理机构	根据实际的处室、科室计算
	信息设备拥有率	信息设备投入额/企业设备总投入×100%
	库存知识利用率	库存知识实际使用时间/库存知识计划用时×100%
	专利数增长率	(本期专利数－上期专利数)/上期专利数×100%
	研究人员比例	研究人员数量/平均员工数量×100%
	新产品研发投资率	新产品研发费用/销售额×100%
学习与成长角度	员工周转率	期内员工变动人数(离职和新进)/员工总人数×100%
	合作项目成功率	合作项目成功数量/合作项目总数量×100%
	员工学历结构	本学历员工人数/平均员工人数×100%
	员工培训费用投入强度	员工培训费用/总费用×100%
	人均培训时间增长率	(本期人均培训时间－上期人均培训时间)/上期人均培训时间×100%
	组织学习能力	反映企业的资源要素和企业学习隐性知识的态度

(来源:黄淑萍,黄智宇.基于平衡计分卡的企业知识管理绩效评价体系)

表 12-4 可以看出,知识资源、知识管理本身虽然具有隐性特征,但也从财务、客户、内部流程以及学习与成长四个维度反映企业知识管理绩效的几大平衡,财务与非财务之间的平衡、长期目标与短期目标之间的平衡、外部和内部的平衡、结果和过程的平衡。

4. 评价方法

通过企业的财务会计报表,一般都能够得到表 12-4 指标计算需要的数值。在此基础上再通过标杆分析法选取一个标杆企业或期望企业,然后将该企业的指标数值与标杆企业的数值逐一比较发现差距,从而进行针对性的改进。标杆分析法是通过将企业的业绩与已存在的最佳业绩进行对比,目的是找差距,寻找不断改进的途径。菲利普·科特勒说:“一个普通的公司和世界级的公司相比,在质量、速度和成本绩效上的差距高达 10 倍之多。标杆分析法是寻找在公司执行任务时如何比其他公司更出色的一门艺术。”最佳业绩通常有三类:内部标杆、竞争对手标杆和通用标杆,比较理想的是与竞争对手比较。正如《孙子兵法》所云:“知己知彼,百战不殆;不知彼而知己,一胜一负;不知彼,不知己,每战必殆。”标杆分析法是评价和改善企业绩效的有效评价工具。

12.2.4　知识管理评估工具

知识管理评估工具(knowledge management assessment tool,KMAT)是安达信(Arthur Anderson)咨询公司和美国生产力和质量中心开发的一种实用知识管理评估工具,用来测量组织本身的知识分享和管理知识的程度,并评估组织本身知识管理实践的优劣,提醒组织负责人重视需要加强的知识管理领域。评估模型基于安达信(1995)提出的组织知识管理的 KPE 模型,该模型将影响组织知识管理的因素表示为两个动态的范畴:一是组织可行条件,即可以促进知识创造的技术、文化、领导和评估等因素;二是知识管理的关键过程,即信息收集、知识识别、知识创造、知识共享、知识运用和知识组织。

在评估中,该工具共有 5 个部分,分别为:知识管理流程、领导、文化、技术及评估。通过这几个方面,可以测量组织在以上 5 个部分知识管理实施的强度。KMAT 的评估表中,这 5 个部分由 24 道题目构成。根据各个题目的提问,按照"1＝没有表现、2＝表现不佳、3＝尚可、4＝表现良好、5＝表现优异"五个等级进行评分,然后通过计算各个部分的分数总和,评估组织知识管理实施的效果。也可以在组织内部进行跨时间段的多次评估进行比较,以审视组织本身知识管理的进展情况。或与其他相关机构的表现进行比较,从而获得组织内知识管理的强弱分布情形。

12.3　知识管理单项的评估方法

12.3.1　一般的评估方法

知识管理单项的一般评估方法包括三个方面。

(1) 实施效果评估:通过实施项目节省的金钱、时间以及人力,相对于未实施知识管理之前的项目成功的比例。

(2) 效果输出评估:包括有用性调查(使用者认为知识管理有助于其完成任务)和使用实例(用户以定量形式指明知识管理对项目目标实现的贡献)。

(3) 管理系统评估:知识管理系统的反应时间、下载数目、站点访问量、每页面或栏目的使用者驻留时间、可用性调查、使用频率、浏览路径分析、用户数、使用系统的用户比例。

知识管理的产出许多是无形的效益,如表 12-5 所示。因此,除了一些可以明确的量化评估的指标外,其余的评估不必也无法利用定量的指标进行评估,可以用定性的方式表示及说明其表现出来的绩效。例如,举出成功的案例和使用者的意见及因果关系模式图来表示等。

表 12-5　知识管理的有形和无形的不同效益

知识管理可以量化的有形效益	知识管理难以量化的无形效益
节省作业成本	提升员工的能力和决策质量
提升作业生产力	让员工更快地获取有用的知识及找到需要的专家
缩短产品上市时间	员工充分地交流知识
增加顾客的保持率	实践团队的整体风气
减少客户服务人员	提升团队合作精神
扩大市场的占有率	组织充分重视学习
专利权与授权的收入	组织的创新风气与口碑
提高股票价值	组织应变的弹性与能力
提高销售收入	组织与战略伙伴的知识交流

在表 12-4 的右栏是知识管理定性化的效益,是较难量化评估的部分,但这些却是组织非常重要的根本核心能力。

12.3.2　面向过程的知识管理评估方法

这种方法主要是评估知识管理投资的直接效果,投资必须在根本上达到流程优化的效果,才有可能更上一层楼,并提升其间接的效果。这方面的主要评估指标如表 12-6 所示。

表 12-6　知识管理过程绩效的主要评估指标

知识的创造与获取	知识的共享与转移	知识的存储与利用
• 员工每人每年的提案数 • 提案被组织采纳的比例 • 组织每年从外部获取知识的频率 • 组织每年从外部引进新技术的比率 • 组织每年参与外部新技术研发的例子 • 组织研发部门每年技术成功转移的次数 • 组织每年将创意商品化的次数与比率	• 员工每人每年在知识库上贡献的次数 • 员工访问知识库的频率 • 实践社团成立的数量和参与人数 • 员工对知识库中知识的满意程度 • 参与知识库共享的员工人数 • 员工利用知识库上知识的次数 • 员工对知识库质量的评分 • 员工对知识共享意愿的高低	• 员工记录存储最佳实践的意愿与次数 • 员工能否容易、快速地找到所需要的知识 • 员工能否容易、快速地找到所需要的专家 • 员工对知识库中的内容是否有很高的信任度 • 员工对新知识的吸收能力是否很强 • 员工对新知识的利用愿望是否很高 • 每个工作是否永远利用最佳实践进行操作

12.3.3　面向目标的知识管理评估方法

面向目标的知识管理评估就是评估其预定目标的达到程度。目标实现度越高,绩效、结果越好,则表示知识管理的效果越好,这个目标或绩效不一定指财务性指标,也应包含非财务性指标(视其知识管理的特质而定),其最主要的工具包括下列几种。

(1) 对内部作业流程绩效支持的有效性评估

表 12-7 给出了在这个方面主要的评估指标,表中指标只是举例,并不完整。

表 12-7　对员工(团队)工作及内部作业流程绩效的有效性指标举例

员工与团队的能力	内部作业流程绩效
发现与定义问题的能力	每个产品的单位成本
解决问题的能力	相关作业的生产力
决策的质量	产品质量的次品率
工作的生产力	产品制造周期的长短
降低重蹈覆辙的成本	产品存货的管理成本
创意与创新的能力	环保的符合程度

(2) 对产品质量支持的有效性评估

如果员工(团队)能力与内部作业流程绩效因为知识管理而提升时,那么对于组织的产出(output)方面必定会有提升的效果。在这方面主要的评估指标可以运用学者 Tracy 和

Wiersema(1993)三大价值命题中的顾客亲密度与产品领先性来代表(另外,作业的出色性属于表 11-6 中的作业流程绩效),其主要评估指标如表 12-8 所示。

表 12-8　顾客亲密度与产品领先性的评估指标

顾客亲密度	产品领先性
顾客保持率	产品上市的周期
顾客满意度	新产品上市的成功比率
顾客忠诚度	新产品营业收入占总营业收入的比率
顾客问题回复的速度	某段时间内新产品的总营业收入
提供量身定制产品(服务)的能力	
顾客的投诉次数	
明确了解顾客需求的程度	
产品符合顾客需求的程度	

① 在顾客亲密度目标上的评估

例如,Arthur Anderson 咨询公司的价值命题在顾客服务方面所应采取的评估工具就是顾客亲密度导向的目标评估。例如,顾客保留率是否提升到 90%;顾客问题响应速度是否缩短到几个小时之内;顾客投诉数每个月是否下降 50%;老顾客是否享有超过 50% 的价值;顾客是否购买其他类型的咨询服务等。

② 在产品领先性目标上的评估

例如,一家科技公司的知识管理项目的目标评估就包括:

* 产品上市的周期是否缩短 30%;
* 新产品上市的成功比率是否大于 20%;
* 5 年内新产品的收入是否占总收入的 50%;
* 新产品上市的速度是否超越对手 20%。

③ 在作业出色性目标上的评估

例如,美国得州仪器(TI)公司的知识管理项目的目标评估就包括:

* 生产线的生产力是否提升 30%;
* 每个单位生产成本是否下降 20%;
* 产品的质量不合格率是否小于 1%;
* 产品的制造周期是否缩短 30%;
* 产品的存货管理成本是否下降 15%。

从以上评估知识管理目标实现度的指标看,许多都是以非财务性指标作为标准的。

以上各种知识管理评估方法,在评估指标的选取上既有共性的地方,也有很大的差异,不同的评估方法关注的焦点不同。评估方法大多是定性与定量相结合,因为很多主观性指标是无法确切量化的。知识管理评估的大概流程是:确定评估的目标→选择评估体系→确定评估方法→实施评估→编写评估报告。如同知识管理实践本身有一个发展和完善的过程一样,对知识管理评估也应随着知识管理实践本身进行相应调整,最终能够使知识管理在组织中实现可持续发展。

进行知识管理的评估,要遵从整体完备性、科学合理性和简易可行性原则,从人、流程、技术、效用性和发展性等角度建构知识管理评估指标体系,并需要通过不断的论证与改进,发挥它对组织决策者以及其他使用者的鉴定作用、诊断作用、导向作用与决策作用。

12.4　组织智力资本评估方法

智力资本是组织竞争优势的来源之一,特别是对于知识型组织(如软件公司、咨询公司等)来说,其价值远大于物质资本的价值。Arthur Anderson 公司曾在 1998 年对欧洲、北美和亚洲的公司进行了一次有关智力资本评价的国际性调查。调查显示,75%的公司认为智力资本的评估会有助于提高企业业绩。智力资本评估是组织知识管理的有效工具,通过智力资本评估,不仅可以了解组织的真实价值,从而作出正确的战略选择,而且有助于改进组织的智力资本管理,促进资本价值的实现与增值。

12.4.1　评估模型

尽管对智力资本的学术研究只有短短十几年的时间,但近年来世界范围内对智力资本的日益重视,促使智力资本评估的研究更加深入和全面,并涌现出许多不同的评估方法与模型。国内外对组织智力资本评估的研究可以分为两种类型:整体评估法和分类评估法。

1. 整体评估法

整体评估法,又可以称为间接评价法,它不具体区分智力资本的各个构成要素,而将智力资本作为一个整体来考察其对组织生产经营的贡献。这种方法是假设组织的智力资本价值可以反映在组织的财务状况上,通过对组织经营绩效的考察可以评估出知识资本总体价值的大小。这类型的代表性评估方法有市值减账面价值法、Tobin's q 值法以及经济增加值法等。

(1) 市值减账面价值法

这种方法是通过企业的市场价值与账面价值的比率来反映智力资本的相对大小,即把企业市场价值与财务资本价值的差额作为知识资本的价值。

$$智力资本(IC)=企业市场价值(MV)-账面价值(BV)$$

这个公式是诺贝尔经济奖得主詹姆斯·托宾(James Tobin)早期提出的企业知识资产计算公式。例如,微软公司 2006 年的市场价值约 3000 亿美元,账面价值约 700 亿美元,那么,其智力资本约为 2300 亿美元,占市场价值的 77%。

这种评估的方法在计算方面较简单和粗糙,没有对知识产权资本、组织管理资本和市场网络资本进行单一的评估,而且企业的账面价值会受到所选会计政策的影响。

(2) q 值法(Tobin's q)

Tobin's q 值是詹姆斯·托宾用来预测投资行为的参数,是企业市场价值与资产重置成本的比值。这种评估方法可以把企业智力资本的状况反映出来,但不能给智力资本管理提

供任何指导。例如,如何进一步创造价值,防止知识被模仿和替代等。计算公式如下:

$$q = v_m / v_r$$

其中 v_m 表示市场价值,v_r 表示有形资产重置价值

资产的重置成本是指这项资产目前在市场上采购的市价(而不是原始的账面成本)。例如,企业两年前 100 万元买进一辆汽车,现在折旧后的账面价值为 80 万元,而现在同型号车在市场上是 60 万元,如果该车只能帮助企业产生 50 万元的市场价值,那么,其 Tobin's q 值便是 50/60=0.83。又如,企业去年买进一套 ERP 系统目前市价为 500 万元。但这个 ERP 系统由于降低了作业成本,提高了接单速度为企业创造了 800 万元的市场价值,那么,Tobin's q 值为 800/500=1.6。Tobin 认为当 q>1 时表示企业对此资产的利用很有效率,有利于投资。

企业的市价如何计算,Tobin 仍然认为股票市场的价值正是投资者对于该企业能否有效利用其资本的一种评估,即当投资者认为这个企业领导团队能力强、生产效率高、目标正确、创新能力强且顾客关系良好时,那么,投资者愿意以更高的股价来反映对这个企业成长潜力的肯定。

研究学者 Lindenberg(1989)也发现,拥有相同资产的公司,Tobin's q 值高的公司通常比竞争对手具有更佳、更独特的核心竞争能力、品牌形象、管理能力、独特优势和成长机会等,这些都是属于智力资本的范围。因此,后来的学者便采用 Tobin's q 值取代账面价值来评估组织整体的智力资本价值。Tobin's q 值会因智力资本比重的不同而有所不同,并且各个产业也有所不同。例如,钢铁业的 Tobin's q 值约为 1,而软件业的 q 值则约为 7。

(3) 经济增加值法(economic value added,EVA)

Stewart 提出的经济增加值模型是一种综合性财务管理评价系统,它将目标设定、财务计划、资本预算、绩效评估、员工薪酬等方面的管理结合起来,目的是解释企业价值增加或损失的原因。

$$EVA=企业销售收入-运营成本和费用-税收-资本成本$$

其中,资本成本是所投入的各项资本的成本加权平均值,当资本收益大于资本成本时,企业获得经济增加值,反之则损失经济价值。

EVA 方法能结合各个方面的管理来讨论价值的创造问题,但调整的流程复杂,附加解释能力薄弱。

(4) 智力增值系数(VAIC)法。该方法类似资产收益法类型,但不完全符合。企业业绩取决于企业运用财务资本和智力资本的能力,因此,对业绩的评价包括对实物资本增值效率的评价及智力潜力增值效率的评价两部分,两者分别用财务资本增值系数和智力潜力增值系数来表示。

具体做法是先通过企业的产出和投入之差求出企业增值 VA。计算公式为

$$VA=OUT-IN$$

其中,OUT 代表企业产出,IN 代表企业投入。

然后用企业增值 VA 分别除以财务资本总和 CA 和智力资本潜力即员工工资总额 IP 得到财务资本增值系数 VACA 和智力资本增值系数 VAIP。VACA 和 VAIP 加总即得到

企业的智力能力 VAIC。

$$VACA = VA/CA$$
$$VAIP = VA/IP$$
$$VAIC = VACA + VAIP$$

此方法的指标设置简单、明了,容易获取数据。如果劳动力市场能够准确反映人力资本价值,则此方法可以较好地反映企业智力资本的情况。因此,此方法适合大多数企业,而且能够较客观地反映企业智力资本状况。不足之处是简单地将企业智力资本等同于企业员工的工资总费用。

2.分类评估法

分类评估法,又称为直接评价法,是评价知识资本各个组成部分的价值及其在组织发展中的作用的评估方法。这种评估方法,首先要确定知识资本的具体构成,然后逐级分类为各个因子集和指标体系,再对具体指标进行详细评价,最后将各指标的评价结果通过数学方法汇总成一个总体评价值,或者不汇总,而只对指标进行管理监测。

分类评估方法的解释能力强,评估过程严谨,因此成为组织知识资本评估的主流方法。比较有代表性的分类评估方法有斯堪的亚的导航器模型、无形资产监测器模型、平衡计分卡模型等。

(1)斯堪的亚导航器模型

斯堪的亚导航器模型是由埃德文森领导的工作小组在 1991 年对瑞典第一大保险和金融服务公司——斯堪的亚公司进行智力资本分析和报告时提出的,直到 1994 年才建立了一套完整的评价体系。这个模型以顾客、财务、流程、人力资本、更新与发展五个方面为重点,对企业的知识资本进行分析和评价,形成了知识资本评价和管理模型。该模型是迄今为止最主要的知识资本评价方法,也是国外研究者和企业用得最多的方法,参见图 12-4。

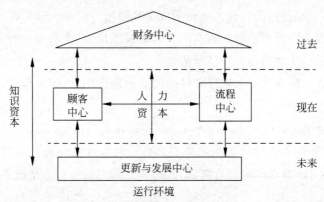

图 12-4　斯堪的亚导航器模型

在图 12-4 的模型中,财务中心代表企业过去的经营状况,顾客中心和流程中心表示公司的现状,而更新和发展中心则是为了适应企业未来的经营环境。在四者的中心是人力资本,它与其他各中心相互联系,是组织最重要也是最容易失去的要素。

运用该模型评价企业智力资本的具体做法是:

① 从企业的业务中找出企业的成功因素；

② 把这些因素分解成具体的指标，并把它们分别归类为财务、顾客、业务流程、更新与发展、人力资本五类指标；

③ 对每一类指标逐一进行评估，然后就可以采用简单平均或加权平均的方法求出企业总体的知识资本评价值。

对每个职能中心，斯堪的亚都建立了一套独立的指标体系来进行评估，整个评估模型共包含 164 个指标，这些指标可以根据具体情况进行适当的简化。斯堪的亚导航器评估模型不仅适用于一般的企业，而且也适用于非营利组织。该模型既是一种新的会计工具，也是一种新的管理方法，它能够帮助企业正确地评估知识资本的价值，并有效地开发知识资本，具有"评价"和"导航"的双重作用。

（2）无形资产监测器模型

无形资产监测器模型是由斯维比教授参加的 Konrad 小组提出的，采用一种动态的指标来评估知识资本的价值。模型中，企业的市场价值由有形净账面价值和无形资产两部分组成，而无形资产又由三个部分构成——个人能力、内部结构和外部结构，分别对应于三类评价指标：增长和创新、效率以及稳定性，见图 12-5。

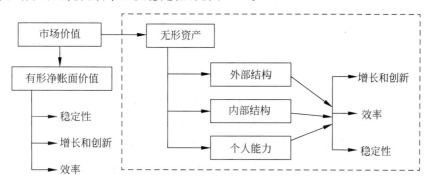

图 12-5　无形资产监测器模型（虚线框内）

以上三类指标还可以细分为数十个可衡量或可量化的指标。该模型不仅是测量评价知识资本的一种方法，而且也是汇报测量无形资产结构指标的简单方法，在实践中得到广泛的应用。

（3）平衡计分卡模型

此方法属于计分卡类型。平衡计分卡理论通过使用 23～25 个指标对企业的智力资本的 4 个主要方面进行测量，这 4 个方面是财务状况、企业业务流程状况、客户状况、学习和提高状况。平衡计分卡方法能够保持长期与短期目标之间的平衡，财务和非财务测算之间的平衡，落后指标和领先指标之间的平衡，内部和外部的平衡。平衡计分卡使企业的管理者将有限的精力集中在几个对企业最为关键、最为重要的指标测量上，便于迅速全面地了解企业的情况。实践表明，平衡计分卡模型在一定条件下可以满足企业管理要求。

此方法从企业战略管理的角度，将企业远景解释为切实可行的、实际可管理的、具体的经营目标，将企业长期知识和能力目标与年度预算联系起来，及时向公司提供任意时刻知识状况瞬态图,并就知识对无形资产的贡献进行客观测算,具有较好的操作性。在实践过程中,为更好地使用这种方法企业需要根据实际情况,改造、设计符合实际的指标体系,形成本企业的平衡计分卡。

12.4.2 评估组织

　　知识资本评估的组织工作对于评估的效果有很大的影响作用。评估活动需要各个部门的支持与配合,尤其是得到高层管理者的支持;对人力资本、企业组织等的评估,需要具有专门知识和技能的专家参与。因此,为了很好地完成知识资本评估工作,需要成立知识资本评估小组,其组织体系结构见图 12-6。

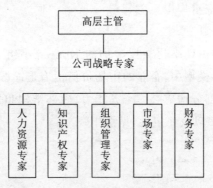

图 12-6　知识资本评估的组织体系

　　组织知识资本由人力资本、知识产权资本、组织管理资本和市场网络资本组成,评估小组应该包含这些方面的专家。同时,知识资本评估还涉及公司的战略和财务,这些专家的参与能让评估工作更加有效。因此,整个评估小组一共由六种人员组成:公司战略专家、财务专家、人力资源专家、知识产权专家、组织管理专家和市场专家。这些成员可以来自企业内部,也可以从企业外部雇用。

　　(1) 公司战略专家

　　公司战略专家是整个知识资本评估小组中最为重要的专家,负责知识资本评估指标体系的构建。这类专家要深入地了解企业及其所在行业的发展方向,具有开阔的眼界,可以是企业内部的高级管理人员,也可以是企业外部的资深学者。

　　(2) 财务专家

　　财务专家要求熟悉知识资本的评估方法及技巧,主要是对企业各项资产进行实际价值的评估。他们不仅要具备财务审计方面的专业知识,还要了解企业知识资本的构成。这类专家是评估工作的参谋人员,提供有关的财务信息,辅助其他专家完成评估工作。

　　(3) 人力资源专家

　　人力资本是企业知识资本最为核心的一项,也是传统资本中不涉及的一项。人力资源专家一般由企业内部人力资源部门的人员组成,负责对企业的全体员工进行职业素质的评估,包括员工的知识、技能、经验以及他们的团队精神、责任感等。

（4）知识产权专家

知识产权专家要对知识产权所涉及的内容了如指掌，他们不仅要评估知识产权的市场价值，而且还要评估本企业知识产权资本在同行业中的相对先进程度。这类专家要有扎实的专业知识和良好的保密意识，最好由企业内部人员来担任。

（5）组织管理专家

组织管理专家一方面要对企业内部的信息技术系统的效率进行评价，另一方面要进行企业文化、组织结构等的适应性和先进性评价。

（6）市场专家

市场专家不但要了解本企业的情况，而且还要对竞争对手有清晰的认识。他们的工作包括顾客调查、顾客访谈、销售分析、品牌价值评估等。通过这些活动深入了解企业市场资产尤其是顾客资产的情况。

大体来看，知识资本评估小组的各个成员一方面要具备相关的专业知识、熟悉本企业知识资本结构及状况、掌握知识资本评估的各种方法和技巧；另一方面，他们还要了解企业所在的行业状况，特别是竞争对手以及行业领导者的情况，为制定评估指标体系打下良好的基础，以便找出差距和改进企业的知识资本管理工作。

知识资本评估是企业的一项管理活动。评估小组的跨专业特性使得成员间有相互学习的机会，进行知识的共享与交流，因此，知识资本的评估团队应该作为一个长期机构来规划。而且，具备多种专长的人员，如兼有知识产权、市场和战略规划专长，或者兼有人力资源、财务和公司战略专长的专家，将是这个知识资本评估团队的首选成员。

12.4.3　评估过程

组织知识资本的评估主要从三方面入手：第一，建立合理的评价流程；第二，选择科学有效、并能实现评价目标的评估方法；第三，构建与评价方法相适应的评价组织体系。在既定的评估方法下，知识资本的评估流程和组织体系会影响评估的效果。

组织对知识资本进行评估，一般可以遵循三个基本步骤：收集结构化信息、现状分析和产生评估结果，见图 12-7。

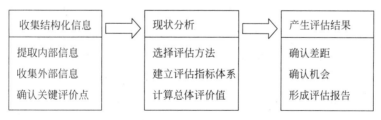

图 12-7　知识资本评估的一般过程

1. 准备阶段——收集结构化信息

知识资本评估需要以结构化信息为基础，这种结构化的信息可以从组织内部的信息库以及外部的信息通道获得。组织知识资本评估组的成员通过提取内部资料（如企业计划、顾客抱怨报告、研究项目预算等）、深度访谈（如与组织的技术专家、工程师、销售人员的访谈）、会议、制定评估工作计划等方法获得内部信息。同时，通过实地调查、信息检索等方式，可获得外部信息。例如一些公开的资料如市场研究成果、其他企业的知识资本评价指标数据等。

信息收集的过程不仅是为评价提供资料、数据，也是发现问题以便确认关键评价点，进一步分析研究的过程。关键评价点的确认要结合组织的竞争战略，确认哪些是最为重要的知识资本。

2．评估阶段——现状分析

智力资本评估的内容是非货币的、无形的资产，包括人力资本、知识产权资本、组织管理资本和市场网络资本，如创造价值的知识员工、专利技术、企业组织方式、顾客关系等。对此，被认为最普遍运用的、以货币为计量单位的会计体系不能很好地充当评估工具，知识资本评估需要一套新的分析评价方法，如斯堪的亚导航器模型、无形资产监测器模型、平衡计分卡模型等。在既定的评估目标下，建立一个完善的评估指标体系，通过应用前一阶段收集的结构化信息来计算知识资本总体的评价值。同时，还需要将数字与非数字评估、主观与客观评估结合起来。

3．完成阶段——产生评估结果

最后一个过程是产生评估结果，撰写知识资本评估报告。前一阶段的个别分析在这里得到融合汇总，通过纵向历史比较与横向同行业比较，得出本组织知识资本运营的变化与差距，以及未来存在的机会。

但这些并不是评价过程的终点，知识资本的评价不仅仅是数据收集、整理、分类，还是一个知识创造的过程。在评价过程中还包括对变化原因的分析，以及填补差距的各种管理对策。一份好的知识资本评估报告应该是评估结果与管理建议的结合体。

本章小结

1．组织知识管理评估是指组织对投资在知识管理过程、目标实现及投资回报率上所作的一种效果评估，以便了解战略效果与实施效率的实现程度，并作为后续行动的改进准则。可见，组织知识管理评估是一种多侧面、多层次的观念，要从不同的角度进行考察。

2．知识管理的评估分为组织知识管理的整体性评估和知识管理单项评估两大类。每一类又有多种评估方法。各种知识管理评估方法，在评估指标的选取上，既有共性的地方，也有很大的差异，不同的评估方法关注的焦点是不同的。评估方法大多是定性与定量相结合，因为很多主观性指标是无法确切量化的。知识管理评估的大概流程是：确定评估的目标→选择评估体系→确定评估方法→实施评估→编写评估报告。

3．常用的整体评估方法有全球最卓越知识型企业、成熟度模型法、平衡计分卡等，常用的单项评估方法主要有一般评估法、面向过程和面向目标的评估方法。

4．智力资本的评估方法可以分为整体评估法和分类评估法。

- 整体评估法(或称为间接评价法)的代表性评估方法有：市值减账面价值法、Tobin's q 值法以及经济增加值法等；
- 分类评估法(或称为直接评价法)的代表性评估方法有：斯堪的亚导航器模型、无形资产监测器模型、平衡计分卡模型等。
- 组织对知识资本进行评估一般可以遵循三个基本步骤：收集结构化信息、现状分析和产生评估结果。

即练即测

- 知识资本评估小组一般由 6 种人员组成：公司战略专家、财务专家、人力资源专家、知识产权专家、组织管理专家和市场专家。这些成员可以来自企业内部，也可以从企业外部雇用。

📝 思考与讨论

1. 组织知识管理整体性评估有哪些主要方法？这些方法适用什么目的？
2. 有哪些主要的知识管理定量评估方法？
3. 简述知识管理成熟度模型。
4. 知识资本评估方法分为哪两种类型？这两种类型之间有什么区别？
5. 组织知识资本有哪些主要的评估方法？请描述这些评估方法的操作步骤。
6. 试讨论组织知识资本评估的一般过程。
7. 组织在知识资本评估的过程中，应该注意哪些问题？
8. 如何组建一个优秀的知识资本评估小组？小组各成员应具备什么样的知识和技能？

📋 案例 知识管理成熟度模型的应用

案例分析

参考文献

1. 英文文献

[1] Glazer,R.,Marketing in an information intensive environment: Strategies and implications of knowledge as an asset[J]. Journal of Marketing,1991,55,pp. 1-19.

[2] Wilson,D. A.,Managing knowledge[M]. Butterworth Heinnmann-Oxford,1996.

[3] Nonaka,I. and Takeuchi,H.,The Knowledge Creating Company[M]. Harvard Business Press,Boston,1995.

[4] Stewart,T. A.,Intellectual Capital: The New Wealth of Organizations[M]. Doubleday,1997.

[5] Bohn,R.,Measuring and managing technological knowledge[J]. Sloan Management Review, Fall, pp. 61-73.

[6] Davenport,T. H.,De Long,D. W. and Beers,M. C.,Successful knowledge management projects[J]. Sloan Management Review,Winter,1998,pp. 43-57.

[7] Wikstrom,S.,Normann,R.,Anell,B.,and Ekvall. G.,Knowledge and Value: A New Perspective on Corporate Transformation[M]. Routledge,London,1994.

[8] Carlsen,A. and Skaret,M.,Practicing knowledge management in Norway-Lessons from processes in small firms[C]. Working Paper,Sintef,Norway,1998.

[9] Ruggles,R. L.,Knowledge Management Tools [M]. Butterworth Heinenmann,Boston,1997.

[10] Polanyi,M.,The Tacit Dimension[M]. Routledge & Kegan Paul,London,1966.

[11] Badaracco,J. L.,The Knowledge Link-How Firms Compete Through Strategic Alliances [M]. Harvard Business Press,Boston,1991.

[12] Avdeenko T. V.,Makarova E. S.,Klavsuts I. L.,Artificial intelligence support of knowledge transformation in knowledge management systems [C]. IEEE. 2016 13th International Scientific-Technical Conference on Actual Probems of Electronics Instrument Engineering (APEIE). Novosibirsk:IEEE, 2016:195-201.

[13] Kornienko A. A.,Kornienko A. V.,Fofanov O. B.,et al. Knowledge in artificial intelligence systems: searching the strategies for application [J]. Procedia-Social and Behavioral Sciences,2015, 166: 589-594.

[14] Safadi Hani,Johnson Steven L.,Faraj Samer,Who Contributes Knowledge? Core-Periphery Tension in Online Innovation Communities [J]. Organization Science,2020.

[15] Pasquale Del Vecchio,Gioconda Mele,Giuseppina Passiante,Demetris Vrontis,Cosimo Fanuli, Detecting customers knowledge from social media big data: toward an integrated methodological framework based on netnography and business analytics[J]. Journal of Knowledge Management. 2020(4).

[16] Ulrike Fasbender,Anne Burmeister,Mo Wang,Motivated to be socially mindful: Explaining age differences in the effect of employees' contact quality with coworkers on their coworker support[J]. Personnel Psychology. 2020(3).

[17] Malhorta,Yogesh.,knowledge management for Information systems Performance: Advancing Information Strategy to "Internet Time"[J]. Information Strategy: The Executive's Journal. 2000, 16(4): 5-16.

[18] Dore,Lucia,Winning Through Knowledge: How to Succeed in the Knowledge Economy, Special

Report by the Financial World[C]. The Chartered Institute of Bankers in Association with Xerox. London,2001.

[19] Nonaka I., The knowledge creating company [J]. Harvard Business Review,Nov-Dec,1991, pp. 96-104.

[20] Grant,R.,Prospering in dynamically competitive environments: Organizational capability as knowledge integration[J]. Organization Science,1996(7).

[21] Bassi,L.,Harnessing the power of intellectual capital[J]. The Journal of Applied Manufacturing Systems,Summer,1998, pp. 29-35.

[22] Blake,P.,The knowledge management expansion[J]. Information Today,1998(15).

[23] Parlby, D. The power of knowledge: A business guide to knowledge management Internal Report, KPMG,1997.

[24] Ruggles,R.,The state of the notion: Knowledge management in practice[J]. California Management Review,1998, 40,pp. 80-89.

[25] Stefan Kuhlmann et al. Strategic & Distributed Intelligence for Innovation Policy[EB/OL]. www. sommerakademie. de/1999/pdf/kuhlmann_strategic. pdf.

[26] Davenport,T. H.,Jarvenpaa,S. K. and Beers,M. C.,Improving Knowledge Work Processes[J]. Sloan Management Review,Summer,1996, pp. 53-65.

[27] Nonaka,I. and Takeuchi,H,The Knowledge Creating Company[M]. Harvard Business Press, Boston,1995.

[28] Davenport,T. H.,Process Innovation: Reengineering through InformationTechnology [M]. HarvardBusinessSchool Press: Boston M. A,1993.

[29] Dodgson,M.,Organizational learning: A review of some literatures, Organization Studies,1993, 14,3,pp. 375-394.

[30] Brown,J. S.,and Duguid, P. O,Organizational learning and communities-of-practice: Toward a unified view of working,learning,and innovation[J]. Organization Science,1991(2): 40-57.

[31] Edvinsson,L.,Developing a model for managing intellectual capital[J]. European Management Journal,Vol 14,1998(4), pp. 356-364.

[32] Inkpen,A. & Dinur,A.,Knowledge Management Processes and International Joint Ventures[J]. Organization Science,1999,9(4): 454-468.

[33] Van Buren,M.,A Yardstick for Knowledge Management,Training & Development,1999, V53(5): 71-78.

[34] Wiig,K. M.,Knowledge Management Methods[C]. Practical Approaches to Managing Knowledge. 1995, Vol. 3. Schema Press,Arlington.

[35] Schreiber,G. (ed.),Knowledge Engineering and Management: The CommonKADS Methodology [M]. MIT Press,Cambridge,Mass,1999.

[36] Staab,S.,R. Studer,H. P. Schnurr,Y. Sure,Knowledge Processes and Ontologies [J]. IEEE Intelligent Systems,January/February, 2001.

[37] Gallupe,R. B. O,Knowledge Management Systems: surveying the landscape,International Journal of Management Reviews,2001, Vol. 3,No. 1,March,pp. 61-67.

[38] Being perceived as a knowledge sender or knowledge receiver: A multistudy investigation of the effect of age on knowledge transfer[J]. Anne Burmeister, Ulrike Fasbender,Jürgen Deller. Journal of Occupational and Organizational Psycho. 2018(3).

[39] Zack, M. H., Developing a Irnowledge strategy[J]. J. California Management Review, 1999,

41(3): 125145.

[40] Lucca,J.,Sharda,R. and Weiser, M.,Coordinating Technologies for Knowledge Management in Virtual Organizations[C]. Proceedings of the Academia/Industry Working Conference on Research Challenges CAIWORC'00,2000, 27-29 April,Buffalo,New York.

[41] Gallagher S & Hazlett S. A.,The Knowledge Management Formula[C]. Research Report, 1999, 99.

[42] Paulk,M. Curtis B,Chrissis M and Weber C.,Capability maturity model,Version 1. 1[J]. IEEE Software,1993, Vol. 10,No. 4,18-27.

[43] Robson,W.,Strategic management and Information Systems,2nd Edition[M]. Financial Times-Pitman Publishing,London, 1997.

[44] Havens,Charnell & Ellen Knapp (1999),Easing Into Knowledge Management[J]. Strategy & Leadership,1999, Vol. 27 No. 2,pp. 4-9.

[45] Florian Offergelt, Matthias Sp? rrle, Klaus Moser, Jason D. Shaw, Leader-signaled knowledge hiding: Effects on employees' job attitudes and empowerment[J]. Journal of Organizational Behavior. 2019(7).

[46] Omer Farooq Malik,Asif Shahzad, et. al.,Perceptions of organizational politics,knowledge hiding,and employee creativity: The moderating role of professional commitment[J]. Personality and Individual Differences. 2018.

[47] Alexander Serenko,Nick Bontis, Understanding counterproductive knowledge behavior: antecedents and consequences of intra-organizational knowledge hiding[J]. Journal of Knowledge Management. 2016(6).

[48] Jacob H. risch, Matthew P. Johnson, Implementation of Sustainability Management and Company Size: A Knowledge-Based View[J]. Stefan Schaltegger. Bus. Strat. Env. 2015(8).

[49] Irene Wei Kiong Ting, Hai Juan Sui, et. al, Knowledge management and firm innovative performance with the moderating role of transformational leadership[J]. Journal of Knowledge Management. 2021(8).

[50] Madhurima Mishra,Agrata Pandey, The impact of leadership styles on knowledge-sharing behavior: a review of literature[J]. Development and Learning in Organizations: An International Journal. 2019(1).

[51] Evangelia Baralou, Haridimos Tsoukas, How is New Organizational Knowledge Created in a Virtual Context? An Ethnographic Study[J], Organization Studies. 2015(5).

[52] Karen Rathie Guldberg,Jenny Mackness, et. Al, Knowledge Management and Value Creation in a Third Sector Organisation[J]. Knowledge and Process Management. 2013(3).

[53] Dianne P. Ford, D. Sandy Staples, What is Knowledge Sharing from the Informer's Perspective? [J], International Journal of Knowledge Management(IJKM),2008(4).

[54] Michael A. Zaggl. Manipulation of explicit reputation in innovation and knowledge exchange communities: The example of referencing in science[J]. Research Policy. 2017(5).

[55] SELLIN,J. Blockchain Technology Expected to Strongly Impact the IP Industry[E/OL]. https://www. lexology. com/library/detail. aspx? g=a146-1135-598b-4c3c-811c-73ac70c3f67b. 2018.

[56] Paavo Ritala,Heidi Olander,Snejina Michailova,Kenneth Husted. Knowledge sharing, knowledge leaking and relative innovation performance: An empirical study[J]. Technovation. 2015.

[57] Roberto M. Samaniego. Knowledge spillovers and intellectual property rights[J]. International Journal of Industrial Organization. 2013(1).

[58] John C. Dumay. Intellectual capital measurement: a critical approach[J]. Journal of Intellectual Capital. 2009(2).

[59] John Dumay, Jim Rooney. "Measuring for managing?" An IC practice case study[J]. Journal of Intellectual Capital. 2011(3).

[60] A procedure to design a structural and measurement model of Intellectual Capital: An exploratory study[J]. M. R. Martínez-Torres. Information & Management. 2006(5).

[61] Kira KristalReed, Michael Lubatkin, Narasimhan Srinivasan. Proposing and Testing an Intellectual Capital-Based View of the Firm[J]. Journal of Management Studies. 2006(4).

2. 中文文献

[62] 王众托. 知识管理[M]. 北京：科学出版社，2009.

[63] 王众托. 知识系统工程[M]. 北京：科学出版社，2004.

[64] 姚伟，等. 知识管理[M]. 北京：清华大学出版社，2020.

[65] 顾新建. 知识管理[M]. 杭州：浙江大学出版社，2019.

[66] 林东清. 知识管理理论与实务[M]. 北京：电子工业出版社，2005.

[67] 竹内弘高，野中郁次郎. 知识创造的螺旋——知识管理理论与案例研究[M]. 北京：水利水电出版社，2006.

[68] 彼得·圣吉. 第五项修炼：学习型组织的艺术与实践[M]. 北京：中信出版社，2009.

[69] 尼克·米尔顿，帕特里克·拉姆. 知识管理：为业务绩效赋能[M]. 北京：人民邮电出版社，2018.

[70] 斯蒂芬妮·巴恩斯，尼克·米尔顿. 知识管理战略制胜[M]. 北京：电子工业出版社，2016.

[71] 阿肖克·贾夏帕拉. 知识管理[M]. 2版. 北京：人民大学出版社，2016.

[72] 卡拉·欧戴尔，辛迪·休伯特. 知识管理如何改变商业模式[M]. 北京：机械工业出版社，2016.

[73] 王国保. 中国文化因素对知识共享、员工创造力的影响研究[D]. 浙江大学博士学位论文，2010.

[74] 蔡晓慧. 企业知识资本基础理论探微[D]. 中国海洋大学博士学位论文，2015.

3. 知识管理网站

[75] 学习型组织研修中心：http://www.cko.com.cn/

[76] 创新与知识管理联盟：http://www.ikma.org.cn/

[77] 知识管理中心KMCenter：http://www.kmcenter.org/

[78] 知识管理论坛：http://www.kmf.ac.cn/

[79] 知识管理杂志(JKM)：https://www.emerald.com/insight/publication/issn/1367-3270

教师服务

感谢您选用清华大学出版社的教材！为了更好地服务教学，我们为授课教师提供本书的教学辅助资源，以及本学科重点教材信息。请您扫码获取。

≫ 教辅获取

本书教辅资源，授课教师扫码获取

≫ 样书赠送

企业管理类重点教材，教师扫码获取样书

 清华大学出版社

E-mail: tupfuwu@163.com

电话：010-83470332 / 83470142

地址：北京市海淀区双清路学研大厦 B 座 509

网址：https://www.tup.com.cn/

传真：8610-83470107

邮编：100084